国家社科基金
GUOJIA SHEKE JIJIN HOUQI ZIZHU XIANGMU
后期资助项目

中国外部经济失衡的金融调整研究

Research on Financial Adjustment of External
Economic Imbalance in China

刘 琨 著

中国财经出版传媒集团
经济科学出版社
Economic Science Press

国家社科基金后期资助项目
出版说明

后期资助项目是国家社科基金设立的一类重要项目，旨在鼓励广大社科研究者潜心治学，支持基础研究多出优秀成果。它是经过严格评审，从接近完成的科研成果中遴选立项的。为扩大后期资助项目的影响，更好地推动学术发展，促进成果转化，全国哲学社会科学工作办公室按照"统一设计、统一标识、统一版式、形成系列"的总体要求，组织出版国家社科基金后期资助项目成果。

全国哲学社会科学工作办公室

前　言

如今，21 世纪已经过去了二十多个春秋，对比 20 世纪的最后二十年，全球国际金融发展格局已经发生了显著变化，全球化、多极化与发展不平衡正在成为发展新格局的主旋律。首先，在经济全球化浪潮的引领下，世界各经济体国际贸易与国际投资的规模呈现放量扩大的态势，例如作为世界第一大经济体——美国在 2020 年国际贸易总额和国际投资存量分别达 4 万亿美元和 78 万亿美元，是其 2000 年的 2 倍和 4.8 倍。国际贸易和国际投资规模的放大，令国际金融成为影响各国经济发展的重要因素。其次，国际金融多极化的发展格局也日益明显，随着 20 世纪末欧元区的构建，以法国和德国为主导的欧元区经济正在成为 21 世纪全球金融投资中重要的一极；而中国经济在 21 世纪的前二十年实现快速崛起，成为美国之后的第二大经济体，其 2020 年国际贸易总额和国际投资存量都已达到 2000 年的十倍水平，2020 年中国对外直接投资流量已位列世界第一，中国已然成为国际金融领域又一重量级角色。

与此同时，二十余年来，国际金融发展却又是不平衡的，而这不平衡的特征来源于国际贸易发展的不平衡，之后逐渐延伸至国际投资领域，国际投资头寸失衡逐渐成为外部经济失衡的主要表现形式。例如，美国自 21 世纪始历经二十余年的持续贸易逆差失衡，已导致其国际投资净头寸负向扩大近十倍，这导致各界对美国经济能否因债务危机而持续依然争论不绝；而中国依靠着常年贸易顺差，二十余年来实现国际投资净头寸正向扩大近十倍。表面上，现行外部经济失衡对中国有利，但换个角度却发现目前中国国际投资净头寸落后贸易顺差累积额 0.99 万亿美元；相反，美国国际投资净头寸却超过贸易逆差累积额近 0.61 万亿美元。这说明，中国由贸易顺差获取的外部财富在实际流失，而美国由贸易逆差形成的外部债务却得到一定缓解。该现象是由一种被称为"估值效应"的"经济暗物质"所致，其反映由汇率或资产价格波动引发存量国际投资头寸的价值变动，也被学界定义为外部经济失衡的金融调整。

目前，外部经济失衡的金融调整已逐渐被学术界和实务界认识，美国在 21 世纪的前十年利用其美元汇率及其对全世界的投资优势，通过金融调整渠道所产生的正向估值效应收获包括中国在内的一些新兴市场国家的外部财富，让新兴市场国家人民辛勤的劳动成果无谓转化成为英美等发达资本国家的资本收益。然而，令英美国家没有想到的是：当新兴市场国家意识到这一点时，原先"世界投资者"的角色也会成为一种沉重的负担。2017 年之后，当"逆全球化"趋势和全球经济增长放缓，美国投资世界所产生的正向估值效应逐渐消失，逆向估值效应的产生令其外部财富正在通过金融调整渠道快速"回流"至全世界。根据美国国际投资头寸表和国际收支明细表数据，2018 年和 2019 年两年时间，美国产生负向估值效应达 2.5 万亿美元，几乎将其 21 世纪前十年累积的正向估值效应对冲干净，无怪乎有部分美国学者认为美国虽然是"全世界的投资者"，也是"全世界风险承担者"。这类观点虽然有些给美国资本"正名"的意味，但从学术角度来看，估值效应以及金融调整渠道确实是一把"双刃剑"，英美等具有上百年国际金融经验的发达国家也不得不直面金融调整渠道对其外部财富的影响。

随着 21 世纪初雷恩（Lane）、费雷蒂（Milesi‐Ferretti）等学者掀起对金融调整的研究热潮，二十多年来，一大批中外学者开始对国际金融领域中的金融调整理论展开研究，金融调整理论视角下的外部失衡已开始改变人们对传统外部失衡的理解与认识，成为国际金融理论的一项前沿课题。本书除绪论、结论与启示外共分九章，系统阐述了金融调整的理论起源、测算方式、驱动因素与动态机制，并基于中国数据探寻金融调整理论在中国应对投资开放、配置外部资产、布局国际投资、防范汇率冲击四类外部经济问题的应用范围。本书融合大量经验数据的统计回归分析以及数理模型的仿真模拟分析，希望能够深化外部经济失衡金融调整理论的研究，进而丰富国际金融外部调整理论体系，推动利用金融调整理论这一创新视角探析中国面临的一系列外部经济问题。对于已深度融入全球化的中国，金融调整对外部失衡的影响逐渐增大，金融调整理论也许能为中国开放型经济体系的构建提供一条新思路。

作者

2023 年 5 月

目　　录

第一章 绪 论

第一节 问题的发现

21世纪以来，人类活动范围不断扩大，人们跨国家、跨文化的交流合作越发频繁，世界各国的对外开放水平不断提高。随着国家间的跨境贸易与投资的规模逐年扩大，全球经济一体化进程已呈现加快的趋势。然而，纵观世界各主要经济体的国际收支平衡表（balance of payment，BOP），国际贸易失衡问题越发严重，尤其以中国和美国为最，其中中国表现为常年贸易顺差，美国则表现为常年贸易逆差。由于贸易顺差或逆差的持续，将逐渐累积形成一国外部存量资产或负债，即国际投资净头寸（net international investment position，NIIP）。根据国内外相关理论文献的通常表述，国际投资净头寸又可被称为国家外部净资产（net foreign assets，NFA），代表着一国（或地区）外部财富的存量水平。

随着跨国投资和国际贸易年度流量规模的增长，外部财富的存量绝对累积额也在加快提高，例如：美国国际投资头寸表（international investment position，IIP）中资产与负债的绝对合计数从2000年的16.82万亿美元增长至2019年的69.45万亿美元。[①] 中国国际资产头寸表（IIP）中资产与负债的绝对合计数从2004年的1.58万亿美元增长至2019年的13.30万亿美元。[②] 进一步细分上述流量增长带动存量增长的过程可以看出，国际贸易及投资股利分配所带来流量的绝对额增长，即BOP内经常账户的绝对额增长，将引致IIP中贸易信贷以及外汇储备等项目的绝对额增长；

---

① 资料来源于美国经济分析局，http://www.bea.gov/。
② 中国外汇管理局国际投资头寸的年度数据起自2004年，季度数据起自2011年，资料来源中国国家外汇管理局，http://www.safe.gov.cn/。

而跨国投资所带来流量的绝对额增长，即 BOP 内金融账户中直接投资（direct investment，DI）与证券投资（portfolio investment，PI）的绝对额增长，进而造成 IIP 中相应存量 DI 和 PI 的绝对额在增长。

由此可见，财富流量的绝对规模在逐年增大，加快了其存量绝对规模的扩大，使得代表外部财富存量规模的国家外部净资产在近年日益得到学者们的关注。透过国际投资头寸表（IIP）和国际收支平衡表（BOP）可以看出，BOP 反映的是一国（或地区）年度包括贸易、投融资等财富资本的流动情况，类似反映企业年度经营情况的利润表；而 IIP 则反映的是国家外部财富的持有状况，类似反映企业资产状况的资产负债表。21 世纪以来，各国 IIP 中各部分的绝对规模都在不断扩大，考察国家（或地区）外部均衡的关注点已逐步由考察流量上的均衡转移到存量上的均衡，即外部净资产均衡已逐渐成为考察外部均衡所主要关注的问题。因此，外部净资产失衡逐渐成为外部经济失衡的主要表现形式。以中美两国为例，持续贸易顺差令中国外部净资产从 2004 年的 0.24 万亿美元增长至 2019 年的 2.30 万亿美元；持续贸易逆差令美国外部净资产从 2004 年的 -2.4 万亿美元扩大至 2019 年的 -11.23 万亿美元。[①]

表面上，美国的财富在不断向新兴市场国家转移，现行外部经济失衡对中国有利，也引发了 21 世纪初人们对美国外债持续性的担忧，奥布斯特菲尔德和罗格夫（Obstfeld & Rogoff，2000）就认为美国爆发债务危机的可能性在加大，他们认为若美国经常账户在未来恢复均衡，需要在 2000 年的基础上对美元予以贬值 45% 以上。曼恩（Mann，2004）、爱德华兹（Edwards，2005）、布兰查德（Blanchard，2005）等学者对美国经常账户和对外债务的可持续性也表示相对悲观的看法。

随着时间推移，美国经济并未出现上述债务危机，美元也未出现大规模的贬值，通过进一步深入剖析其代表财富存量的外部净资产，可以看出，尽管上述经常账户逆差给美国带来的外债规模在逐渐扩大，但其整体外部净资产负增长速度的绝对值却落后于经常账户逆差累积额负增长速度的绝对值，2005 ~ 2017 年，美国外部净资产年均负增长率达 7.36%，落后于其经常账户逆差累积额的负增长速度（-8.44%）；随着 2018 ~ 2019 年美元升值，美国外部净资产开始往负向扩大，但截至 2019 年末，美国外部净资产依然较其经常账户逆差累积额高 0.61 万亿美元。反观代表新

[①] 资料来源于中国国家外汇管理局（http：//www. safe. gov. cn）和美国国家经济分析局（http：//www. bea. gov）。

兴市场国家的中国，虽然常年经常账户顺差，但自 2005 年以来，其外部净资产年均正增长率达 11.84%，依然落后于经常账户顺差累积额的正增长速度（15.62%）。这说明，在中美两国外部净资产的变动过程中，除了经常账户带来流量因素的影响外，另有其他因素在影响着两国外部净资产的变动。①

根据国际货币基金组织（International Monetary Fund，IMF）2009 年最新的编制要求，对 IIP 中的各组成部分应需按市值法进行核算，美国经济分析局（Bureau of Economic Analysis，BEA）的编制原则也基本与 IMF 相同，中国从 2009 年起也开始对 IIP 采用 IMF 的编制方法②，即按市值法核算 IIP 中的各头寸项目。由此可见，随着存量财富绝对规模的不断扩大，IIP 中各项目市值变动将愈发影响代表存量财富的外部净资产价值。因此，由于市值变动的影响，使美国外部净资产负增长低于年度经常账户逆差累积，中国外部净资产正增长低于年度经常账户顺差累积。根据截至 2019 年的 BOP 和 IIP 数据，中国外部净资产价值落后贸易顺差累积额达 0.99 万亿美元；美国外部净资产虽然为负值，但其却超过贸易逆差累积额 0.61 万亿美元。这说明，中国由贸易顺差获取的外部财富产生一定流失，而美国由贸易逆差形成的外部债务却得到一定缓解。

该现象是由一种被称为"估值效应"（valuation effects）的"经济暗物质"所致（Lane & Milesi – Ferretti，2001），其反映了由汇率或资产价格波动引发存量国际投资头寸的价值变动。概念上，存量财富增值或贬值，即产生的正估值效应或负估值效应，代表一国（或地区）未实现的收益或损失。根据 IMF 对 IIP 和 BOP 的编制规则，估值效应不计入 BOP 进行核算，仅在 IIP 的编制中予以反映。自此，国际投资头寸的变动不仅受到流量对财富累积的增加或减少，同时也受到存量财富价值变动的影响，这两种因素共同决定外部净资产的状况，进而影响外部均衡。古林查斯和雷伊（Gourinchas & Rey，2007）定义以财富流量方式影响国际投资头寸均衡的方式为"贸易渠道"（trade channel），而以市值变动影响存量财富进而影响国际投资头寸均衡的方式为"估值渠道"（valuation channel），也可被学界定义为外部经济失衡的金融调整（financial adjustment）。

上述中国和美国在财富流量与财富存量之间变动的差异，正是由于

---

① 资料来源于中国国家外汇管理局（http：//www.safe.gov.cn）和美国国家经济分析局（http：//www.bea.gov）。

② 中国外汇管理局对国际投资头寸的编制方法，可参见外管局《国家外汇管理局：正确解读中国国际投资头寸表》（http：//www.gov.cn/gzdt/2011 – 12/05/content_2011354.htm）。

估值效应影响的不同所造成的。美国的存量外部资产因本币贬值以及其对外投资市值的上升，产生正估值效应，抵消了部分由经常账户逆差带来的外债规模的扩大，并最终减缓了其外部净资产的负增长，延缓了美国债务危机的产生；而中国由于本币升值以及外资在中国投资存量市值的上升，产生负估值效应，抵消了部分由于经常账户顺差带来的财富累积，降低了中国外部净资产的正增长，造成了中国外部财富的流失。放眼世界其他经济体，不难发现同样的现象，英国由于其对外投资的存量规模较大，当市值增长时，能为其带来规模可观的国家外部财富增值，古林查斯和雷伊（2005）估计英国 2000 年的正估值效应就达到了其GDP 规模的 50%，而雷恩和费雷蒂（2004）测算印度尼西亚 1991～2002 年经常账户顺差占 GDP 的 6%，但该期间由汇率变化引发的估值效应导致其外部净资产损失 GDP 的 16.1%，最终导致其外部净资产为负值以及财富的外流。

通过以上经济现象可以看出，影响国家外部财富的因素除了贸易调整外，还有金融调整，这两种因素共同影响外部财富的变动，其中金融调整通过影响外部净资产进而影响外部均衡，因此，在考虑金融调整因素后，针对国家外部财富动态调整的分析也产生了新的视角。金融调整，作为国家外部财富调整的新机制，也已改变了人们对外部均衡调整的理解和认识。随着国际经济形势呈现逐步开放的态势，国际间相互投资的规模在扩大，金融调整对外部经济失衡的影响也在加深，外部经济失衡的金融调整已成为国际金融理论的一项前沿课题。伴随经济全球化，金融调整对中国外部经济失衡的影响逐渐增大。深化对外部经济失衡金融调整的理论研究，不仅有助于丰富国际金融外部调整理论体系，也有助于利用金融调整这一创新视角探析中国面临的一系列外部经济问题，为在"国内大循环为主体、国内国际双循环相互促进"（以下简称"双循环"）的新发展格局下探索中国开放型经济体系的构建提供一条崭新的思路。

第二节　研究的意义与价值

由于汇率或资产价格波动引发对外部经济失衡的金融调整，已成为除国际贸易外，影响外部净资产价值变动的另一新因素，其在国内外学术界，已得到不少学者的关注，并且该经济现象不仅改变了以往人们对外部均衡的理解，也改变了人们对均衡调整的认识，成为目前国际宏观经济理论发展的新方向之一。

在理论上，本研究将通过经验数据构建实证分析模型，利用新开放经济宏观经济学（new open economics macro-economics，NOEM）的分析范式深入剖析金融调整的驱动因素以及动态机制，通过丰富外部均衡调整模型，丰富国际金融外部失衡调整理论。基于此，本研究不仅将实现国际金融理论体系的深化，还可为人们研究国家外部经济与解决外部经济问题增添一个全新的视角，因此，本研究还将在投资开放、资产配置、投资布局和汇率传递等国家面临的普遍性外部经济问题上，运用外部经济失衡金融调整理论，以此拓宽理论的应用广度。

在实践上，随着中国经济深度融入世界经济，通过对外投资获取资本溢价逐渐成为一种推动中国外部财富增长的新方式。"一带一路"建设的持续推进以及中国金融开放程度的进一步提高，令中国在吸收外商直接投资和对外直接投资规模上都位居世界前列。然而，中国的经济全球化进程并非一帆风顺，而是面临着诸多困难和挑战，例如，如何在贸易摩擦加剧的"逆全球化"趋势下寻求经贸开放路径，如何调优资产结构令中国外部财富流失程度下降，中国作为对外投资新晋大国该如何通过合理布局成就投资强国，改革开放过程中应该如何有效防范国际汇率传递带来的不利影响，如何制定"双循环"经济新格局下国家外部双向投资的发展策略……外部经济失衡的金融调整，作为一条连接国家内外部经济的新渠道，若能结合中国所面临的一系列外部经济问题考虑，可令所研究的相关问题更加透彻，令所制定的相关政策更加优化。

综上所述，本书的学术价值体现为以下三点。

首先，基于金融调整相关研究的系统梳理以及实证数据的长期收集整理，本书已厘清理论发展脉络且基础研究数据全面，可为相关领域的研究提供支持。

其次，利用 NOEM 分析范式，构造相关经济分析模型，剖析金融调整动态机理，不仅丰富了国际金融外部失衡调整理论体系，还提高了其理论研究深度。

最后，结合金融调整理论与投资开放、资产配置、投资布局和汇率传递等中国现阶段面临的实际经济问题，有助于拓宽政策设计的思路与理论运用的广度。

第三节　主要概念

一、国际投资头寸与外部资产

本书所论述的国际投资头寸指的是代表国家外部资产并以特定时点对外公布的国际投资头寸表中的各资产项目，各国目前基本是根据国际货币基金组织（IMF）第六版《国际投资头寸》的编制原则进行编制。本书将国际投资头寸与外部资产的内涵予以统一。

二、国际投资净头寸、外部净资产和外部财富

国际投资头寸，作为反映国家（或地区）外部资产的载体，体现其外部财富在特定时点上的价值。国际投资净头寸表现为外部资产扣减外部负债的净额，也反映为国家对外拥有的财富水平。若负债超过资产，该外部财富也可反映为一种负担或偿债义务，也称外部净资产。因此，外部财富、国际投资净头寸、外部净资产具有统一的内涵。

三、估值效应与金融调整

本书所论述的估值效应（valuation effects），最早是根据雷恩和费雷蒂（2001）所描述的概念，其指的是国际投资头寸中各项目在一定期间内由于汇率或资产价格波动引致其价值的变动额，计算其该变动额的基础是以市值法核算的国际投资头寸表，该概念 2005 年被 IMF 引用并得到广泛使用。金融调整是指基于估值效应，外部财富（国际投资净头寸或外部净资产）的变动额，也称调整额，因此，估值效应与金融调整具有统一内涵。

四、权益资产与债权资产

本书所论述的权益资产是指在国际投资头寸表中直接投资（DI）和证券投资（PI）中的股权部分。所谓资产，其在 IIP 中以正数表示，若其为负数，应表述为权益型负债；该类资产在本书设定为风险性资产，由于其资产风险性的特征，其资产价格的波动较为明显。本书所论述的债权资产是指国际投资头寸表中其他投资中的贸易信贷、证券投资中的主权债务以及外汇储备。外汇储备设定为全部以外币进行储备，为简化分析，本书可将其视为利息率接近零的债权型资产。债权资产的收益主要依靠利息率收

益，风险较小，因此本书设定其资产价格不变。

五、外部经济失衡、国际投资头寸失衡、国际贸易失衡以及国际收支失衡

外部经济失衡在早期是指由于国际贸易失衡引发的国际收支失衡，因此，在早期，外部经济失衡、国际贸易失衡以及国际收支失衡具有统一的概念内涵。然而，随着持续性的国际贸易失衡最终引发国际投资头寸的失衡，而后者逐渐成为外部经济失衡的重要表现形式。因此，外部经济失衡逐渐表现为由国际贸易失衡或国际收支失衡引发的国际投资头寸失衡，也可称为，国家外部资产失衡或国家外部财富失衡。同时，国际收支流量变动也能引起存量财富的变动，因此国际投资头寸失衡同时考虑了国际贸易流量的失衡和外部资产存量的失衡。基于此，外部经济失衡的概念范畴逐渐扩大，超过了国际贸易失衡或国际收支失衡的范畴，并主要指的是国际投资头寸失衡。而对于外部经济失衡的调整，本书所论述的调整是中性概念，不仅包括增加其价值，即改善国家外部财富，也包括减少其价值，即恶化国家外部财富。

六、国际投资摩擦

本书在分析过程中所涉及的国际投资摩擦因素，按蒂勒和温库伯（Tille & Wincoop，2010）的解释，为由于国际金融市场信息不完全，在相互投资时，造成国际投资的摩擦。由于国际金融市场存在投资摩擦，使实际投资权益型资产等金融资产所付出的成本高于没有摩擦的情形，而摩擦程度的大小同国家间金融开放程度，以及国家内自身的金融发展程度都有紧密关系。

七、国际汇率传递

汇率不仅是一项重要的国际经贸政策工具，而且汇率波动还将对一国经济产生传递影响，因此围绕汇率传递效应的研究一直是国际经济的热点问题之一。本书基于构造的金融调整理论，尝试探索国际汇率波动是如何通过金融调整渠道对国内经济产生影响。由于国际汇率波动是国际金融风险的一项重要表现内容，如何防范国际汇率波动对国内经济产生的不利冲击成为现今中国防范国际金融风险的一项重要内容，因此透过金融调整渠道下国际汇率波动的传递效应研究，可发现国际金融风险在金融调整理论框架下的传递效应。

第四节　研究框架、方法与创新

一、框架结构

本书围绕外部经济失衡的金融调整这一国际金融理论前沿课题，立足中国外部经济失衡现状，分三个层次展开深入研究。第一层次为现状研究：通过全面梳理金融调整相关研究，厘清理论发展脉络；构建创新实证模型，测算金融调整规模并分析其变化趋势。第二层次为机理研究：利用新开放经济宏观经济学分析范式，探寻金融调整的结构，发掘驱动因素及其动态作用机制，进而完善金融调整理论。第三层次为应用研究：基于金融调整视角探析中国如何应对投资开放、配置外部资产、布局国际投资、防范汇率冲击四类外部经济现实问题，进一步深化理论体系，拓宽理论应用范围。本书结构如图 1-1 所示。

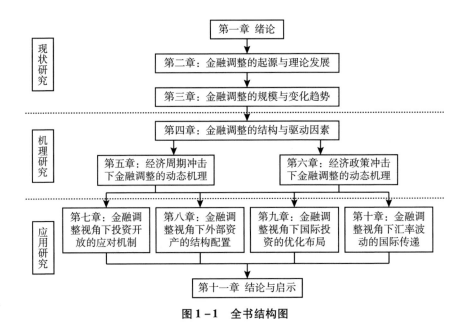

图 1-1　全书结构图

二、研究方法

（一）文献分析法

梳理有关金融调整的理论模型和实证分析文献，总结研究趋势；同时，梳理中国现阶段面临的外部经济问题以及相关政策，探讨解决方案。

（二）调查分析法

收集外部资产相关数据，按市值法处理并分类整理；同时，调研中国海外投资所面临的实际问题，提高相关政策建议的针对性与有效性。

（三）对比分析法

将中国与包括美国、日本、欧元区各国在内的世界主要经济大国就相关研究结果进行比较，进而发现国家间金融调整对经济影响的差异性。

（四）实证分析法

利用经验数据，运用随机结构向量自回归（structural vector autoregression，SVAR）、面板向量自回归（panel vector autoregression，PVAR）、随机前沿计量方法（stochastic frontier approach，SFA）等实证分析手段，探析金融调整对外部财富的影响，发掘金融调整的驱动因素，测算对外投资效率等。利用新开放宏观经济理论（new open economics macroeconomic，NOEM）分析框架，构造动态随机一般均衡模型（dynamic general equilibrium modelling，DSGE），基于贝叶斯估计、广义矩估计（generalized method of moments，GMM）及数值模拟，探寻冲击下各变量的动态优化路径，探索金融调整的动态作用机制。

三、学术创新

（一）新理论

相对外部经济失衡的传统调整模式，本书引入金融调整构造外部失衡的全新调整模式，并深入剖析运作机理，实现国际金融外部调整理论的新发展。

（二）新视角

相对于传统开放经济宏观经济学的分析视角，本书基于外部经济失衡金融调整的视角探析现阶段一系列国际金融新问题，令研究结果更加透彻与完善。

（三）新方法

利用 NOEM 分析范式，本书构造一套创新 DSGE 模型以及一系列相关实证分析模型，有助于发现变量的驱动因素、探析变量的动态作用机制。

（四）新内容

围绕投资开放、资产配置、投资布局和汇率传递等中国现阶段面临的外部经济新问题，本书利用金融调整视角展开研究，进而丰富理论的应用内容。

第二章 金融调整的起源与理论发展

【导读】

本章从外部经济失衡调整体系的变迁出发，围绕外部经济失衡金融调整的国内外研究文献展开全面梳理，旨在阐明金融调整的起源并厘清理论发展的脉络。本章首先深入剖析国际收支核算体系，论述外部经济失衡表现形式由传统贸易失衡转向国际投资头寸失衡的原因，进而阐述外部经济失衡调整体系的变迁过程以及金融调整新体系中的功能。其次，基于研究文献，本章着重论述金融调整的存在性，发现较之贸易调整，金融调整对外部经济失衡调整的贡献程度日益提升，逐渐成为研究国家外部经贸问题不可或缺的因素。最后，论述金融调整的有效性，发现较之汇率波动，资产价格波动更能有效解释外部失衡的金融调整，并且国家间外部资产结构的差异成为影响金融调整有效性的深层次因素。

第一节 金融调整的起源

21 世纪以来，国际贸易失衡所引发的全球国际收支失衡持续加剧，已然成为国际经济热点议题之一。根据国际收支记账规则，国际投资头寸是一定时期内国际收支状况的累积反映，因此，持续的国际收支失衡，最终将引致国际投资头寸失衡。同时，根据上述记账规则，国际投资净头寸可代表一国外部财富，较之国际收支，更能反映该国在一个连续时期内的国际经贸情况，其不仅可以反映流量状态下的国际收支情况，也可以反映一定时期内国际收支的累积情况。因此，持续加深的国际投资头寸失衡，已逐步取代国际收支失衡，成为外部失衡的主要表现形式（Lane & Milesi – Ferretti, 2001）。

目前，纵观世界各国，中国与美国的国际投资头寸失衡较为严重，且两国失衡的方向截然相反。随着中国贸易顺差的持续，国际投资头寸正向失衡越发明显，中国国际投资净头寸从 2004 年的 0.24 万亿美元增长至 2019 年的 2.30 万亿美元，增长 8.58 倍；而随着美国贸易逆差的持续，国际投资头寸负向失衡也越发明显，美国国际投资净头寸从 2004 年的 -2.36 万亿美元负增长至 2019 年的 -11.23 万亿美元，负增长 3.75 倍。① 表面上，美国国际投资头寸的赤字失衡，表现为财富逐渐向新兴市场国家转移，从而引发 21 世纪初学界对美国外债持续性的担忧，奥布斯特菲尔德和罗格夫（2000）认为美国爆发债务危机的可能性较大，若美国国际收支恢复均衡，美元需要在 2000 年的基础上贬值 45% 以上。曼恩（2004）、爱德华兹（2005）、布兰查德（2005）等学者也都对美国外债的可持续性表示悲观。

然而，随着时间推移，美国经济并未出现严重债务危机，美元也未出现大规模贬值。进一步剖析美国国际投资净头寸的变动趋势（见图 2-1），可以看出，在 2008~2017 年间，美国正处于"次贷金融危机"的恢复阶段，尽管美国的国际收支依然处于逆差状态，使得其负向国际收支的累积规模进一步扩大，但国际投资净头寸的负增长却相对平缓；在 2018~2019 年间，随着美元汇率的持续升值，以外币计价的美国海外资产相对升值，导致其国际投资净头寸的负增长加剧，但是截至 2019 年，美国国际投资净头寸依然较其累计国际收支高 0.61 万亿美元。

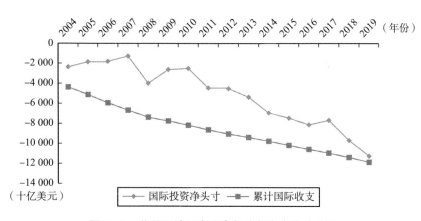

图 2-1 美国累计经常账户与外部净资产的关系

反观代表新兴市场国家的中国，虽然国际收支常年顺差，使得正向

---

① 资料来源于中国国家外汇管理局（http：//www.safe.gov.cn）和美国国家经济分析局（http：//www.bea.gov）。

国际收支的累积规模逐渐扩大，但国际投资净头寸却常年落后于国际收支的累积规模（见图 2-2）。其中，在 2013~2015 年间，中国国际投资净头寸还出现下滑趋势，与国际收支顺差累积规模持续上升形成鲜明对比，说明该期间中国的外部资产存在发展与结构性问题；在 2016~2019 年间，随着"一带一路"倡议的持续推进，中国开始重视资本的高质量"走出去"，通过优化投资布局实现外部资产结构的改善，在这期间，中国国际投资净头寸实现稳步上升，并略超过国际收支的累积速度。但是截至 2019 年，中国国际投资净头寸依然落后累计国际收支顺差规模 0.99 万亿美元。

（十亿元）

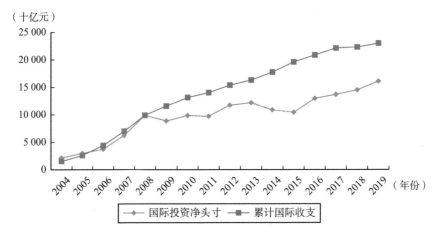

图 2-2　中国累计经常账户与外部净资产的关系

资料来源：图 2-1 和图 2-2 分别根据美国和中国 2004~2019 年国际收支平衡表和国际投资头寸表整理而成。

　　根据国际收支和国际投资头寸核算规则，国际投资净头寸通常等于国际收支的累积值，而中美两国国际投资净头寸与国际收支累积值产生明显偏差，其中，中国的偏差对其外部财富产生不利影响，而美国的偏差则有利于其外部债务的持续。这说明，除了国际贸易引发的国际收支失衡在流量上对国际投资头寸失衡产生影响外，国际投资头寸中所涵盖的存量资产市值变动也会对国际投资净头寸产生影响，国际货币基金组织（IMF）将前者定义为贸易调整，后者定义为金融调整，而国际投资头寸中存量资产市值的增值或贬值额，被学界认定为估值效应（Gourinchas & Rey，2007；Lane & Milesi - Ferretti，2007）。

　　结合图 2-1 和图 2-2 可知，金融调整导致国际投资头寸失衡较累计国际收支失衡更为缓和，但对中国而言，金融调整令其由贸易顺差所累积的外部财富因其外部资产贬值而流失；对美国而言，金融调整令其由贸易逆差所累积的外部债务因其外部资产增值而得以持续。放眼世界，不难发现相同的现象，英国由于其对外投资的存量规模较大，市值增长时，能为其带来规模可观的国家外部财富增值，古林查斯和雷伊（2007）估计英国2000年的金融调整规模就达到了其GDP规模的50%；雷恩和费雷蒂（2007）测算印度尼西亚1991~2002年间经常账户顺差占GDP的6%，但该期间由汇率变化引发的金融调整导致其国际投资净头寸损失GDP的16.1%，最终导致其外部财富为负值。可见，金融调整对国际投资头寸失衡具有显著影响，金融调整已成为探究外部调整问题所不可或缺的因素，金融调整与贸易调整将共同构筑外部失衡的调整体系（见图2-3）。因此，近年来，学界围绕金融调整对外部失衡的影响、金融调整的驱动因素、金融调整机理及其对宏观经济的影响等问题展开研究，逐渐形成金融调整理论，成为外部调整理论的重要扩展（范小云等，2011；李晓和周学智，2012）。

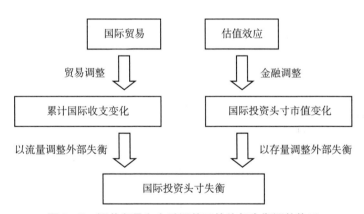

图2-3　涵盖贸易和金融调整下的外部失衡调整体系

　　金融调整，作为调整国家（或地区）外部失衡的新渠道，也已改变了人们对外部失衡调整的理解和认识。本章以下部分将从外部失衡金融调整的效力、金融调整的驱动因素、动态金融调整机制及其对宏观经济政策影响三个方面，系统性评述全球外部失衡下金融调整理论的最新进展。为中国构建开放型经济新体制，有效调整外部失衡，优化国家外部财富，提供新的分析视角与有益启示。

第二节　衡量外部失衡金融调整的效力

随着外部失衡的概念范畴逐渐由国际收支失衡向国际投资头寸失衡延伸，基于国际投资头寸市值变动对国际投资头寸失衡所形成的金融调整，成为考察外部调整所不可或缺的因素，并改变了以贸易调整为主导的传统外部失衡调整格局。金融调整理论作为外部调整理论的重要扩展，如何准确测度金融调整在外部调整中的贡献程度，即衡量外部失衡金融调整效力，成为学界围绕金融调整理论首先关注的问题。有效衡量外部调整过程中金融调整的效力，不仅能为探索外部均衡的实现路径提供理论指导，也为金融调整理论发展提供事实依据。因此，本部分将围绕衡量金融调整效力，从金融调整指标内涵、金融调整效力衡量方法以及金融调整效力衡量结果三个方面，梳理近年来学界的相关研究成果。

一、金融调整指标的内涵

IMF 在 2009 年对其发布的《国际收支手册》（简称 BPM）进行第六次更新，主要针对国际投资头寸的核算规则进行完善，采用市场价值代替账面价值对国际投资头寸中各资产项目进行核算。当采用账面价值核算国际投资头寸中各资产项目时，国际投资净头寸的变动额与国际收支中经常账户的累积额相等，如下可知：

$$NFA_t - NFA_{t-1} = (NX_t + IA_t) + (CT_t + KA_t) + EO_t + KG_t \qquad (2-1)$$

其中，NFA 表示国际投资净头寸，也代表一个国家的外部净资产，NX 表示净出口额，IA 表示利息及股利，NX 与 IA 相加即为经常账户，CT 和 KA 分别表示现金转移支付和资本转移支付，EO 表示遗漏及误差，KG 表示资本利得。由于 CT、KA、EO 和 KG 的金额一般较小并且可以忽略，因此式（2-1）可简单体现为：当国际投资头寸中各资产市值不变时，国际投资净头寸仅与经常账户有关，然而，在 BPM6 的市值法核算框架下，国际投资头寸中各资产项目的市值变动可被准确反映，进而测度国际投资头寸失衡的金融调整规模成为可能，因此，测度国际投资头寸失衡金融调整程度，有赖于国际投资头寸市值法核算方法的完善。基于市值法，国际投资头寸的变动可由经常账户和估值效应共同构成，如式（2-2）所示：

$$NFA_t - NFA_{t-1} \approx CA_t + VA_t \qquad (2-2)$$

其中，CA 表示经常账户，反映由国际贸易导致国际投资头寸的流量变动，*VA* 表示估值效应，反映由国际投资头寸市值变动导致国际投资头寸的存量变动，后者体现为国际投资头寸失衡的金额调整额（IMF，2005）。自此，由于国际投资头寸市值法核算的运用，令测算金融调整指标值得以实现并得到学界公认，其指标值将作为测度金融调整效力的基础。

二、金融调整效力的衡量方法

基于国际投资头寸市值核算方法，具体金融调整指标值的测算得以实现，然而，测算金融调整对外部失衡调整的贡献，即衡量外部失衡金融调整的效力，成为学界亟待解决的问题。截至目前，在衡量金融调整效力的方法上，历经四个发展阶段。

第一阶段，以雷恩和费雷蒂（2001）为代表，根据式（2-2）直接将估值效应（VA）值作为金额调整效力。然而，直接利用 VA 表示金融调整效力，虽然可以证明金融调整在整体外部调整中的存在性，但是不能充分反映金额调整对外部调整的贡献程度，金融调整相对于贸易调整的有效性不能被充分衡量。

第二阶段，科尔塞蒂和康斯坦蒂诺（Corsetti & Konstantinou，2004）针对最初阶段衡量方法的弱点，利用向量误差修正模型将国际投资头寸的变化（*nfa*）分解为净出口（x_t 和 m_t）和资产收益率（r_t）的变化，其中资产收益率变化可反映为由国际投资头寸市值变动所产生的金融调整。

$$x_t - \gamma m_t + (\gamma - 1) nfa_t = \sum_{i=1}^{\infty} \rho^i \left[\Delta x_{t+i} - \gamma \Delta m_{t+i} + (\gamma - 1) r_{t+i} \right] \quad (2-3)$$

然而，如式（2-3）所示，上述向量误差修正模型虽然能有效区分金融调整和贸易调整，但是外部调整仍是利用国际投资头寸的变化进行反映，外部调整无法同时反映国际投资头寸的存量变化与流量变化，同时，资产收益率未考虑汇率波动的因素。因此，按上述方法所测算的金融调整效力仍未充分反映金融调整对外部调整的贡献程度。

第三阶段，奥布斯特菲尔德和罗格夫（2005）利用新开放宏观经济分析范式，构建受非抛补利率平价约束的三国贸易模型，并将由汇率波动引致的金融调整因素引入模型。表达式为：

$$\Delta NFA^{US} = \nu CA^{US} + \nu \left[\left(\frac{E_{US,EU}}{E_{US,EU^*}} - 1 \right) A_{EU}^{US} + \left(\frac{E_{US,AS}}{E_{US,AS^*}} - 1 \right) A_{AS}^{US} \right] (0 < \nu < 1)$$

$$(2-4)$$

其中，$(E_{US,EU}/E_{US,EU^*} - 1) A_{EU}^{US}$ 和 $(E_{US,AS}/E_{US,AS^*} - 1) A_{AS}^{US}$ 分别表示美国

因汇率波动引起以欧洲货币和亚洲货币计价的国际投资头寸市值变动额，即由汇率波动引致的金融调整额。然而，该模型中国际投资头寸仅考虑主权债务、贸易债权等债权资产，未考虑 FDI 等权益资产，由于权益资产价格较债权资产更易于波动，因此该模型也同样未考虑由外部资产价格波动所引致的金融调整，由此可见，该模型所涵盖的金融调整范围并不全面。

第四阶段，古林查斯和雷伊（2007）总结以上阶段用于衡量金融调整效力的各理论模型缺陷，创新性地构建测算模型，通过设置外部失衡调整变量（nxa_t），同时涵盖国际投资净头寸的变动趋势（nfa_t）和进出口变动趋势（nx_t）。基于该调整变量，综合反映国际贸易所导致的外部失衡流量调整（$E_t\Delta nx_{t+j}$）与估值效应所导致的外部失衡存量调整（$E_t r_{t+j}$），前者利用进出口贸易数值体现贸易调整对外部调整的贡献，后者利用资产超额回报率体现金融调整对外部调整的贡献，且该资产回报率综合体现了由汇率和资产价格波动所引发国际投资头寸市值的变动情况。模型核心表达式：

$$nxa_t \approx - \sum_{j=1}^{+\infty} \rho^j E_t \left[r_{t+j} + \Delta nx_{t+j} \right] \qquad (2-5)$$

通过该模型，外部失衡金融调整效力可被较为准确地测度，并且易于同贸易调整效力进行对比，是目前测算外部失衡金融调整效力最完备的理论模型，并且不断沿用至今。

三、金融调整效力的衡量结果

运用上述四阶段理论模型衡量金融调整效力，将产生较为不同的结果。

首先，运用初始阶段模型，虽然不能准确衡量金融调整效力，但可以证明金融调整对外部失衡调整的影响是存在的。雷恩和费雷蒂（2007）以市值法修正 1970～2004 年 145 个国家曾经以账面价值记账的国际投资头寸各项目，基于市值法所重新进行测算的国际投资净头寸，发现各国中包括外汇储备、主权债务以及贸易信贷在内的国际投资头寸项目均偏离了账面价值，而该偏离值则为外部失衡的金融调整额。雷恩和费雷蒂（2007）将该值反映为金融调整效力，透过该测算值，发现美国利用美元汇率贬值使得以外币计价的外部资产相对升值，而以美元计价的外部负债相对贬值，进而令其国际投资净头寸市值提升，产生有利的金融调整。该结论也为美国外债危机的缓解提供一个乐观的解释。

其次，运用第二阶段理论模型，虽然也不能准确衡量金融调整的效力值，但是通过所构建的测算模型，能够发现金融调整对外部失衡调整的显著影响程度。IMF（2005）利用该理论模型测算了1996～2004年21个发达国家和28个新兴市场国家的外部调整情况，发现8个发达国家和4个新兴市场国家金融调整对外部调整具有显著影响。同样，宋效军和陈德兵等（2006）利用该模型对中国1977～2002年的外部调整数据展开实证分析，发现金融调整对中国对外部调整的影响是显著的。范志勇等（2009）和王博等（2013）利用该模型发现，随着时间推移，金融调整对中国外部调整的影响程度逐渐加深。同时，贺力平和林娟（2011）、廖泽芳和詹新宇（2012）运用该模型对中国国际投资头寸中外汇储备和主权债务两项重要资产进行分析，发现中国对外债权大规模暴露在美元的贬值风险下，已产生显著不利的金融调整，并造成外部财富流失。

基于第三阶段理论模型，奥布斯特菲尔德和罗格夫（2005）运用实证数据发现金融调整对外部调整的影响并不强，主要由于该模型构建在非抛补利率平价之上，本币汇率贬值带动本国短期债务利率上升，而本国利率上升将抵消由汇率贬值所带来的资产超额回报，进而削弱由汇率波动所引致的金融调整对外部调整产生的影响。刘少英（2012）也在该模型基础上，利用美国1980～2008年的数据进一步证实了奥布斯特菲尔德和罗格夫（2005）的结论。然而，该模型仅考虑由债权资产构建的国际投资头寸，所涉及的金融调整也仅由汇率波动所引致，随着近年来国际间权益投资规模的膨胀，国际投资头寸中债权资产的比重在逐步下降，资产价格波动引致的金融调整较汇率波动引致的金融调整将更受重视。因此，由于该模型所考察的范围并不全面，导致该模型的运用受到严重制约。

基于第四阶段理论模型，古林查斯和雷伊（2007）利用美国截至2004年实证数据展开分析，发现美国金融调整对其外部调整的贡献程度达31%，即金融调整效力为31%。古林查斯和雷伊（2014）基于相同测算模型，利用美国截至2012年的实证数据，发现美国金融调整对外部财富变动的贡献程度在逐步提高，金融调整效力已超过其贸易调整效力。肖立晟和陈思翀（2013）基于该模型，利用中国1998～2011年数据，发现中国金融调整效力达12.1%。刘琨和郭其友（2016）同样基于该模型，利用中国、美国、日本及欧元区2003～2014年相关季度数据，发现上述四个经济体金融调整效力值分别为40.03%、46.10%、9.03%和9.39%，这说明中国金融调整对外部调整的贡献程度在提高。那明和戴振亚（2017）利用中国1982～2012年的年度数据，同样也证实了上述结论，并且发现金融调整具有两面性，对于中国而言，金融调整效力的逐渐提高，使中国外部财富贬值，从而不利于中国外部资产的优化；而对于美国，其金融调整效力的提高，令其外部财富升值，最终实现其外债危机的延缓。杨权和鲍楠（2017）同样基于该模型，利用金砖国家1970~2015年的年度数据，发现印度、俄罗斯、巴西与中国一样，金融调整效力在逐年提升且对本国外部财富产生不利影响。

综合以上测算金融调整效力的四阶段理论模型来看，随着市值法核算的国际投资头寸数据的完善，第四阶段的测算模型在克服其他三阶段模型的缺陷后，能较为准确核算金融调整效力，同时将其与贸易调整效力进行对比。通过测算结果发现，金融调整效力的提高对于美国是有利的，对于中国等新兴市场国家却是不利的，由此金融调整也被认为是导致外部财富由新兴市场国家向发达国家转移的一项关键因素（Benetrix & Lane et al.，2015）。

第三节　探寻外部失衡金融调整的驱动因素

构建合理理论模型实现对金融调整效力的有效衡量，为外部失衡金额调整理论的发展奠定坚实基础，而在此基础上进一步探寻金融调整的驱动因素，将为探索金融调整机理，促进金融调整理论的发展寻找重要突破口。

一、汇率与资产价格波动是金融调整的直接驱动因素

美国经济分析局编制的"国际投资净头寸变动表"将国际投资净头寸的变动额细分为经常账户和头寸变动，其中头寸变动包括由价格波动引致的变动、由汇率波动引致的变动以及统计误差三项。雷恩和香博（Lane & Shambaugh，2010）忽略不经常发生的统计误差后，认为金融调整额包括两项，即：$VA_t = VA_t^E + VA_t^P$，其中，VA_t^E 表示为由汇率波动引致的金融调整，VA_t^P 为资产价格波动引致的金融调整。在 VA_t^E 的测算上，首先将国际投资头寸细化为直接投资、证券投资、贸易债权和外汇储备，其次按外币种类对国际投资头寸进一步细化，最后按各外币汇率波动综合测算出 VA_t^E；而 VA_t^P 测算可近似为 $VA_t^P = VA_t - VA_t^E$。

刘琨（2016）基于上述分解方法，利用中国、美国、日本和欧元区2002~2014年国际投资头寸季度数据，发现对于中国而言，由资产价格波动引致的金融调整较汇率波动引致的金融调整更为显著；对于美国而言，两者的影响程度相当；对于日本和欧元区而言，汇率波动引致的金融调整仍占据整体金融调整的主导地位。同样，那明和戴振亚（2017）以及杨权

和鲍楠（2017）的测算结果，反映包括中国在内的金砖国家，其外部失衡金融调整的主要驱动因素是资产价格的波动。由于金砖国家的金融调整较之贸易调整在整体外部调整中处于负向调整的趋势，不利于金砖国家外部财富的优化，因此由资产价格波动引致的金融调整为其不利金融调整的主要部分。刘威等（2018）基于38国1981～2014年数据，利用古林查斯和雷伊（2007）实证模型以及雷恩和香博（2010）对金融调整的分解方法，发现决定中国和美国产生截然相反金融调整效果的是资产价格波动引致的金融调整，汇率波动对两国金融调整差异的影响不大。同年，刘威和郭小波（2018）的研究利用1982～2014年二十国集团的数据，仅围绕汇率波动产生的估值效应展开研究，发现外汇储备规模较高和人民币供应量持续扩大是中国负估值效应增大的重要原因，而美元温和贬值通过资本项目高度开放使美国长期获得正估值效应。该结论与刘威等（2018）的结论存在一定差异，侧面说明影响金融调整的因素存在复杂性，利用不同样本数据展开研究，其结论可能存在差异。

综上所述，基于雷恩和香博（2010）的分解方法，外部失衡金融调整的直接驱动因素为汇率波动和资产价格波动。通过上述相关实证研究发现，对于大部分新兴市场国家而言，汇率波动引致的金融调整并不占其金融调整的主导地位，导致其产生较发达经济体不利金融调整的主要来源是资产价格波动所引致的金融调整。因此，进一步剖析资产价格波动引致金融调整的过程，发掘驱动金融调整更深层次的因素就显得更有意义。

二、资产结构配置差异成为影响金融调整的深层因素

基于国际投资头寸表结构，按资产收益风险可将国际投资头寸中各项目分解为权益资产和债权资产，其中对于直接投资（FDI）、证券投资中的股权投资部分以及衍生金融工具，由于其收益风险较大，资产价格易于波动，被认定为权益资产；而对于证券投资中债权投资部分、主权债务、贸易债权以及外汇储备，由于其收益稳定，价格平稳，被认定为债权资产（Tille & Wincoop，2010；李俊青和韩其恒，2011；梅冬州和赵晓军，2015）。若国际投资头寸中权益资产占比较大，资产价格波动对整体国际投资头寸所产生的金融调整则影响较大，因此，国际投资头寸中各资产的配置结构成为影响外部失衡金融调整的深层次因素。

从实证数据分析来看，刘琨（2016）将中国由资产价格波动引致的金融调整按资产结构和价格因素进一步细分，发现资产结构因素占据主导，这说明资产结构的不合理成为导致中国产生不利金融调整的主要因素。该研究对比中美两国国际投资头寸的配置情况，发现美国权益资产在其国际投资头寸中配置的比例明显高于中国，说明其利用权益资产价格波动所获得的超额回报是其金融调整优于中国的重要来源。程希和舒艳（2014）利用面板向量自回归模型（PVAR）分别以新兴市场国家和发达市场国家1990～2006年两组截面数据，测算金融调整影响因素，研究发现国际投资头寸资产组合及币种配置对新兴市场国家和发达国家金融调整的影响分别达94.6%和83.6%，较汇率和资产价格波动而言，包括币种配置在内的资产组合是影响金融调整的重要因素。同样，齐天翔、陈瑞和林博（2016）也构建PVAR模型，利用亚洲13个国家2006～2013年的数据进行实证分析，发现国际投资净头寸本身的投资组合和币种配置因素占影响金融调整程度的76.25%。可以看出，各国国际投资头寸结构配置的差异成为各国外部失衡金融调整差异的重要来源。

从宏观经济理论模型分析来看，布兰查德等（2005）基于美国最早构建一个包括美元资产和海外资产的开放宏观经济模型，并引入金融调整因素进行分析，通过模型发现当美元汇率贬值后，以美元计价的债务价值下降，美国债务得以缓解。由于美元汇率产生的金融调整，令美元资产与其海外资产有着明显不可替代性，若该不可替代性程度加深，将减缓美元汇率贬值至稳态的过程。菲利帕和维亚尼（Filipa & Viani，2013）在布兰查德等（2005）的基础上，将国际投资头寸进一步细分为美国权益资产、美国债权资产、美国以外的权益资产和美国以外的债权资产，并将各类型的资产价格和回报率内生化。分析结果认为，对美元资产偏好的下降，将使美元迅速贬值，所引致的金融调整令美国外债短期缓解；美元债权资产投资转向权益资产投资时，虽也造成美元贬值，但美国本土权益资产的价格上升覆盖因美元贬值产生的正向金融调整，最终使美国外债持续恶化。由此可知，国际投资头寸配置的差异，将影响外部失衡金融调整的效力。

三、金融发展程度差异成为影响资产配置结构差异的重要因素

基于上述实证和理论研究，各国间国际投资头寸结构配置的差异成为影响金融调整的深层因素，因此，探索该结构配置差异的来源成为金融调整理论的重要组成部分。古林查斯和雷伊（2007）认为国家间国际投资头寸结构的差异是影响外部失衡金融调整差异的主要原因，其研究认为美国投资人更偏向于持有超额回报较高的权益资产，而美国之外的其他国家更偏向持有回报较低且更稳健的债权资产，因此资产回报水平差异造成了各国金融调整差异。科库罗等（Curcuru et al.，2008）研究认为，各国投资

人对于权益资产和债权资产这两类风险水平不同资产具有不同投资选择偏好，是产生各国国际投资头寸结构配置差异的原因，而各国投资人投资偏好的差异正是国家间金融发展程度差异的表现。

卡巴莱罗等（Caballero et al.，2008）、门多萨等（Mendoza et al.，2009）也都认为发展中国家由于自身金融市场不发达，使其更愿意持有美元资产，而美国发达金融市场可为其提供较高的风险补偿收益率，因此美国持续的外债赤字和美元资产需求提升并存的现象是合理的。发展中国家更愿意持有低风险低收益的债权资产，而发达国家更愿意持有高风险高收益的权益资产，该现象是伴随全球金融一体化出现的正常现象。李俊青和韩其恒（2011）以动态不确定性模型展开分析，同样认为发展中国家由于金融市场发展程度低，配置较多储备性资产，并购买金融市场发展程度高的国家债券，最后导致国际投资头寸配置差异以及世界贸易失衡。因此要降低各国间国际投资头寸的配置差异，根本出路在于降低各国间金融市场发展程度的差异。肖立晟和王博（2011）利用 63 个国家 1970～2007 年面板数据分析，证实金融发展水平可导致国际投资头寸产生结构配置差异。同时，范小云和王伟等（2012）利用引力模型进行面板实证研究，同样证明金融开放程度的国家间差异是决定各国间国际投资头寸中权益资产产生配置差异的原因。刘威等（2018）同样通过实证研究，发现国家间金融发展程度的差异导致国际投资头寸配置产生差异，进而对由汇率波动引致的金融调整和由资产价格波动引致的金融调整都有显著影响。

综合以上研究可知，引致外部失衡金融调整的直接驱动因素是汇率和资产价格波动，然而各国近期数据表明，资产价格波动引致的金融调整在整体金融调整中起到主导作用，这主要是由于国际投资头寸中资产易于波动的权益资产配置比重在日益提高，因此各国国际投资头寸的配置差异成为各国金融调整差异的主要来源。进一步深入研究，发现国家间金融发展程度的差异是国际投资头寸配置差异的重要影响因素，进而说明，国家间金融发展程度差异对各国金融调整效力差异具有重要影响。

第四节　金融调整动态机制及其对宏观经济政策的影响

以上针对金融调整效力衡量的研究，证实外部失衡金融调整的存在性和有效性，而针对金融调整驱动因素探寻的研究，进一步揭示引发金融调整的相关因素，上述研究为探析金融调整的内在机理奠定基础。由于外部失衡调整是一个动态过程，因此刻画金融调整动态机制有利于进一步揭示金融调整机理，探析其对宏观经济的影响，丰富金融调整理论。

一、针对金融调整动态机制的考察

基于上述研究，引入新开放宏观经济分析范式（NOME），通过构建动态随机一般均衡模型（DSGE）将有利于考察金融调整动态机制，并探析其对宏观经济的影响。贝尼格诺（Benigno，2009）通过构造 DSGE 模型并结合金融调整因素刻画了整体外部失衡的动态调整过程，其研究认为外生的价格刚性在一定程度上，削弱了外部失衡的金融调整效力。虽然该模型设置不够完善，仅考虑汇率波动引致的金融调整，但其开辟一条结合金融调整刻画外部失衡调整的新分析路径。帕弗洛瓦和理哥本（Pavlova & Rigobon，2010）基于贝尼格诺（2009）模型进行拓展，构建附带权益资产母国偏好的 DSGE 模型，将传统经常账户改造为结合金融调整因素在内的新型经常账户，通过数值模拟发现，在正向权益资产回报率的冲击下，金融调整和贸易调整对外部资产具有相互抵消的作用，使得新型经常账户较传统经常账户更平稳。该理论模型揭示了金融调整在外部失衡动态调整中的作用，但由于该模型中未考虑引致金融调整的深层次因素，即国际投资头寸配置结构，因此，该理论模型仍不完善。德韦鲁克斯和萨瑟兰（Devereux & Sutherland，2010）进一步拓展涵盖金融调整的开放 DSGE 模型，在模型中考虑国际投资头寸配置结构因素，通过高阶线性分解，将金融调整细分为不可预期与可预期两种，在经济周期冲击下，不可预期金融调整产生与贸易调整相反的作用，对外部失衡调整构成缓冲；至于涵盖国际投资头寸配置结构因素在内的可预期金融调整，其与不可预期金融调整的作用相似，但对整体外部失衡调整的影响作用较为微弱。该理论模型直接体现了国际投资头寸配置结构与金融调整之间的关系，然而，基于高阶分解的局限性在于，国际投资头寸配置结构的表达式为非线性方程，仅能在简单的经济环境中分析外部失衡动态调整，其模型实用性并不强。阮（Nguyen，2011）进一步丰富上述 DSGE 理论模型，讨论在暂时性与趋势性技术冲击下，金融调整在外部失衡调整过程中的作用。研究发现，基于暂时性技术冲击，由于国内消费剩余增加，导致国内企业价值提升，形成负向金融调整，进而外部失衡金融调整和贸易调整作用将相互抵消；但在趋势性技术冲击下，由于消费平滑作用，使外部失衡金融调整和贸易调整作用的方向相同，该冲击下，金融调整对外部失衡调整并不能起到缓冲作用，反而放大外部失衡。

吉洛尼和李等（Ghironi & Lee et al.，2015）基于上述研究，创新性地构建涵盖国际投资头寸配置结构在内的两国 DSGE 模型，利用国内与国外变量差额线性化的方式，简化了德韦鲁克斯和萨瑟兰（2010）模型中对金融调整高阶近似的分解方法，令模型的实用性得以拓展，具体可见：

$$\hat{VA}_t^s \equiv \frac{\hat{VA}_t}{\Delta \hat{NFA}_{t+1}} = \left(1 - \frac{\Delta \hat{x_{t+1}^{\hat{D}}}}{\Delta \hat{v_t^{\hat{D}}}}\right)^{-1} \qquad (2-6)$$

其中，$x_{t+1}^{\hat{D}}$ 表示国内持有国外资产占国外资产的份额与国外持有国内资产占国内资产的份额变动差，$v_t^{\hat{D}}$ 表示国内资产市值与国外资产市值变动差。通过该模型，将金融调整动态变动额线性细分为国际投资头寸配置结构变动因素与汇率或资产价格变动因素，由于上述两类因素实现线性化分解，其较此前各模型更容易考察金融调整在外部失衡调整过程中的作用。利用该理论模型，同样发现经济周期冲击下金融调整与贸易调整的变动方向相反，金融调整对外部失衡调整起到缓冲作用，并且在调整过程中，国际投资头寸配置结构的变动对金融调整的缓冲作用产生影响。然而，该理论模型的主体假设是建立在绝对对称的两个大国经济体上，尚不能针对非对称国家外部失衡调整展开分析，这也成为该方法的局限。

基于上述研究，构建 DSGE 理论模型，同时考虑国际投资头寸配置结构与国际投资头寸价格变动因素，有利于刻画经济周期冲击下金融调整的动态机制，进而有利于针对金融调整在外部失衡调整过程中的作用进行充分考察。通过模型数值模拟发现，金融调整与贸易调整在外部失衡调整过程中的作用往往相反，金融调整对于外部失衡起到了一定的动态缓冲作用，而国际投资头寸配置结构的变动对于金融调整的缓冲作用产生影响。针对金融调整动态机制的研究，进一步揭示金融调整在外部失衡动态调整过程中的作用，拓展了金融调整理论。

二、金融调整动态机制与宏观经济政策

基于金融调整动态机制的研究，考察金融调整对于宏观经济的影响，将有利于金融调整理论在国际金融领域中的运用，对于国家外部经济政策的制定将产生一定指导意义。李欣欣和刘海龙（2015）结合金融调整因素，考察中国在货币政策冲击下的一系列经济影响，通过分析，发现国际收支失衡是货币危机产生的基础，而不同汇率制度下的金融调整将加剧这类失衡。同样，贺力平（2015）结合金融调整因素分析希腊退出欧元区的得失，分析认为，为防止金融调整对一国经济产生不利影响，根本上需努

力避免国内宏观经济政策对国际金融市场的震动效应。迈尔（Meier，2013）通过构建 DSGE 模型，证实由汇率引致的金融调整，令本国货币政策的效果得到增强，金融调整成为实现货币政策有效性的新路径。同样，乔吉亚迪斯和梅尔（Georgiadis & Mehl，2016）也通过构建 DSGE 模型，发现由于金融调整的存在，令本国货币政策的有效性增强25%，并且改变了货币政策以往的传统跨国传递模式。乔吉亚迪斯和詹克考瓦（Georgiadis & Jancokova，2017）的研究则认为，由于考虑了金融全球化所引致的外部失衡金融调整，则令分析货币政策冲击的各类 DSGE 模型不具误导性。

韩永超和杨万成（2016）通过构建 SVAR 实证分析模型，证实在各类宏观经济政策实施的冲击下，金融调整对整体外部失衡调整起到缓冲作用，并且起到主要缓冲作用的金融调整为非预期金融调整，该结论与德韦鲁克斯和萨瑟兰（2010）相似，只不过前者将金融调整动态机制的运用延伸至国际宏观经济政策领域。刘琨和郭其友（2018）通过构建 SVAR 和 DSGE 模型，在考虑金融调整的前提下，模拟财政政策和货币政策冲击下各外部经济变量的动态过程。通过该研究，发现不论财政政策还是货币政策冲击，金融调整都能在冲击下对于外部失衡调整起到一定缓冲作用。可见，将针对金融调整动态机制的研究延伸至国际宏观经济政策领域，可为评价宏观经济政策的运用效果提供一个崭新视角。基于新开放宏观经济分析范式，能有效刻画金融调整的动态机制，通过分析发现，不论在经济周期冲击还是宏观经济政策冲击下，金融调整对外部失衡动态调整都能起到一定程度的缓冲作用，并且考虑金融调整因素，可为评价宏观经济政策在国际上的运用效果提供崭新视角。由此，不少研究开始探讨宏观政策对金融调整的影响，以及通过金融调整渠道对经济发展的影响。

曹强和田新（2020）的研究围绕财政支出与中国估值效应之间的关系并利用 1998～2018 年数据展开分析，为财政政策与外部资产金融调整的理论关系寻找到一系列证据。通过该研究发现财政政策实施之后，财政支出与估值效应之间存在 J 曲线效应，而汇率市场化改革能够强化财政支出对估值效应的 J 曲线效应，进而改善中国外部净资产负向估值效应的现状。宋科等（2021）则基于货币政策冲击下的金融调整程度，利用 1995～2018 年 43 个代表性国家的数据探析货币政策在金融调整渠道中的传导机制问题。其研究发现在发达国家中，货币政策冲击无法通过金融调整渠道对其经济发展起到促进作用，而在新兴市场国家中，货币政策冲击则可以通过金融调整渠道实现经济发展，但是当外币净资产为正的新兴市场国家受到货币政策冲击后，所产生的估值效应会削弱其货币政策传导效果；反而外币净资产为负的情形下则会强化货币政策的传导效果。对于中国而言，货币政策冲击能够对其外净资产产生估值效应，但未显著影响经济增长。许建伟和刘琨（2021）在刘琨和郭其友（2018）的研究基础上，基于2003~2019年人民币汇率波动及相关宏观数据，围绕汇率波动通过金融调整渠道的传递效应展开研究，发现汇率波动通过金融调整渠道对中国经济增长产生的传递效应主要受到投资开放程度、投资替代弹性和投资偏好等相关因素的影响。此外，汇率波动通过金融调整渠道对经济增长的影响较通过贸易调整渠道对经济增长的影响更加复杂，除表现为传递的不完全性与滞后性外，汇率波动分别通过基于FDI和OFDI资产的金融调整渠道对经济增长的影响在即期和存续期还呈现出相互抵消态势。此外，外部政策事件也在通过影响外部资产金融调整情况。杨权和汪青（2021）的研究基于2005~2019年130个经济体的样本数据，利用倾向性匹配和双重差分法（PSM-DID）法，发现"一带一路"倡议的实施能够通过提升沿线国家权益资产规模与优化外部资产结构，进而显著改善沿线国家外部头寸中的估值效应，提升沿线国家外部财富。

第五节　金融调整理论的未来发展及启示

金融调整理论作为外部调整理论的重要扩展，成为新开放经济宏观经济学理论的一个重要发展分支，其理论在未来还可能存在以下发展。

首先，已有研究发现国际投资头寸配置结构对金融调整效力具有重要影响，同时也发现，国家间金融市场发展的差异程度是导致各国国际投资头寸配置结构差异的主要来源，然而现有研究尚未清晰揭示国家间金融发展程度差异、国际投资头寸配置结构与金融调整效力三者之间的动态关系。因此，针对该三者间动态调整机理的研究将成为金融调整理论的重要发展之一。

其次，由于国家间国际投资头寸配置结构的差异对于金融调整效力产生重要影响，而金融调整又为经济周期以及宏观经济政策等外部冲击对国家外部经济的影响提供新渠道。因此，在不同国际投资头寸配置结构下，结合考虑金融调整因素，探析外部冲击对国家外部经济的不同影响，成为金融调整理论的一项重要运用。根据梅冬州和赵晓军（2015）的研究，权益资产比重越高的国家，其金融危机的传导效应越强，且金融市场的非完备性放大了冲击对本国的影响，然而，该研究未考虑金融调整因素，因此，结合金融调整因素，在不同国际投资头寸配置结构下，重新审视外部冲击对本国经济的影响，将有助于进一步提高金融调整理论体系的深度。刘琨和郭其友（2020）基于投资方向维度将国家外部权益型资产分为本国对外权益型投资和外国对内权益型投资，并探讨该动态结构对金融调整程度的影响，该研究利用 NOEM 理论框架构造的 DSGE 模型结合 1999～2017 年相关数据进行动态模拟之后，发现外部权益资产结构与估值效应间的动态机制以及该动态联系在不同经济体间存在的异质性。

最后，金融调整相对于贸易调整，在外部冲击下对外部失衡调整具有缓冲作用，然而，对其缓冲作用的持续性还有待进一步探究。刘（Jiaqian Liu, 2016）通过构建发达国家和新兴市场国家两组面板数据，以 PVAR 实证方法发现，在新兴市场国家中，金融调整对外部失衡调整的效力仅在短期有效，而在长期无效，但该研究尚未详细分析金融调整效力的持续机制。因此，探究外部失衡金融调整效力的持续性，将有助于进一步丰富金融调整理论体系。

随着全球金融一体化，国际间相互投资的规模正在扩大，金融调整对外部失衡调整的影响程度也在加深，基于金融调整的视角，能够更加完整地分析解释外部失衡的影响因素、动态调整过程以及相关外部宏观经济现象。由于金融调整的存在，美国的债务危机得以短期缓解，但同时也造成包括中国在内各新兴市场国家外部财富的流失，外部失衡金融调整理论也因此实现了对外部调整理论体系的进一步扩展。目前，中国经济正在步入"新常态"的发展阶段，随着经济增长速度放缓、国内产能过剩以及金融市场的逐步开放，大量中国资本有着走出国门的需求，以寻求更高的资产投资回报并消化剩余产能，随着"一带一路"建设的全面开展，未来中国的国际投资存量规模也将快速膨胀。同时，在构建开放型经济新体的过程中，中国也将逐步开放金融市场，跨境权益资产的互持规模也将进一步扩大。因此，金融调整对中国外部失衡调整的影响程度将更加深远，基于此，本章所梳理的金融调整理论，对于正在构建全面开放经济格局的中国而言，在优化外部财富、调整外部失衡、合理安排国际投资头寸结构以及评价宏观经济政策有效性方面，具有如下有益启示。

首先，进一步优化国际投资头寸配置结构，有效利用金融调整改善外部失衡，实现外部财富的优化。多年来，中国持续吸引外商投资，产生大量外部权益负债，随着中国经济增长，该外部资产不断升值，对于中国造成负向金融调整，令财富外流；反观美国，其利用对外投资超额回报所产生的正向金融调整，缓解其外债危机。因此，中国应着手配置一定规模的高收益海外权益资产，实现资产结构优化，利用正向金融调整改善外部失衡，提升外部财富。

其次，优化国际投资头寸配置结构中币种结构，充分利用汇率工具所产生的金融调整效应改善中国的外部失衡状况。随着人民币加入特别提款权（SDR），人民币国际化进程正在加快，利用汇率工具令本币适度贬值，不仅能带来由国际贸易产生的流量财富，而且会因国际投资头寸升值而产生正向金融调整，两者可一并改善中国的外部失衡情况。同时，为降低其他货币由汇率波动产生的不利金融调整影响，也需进行币种结构优化，以分散汇率风险。

再次，审慎开放金融市场，注重中国与发达国家金融市场发展程度的差异对其外部失衡金融调整的影响。根据本章梳理，国家间金融发展程度的差异是国家间国际投资头寸配置结构差异的主要来源，而配置结构差异对金融调整效力将产生显著影响。随着中国金融市场的逐渐开放，中国与世界其他国家间金融市场发展的异质性将造成国际间投资的不完全性，且该不完全性将通过国际投资头寸配置结构对外部失衡金融调整效力产生影响。

最后，随着中国深度融入世界经济，在评价宏观经济政策对外部经济影响的有效性上，还需考虑政策冲击下外部失衡的金融调整作用。根据本章梳理，经济周期冲击下，外部失衡金融调整对冲击具有缓冲作用，并最终影响外部财富的增减变化。同理，对于中国而言，随着开放程度的提高，在涉外经济政策的制定过程中，也应充分考虑政策冲击下金融调整的动态作用，令中国相关涉外经济政策的效用评价结果更加完善和客观。

第三章　金融调整的规模与变化趋势

【导读】

本章通过构建金融调整的核算体系，测度金融调整的规模，并通过纵横向对比，分析金融调整的变化趋势。本章首先围绕国际投资头寸表中各类外部资产的价值构成展开分析，以市场法重塑各项外部资产的价值。其次，构建合理的金融调整核算体系，测算世界各主要国家金融调整的规模，并区分发达经济与新兴市场经济体进行展示。再次，通过纵向和横向对比，分析各国金融调整的变化趋势以及差异。研究发现，21 世纪以来，各国金融调整的规模总体上呈现不断扩大的趋势，但是变化趋势具有显著差异性。金融调整造成中国外部财富无谓流失并且流失规模不断扩大，却令美国外部债务得到一定缓解，同时也对日本、欧元区国家以及印度、巴西等国的外部财富也造成一定程度的不利影响。

第一节　国际投资头寸的编制规则与数据完善

本章对估值效应的规模、结构及对外部均衡影响程度的测算，其数据基础都来源于记载国际投资头寸的统计表，因此国际投资头寸统计表的构成及其编制规则成为本章测算理论的基础。通过对国际投资头寸表编制规则的认识，进而可按市值法修复完善所需的国际投资头寸数据。

一、国际投资头寸表解读

国际投资头寸（IIP）表是指在财年截止时点记载一国（或地区）外部存量金融资产或负债的统计报表，其中所谓头寸（position）是指一项资产在一个时间中的余额，既可以指存量资产，可以指存量负债，净头寸则是指资产扣减负债的净额。头寸的变动是由在一定期间由交易带来的流量变动形成的累积或者因单位价格变动所产生存量的变化。IIP 表中的信息反映一国（或地区）在一定时点时，所拥有对外部财富的情况，若国际投资头寸资产扣减负债的净额为正数，则说明其拥有对外财富；若为负数，说明其需偿还所欠的财富。因此，可以将 IIP 中的资产部分理解为一国（或地区）拥有的对未来资本收入的权利，而负债部分可理解为所拥有的对未来资本支出的义务。IIP 表的作用类似于微观经济中企业的资产负债表，用于反映编制主体对未来资本收入的权利以及未来资本支出的义务，其可以为经济主体外部的经济风险状况提供基础信息，对分析其外部宏观经济与政策有着重要的意义。

在编制 IIP 表之前，人们对国际收支的关注重点都在国际收支平衡（BOP）表上，BOP 表记录的是一国（或地区）在特定时期中，由国际贸易、股利收益、权益投资或者债券债务的交易金额。其作用类似微观企业中的利润表，反映编制主体一定期间的交易流水，其交易产生对应权益或义务的累积则记录至 IIP 表中。随着国际贸易及金额一体化趋势，国际贸易以及投资的规模都在扩大，因此交易量的扩大，势必造成头寸规模的增大，而国际投资头寸反映一国（或地区）外部财富的水平，因此 IIP 表编制的重要性也就凸显。

在发达国家中，英国最早开始编制 IIP 表，其在 1966 年就开始对该表进行编制，这也同英国长期以来一直奉行对外资本输出的经济策略有关。美国在 1976 年开始编制 IIP 表并形成其独立的编制方法，其数据是较为完整和全面的，例如在 IIP 表中各项目中，除了以账面价值计价，还提供市值计价，自 2006 年美国开始提供分季度的 IIP 表。日本 IIP 表的编制也较早，其自 1986 年开始编制且数据也较为完整。欧元区自 1999 年成立后，即开始编制整体的 IIP 表以及初始 11 成员国各自的 IIP 表。我国自 2006 年开始公布 2004～2005 年的 IIP 表，并在 2011 年起按季度进行编制，而中国香港在 2000 年开始编制 IIP 表。

二、国际投资头寸表的主要构成

目前大部分国家（或地区）主要按照国际货币基金组织（IMF）发布的《国际收支手册》（*Balance of Payments Manual*，BPM）进行编制，英国及日本早期也有自身的编制体系，之后也与 IMF 的编制体系趋同，仅有美国在内容科目上略有不同。IMF 的《国际收支手册》早在 1948 年发布第一版后，又在 1950 年、1961 年、1977 年、1993 年和 2009 年进行了六次更新和补充，其中 1993 年的第五版（BPM5）中新增 IIP 统计表，随后成为大部分国际（或地区）的范本并沿用至今。按 BPM5 对 IIP 的内容的描述，其资产方面主要涵盖了直接投资、证券投资、其他投资以及外汇储备四个大类；负债主要包括外国对内直接投资、证券投资以及其他投资三个大类。在大类中还有细类，比如直接投资中按风险不同分为权益型直接投资和债权型直接投资；证券投资中也分为权益投资和债权投资，其中国家间的主权债务就体现在证券投资下的债权投资项目；其他投资中主要包括借款以及贸易信贷等，其主要是由于贸易交易形成的借贷款；外部储备则主要是由于出口贸易、投资获利形成的以外币计价并留存的储备性资产。相对于 BPM5，2009 年更新的 BPM6 更加强调金融创新，并突出衍生金融工具等投资的重要性，对在 IIP 表中原来属于证券投资下的金融衍生品进行单列。此外，从 IIP 表的其他项目结构来看，BPM6 也比 BPM5 更加细致。

本章将上述 IIP 中直接投资与证券投资项目中的股权部分的资产标识为权益型资产，相应负债称权益型负债，而剩余的其他资产由于都带有债权债务性质，统一称作债权型资产或负债。我国从 IIP 表编制开始，其资产头寸就超过负债头寸，即净资产头寸为正数，代表我国对外拥有财富；而美国净资产头寸从 1999 年开始持续为负，且不断恶化，表示其对外部经济体的支付义务越来越重。

三、国际投资头寸表的编制规则

（一）记账原则和表间关系

按 BPM5 和 BPM6 对于 IIP 表和 BOP 表的记账原则是按照权责发生制进行的复式簿记。对于 BOP 表，记录体现为交易的流量，交易的一方可以是代表贸易一方的进口、出口或者投资、借款等金额，交易的另一方必须是外汇资本，其中进口、出口金额是在 BOP 中的经常账户中体现，而投资、借款金额则是在金融账户中体现，外汇资本的期末余额应为 0，表示 BOP 表均衡，即所有外汇资本借贷相等。记录完 BOP 表的流量交易，期末其交易的累积余额则反映在 IIP 表上，如出口带来的外汇流入，则记录在 IIP 表的外汇储备增加；对外直接投资带来的外汇流出，则记录在 IIP 表上的外汇储备减少，但同时记录直接投资增加。因此，根据 BOP 表和 IIP 表的国际收支记账原则中可以看出，只有 BOP 表中的经常账户交易额的增减才会引起 IIP 表中净额的变动，即只有进出口贸易以及股息收支才对 IIP 净额的增减有影响，而投资交易活动，对 IIP 净额并没有影响。由此可以看出，IIP 净额是 BOP 中经常账户的累积。根据 IMF（2005）即：

$$NFA_t - NFA_{t-1} = (NX_t + IA_t) + (CT_t + KA_t) + EO_t + KG_t \qquad (3-1)$$

其中，NFA 表示国际净资产头寸，NX 表示净出口额，IA 表示利息及股利，NX 与 IA 相加即为经常账户，CT 和 KA 分别表示现金转移支付和资本转移支付，EO 表示遗漏及误差，KG 表示资本利得。一般情况下 CT、KA、EO 和 KG 的金额较小且可以忽略。因此式（3.1）建立了 BOP 表和 IIP 表之间的勾稽联系，BOP 表与 IIP 表共同构成一国（或地区）完整的外部账户体系。

（二）计价基础与计价货币

按照 BPM5 和 BPM6 的编制原则，对 BOP 表一般按照交易发生当期的账面价值记账，而对于 IIP 表则应分项目进行核算，对于直接投资可按所投资股权的上市股票价格在期末的时点数进行核算，即市值法核算，但对于没有上市的股权，可按公司会计报表上的账面价值核算，即账面值核算，但也可找到相匹配的市值进行市值法核算；对于证券投资，应按可观察到的市场价值进行核算，即市值法核算；其他投资按账面值核算；储备资产由于仅包括外汇资本，直接以期末的汇率重估即可，即市值法核算。以上计价基础，除了外汇储备易于用市值法进行核算外，对直接投资和证券投资的市值法核算，难度较大，不少国家由于金融水平相对落后，在市场上找不到与其值匹配的市值，因而大部分国家还仍采用账面价值记录 IIP 表。我国也是到了 2009 年才开始使用市值法编制 IIP 表。

在计价货币方面，一般按照投资和交易所使用的外汇币种进行计价。一般而言，一国（或地区）的对外资产使用外币进行计价，而对外负债使用本币进行计价。但也有国家（或地区）货币独立性较弱，如印度尼西亚、泰国等新兴市场国家，其也接受美元的直接投资，因此其国家对外负债中也有美元等外币计价的份额，反过来也使得美国等发达国家对外资产中也有部分是按本币计价。

四、市值法完善国际投资头寸数据

（一）年度取数口径

按估值效应的内涵，在测算国际净资产头寸时，需要对表示存量的各项资产和负债按市值进行重估，而对表示流量的经常账户按其当前账面价值测算。根据 IMF 的 BPM6 的会计编制原则，要 IIP 表按市值进行编制，美国经济分析局（BEA）对 BOP 表和 IIP 表的编制原则也基本同 IMF 相同，仅在项目分类有所区别，我国 2009 年起对 IIP 表编制也采用了市值法编制①。为了测算 2009 年之前的估值效应，仍需要对 2009 年前的数据按照市值法进行重估，雷伊和费雷蒂（2007）构建了按市值重估各国 IIP 的数据库②，因此本章采用其截至 2009 年的重估数据，2011～2019 年的数据则选取各经济体按最新 IIP 表市值法编制的各资产头寸的数值，并对国家外部净资产（NFA）按以下各项目进行取值：

$$NFA_t = EQA_t - EQL_t + DEBTA_t - DEBTL_t + FDIA_t - FDIL_t + FX_t \quad (3-2)$$

一般而言，以上国家外部净资产（NFA）包括四个部分，分别是净股本证券投资存量（EQA - EQL）、净债务性资产存量（DEBTA - DEBTL）、净对外直接投资存量（FDIA - FDIL）以及储备资产（FX）四个部分。

（二）季度数据完善

由于国际投资头寸数据在进入 21 世纪后才逐渐丰富，因此为真实体现数据反映的经济内容，应增加数据长度。本章对季度数据上选取 2003～2019 年的季度数据，并在中国、美国、欧元区和日本进行比较。具有最全面季度数据的经济主体为日本和欧元区，美国自 2006 年开始提供季度数据，中国自 2011 年起开始提供季度数据，因此需要重估美国 2003～2006 年以及中国 2003～2010 年的季度数据。由于各经济体 BOP 季度数据较为完整，因此在估算季度 IIP 数据时，按雷伊和费雷蒂（2007）和肖立晟和陈思翀（2013）的估算方法，采用存量加上流量的方式进行修复和完善，具体操作为：

$$V_{t+1} = V_t' + Flow_t \quad (3-3)$$

其中，V_t' 表示期初各类资产头寸存量按期末市值重估后的值，$Flow_t$ 表示期间由于新增投资或期间贸易导致的存量增量。

1. 美国季度数据

美国经济分析局从 2006 年开始按季度数据编制，则需要估计 2003～2005 年的季度数据，这期间年度存量数据可以采用 EWN 数据，而季度数据使用古林查斯和雷伊（Gourinchas & Rey，2007）的估计方法，将证券投资和 FDI 的存量变化按照世界证券指数（MSCI all-country world equity）的变动进行调整，债券投资资产和负债存量按照其各自长期和短期的权重按三个月和十年期的美国企业债利率的变动进行调整。在对存量进行价格调整后，由于美国对外资产主要以外币计价，还应采用综合汇率来对资产

---

① 中国外汇管理局对国际投资头寸的编制方法，可参见外管局《国家外汇管理局：正确解读中国国际投资头寸表》（http：//www. gov. cn/gzdt/2011 - 12/05/content_2011354. htm）。

② 该数据库 "The external wealth of nations" 为雷伊和费雷蒂（2007）创建，目前已记录 189 个国家和地区 1970～2011 年按市值法估算的国际投资头寸各项目数值。

进行调整，按年度汇率升贴水计算存量资产升值和贬值的情况，其中综合加权汇率，利用同美国贸易最密切的中国、欧盟以及日本的贸易额加权计算美元对其汇率的变动情况。在调整存量后，加入 BOP 表中相应 EQ、FDI、DEBT 的流量数据后，则形成新的季度数据。

2. 中国季度数据

中国从 2011 年才开始进行季度数据编制，在修复季度数据时，按以上美国的处理方法进行，对外 EQ 和 FDI 按世界证券指数（MSCI all-country world equity）进行存量调整，外资对内的股权投资按我国证券市场总市值变动进行调整，对外债权投资按美国短期（半年）企业债利率变动进行调整，外资对内债权投资按我国 1 年期基准贷款利率变动进行调整，我国外汇储备按美国平均国债利息率变动进行调整。最后加入 BOP 表中的流量数据，修复头寸表中的季度数据。

3. 日本与欧元区季度数据

日本和欧元区季度数据较为完整，年度取数来自雷恩和费雷蒂（2007）构建的国家外部财富数据库（external wealth of nation，EWN）以及年度 IIP 表进行取数，而季度数据按欧盟统计局以及日本央行提供市值法测算的季度 IIP 数据。

第二节　金融调整的规模测算

一、金融调整影响综述

进入 21 世纪，随着美国外债规模的逐渐扩大以及经常账户赤字的高居不下，人们对美国经济能否持续稳定发展的争论愈发激烈。然而随着时间的推移，美国经济并未出现不可持续的债务危机，美元也未出现大幅度的贬值。从反映国际收支的"国际收支平衡表"（BOP）和"国际投资头寸表"（IIP）来看，2000～2019 年，美国经常性账户占 GDP 比重年均达 -3.45%，而国际投资净头寸年增长占 GDP 比重平均值为 -2.95%。说明反映外部净资产的国际投资净头寸增值抵消了部分贸易赤字引发的外债，这种现象最早被雷恩和费雷蒂（2001）定义为估值效应。其表示由于汇率或资产价格的波动导致存量外部资产的价值变动所产生的未实现资本收益或损失，而该收益或损失根据国际货币基金组织（IMF）对 IIP 和 BOP 的编制规则，未记录在以实际交易为基础的经常账户中，但反映在以市值法核算的国际投资净头寸中。

随着国际贸易规模的扩大以及其不均衡的发展，各国均形成一定规模的外部存量资产或负债，例如常年贸易顺差导致新兴市场国家累积大量的存量债权，而美国为代表的发达国家由于贸易逆差导致累积大量的存量债务，因此以贸易流量的不均衡发展，最终导致存量的不均衡。同时，由于跨国金融开放程度的深化，跨境投资的规模也在逐年上升，进一步扩大了外部存量资产的规模。存量外部资产规模的扩大，提升了由于汇率和资产价格波动所产生估值效应的影响，因此近年来，估值效应对外部存量资产的调整作用已越发明显，并得到西方学者的逐步重视。古林查斯和雷伊（2005）通过 1973 ~ 2004 年的季度数据测算，认为美国一直存在正估值效应，其冲抵了 31% 由贸易逆差引起的国际投资净头寸逆差；雷恩和费雷蒂（2004）测算印度尼西亚 1991 ~ 2002 年间由于汇率变化引发的估值效应导致其国际投资净头寸损失 GDP 的 16.1%，冲抵了其贸易顺差。因此，可以看出估值效应存在两种方向的作用，其与经常账户的顺差或逆差组成四种组合，即：经常账户顺差，正估值效应；经常账户顺差，负估值效应；经常账户逆差，正估值效应；经常账户逆差，负估值效应。而其中第二和第三种组合有利于改善外部存量资产的失衡，第一和第四种组合都将放大外部失衡的规模，而从外部财富的角度看，带有正估值效应的第三种组合最为有利，如美国，既可向其他国家借债进行消费，又可以正估值效应降低外债的影响。

反观我国的情况，我国经常账户已实现连续 30 年顺差，但近 10 年，我国以 GDP 为权重的年均净资产增长率为 1.07%，低于相应年均经常账户顺差占 GDP 的比重（1.88%），充分说明由于负估值效应，导致我国外部财富的增长低于流量的累积，造成国内资源无偿对外转移。因此，估值效应也越来越得到国内开放宏观经济领域研究人员的重视，宋效军等（2006）、廖泽芳等（2012）、肖立晟等（2013）、王博等（2013）通过经验数据证实了我国存在负估值效应。

二、金融调整规模的测算理论及方法

（一）估值效应的理论分析

估值效应表现为一国外部存量资产的价值变动，根据 IMF（2005），国际净资产头寸的变化表示为：

$$NFA_t - NFA_{t-1} = (NX_t + IA_t) + (CT_t + KA_t) + EO_t + KG_t \quad (3-4)$$

其中，NFA 表示国际净资产头寸，NX 表示净出口额，IA 表示利息及股利，NX 与 IA 相加即为经常账户，CT 和 KA 分别表示现金转移支付和资本转移支付，EO 表示遗漏及误差，KG 表示资本利得。若假设转移支付和遗漏及误差项为 0，且外部资产和外部负债的收益相等，用对应期 GDP 进行标准化后可表示为：

$$nfa_t - nfa_{t-1} \equiv nx_t + \frac{i_t - \gamma_t}{1 + \gamma_t}nfa_{t-1} + \frac{k_t}{1 + \gamma_t}nfa_{t-1} \qquad (3-5)$$

其中，nfa 表示单位 GDP 的国际净资产头寸，nx 表示单位 GDP 的净出口额，γ 表示国家 GDP 名义增长率，i 表示投资实得收益率，而 k 表示外部净资产资本收益率。以上式（3 -5）最后一项则是以未实现外部净资产资本收益表示的估值效应。可以看出估值效应的规模受到外部净资产规模以及汇率和资产价格变动的影响。

（二）测算估值效应规模的方法

根据上式（3 -4），雷恩和费雷蒂（2004）、蒂勒（2008）及德韦鲁斯克和萨瑟兰（2010）将其简化表示为：

$$NFA_t - NFA_{t-1} \approx CA_t + VA_t \qquad (3-6)$$

式（3 -6）中，CA 表示经常账户，VA 即表示估值效应。

为更好地进行跨国比较，本章对式（3 -6）两边同除以国内生产总值（GDP）予以标准化，可得：

$$\Delta nfa_t = ca_t + va_t \qquad (3-7)$$

其中，Δnfa 为单位 GDP 的对外净资产头寸变化量，ca 和 va 为单位 GDP 的经常账户和估值效应。

（三）测算估值效应规模的取值

按估值效应的内涵，在测算国际净资产头寸时，需要对表示存量的各项资产和负债按市值进行重估，而对表示流量的经常账户按其当前账面价值测算。根据 IMF 的 2009 年《国际收支和国际投资头寸手册》（第六版）的会计编制原则，已要求 BOP 表和 IIP 表分别按账面价值和市值进行编制，美国经济分析局（BEA）的编制原则也基本同 IMF 相同，仅在项目分类上与 IMF 有所区别，我国 2009 年起对 IIP 编制也采用了 IMF 的编制方法[①]。为了测算 2009 年之前的估值效应，仍需要对 2009 年前的数据需要按照市值法进行重估，由于雷恩和费雷蒂（2007）构建了按市值重估各国

---

① 中国外汇管理局对国际投资头寸的编制方法，可参见外管局《国家外汇管理局：正确解读中国国际投资头寸表》（http：//www. gov. cn/gzdt/2011 - 12/05/content_2011354. htm）。

IIP 的数据库①，因此本章采用其截至 2009 年的重估数据，2010 ~ 2019 年的数据则选取各经济体按最新 IIP 市值法编制的各资产头寸的数值②，并对外部净资产（NFA）分以下项目取值：

$$NFA_t = EQA_t - EQL_t + DEBTA_t - DEBTL_t + FDIA_t - FDIL_t + FX_t \quad (3-8)$$

以上国家外部净资产（NFA）划分为净股本证券投资存量（EQA - EQL）、净债务性资产存量（DEBTA - DEBTL）、净对外直接投资存量（FDIA - FDIL）以及储备资产（FX）四个部分。

第三节　金融调整的国际比较

一、中、美、日及欧元区金融调整的规模与分析

（一）金融调整规模绝对值的比较

中国、美国、日本和欧元区四个经济体为国际公认的四个大国经济体，其拥有较高生产能力和广阔消费市场，经济总量排名全球前四位。除美国之外，日本和欧元区也属于发达经济体系列，也是全球科技创新的重要来源地。四大经济体共同构建 21 世纪以来国际经贸多元化的新格局。随着人民币国际化进程加快，美元、欧元、日元和人民币构成的国际结算多元化格局也正在形成。

通过以上测算与取值方法，将 IIP 头寸资产按年末时点数的名义汇率转换为本币计价后，根据公式（3-6）及按资产市值重估后的 1999 ~ 2019 年 IIP 表及 BOP 表数据测算中国、美国、日本及欧元区这四大经济体估值效应规模。由于上述四个经济体使用的货币不相同，因此用 1999 ~ 2019 年每年度单位 GDP 估值效应规模（当年以本币计算的估值效应规模／当年以本币计算的 GDP）的累计值反映该经济体 20 年以来的估值效应状况，测算结果见图 3-1。基于结果可以看出，美国具有非常显著的累计正估值效应，相反，欧元区、日本和中国都具有明显的累计负估值效应，欧元区负向估值效应最为严重，中国次之，日本的负向估值效应最轻。从四大经济体 21 世纪以来金融调整规模的分布格局可以看出，美国的正向估

---

① 该数据库"The external wealth of nations"为雷恩和费雷蒂（2007）创建，目前已记录 189 个国家和地区 1970 ~ 2014 年按市值法估算的国际投资头寸各项目数值。

② 2010 ~ 2019 年数据，美国数据来源于美国经济分析局（BEA），中国数据来源于国家外汇管理局，日本数据来源于日本银行，欧元区数据来自 WIND 资讯金融终端。

值效应的来源很有可能来自中国、欧元区和日本三大经济体的负向估值效应，即中国、日本和欧元区的外部财富流失成为美国外部财富的来源。

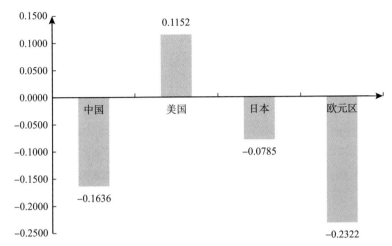

图 3 - 1　中国、美国、日本和欧元区（1999 ~ 2019 年）累计估值效应

注：原始数据来源于各经济体 BOP 表和 IIP 表统计数据。

（二）单位 GDP 金融调整规模的比较及趋势分析

根据公式（3 - 7），为方便比较各经济体之间估值效应的变动趋势，将各经济体的 GDP 作为估值效应的权重，并将其与计算估值效应的两个因素——经常账户 ca 和国际投资净头寸（Δnfa），共同参与比较和趋势分析，具体见图 3 - 2 ~ 图 3 - 5：

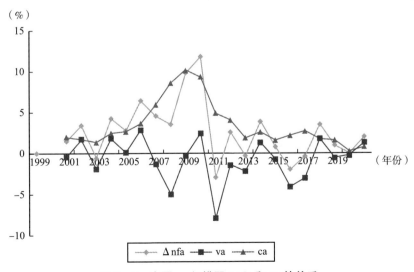

图 3 - 2　中国 va 规模同 Δnfa 和 ca 的关系

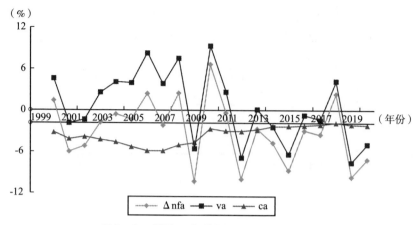

图3-3　美国 va 规模同 Δnfa 和 ca 的关系

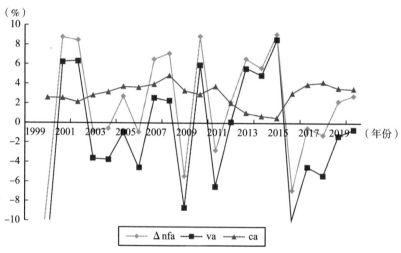

图3-4　日本 va 规模同 Δnfa 和 ca 的关系

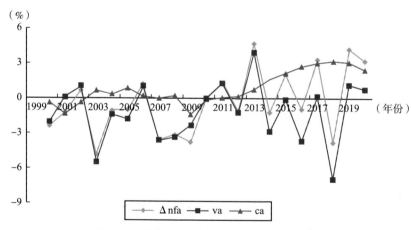

图3-5　欧元区 va 规模同 Δnfa 和 ca 的关系

围绕图 3-2~图 3-5，按时间序列进行纵向对比，可以看出：（1）虽然中国经常项目持续顺差，但自从 2006 年开始常年处于负估值效应状态，拉低了外部净资产的总值。（2）相反，美国虽然经常项目持续逆差，但是其正向估值效应明显，拉高了其净外部资产头寸，然而，并不是所有年份美国的估值效应都是正数，2008 年次贷危机、2011 年欧债危机、2014 年以及 2018 年的美元大幅升值都造成美国呈现负估值效应。（3）日本与中国相似，经常账户保持常年顺差，但估值效应波动明显，2011 年之后，日本实行宽松货币政策，导致日元贬值，推动正估值效应产生，促进其外部财富的增长。（4）欧元区经常账户波动幅度较大，估值效应也拉低了部分年份的净外部资产头寸。欧元区 2003~2005 年之间贸易顺差明显，但估值效应呈现负值，拖累整体外部净资产的增长；2007 年开始的次贷危机以及之后的欧债危机对欧洲经济构成一定影响，贸易由顺差转向逆差，同时，负估值效应仍然持续，造成整体外部财富增长乏力；2012 年之后，欧洲经济开始复苏，经常账户开始由逆差转向顺差，估值效应也开始转向正数，带动外部财富增长；但是 2018 年全球贸易摩擦加剧，欧元升值压力较大，造成欧元区负向估值效应严重。

将年度估值效应规模（VA）转换为累计值，并从四大经济体横向比较（见图 3-6），可以看出：（1）中国从 2008 年之后开始呈现负估值效应，导致 2008 年之后整体累计估值效应为负，同时也说明贸易顺差所获外部财富外流；但是该现象在 2016 年之后开始略有好转，2016~2019 年中国累计负估值效应未出现持续恶化现象，而是逐渐稳定并略有缓和；整体来看，近 20 年以来中国在近 10 年出现负估值效应，外部财富外流现象明显。（2）相反，美国 21 世纪来正估值效应的年份较多，导致累计估值效应为正，缓解部分由贸易逆差引起的债务增长；但是 2011 年之后美国累计正向估值效应规模开始出现下滑，2017~2019 年间，美国正向估值效应出现较为明显的连续下滑，说明美国正向估值效应对美国由贸易逆差引发债务增长的缓解效应正在减弱，该现象很可能是由于美国特朗普政府执政期间的经济刺激政策令美元产生明显升值。（3）由于日元持续采用放量宽松的货币政策，导致 2008~2015 年之间日本的累计估值效应逐渐由负数转为正数，其负估值效应已得到明显改善，2017 年之后日本累积估值效应开始由正数转为负数。（4）欧元区则同中国类似常年处于负估值效应，由于欧元区同日本类似采用放量宽松货币政策导致其 2011~2016 年期间估值效应恶化的趋势受到缓和，但 2016 年之后欧元区负向估值效应的趋势又开始恶化。日本和欧元区的估值效应在近年来的恶化效应很可能与放量宽松货币政策在汇率调整效果上减弱有一定联系。

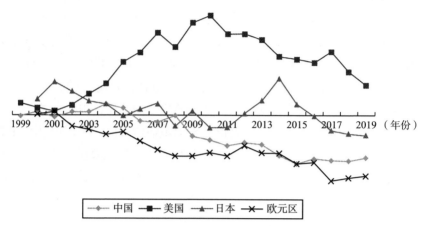

图3-6　中、美、日及欧元区单位GDP估值效应累计规模VA的比较

基于以上四大经济体的估值效应变化趋势可以看出，在2008～2016年间，世界处于"次贷危机"的复苏期间，美国的正向估值效应越发明显，而中国和欧元区持续处于负向估值效应的区间，但相对欧元区负向估值效应趋于缓和，中国的负向估值效应扩大明显，说明中国在这期间逐渐承接欧元区的负估值效应；但是随着2017～2019年间逆全球化趋势的抬头以及日元和欧元放量宽松货币政策对汇率调节的效果减弱，包括美国、日本和欧元区在内的发达经济体还是出现明显负估值效应，但在这期间中国的负向估值效应则开始出现稳定趋势，说明中国在这期间应对外部财富流失的负向估值效应取得一定效果。

二、其他经济体金融调整的规模与分析

（一）欧洲主要国家金融调整情况

根据公式（3-6）和公式（3-7），对包括欧元区在内的欧洲地区16个主要国家的估值效应展开测算，并用2000～2019年累计单位GDP估值效应规模来描述该地区主要国家外部经济失衡的金融调整情况，并作图3-6予以反映。根据图3-7，可以看出，在欧洲经济较为发达的16个国家之间，其金融调整程度也具有较大差异。其中，英国、挪威和芬兰与其他欧洲大部分国家差异明显，其在2000～2019年的20年间累计产生具有显著的正估值效应；欧洲大陆重要经济发动引擎国，如法国、德国、意大利、西班牙、荷兰、瑞士都具有明显的负估值效应，德国和法国的负

估值效应较为显著；此外，北欧四国中，丹麦、挪威和芬兰产生一定程度的正估值效应，但是瑞典却具有明显的负估值效应。

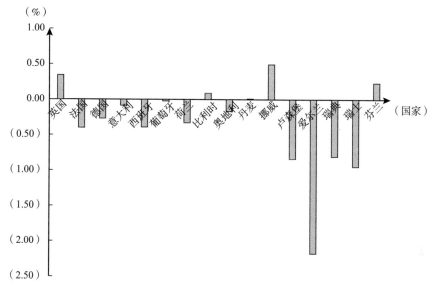

图 3 - 7　欧洲部分国家（2000～2019 年）单位 GDP 累计估值效应

注：原始数据来自各经济体央行数据并经过作者加工计算而成。

根据公式（3 -7），按 GDP 比重将估值效应进行换算，可以看出，各国每年的金融调整波动明显，例如英国、法国、西班牙、葡萄牙、荷兰、比利时、挪威、卢森堡、爱尔兰、瑞典、瑞士、芬兰的部分年份金融调整波动幅度都超过10%，金融调整对国家外部经济失衡调整的影响程度明显（见表3-1）。

表 3 -1　　　　欧洲主要国家 2000～2019 年 GDP 单位估值效应　　　单位：%

年份	英国	法国	德国	意大利	西班牙	葡萄牙	荷兰	比利时
2000	13.21	0.19	0.19	0.59	2.15	3.72	-8.07	-5.00
2001	-1.45	4.19	5.15	2.65	-1.71	2.93	-0.78	-13.33
2002	3.82	-1.22	-8.24	-6.23	-11.13	-13.65	-16.74	-10.13
2003	3.54	-10.55	-0.89	-4.06	-10.52	-9.88	9.63	3.68
2004	-5.45	-1.18	-0.35	-2.69	-8.18	-3.75	-2.34	-7.22
2005	4.98	1.52	2.84	3.02	7.32	13.55	-10.72	-0.06
2006	-5.06	-3.58	2.66	-6.04	-11.42	-10.27	-5.71	-1.99

年份	英国	法国	德国	意大利	西班牙	葡萄牙	荷兰	比利时
2007	3.49	-5.18	-5.40	-6.45	-14.43	-14.43	-20.73	2.97
2008	20.23	-3.42	-6.84	3.88	9.85	9.16	2.50	22.70
2009	-17.41	-0.78	0.45	-0.21	-10.35	-5.45	3.27	7.61
2010	9.78	6.27	-6.57	5.24	15.60	17.71	1.63	3.78
2011	2.11	1.48	-8.48	4.17	3.59	13.92	-1.07	-2.82
2012	-10.39	-4.81	-0.70	-5.10	0.37	-9.68	0.85	-6.93
2013	9.91	-3.41	3.07	-2.57	-10.64	-7.45	3.88	4.02
2014	-4.03	0.99	-3.67	2.56	10.52	14.61	9.79	-0.45
2015	1.22	2.71	-2.12	0.30	0.96	0.03	-3.45	0.52
2016	29.33	0.20	-2.70	4.06	-2.61	2.99	5.91	10.15
2017	-8.67	-6.70	-3.39	1.81	-6.38	-6.55	-9.50	2.63
2018	2.09	1.11	3.97	0.02	0.63	-1.52	3.67	-19.08
2019	-12.29	-6.33	0.38	0.01	0.35	1.38	11.19	7.95

年份	奥地利	丹麦	挪威	卢森堡	爱尔兰	瑞典	瑞士	芬兰
2000	0.73	-2.37	-8.81	61.47	-53.40	-2.78	-27.19	19.29
2001	-4.10	-6.27	-7.79	-5.91	-6.76	7.80	6.84	54.49
2002	-2.36	-5.97	2.82	-7.40	-5.95	-7.16	11.26	24.35
2003	0.32	-2.57	-2.27	18.49	-6.47	-9.89	-3.48	-0.75
2004	-6.86	-0.85	-6.66	-62.67	0.03	-14.01	-3.28	8.06
2005	-4.64	7.64	-3.97	-10.67	-1.56	0.86	-24.02	-7.00
2006	1.72	-6.86	-5.07	-4.01	18.49	-4.58	-8.96	-4.67
2007	-3.01	-7.37	-6.79	-48.39	-10.20	0.93	23.11	-21.07
2008	-4.61	-2.03	-18.97	25.88	-39.62	-15.98	-7.64	21.23
2009	1.89	5.53	18.74	-55.02	-17.56	-7.58	15.28	6.66
2010	-3.52	3.39	2.62	1.66	11.60	-5.19	-1.04	12.43
2011	1.04	7.54	-4.64	39.92	-15.91	-8.84	-3.34	0.58
2012	-3.03	4.12	4.20	1.72	2.14	-11.57	-13.75	1.34
2013	3.41	-2.33	16.37	-2.33	2.35	-7.11	-26.82	-9.11
2014	-1.24	-3.26	5.30	-6.98	-9.68	3.26	-14.43	-5.28
2015	-2.69	-2.65	8.22	-6.01	-80.74	-0.70	-5.67	8.78
2016	-0.74	2.04	12.57	-10.20	24.62	0.08	11.41	2.90

年份	奥地利	丹麦	挪威	卢森堡	爱尔兰	瑞典	瑞士	芬兰
2017	-1.02	-0.43	5.78	22.21	-10.75	-0.08	-7.49	-3.30
2018	0.98	0.35	-17.35	-49.33	-36.50	0.64	7.77	-4.96
2019	5.90	0.86	49.04	21.85	-5.73	0.43	-19.46	9.83

注：原始数据来自各经济体央行数据并经过作者加工计算而成。

基于欧洲 16 国金融调整规模的测算，发现英国较之其他欧洲大陆国家在金融调整方面具有显著的方向差异，其金融调整方向与趋势同美国类似。进一步分析可以发现，英国在诸多方面也与美国类似：首先，在对外投资方面，18 世纪以来，英国在包括欧洲大陆在内的全球范围内拥有大规模存量投资资产，其海外资产的升值为英国外部财富的提升贡献明显；其次，在对外贸易方面，英国作为老牌资本主义国家，近年来生产制造能力不断下滑，进口逐渐超过出口，构成英国贸易逆差的常态化，使同美国一样，依靠对外投资的升值缓解外部经济失衡；最后，英国作为全球重要的金融市场，其同美国类似，金融发达程度和金融开放程度都较高，英镑仍然作为国际结算的重要货币。

然而，对于欧洲大陆不少国家而言，金融调整对其形成明显不利的影响，造成外部财富的流失。对于负估值效应明显的德国和法国而言，降低由估值效应导致其外部财富的流失成为其外部经济失衡面临的一项新挑战。

（二）东盟国家金融调整情况

作为亚洲重要影响力的经济体，东盟 10 国一直以来都是新兴市场国家的典型代表。根据公式（3-7）的测算，东盟 10 国 2000～2019 年整体的金融调整规模累计达到 -0.85 万亿美元，说明不利金融调整对其外部经济失衡的影响明显（见图 3-8）。

细分各经济体可以看出，东盟各国中新加坡呈现正值，说明新加坡正在注重外部财富的保持，相反马来西亚、印度尼西亚、泰国、菲律宾和越南 5 个东盟经济相对较为发达的国家均呈现出明显的负估值效应，而缅甸、柬埔寨、老挝 3 个经济相对落后和封闭的国家反而呈现正估值效应。这说明，东盟新兴市场国家在经济开放过程中，在贸易顺差持续增长的同时，其外部财富也在通过金融调整渠道逐渐流失，因此，呈现明显负估值效应的东盟 5 国，需要进一步关注其外部经济失衡的金融调整。作为单一资源型国家文莱，20 年来依然保持累积正向估值效应，说明文莱利用资源出口推动外汇储备的增长依然具有发展空间。

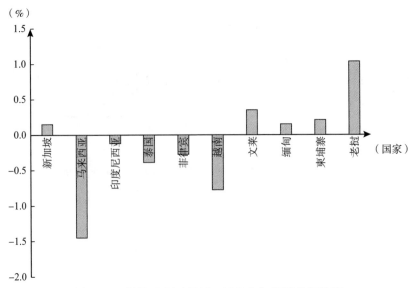

图 3 - 8　东盟 10 国（2000～2019 年）累计估值效应

注：原始数据来自各经济体央行数据并经过作者加工计算而成。

东盟成为继欧元区、中国、日本之外，第四个负估值效应显著的经济体。细化国家后并按时间序列维度的表 3 - 2 来看：马来西亚常年处于负估值效应状态，其由贸易顺差累积的外部财富每年都在通过金融调整渠道逐渐流失，而近年来印度尼西亚，不利于金融调整的状态有所缓解。此外，对于缅甸、柬埔寨和老挝三国，贸易市场和金融市场相对封闭，外资主要以中国、日本和韩国投资为主，美国在这一地区的投资程度相对较低，外部财富通过金融调整渠道呈现增值趋势。

表 3 - 2　　东盟各国 2000～2019 年单位 GDP 估值效应变化情况　　单位：%

年份	新加坡	马来西亚	印度尼西亚	泰国	菲律宾	越南	文莱	缅甸	柬埔寨	老挝
2000	- 24.84	- 3.34	14.79	11.48	4.51	7.16	- 57.36	3.91	1.42	1.04
2001	- 13.92	- 7.72	3.92	2.52	1.26	- 4.00	- 76.28	7.35	2.36	10.07
2002	13.10	- 6.42	3.88	1.00	- 1.28	- 2.19	- 75.60	- 0.07	4.22	- 16.25
2003	67.12	- 10.88	- 6.16	- 9.79	- 3.74	- 2.23	112.48	- 1.69	- 0.62	44.19
2004	17.18	- 6.40	- 5.71	0.44	- 0.19	- 1.89	24.73	- 4.79	0.85	- 0.30
2005	9.87	- 10.28	- 3.19	2.41	2.55	0.95	18.86	- 4.10	- 0.70	8.77
2006	36.27	- 8.29	- 5.46	- 1.78	- 10.49	2.16	39.90	- 2.64	- 2.69	2.32

年份	新加坡	马来西亚	印度尼西亚	泰国	菲律宾	越南	文莱	缅甸	柬埔寨	老挝
2007	-24.21	-14.04	-8.47	-6.10	-6.43	1.18	17.93	10.23	5.24	-4.33
2008	-63.56	-1.94	3.83	13.94	8.04	3.28	-126.68	5.12	0.12	-15.07
2009	55.82	-15.11	-13.23	-4.44	-4.05	-15.80	77.18	4.98	10.29	1.94
2010	-10.16	-20.71	-11.02	-14.34	-4.40	-15.07	-2.27	-1.15	7.92	14.57
2011	-27.29	-8.36	-3.29	-3.04	-0.23	-6.37	-43.29	4.11	6.50	-1.29
2012	4.73	-10.82	-2.02	-9.81	-10.68	-9.28	9.78	-0.01	8.53	19.55
2013	15.62	-5.91	2.23	4.88	-1.30	-9.65	30.14	9.74	2.18	7.50
2014	-14.29	-1.20	1.44	-10.58	-5.57	-11.23	-7.80	0.38	5.35	2.64
2015	-27.44	7.15	3.31	7.71	2.80	-1.03	11.44	9.91	-56.55	12.02
2016	4.78	-5.62	6.44	-8.18	1.28	-2.33	20.10	-20.55	8.50	5.24
2017	21.71	-10.07	2.62	-9.08	-3.83	-1.19	15.73	-1.58	-2.44	4.06
2018	-23.62	-5.04	3.54	-0.71	0.87	-4.22	22.75	1.50	7.82	5.87
2019	-1.22	-1.51	0.84	-5.66	3.41	-6.76	24.29	-4.67	12.88	1.82

注：原始数据来自各经济体央行数据并经过作者加工计算而成。

（三）金砖国家金融调整情况

金砖国家（BRICS）五国是新兴市场经济的大国经济代表，拥有较为广阔的国土面积以及众多人口。根据金融调整规模测算公式的测算 2000 ~ 2019 年累积单位 GDP 估值效应的情况（见图 3 - 9）可以看出，21 世纪的前 20 年，除中国具有显著负向估值效应之外，俄罗斯也存在显著的负估值效应，20 年来其负向估值效应已接近其 20 年平均 GDP 水平，说明俄罗斯的外部财富流失严重。此外，印度和巴西两国的估值效应不显著，印度近 20 年累计单位 GDP 估值效应仅为 0.45%，而巴西为 - 1.70%。最后，南非正向估值效应较为显著，但由于其经济总量较其他金砖四国偏小，尚无法作为新兴市场国家的主流代表。

从时间维度纵向来看，2001 ~ 2010 年，俄罗斯每年都产生规模较大的负估值效应，此期间是俄罗斯经济复苏的 10 年，能源经济发展迅速，贸易顺差逐年扩大，然而，金融调整的不利影响却在此期间逐渐扩大；2015 年之后，随着西方国家对俄罗斯制裁，俄罗斯外部财富开始缩水，继续加大俄罗斯的负向估值效应。反观，印度 2004 年之后，常年处于贸易逆差状态，估值效应的不利影响反而有所收窄，因此，从累积数来看，印度近年来

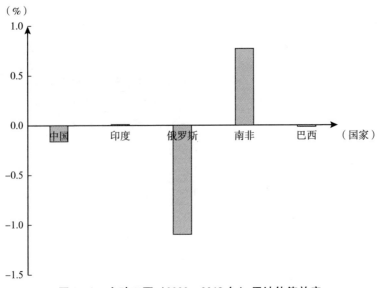

图 3 – 9　金砖五国（2000～2019 年）累计估值效应

注：原始数据来自各经济体央行数据并经过作者加工计算而成。

估值效应处在改善的趋势。巴西 2008 年之后，国际贸易状态由常年顺差转为常年逆差，且逆差规模逐年扩大，相反，其估值效应开始明显改善，2011 年之后均呈现正估值效应，并且逐渐扩大。南非经济常年处于赤字状态，但其估值效应在 2011 年之后呈现明显改善趋势。综合来看，虽然金砖 5 国是新兴市场经济大国的典型代表，但在国际经贸的表现上，却有明显不同。中国和俄罗斯类似，贸易顺差与负估值效应共存，而巴西、印度和南非类似，近年来体现为贸易逆差与正估值效应共存（见表 3 – 3）。

表 3 – 3　　金砖 5 国 2000～2019 年单位 GDP 估值效应变化情况　　单位：%

年份	中国	印度	俄罗斯	南非	巴西
2000	1.65	1.02	10.45	13.01	0.66
2001	- 1.90	- 0.44	- 17.94	- 5.82	6.97
2002	1.78	0.82	- 10.32	- 0.28	7.70
2003	0.11	- 2.16	- 15.95	- 3.02	- 8.41
2004	2.79	- 1.48	- 11.53	- 3.25	- 4.72
2005	- 1.35	- 4.64	- 14.86	- 3.86	- 3.79

年份	中国	印度	俄罗斯	南非	巴西
2006	-4.97	-3.10	-7.79	0.17	-5.66
2007	-0.32	-10.14	-16.08	-4.30	-9.92
2008	2.41	11.61	17.99	32.08	16.27
2009	-7.74	-8.06	-16.93	-10.95	-17.62
2010	-1.45	-0.76	-10.74	-9.87	-12.10
2011	-2.17	7.91	0.99	15.28	6.76
2012	1.30	-1.20	-4.13	1.81	3.13
2013	-0.80	0.78	-1.49	17.46	5.13
2014	-4.14	-4.00	8.40	2.03	2.27
2015	-3.07	11.25	-3.33	27.46	21.42
2016	1.79	0.56	-11.60	-3.61	-9.33
2017	-0.60	-0.85	1.84	4.36	-2.74
2018	-0.22	2.23	-0.86	7.76	5.29
2019	1.23	1.10	-4.75	-0.33	-6.67

注：原始数据来自各经济体央行数据并经过作者加工计算而成。

（四）世界其他主要国家金融调整情况

纵观世界其他主要国家 21 世纪以来外部经济失衡的金融调整情况，可以发现，加拿大 2010 年之后，贸易由顺差转为逆差，估值效应类似美国开始正增长。澳大利亚和新西兰这两个大洋洲国家也与加拿大、美国类似，基本常年处于贸易逆差状态，但估值效应处于正向估值效应状态。韩国与中国类似，常年处于贸易顺差状态，负估值效应将其外部财富通过金融调整渠道流失。阿根廷与同为拉丁国家的墨西哥类似，贸易赤字但处于正估值效应状态。沙特阿拉伯和阿联酋贸易状态类似，常年依靠能源贸易，实现贸易顺差，但沙特阿拉伯的负估值效应显著对其外部财富构成影响。土耳其常年贸易赤字，但其估值效应体现为正向。波兰贸易赤字且估值效应为负。以色列贸易常年保持顺差，且金融调整也为正数（见图 3 – 10）。

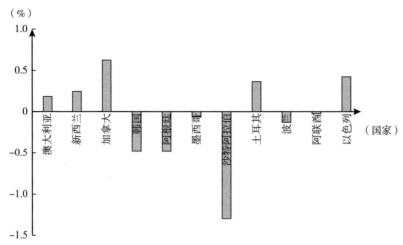

图 3 – 10　世界其他主要国家（2000～2019 年）累计估值效应

注：原始数据来自各经济体央行数据并经过作者加工计算而成。

（五）总结

综合上述金融调整规模测算结果的国际比较，可以发现，以上国家和地区可分为 4 类：经常账户顺差，正估值效应；经常账户顺差，负估值效应；经常账户逆差，正估值效应；经常账户逆差，负估值效应（见图 3 – 11）。

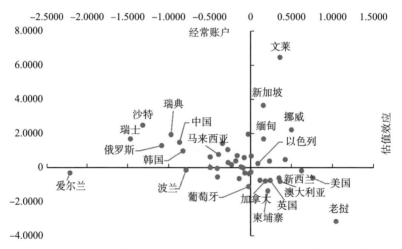

图 3 – 11　世界主要国家（2000～2019 年）估值效应与经常账户二维图

注：原始数据来自各经济体央行数据并经过作者加工计算而成。

按上述 4 类外部经济失衡，将本章涉及的 50 个经济体分为 4 个维度（见表 3 – 4），其中第 1 维度经常账户顺差并且估值效应为正，包括缅甸、比利时、以色列、芬兰、挪威、丹麦、文莱和新加坡，其中新加坡为典型代表。第 2 维度经常账户顺差并且估值效应为负，包括中国、德国、俄罗斯、日本、韩国、瑞士、瑞典在内的 17 个国家，其中中国为典型代表。第 3 维度经常账户逆差且估值效应为负，包括法国、西班牙、意大利、巴西在内 10 个国家，以法国、意大利和西班牙为典型代表。第 4 维度经常账户逆差且估值效应为正，包括美国、英国、加拿大、澳大利亚、新西兰、印度在内的 10 个国家，以美国为典型代表。

表 3 - 4　　　估值效应与经常账户的国际比较（2000 ~ 2019 年）

经济体	na	ca	经济体	na	ca
第 2 维度			第 1 维度		
阿根廷	− 0.4931	0.0055	缅甸	0.15989	1.68615
日本	− 0.0785	0.5897	比利时	0.08975	0.23921
阿联酋	− 0.0297	1.9667	以色列	0.42419	0.47185
卢森堡	− 0.8640	1.4866	芬兰	0.23222	0.38408
菲律宾	− 0.2747	0.2974	挪威	0.50037	2.22109
奥地利	− 0.1801	0.3951	丹麦	0.00810	0.68224
泰国	− 0.3915	0.7762	文莱	0.36034	6.46605
沙特阿拉伯	− 1.3162	2.4889	新加坡	0.15641	3.65032
荷兰	− 0.3433	1.4257			
韩国	− 0.4931	0.6261			
马来西亚	− 1.4651	1.6861			
瑞典	− 0.8228	0.9823			
瑞士	− 0.9693	1.9357			
俄罗斯	− 1.0864	1.2974			
德国	− 0.2782	1.0657			
中国	− 0.1636	0.7115			
欧元区	− 0.2322	0.1791			
第 3 维度			第 4 维度		
葡萄牙	− 0.0250	− 1.1058	美国	0.1152	− 0.7423
墨西哥	− 0.0708	− 0.3130	英国	0.3476	− 0.6073
波兰	− 0.1392	− 0.6429	加拿大	0.6235	− 0.1840
巴西	− 0.0170	− 0.3537	南非	0.7615	− 0.6024

经济体	*na*	*ca*	经济体	*na*	*ca*
第 3 维度			第 4 维度		
越南	− 0.7850	− 0.1432	土耳其	0.3607	− 0.8058
意大利	− 0.0919	− 0.0130	澳大利亚	0.1812	− 0.7850
爱尔兰	− 2.2122	− 0.3124	新西兰	0.2409	− 0.7497
西班牙	− 0.4041	− 0.5455	柬埔寨	0.2117	− 1.3632
法国	− 0.4076	− 0.0443	老挝	1.0437	− 3.1516
			印度	0.0044	− 0.2669

注：原始数据来自各经济体央行数据并经过作者加工计算而成。

　　根据本章之前的分析，以上 4 类外部经济失衡，第 1 类和第 3 类都加速经济失衡的速度，并且方向相反，说明贸易顺差或逆差对国家外部财富起到决定作用，金融调整的影响因素较小。而第 2 类和第 4 类经济体，贸易顺差或逆差与外部财富的增长方向相反，说明贸易获取的外部财富受金融调整的影响明显，且影响方向相反。其中，第 4 类失衡既实现国内外部财富的增长又实现国内对国外商品的消费；第 2 类表现为由贸易顺差带来的财富被金融调整稀释，并处于一个不利的财富增长状态。由此，以中国为代表的大部分处于第 2 类新兴市场国家经济体，都有改变现有外部经济失衡不利地位的强烈意愿。

第四章　金融调整的结构与驱动因素

【导读】

本章通过构建创新实证分析模型，探析金融调整对外部经济失衡的贡献程度，并深入发掘金融调整的结构及其驱动因素。本章首先参考古林查斯和雷伊（2007）的经典研究构建创新实证分析模型，分别测算金融调整和贸易调整对外部经济失衡的贡献程度。其次，利用方差分解，按汇率和资产价格波动两类驱动因素分解金融调整。再次，针对由资产价格波动所驱动的金融调整，按价格和结构因素进一步分解。最后，基于以上逐层分解的结果，在中国、美国、日本和欧元区四大经济体之间展开比较分析。研究结果发现，金融调整对中国外部经济失衡的贡献程度逐年上升，并且资产价格波动是引致其金融调整的重要驱动因素，而中国外部资产的结构性问题又是导致资产价格波动的主要因素。

第一节　金融调整与贸易调整对外部失衡的贡献

一、外部失衡调整理论的演进

（一）古典经济学下的外部均衡

21 世纪世界经济失衡的新局面是美国的外部债务膨胀与贸易赤字并存，而与之相对的是亚洲新兴市场国家外部资产规模的扩大和贸易顺差，外部债务的膨胀将带来债务危机的风险，而外部债权的持续扩大也说明其资产使用效率的低下，因此如何对持续偏离均衡的外部经济进行调整，成为 21 世纪各国外部经济所关注的重要问题。对于外部失衡，最早追溯到斯万（Swan，1955）提出的斯旺模型，即在不存在国际资本流动前提下，由于国民收入恒等式的成立，在货币贬值时出口增加，导致产出提高；但同时货币贬值又造成国内需求降低，对产出又有相反的影响，最终使得内外部经济将重新处于均衡。此时,其模型所述的外部经济均衡,考量的是经常账户,即出口不等于进口引起经常账户不为0,以此表示外部经济的失衡,此时若出口小于进口,则净外部资产为负。

蒙代尔(Mundell, 1963)和弗莱明提出的理论即蒙代尔—弗莱明理论模型认为,外部失衡指的是国际收支失衡,即净出口与国际资本流动不相等,这里暗指在国际资本可流动的前提下,经常账户可在外部贷款支持下保持赤字。但由于20世纪五六十年代因国际贸易产生的外部存量资产规模较小,汇率和资产价格变动尚未能引起外部存量资产的显著变动,因此他们的理论模型均只涉及外部资产的流量变动,还未涉及考虑存量资产变动的估值效应。

(二) 新经济形势下的外部均衡

进入20世纪90年代,随着国际贸易规模的扩大,外部存量资产规模也逐渐扩大,汇率和资产价格的变动对存量资产的影响也越发显著。如新兴市场国家由于贸易顺差累积了大量外部债权资产,易受到汇率变动而产生贬值。奥布斯特菲尔德和罗格夫(1995)在坎贝尔和席勒(Campbell & Shiller, 1988)现值模型基础上,采用跨期分析方法讨论外部均衡及其调整:

$$CA_t = NX_t + IA_t = NFA_{t+1} - NFA_t = (Y_t - C_t - G_t - I_t) + r_t NFA_t \quad (4-1)$$

$$\lim_{k \to \infty} \left(\prod_{j=1}^{k} \Omega_{t+j} \right) NFA_{t+k} = 0 \quad \left(\Omega_{t+j} = \prod_{j=0}^{j} 1/(1 + r_{t+j}) \right) \quad (4-2)$$

$$NFA_t = -E_t \left[\sum_{i=1}^{+\infty} \left[\prod_{j=1}^{i} \Omega_{t+j} \right] NX_{t+i} \right] \quad (4-3)$$

$$CA_t = -E_t \left[\sum_{j=0}^{\infty} \Omega_{t+j} \Delta Q_{t+j} \right], (Q = Y - C - G - I) \quad (4-4)$$

式(4-1)表示外部预算约束,NX 为净出口额,IA 为利息,r 为持有外国净资产的无风险报酬率,即 $IA_t = r_t NFA_t$,这里将式(4-1)进行迭代,令 $NX_t = Y_t - C_t - G_t - I_t$,并利用非蓬齐条件(4-2),可求得式(4-3)。式(4-4)表示即期负债需要由未来贸易顺差的现值之和予以偿还,第一次反映了即期外部资产存量与未来流量之间的关系,由于存量是流量的累积,因此长期来看,存量的均衡应为零,而 NFA 不为零表示存量失衡。奥布斯特菲尔德和罗格夫(1995)同时也对经常账户进行跨时分析,式(4-4)是经常账户均衡的跨时表达式,也是新开放宏观经济学分析外部调整机制的重要组成部分。若等式(4-4)不成立,则体现为经常账户与资本流量之间的流量失衡,并可利用贸易手段进行调整,进而通过式（4-3）影响存量，达到调整外部财富的目的。可见，跨期理论模型已将外部均衡的范畴从流量失衡扩大到流量和存量上。但是，调整基本手段仍是通过国际贸易渠道，即对流量进行调整进而影响存量。

（三）最新外部均衡调整路径

进入 21 世纪，不仅由国际贸易所产生债权债务型外部存量资产的规模在扩大，而且由国际间相互投资的所形成的股权型投资的规模也在逐步扩大，如美国和英国 2014 年进出口贸易规模分别为 5.19 万亿美元和 1.63 万亿美元，同年跨境股权投融资交易规模分别为 1.05 万亿美元和 0.19 万亿美元，已分别占贸易规模达 20% 和 11%。随着反映资本存量的国际投资头寸规模的扩大，雷恩和费雷蒂（2001）指出汇率与资产价格的波动不仅影响国际间贸易，还影响净外部资产价值的变动，并产生未实现资本损益。该未实现资本损益按现行国际收支会计原则并未被反映资本流量的经常账户所记录，即估值效应的出现。同样，由估值效应导致的未实现资本损益可直接调整存量失衡，进而影响外部财富价值的变动。

鉴于此，外部失衡调整就可从贸易和估值效应两个路径来进行。其中，贸易是通过经常账户对流量失衡进行调整的，它影响了外部财富；估值效应是通过未实现资本损益对存量失衡进行调整的，它最终也影响外部财富。古林查斯和雷伊（2005）将前者定义为"贸易调整渠道"，后者为"金融调整渠道"。

二、测算估值效应对外部宏观失衡影响的理论

根据上述，估值效应作为外部失衡调整渠道之一，其对外部失衡的影响程度逐渐得到了关注，随着跨境权益型资产的投资规模越发扩大，且其形成的外部股权资产不仅受到汇率变动的影响，也容易受到资产价格波动的影响，因此该类资产规模比重的提高，也进一步提高估值效应对外部失衡的影响。目前测算估值效应对外部失衡的影响程度主要有以下三种理论框架：

（一）从贸易盈余与国际投资净头寸的偏离进行考量

该模型为科塞蒂和康斯坦丁诺（Corsetti & Konstantinou，2004）最早提出，并为 IMF（2005）所采用，IMF（2005）则以该方法测算 28 个国家是否存在估值效应，其结果为 8 个发达国家和 4 个新兴市场国家显著。模型从外部存量资产均衡出发，将式（4-3）进一步拓展以表明国际投资头寸是贸易盈余的贴现累积，即：

$$NFA_t = \sum_{t=0}^{\infty} \Omega_{t+j}(X_{t+j} - M_{t+j}) \qquad (4-5)$$

X 表示出口，M 表示进口，对式（4-5）等号左右进行对数线性化后可得：

$$x_t - \gamma m_t + (\gamma - 1)nfa_t = \sum_{j=1}^{\infty} \rho^j [\Delta x_{t+j} - \gamma \Delta m_{t+j} + (\gamma - 1)r_{t+j}] \quad (4-6)$$

这里小写的 x、m、nfa 均表示对稳态的变动程度，γ 和 ρ 源自伯金和沙夫林（Bergin & Sheffrin，2000）在对跨期预算约束的对数线性化时使用的常数参数，γ 表示跨期替代弹性，ρ 表示时间折现因子。式（4-6）右边的 r、Δx 和 Δm 分别表示 nfa、x 和 m 的一阶差分，若该三个差分变量平稳，则左边 x、m 和 nfa 三个变量存在协整关系。利用最小二乘法（OLS）估计三个变量的表达式（$nfa_t = \beta_1 x_t + \beta_2 m_t + u_t$）后，建立向量误差修正模型（ECM），令 ECM = u_t，构筑模型：

$$\Delta nfa_t = c_1 \Delta x_t + c_2 \Delta m_t + \alpha ECM(-1) + v_t \qquad (4-7)$$

代入经验数据得到回归结果，若参数 α 是显著，则表明除了贸易盈余的变动外，还有其他因素影响国际投资净头寸的变动，这个因素就是估值效应；若 α 越大，即估值效应调整作用越大。国内宋效军等（2006）、范志勇等（2009）、廖泽芳等（2012）、王博等（2013）均采用该方法测算估值效应在中国外部失衡调整的作用，通过经验分析上述 α 在统计上是显著的，表明除了贸易盈余外，估值效应也在明显影响国际投资净头寸的变动。但是上述测算模型存在一定缺陷，其忽略国际投资头寸存量基础，仅在变动量上证实了国际投资净头寸变动存在估值效应，因此其无法体现估值效应相对国际贸易对外部均衡调整的影响程度。

（二）从汇率与利率的变动关系进行的考量

奥布斯特菲尔德和罗格夫（2005）使用新开放经济宏观经济学的分析范式构建了美国、欧洲、亚洲三方贸易模型，旨在分析由汇率改变所引起经常账户和估值效应的动态变化情况。卡瓦罗和蒂勒（Cavallo & Tille，2006）在此基础上，将模型运用至探索估值效应对外部失衡的影响上。其将该模型的商品区分为可贸易品和不可贸易品，假设引致估值效应产生的只有汇率变动且非抛补利率平价（UIP）成立：

$$C^i = \left[\varphi^{\frac{1}{\theta}} (C_T^i)^{\frac{\theta-1}{\theta}} + (1-\varphi)^{\frac{1}{\theta}} (C_N^i)^{\frac{\theta-1}{\theta}} \right]^{\frac{\theta}{\theta-1}} \qquad (4-8)$$

$$P_C^i = \left[\varphi (P_T^i)^{1-\theta} + (1-\varphi)(P_N^i)^{1-\theta} \right]^{\frac{1}{1-\theta}}, \ i = US, \ EU, \ AS \qquad (4-9)$$

$$\Delta NFA^{US} = \nu CA^{US} + \nu \left[\left(\frac{E_{US,EU}}{E_{US,EU0}} - 1 \right) A_{AS}^{US} + \left(\frac{E_{US,AS}}{E_{US,AS0}} - 1 \right) A_{AS}^{US} \right] (0 < \nu < 1)$$

$$(4-10)$$

上述式（4-8）中 φ 和 θ 分别表示可贸易品和不可贸易品的比重和替代弹性，P_C^i 表示对应国内消费价格指数。式（4-10）中的 $\left(\dfrac{E_{US,EU}}{E_{US,EU0}}-1\right)A_{EU}^{US}$ 和 $\left(\dfrac{E_{US,AS}}{E_{US,AS0}}-1\right)A_{AS}^{US}$ 分别表示美国因汇率变化分别引起以欧洲货币和亚洲货币计价的对外资产价值变化，即汇率引起的估值效应。因存在非贸易品的影响而使因贬值而新增的贸易顺差产生一定折扣，这种折扣程度用 ν 表示；同时由于非抛补利率平价（UIP）成立，美元贬值而使其国内短期利率上升，因而需要多支付债务利息，使得因美元贬值而产生的估值效应受到降低，同时也用 ν 表示折扣程度。在卡瓦罗和蒂勒（2006）的模型中这两种折扣设定为相等，表示美元贬值虽然可使美国对外资产产生正估值效应，但美元贬值也加重了对外利息流量负担，同时对贸易顺差增量也产生折扣，进而使估值效应对头寸变化的影响下降。奥布斯特菲尔德（2005）、卡瓦罗和蒂勒（2006）以及刘少英（2012）均以美国经验数据在该理论模型框架下，认为汇率影响的估值效应由于受到上述两种折扣因素的影响，而使得其在对外部失衡的作用并不显著。

该理论模型具有 NOEM 分析范式，但其仅分析了在汇率变动下所产生的估值效应对外部均衡的影响，并未考虑外部资产价格所引起的估值效应，因此以其分析估值效应对整体宏观均衡调整的影响并不全面。

（三）结合存量和流量的综合考量

古林查斯和雷伊（2007）构建的外部失衡调整模型，成为近几年测算估值效应对外部均衡调整影响程度的主流模型，其模型在近年来得到不断的实证分析而不断丰富，最终形成古林查斯和雷伊（2013）的版本。

该模型将以存量形式的净外部投资头寸（NFA）和以流量形式的净出口（NX）相结合，构建一个可综合反映外部存量和流量失衡的模型，且可进一步分析估值效应和贸易对外部失衡的影响程度。首先将表示外部净资产变动的表达式（3-7）进行改造，如下：

$$NFA_{t+1} = R_{t+1}(NFA_t + NX_t) \qquad (4-11)$$

该式为了方便计算，将 NFA_t 作为期初数额，而 NX_t 不再作为期间数加在期末，而是加在期初，并对上式按外部净资产的概念，以资产扣减负债的形式表示：

$$A_{t+1} - L_{t+1} = R_{t+1}(A_t - L_t + X_t - M_t) \qquad (4-12)$$

式（4-12）为净资产和进出口的关系，其中 A 为资产，L 为负债，R 为包含存量的净资产收益率，将上述等式左右同除以国民财富 W 后，表示已进行标准化，令 $\Gamma_{t+1} = \dfrac{W_{t+1}}{W_t}$；$\hat{A}_t = \dfrac{A_t}{W_t}$，$\hat{L}_t = \dfrac{L_t}{W_t}$，$\hat{X}_t = \dfrac{X_t}{W_t}$，$\hat{M}_t = \dfrac{M_t}{W_t}$，得到：

$$\hat{A}_{t+1} - \hat{L}_{t+1} = \frac{R_{t+1}}{\Gamma_{t+1}}(\hat{A}_t - \hat{L}_t + \hat{X}_t - \hat{M}_t), \quad \Gamma_{t+1} = \frac{W_{t+1}}{W_t} \qquad (4-13)$$

假设存在确定性趋势，使存在均衡增长路径，则资产、负债、出口、进口、增长率和收益率都有稳态的形式，而根据对数线性的原则，则存在：

（1）$a_t \equiv \ln\left(\dfrac{\hat{A}_t}{\bar{A}_t}\right)$，$l_t \equiv \ln\left(\dfrac{\hat{L}_t}{\bar{L}_t}\right)$，$x_t \equiv \ln\left(\dfrac{\hat{X}_t}{\bar{X}_t}\right)$，$m_t \equiv \ln\left(\dfrac{\hat{M}_t}{\bar{M}_t}\right)$分别表示标准化的资产、负债、出口和进口在与稳态值比的变动百分比。

（2）$\hat{r}_{t+1} = \ln\left(\dfrac{R_{t+1}}{\bar{R}_{t+1}}\right)$表示净资产收益率相对稳态收益率的变化率。

（3）$\varepsilon_{t+1}^{\Delta w} = \ln\left(\dfrac{\Gamma_{t+1}}{\bar{\Gamma}_{t+1}}\right)$表示增长率相对稳态增长率的变化率，且 $\varepsilon_{t+1}^{\Delta w}$ 远小于 1 并稳定。

（4）$\bar{A}_{t+1} - \bar{L}_{t+1} = \dfrac{\bar{R}_{t+1}}{\bar{\Gamma}_{t+1}}(\bar{A}_t - \bar{L}_t + \bar{X}_t - \bar{M}_t)$，表示稳态下该关系式成立。

利用一阶泰勒公式可以求出：$\hat{A}_t = \dfrac{A_t}{W_t} = \bar{A}_t(1 + a_t)$，$\hat{L}_t = \dfrac{L_t}{W_t} = \bar{L}_t(1 + l_t)$，$\hat{X}_t = \dfrac{X_t}{W_t} = \bar{X}_t(1 + x_t)$，$\hat{M}_t = \dfrac{M_t}{W_t} = \bar{M}_t(1 + m_t)$，$\Gamma_{t+1} = \bar{\Gamma}_{t+1}(1 + \varepsilon_{t+1}^{\Delta w})$，$R_{t+1} = \bar{R}_{t+1}(1 + \hat{r}_{t+1})$ 并代入式（4-13）后，得：

$$\frac{\bar{A}_{t+1} a_{t+1} - \bar{L}_{t+1} l_{t+1}}{\bar{A}_{t+1} - \bar{L}_{t+1}} + \varepsilon_{t+1}^{\Delta w} = \hat{r}_{t+1} + \frac{\bar{A}_t a_t - \bar{L}_t l_t + \bar{X}_t x_t - \bar{M}_t m_t}{\bar{A}_t - \bar{L}_t + \bar{X}_t - \bar{M}_t}$$

$$(4-14)$$

接着定义：

（1）$u_t^a = \dfrac{\bar{A}_t}{\bar{A}_t - \bar{L}_t}$ 和 $u_t^l = u_t^a - 1$ 表示资产、负债占净资产的比重。

（2）$u_t^x = \dfrac{\bar{X}_t}{\bar{X}_t - \bar{M}_t}$ 和 $u_t^m = u_t^x - 1$ 表示出口、进口占进出口净额的比重。

（3）时间贴现率可表示为：$\rho_t \equiv 1 + \dfrac{\bar{X}_t - \bar{M}_t}{\bar{A}_t - \bar{L}_t}$。

因此，$nx_t \equiv u_t^x x_t - u_t^m m_t$ 可表示进出口变动趋势，$nfa_t \equiv u_t^a a_t - u_t^l l_t$ 可表示净资产变动趋势；因此，将以上线性化后的变量代入式（4-14）后，简化可得：

$$nfa_{t+1} + \varepsilon_{t+1}^{\Delta w} \approx \hat{r}_{t+1} + \frac{1}{\rho_t} nfa_t - \left(\frac{1}{\rho_t} - 1\right) nx_t \qquad (4-15)$$

进一步定义：

（1）$nxa_t = nfa_t - nx_t$，表示当期净资产扣除当期进出口后剩下的偏离程度有多少是由上期估值效应变动和上期的进出口变动所影响的。

（2）$\Delta nx_{t+1} = nx_t - nx_{t+1} - \varepsilon_{t+1}^{\Delta w}$，表示进出口的变化额。

（3）$r_{t+1} \equiv \frac{u^a}{|u^a|} \hat{r}_{t+1}$，其中 $r_{t+1} = \hat{r}_{t+1}$。

假设份额均不变，则 u 和 ρ 为常数值，且在 $R > \Gamma$ 的条件下，$\rho < 1$，则式（4-15）根据以上定义，可再次简化为：

$$nxa_{t+1} \approx \frac{1}{\rho} nxa_t + r_{t+1} + \Delta nx_{t+1} \qquad (4-16)$$

将式（4-16）进行迭代处理后，在满足非蓬齐条件 $\lim_{j \to \infty} \rho^j nxa_{t+j} = 0$ 后，则可得到表达式：

$$nxa_t \approx -\sum_{j=1}^{+\infty} \rho^j E_t \left[r_{t+j} + \Delta nx_{t+j} \right] \qquad (4-17)$$

式（4-17）为该模型的核心，nxa_t 表示由存量和流量共同组成的外部失衡指标，分别受到估值效应（$E_t r_{t+j}$）和贸易（$E_t \Delta nx_{t+j}$）的影响，并且两者对外部失衡存在线性关系。由于该理论分析框架综合考量了外部投资头寸的存量上的均衡以及进出口流量均衡，且通过该模型可容易将国际贸易和估值效应对外部均衡调整的影响进行比对，因此该模型近几年得到广泛运用，康斯坦丁诺（2010）及肖立晟等（2013）已运用该理论模型对中美等国进行分析，并分别测算出估值效应和贸易对外部失衡调整的贡献程度。

第二节　测算金融调整对外部失衡贡献的实证

接下来将通过中国、美国、日本及欧元区的实证，探讨估值效应规模及其结构对外部均衡影响程度，即金融调整渠道对外部调整的贡献程度。

一、实证方法及模型构建

由于上述古林查斯和雷伊（2013）对测算估值效应对外部均衡影响的

理论方法最为全面，且能够通过该方法分别测算出估值效应和国际贸易对外部均衡的影响程度。因此在测算上，本章采用该理论方法进行实证测算。接下来，以式（4-17）所表示的三个状态，构建向量自回归模型（VAR）进行测算：

$$Z_{t+1} = C_t Z_t + \varsigma_t, \quad Z_t = [\, r_{t+1}, \ \Delta nx_{t+1}, \ nxa_t \,]' \qquad (4-18)$$

其中，C_t 表示系数矩阵，ς_t 表示残差。在构筑 VAR 模型后，使用 AR 单位根检验状态变量的稳定性，使用 Johansen 检验测试三个状态变量之间的协整关系。在变量稳定及存在协整关系的前提下，构建 nxa_t 的线性表达式：

$$nxa_t = -\sum_{j=1}^{\infty} \rho^j E_t(r_{t+j}) - \sum_{j=1}^{\infty} \rho^j E_t(\Delta nx_{t+j}) = nxa_t^r + nxa_t^{\Delta nx} \qquad (4-19)$$

其中，nax_t^r 和 $nax_t^{\Delta nx}$ 分别代表估值效应冲击和贸易冲击对当期贸易失衡的影响程度。由于式（4-17）综合失衡指标 nax_t 由估值效应和贸易变动的预期构成，不具可观察性，则进一步利用 VAR 模型的系数矩阵 C_t 将未来期望贴现，得到：

$$nxa_t^r = -\sum_{j=1}^{\infty} \rho^j E_t(r_{t+j}) = -e_r' \sum_{j=1}^{\infty} \rho^j C^j Z_t = -e_r' \rho C (I - \rho C)^{-1} Z_t$$
$$(4-20)$$

$$nxa_t^{\Delta nx} = -\sum_{j=1}^{\infty} \rho^j E_t(\Delta nx_{t+j}) = -e_{\Delta nx}' \sum_{j=1}^{\infty} \rho^j C^j Z_t = -e_{\Delta nx}' \rho C (I - \rho C)^{-1} Z_t$$
$$(4-21)$$

其中，$e_r' = [1, 0, 0]$，$e_t' = [0, 1, 0]$，I 表示单位矩阵，利用式（4-20）和式（4-21）进一步求出 nax_t 的期望值，并同 nax_t 实际值比较，若基本拟合，则应用上述实证结果可信。最后利用方差分解考察 nax_t^r 和 $nax_t^{\Delta nx}$ 分别对 nax_t 的贡献程度。

二、实证数据处理及分析

本节使用本章第一节所修复完善的中国、美国、日本及欧元区 2003~2019 年分季度数据。通过上述古林查斯和雷伊（2013）的测算理论方法，对表示综合外部失衡（nxa_t），估值效应影响（r_t），国际贸易调整（Δnx_t）这三个变量完成测算处理，并对由该三个变量所构建的 VAR 数据进行 AR 单位根检验，结果用单位圆进行反映，如图 4-1 所示。

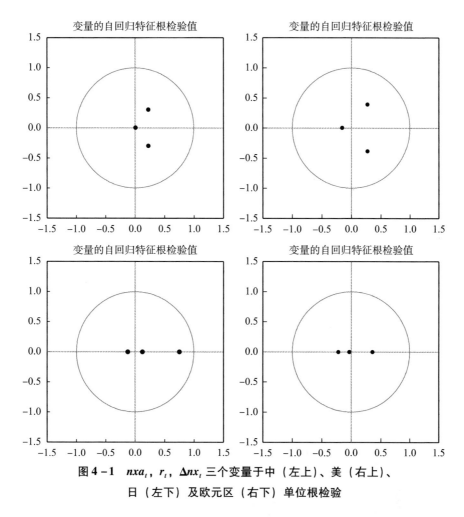

图 4-1 nxa_t，r_t，Δnx_t 三个变量于中（左上）、美（右上）、
日（左下）及欧元区（右下）单位根检验

进一步对上述三个变量进行 Johansen 协整检验，其结果如表 4-1 所示。

表 4-1 中国、美国、日本及欧元区 nxa_t，r_t，Δnx_t 协整检验

经济体	协整关系个数 No. of CE（s）	特征值 Eigenvalue	迹统计量 Trace 大	临界值 Statistic 小	协整概率 Prob. **
中国	None *	0.585614	103.615000	29.797070	0.000000
	At most 1 *	0.406431	46.352820	15.494710	0.000000
	At most 2 *	0.174295	12.448650	3.841466	0.000400
美国	None *	0.685851	136.925400	29.797070	0.000100
	At most 1 *	0.519109	61.662630	15.494710	0.000000
	At most 2 *	0.194702	14.075250	3.841466	0.000200

经济体	协整关系个数 No. of CE（s）	特征值 Eigenvalue	迹统计量 Trace 大	临界值 Statistic 小	协整概率 Prob. **
日本	None *	0.510657	93.665130	29.797070	0.000000
	At most 1 *	0.428240	47.210220	15.494710	0.000000
	At most 2 *	0.154033	10.872900	3.841466	0.001000
欧元区	None *	0.522263	89.626140	29.797070	0.000000
	At most 1 *	0.352126	41.610970	15.494710	0.000000
	At most 2 *	0.186256	13.397140	3.841466	0.000300

注：* 表示在 5% 水平上拒绝假设。** 表示 Mackinnon – Haug – Michelis（1999）PValues，麦金农 – 豪格 – 米其林（1999）P 值，即表示变量在 5% 显著水平下存在协整关系。

从图 4-1 可以看出表明四个经济体的 nxa_t、r_t、Δnx_t 三个变量的数据存在稳定性。由表 4-1 可知，四个经济体的 nxa_t、r_t、Δnx_t 三个变量存在协整关系，以下通过构建 VAR 模型，利用系数矩阵 C_t 及式（4-20）和式（4-21）测得预期 nxa_t 以及估值效应影响 nxa_t^r 和贸易影响 $nxa_t^{\Delta nx}$ 的值，如图 4-2～图 4-5 所示。

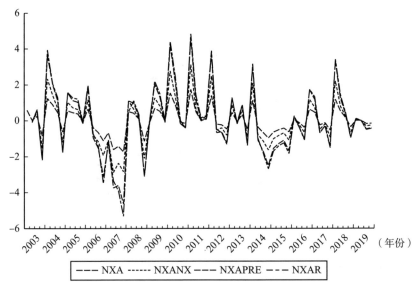

图 4-2　中国国际贸易与估值效应对外部失衡的影响

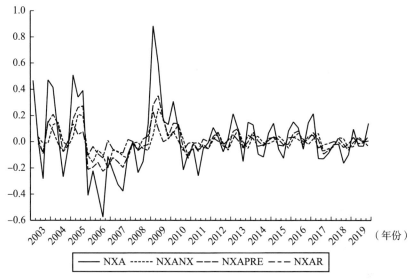

图 4 - 3　美国国际贸易与估值效应对外部失衡的影响

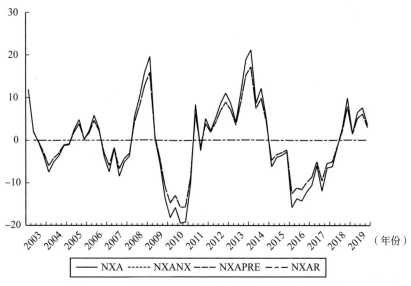

图 4 - 4　日本国际贸易与估值效应对外部失衡的影响

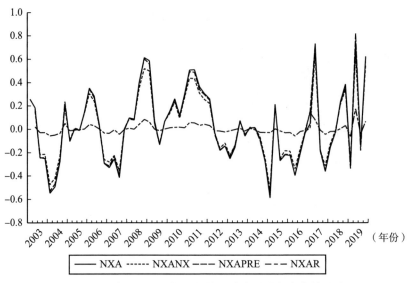

图 4 - 5　欧元区国际贸易与估值效应对外部失衡的影响

图 4 - 2 到图 4 - 5 中 NXAPRE 为 nxa_t 的预测值，NXA 为 nxa_t 的实际值，NXAR 和 NXANX 分别为估值效应影响（nxa_t^r）和贸易影响（$nxa_t^{\Delta nx}$）的预测值。由以上各图可知：

（1）四大经济体的 nxa_t 实际值和预测值基本拟合，证明本模型对于外部失衡的模型理论正确且适用以上各经济体。

（2）时间维度上，美国在 2008 年次贷危机爆发后对美元大幅贬值导致海外资产估值上升以及贸易顺差；日本 2009 年复苏经济措施，提高了贸易顺差，但未能持续；欧元区在 2009 年爆发及 2012 年恶化的欧债危机对欧元区的贸易出口造成一定影响，2017 年开始的全球贸易摩擦也对欧元区外部失衡产业影响；2007 年中国证券市场市值的膨胀对外部失衡产生一定影响。

三、金融调整规模对外部均衡调整的影响程度

上述实证方法测算了 nxa_t、r_t、Δnx_t 三个变量，可将国际贸易和估值效应对外部均衡调整的影响进行分解，因此进一步通过方差分解：

$$1 = \frac{Cov(nxa,\ nxa)}{Var(nxa)} = \frac{Cov(nxa^r,\ nxa)}{Var(nxa)} + \frac{Cov(nxa^{\Delta nx},\ nxa)}{Var(nxa)} \equiv \beta_r + \beta_{\Delta nx}$$

$$(4-22)$$

可考量两种调整渠道各自对外部均衡调整的影响因素，并在上述四个经济体进行比较，如表 4 - 2 所示。

表4-2   金融及贸易调整对外部失衡的相对影响程度（2003~2019年）   单位：%

经济体	金融调整对外部失衡影响 β^r	贸易调整对外部失衡影响 $\beta^{\Delta nx}$
中国	13.92	86.08
美国	54.39	45.61
日本	0.51	99.49
欧元区	11.80	88.20

由表4-2可知，美国估值效应对外部失衡的影响程度超过贸易影响，说明近20年来美国充分利用美元工具以及对外投资的能力从世界向其转移财富，并充分利用其发达的金融资本市场向世界融资，与库帕（Cooper，2001）所预测的一致。欧元区和日本估值效应对外部失衡的影响较弱，在面临美元贬值的冲击下，其仍可以利用国际化的货币和发达的资本市场分散风险。中国估值效应对外部失衡的影响相对欧元区和日本较高，处于被动状态，说明一定规模的负估值效应抵消了部分贸易顺差产生的外部财富增值。

运用上述模型以及实证方法测算估值效应对外部均衡调整影响有：美国1973~2004年间的 β^r 值为27%（Gourinchas & Rey，2007）；日本、法国及意大利在1977~2004年间的 β^r 值分别为9.4%、-24%及6.8%（Cardarelli & Konstantinou，2007）；中国1998~2011年间的 β^r 值为12.5%（肖立晟等，2013）。结合本章结果可知，尽管中国目前贸易对外部失衡的影响仍占主要地位，但估值效应的影响正在上升（13.92%）；美国近年来的变化尤为严重，截至2019年，美国金融调整对外部失衡的影响已经超过国际贸易对外部失衡的影响；此外，欧元区国家也有一定程度上升，而日本变动较小。

第三节　金融调整的细分结构

一、细分估值效应的理论方法

在测算金融调整的相对规模后，按驱动因素对金融调整进行分解，能更好地了解金融调整的形成。雷恩和费雷蒂（2001）最早将估值效应分为由汇率波动引致和由资产价格波动引致的估值效应，该定义得到包括IMF

在内的认可，雷恩和香博（2010）提供一种测算方式，通过将 IIP 表按资产类型和币种结构进行细化，可将估值效应按两类驱动因素进行近似的区分：

$$VA_t = VA_t^E + VA_t^P \qquad (4-23)$$

$$\omega_{jt}^A = \sum_{k=1}^{k=N} \lambda_t^{Ak} \omega_{jt}^{Ak}, \ \omega_{jt}^L = \sum_{k=1}^{k=N} \lambda_t^{Lk} \omega_{jt}^{Lk} \qquad (4-24)$$

$$VA_t^E = (\sum_{j=1}^{j=F} \omega_{jt}^A \times \% \Delta E_{jt}) \times A_{t-1} - (\sum_{j=1}^{j=F} \omega_{jt}^L \times \% \Delta E_{jt}) \times L_{t-1} \qquad (4-25)$$

$$VA_t^P = VA_t - VA_t^E \qquad (4-26)$$

以上式（4-23）中 VA_t^E 表示汇率引起的估值效应，VA_t^P 表示资产价格引起的估值效应。式（4-24）中 $\omega_{jt}^{Ak}(\omega_{jt}^{Lk})$ 表示本国对外资产（负债）第 k 个项目中以外币 j 计价的比重，$\lambda_t^{Ak}(\lambda_t^{Lk})$ 表示本国对外资产（负债）第 k 个项目占其对外资产（负债）的比重，设定对应 k 的项目包括直接投资、证券投资、债券及其他投资、储备资产四项。因此 $\omega_{jt}^A(\omega_{jt}^L)$ 即表示本国的对外资产（负债）中所持有的外币 j 计价的比重。$\% \Delta E_{jt}$ 表示以外币 j 为单位的本币在 t 期间的汇率变动，式（4-24）表示将所有 F 种外币的汇率变动加权后得到由汇率波动引起的估值效应 VA_t^E，式（4-25）表示资产价格波动 VA_t^P 引起的估值效应为总估值效应扣除 VA_t^E。

二、测算由汇率引致的估值效应

分解上述估值效应，首先测算由汇率引致的估值效应。由于各经济主体，美国有较为完整的数据，美国经济分析局（BEA）在 1994 年 6 月的《商业简报》中首次使用表格 "International Investment Position of the United States at Yearend" 表示上年存量头寸由于价格、汇率和其他因素产生的变化，因此本章对美国的汇率变动引致的估值效应可以直接取数，其他经济主体由于数据不完备，则需要进行估测。根据以上测算理论，测算由汇率引致的估值效应，即 VA_t^E，首先需要了解 IIP 表中的币种结构，其次再考察各币种相对本币的汇率变动情况。币种结构是由各类资产的形成是以各国外汇进行交易为基础，因此需按各类外部资产的形成的来源进行估测。

币种结构的测算方法为：对外直接投资（FDI）根据历史对外投资地区的分布测算 FDI 的外币币种结构，其中设定对外投资国家按其投资的标的国所使用的货币计算。接受投资的国家，所投资额用本币计价；对外证券投资（EQ）根据各经济体历史对外合格境外投资（QDII）的分布测算 EQ 的外币币种结构；对外债权（DEBT-A）主要是由于出口贸易形成，因此可根据历史国家主体对外分地区的出口贸易量测算 DEBT - A 的外币币种结构；储备资产（FX）项目可按照 IMF 中外汇储备构成的数据库（currency composition of official foreign exchange reserves，COFER）所统计的外汇分布情况测算 FX 的外币币种结构，其中由于中国未向 IMF 报告储备资产的币种结构，但中国的外汇储备以美元储备为主，因此可以通过查看美国财政部的国债系统（treasury international capital system）内中国历史各年份持有美国证券的资产以代替中国外汇储备中的美元资产①，再将中国外汇储备扣除美元的份额后按 COFER 数据库中新兴市场国家持有的其他货币币种种类进行估测。美国、日本、欧元区则直接使用 COFER 中发达国家所持有的外币币种种类，相应扣除自身本币份额比重为基数予以测算。对外债务的测算相对于对外债权（DEBT - L），主要是由于进口贸易形成的，因此相应测算各主体历年主要进口国的贸易量对 DEBT - L 进行按币种分配。

在估测币种结构后，需测算上市币种结构中涉及的外汇相对于本币的年度升值和贬值情况。测算外汇变动和币种结构后，可测算 IIP 中各类资产截止年度时点，由于汇率变动而引起的资产价值变动，综合各类资产的变动值则形成了年度以汇率变动引致的估值效应数值。

三、估值效应内部结构的对比分析

在测算由汇率引致的估值效应后，即可由整体估值效应测算出由资产价格波动引致的估值效应，并可在中国、美国、日本及欧元区之间进行对比分析。雷恩和香博（2010）通过构建测算模型已测算出 2000 ~ 2004 年 VA_t^E 和 VA_t^P 的数值②。本章进一步按雷恩和香博（2010）的研究测算思路测算出中国、美国、日本及欧元区 2005 ~ 2019 年 VA_t^E 和 VA_t^P 数据，并将该数值除同年度 GDP。从而反映各经济体 2000 ~ 2019 年各年度估值效应分解为由汇率波动引致的估值效应（VA_t^E）和由资产价格波动引致的估值效应（VA_t^P）。最终分解结果见图 4 - 6 ~ 图 4 - 9。

---

① 张斌，王勋，华秀萍. 中国外汇储备的名义收益率和真实收益率 ［J］. 经济研究，2010（10）：115 - 128. 具体阐述了我国外汇储备资产中的美元资产以持有美国各类证券资产的合计进行代替的可行性。

② 雷恩和香博（2010）在其文献 *"Financial Exchange Rates and International Currency Exposures"* 中的附件外挂数据库，本章使用其 1999 ~ 2004 年的 VA_t^E 值。VA 和 GDP 值来自雷恩和费雷蒂（2007）构建的数据库（EWN）的年度数据。

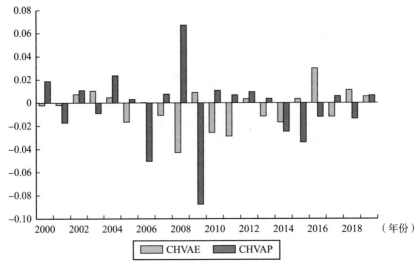

图 4 - 6 中国 2000 ~ 2019 年 VA_t^E 和 VA_t^P 数值

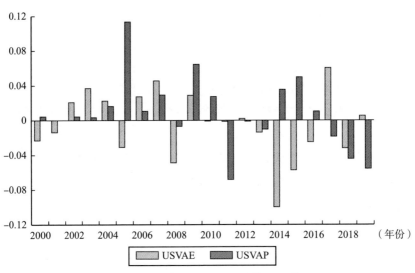

图 4 - 7 美国 2000 ~ 2019 年 VA_t^E 和 VA_t^P 数值

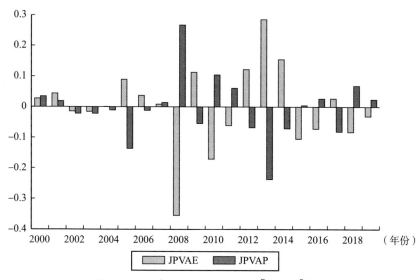

图 4 – 8　日本 2000 ~ 2019 年 VA_t^E 和 VA_t^P 数值

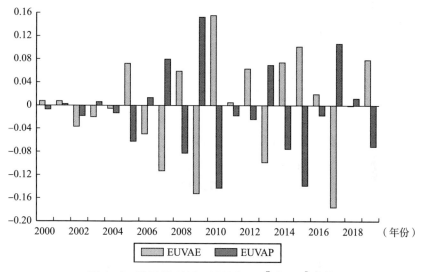

图 4 – 9　欧元区 2000 ~ 2019 年 VA_t^E 和 VA_t^P 数值

　　由上图可以看出，中国 VA_t^P 的波动比 VA_t^E 要明显。美国的 VA_t^E 在较多年份体现为明显的正估值，由于其对外投资资产的价格提升，导致其 VA_t^P 出现较正估值较明显，而日本和欧元区的 VA_t^E 和 VA_t^P 出现较多正负相抵的情形。2011 年欧债危机出现后，美国的海外资产价格出现较大幅度缩水，2014 年美元大幅升值也导致其 VA_t^E 出现大幅负值，相反给日本和欧元区造成大量正的 VA_t^E 值。

根据以上计算的结果，将 VA_t^E 和 VA_t^P 对总估值效应做方差分解，结果如表 4-3 所示。

表 4-3　各经济体间 VA_t^E 和 VA_t^P 对总估值效应的贡献（2000~2019 年）　单位: %

经济体	VA_t^E 对 VA 的贡献	VA_t^P 对 VA 的贡献
中国	5.78	84.52
美国	60.96	68.47
日本	65.73	-24.19
欧元区	54.49	-27.58

从表 4-3 可看出，中国的 VA_t^E 相对 VA_t^P 对估值效应的作用微弱，VA_t^P 在估值效应中起决定作用，表明在中国由汇率变动引发的估值效应，远不如资产价格变动引发的估值效应那么显著。由于中国整体估值效应负值的年份较多，而资产价格变动引发的估值效应又占据主导地位，因此中国的负估值效应主要是由于外国在中国的投资不断增值，且其收益程度超过中国对外国的投资引起的。

美国 VA_t^E 和 VA_t^P 对总估值效应的贡献相近，由于美国估值效应正值的年份较多，说明美元汇率贬值与其外部资产的升值所产生的正估值效应相近。

日本及欧元区的情形相似，估值效应主要是由其汇率波动引起，同时资产价格波动对总估值效应有反作用。表现为近年日本及欧元区量化宽松货币政策以及加大投资刺激经济的财政政策，使得货币贬值造成正估值效应，而投资刺激导致国内资产价格上涨，产生负估值效应，抵消了部分由汇率变动产生的估值效应。

四、对资产价格波动引致的估值效应的进一步分解

（一）准确核算 VA_t^P 的理论方法

以上雷恩和香博（2010）在测算 VA_t^P 时，简单等于总估值效应扣减 VA_t^E，但事实上精确计算 VA_t^P，本章认为应表现为各类外部资产市值的变动：

$$VA_t^P = \left(\sum_{i=1}^{i=M} \sum_{k=1}^{k=N} \eta_{it}^{Ak} \times \lambda_t^{Ak} \times \% \Delta P_{it}^k \right) \times A_{t-1} - \left(\sum_{k=1}^{k=N} \lambda_t^{Lk} \times \% \Delta P_t^k \right) \times L_{t-1}$$

(4-27)

其中，η_{it}^{Ak} 表示本国对外资产第 k 个项目中投资到 i 国的比重，% ΔP_t^k 表示第 i 国 k 项资产对应 t 期间的市值变动率①，% ΔP_t^k 表示本国对应 k 项资产的市值变动率。但该精确测算受限于统计数据的缺陷，按该理论方法分国别并细分每类外部资产核算其市值变动存在一定的技术困难。

美国经济分析局（BEA）在其年度涉外报表中对存量资产的变动分别按价格变动、汇率变动及其他因素进行核算，但其他因素体现为调查和统计手段的不完善的误差，无法将其分配到汇率调整和价格调整因素中，由于测算上的局限性，目前大部分学者都将以上美国的其他因素归为 VA_t^P 的一部分（Curcuru，2013），这也进一步支持了雷恩和香博（2010）的简略测算方式。

（二）对影响 VA_t^P 因素的实证分析

虽然由于统计数据的缺陷，目前只能按雷恩和香博（2010）的方法对 VA_t^P 进行近似测算，但继续探究影响 VA_t^P 形成的因素，还可以从经验数据入手。就中国而言，按上述分析，汇率引致的估值效应并不是中国负估值效应的主导因素，因此进一步分析 VA_t^P 的形成，对中国降低负估值效应具有指导意义。

通过对中国外部资产结构的初判，中国资产部分的直接投资和证券投资的份额较小，而近年持续招商引资导致负债部分的直接投资和证券投资份额较大②，因此资产价格波动主要影响中国负债部分的直接投资和证券投资。

本章进一步选取 "% $\Delta StockP_t$" 表示 2003～2019 年分季度中国以证券市场总市值变化率代表国内资本市场价值变化、"% ΔCPI_t" 表示 2003～2019 年分季度 CPI 指数变化率、"% $\Delta DEBT_t$" 表示 2003～2019 年分季度国债指数变化率、"% Δi_t" 表示 2003～2019 年分季度国债利息变化率、"% Δfp_t" 表示 2003～2019 年分季度外商企业利润变化率。设定 VA_t^P 为被解释变量。其中，外商投资中国的直接投资，企业利润以及债务收益均反映在经常账户之中，而股权价值的变动以及物价指数的变动，反映的是资产价格的变动，本部分试图控制债务、债务利息率以及企业利润这三个变量，进而突出反映资产价格引致的估值效应同中国证券市场市值以及物价水平的相关性。

---

① 由于对外资产价格变动的同时也伴随汇率的变动，因此假设两者因素影响近似线性，即 $(1 + \% \Delta E)(1 + \% \Delta P) = 1 + \% \Delta E + \% \Delta P$。

② 我国外部资产中直接投资和证券投资占我国外部负债中直接投资和证券投资的比重，近 15 年平均为 20.81%。

在数据选取上，本章选取 2003～2019 年的季度数据，共 68 个观测值，通过对上述各变量进行标准化处理后，构建线性方程式（4-28）用于考察上述各解释变量对 VA_t^P 的影响程度。

$$VA_t^{p,s} = \beta_1 \% \Delta StockP_t^s + \beta_2 \% \Delta CPI_t^s - \beta_3 \% \Delta DEBT_t^s - \beta_4 \% \Delta i_t^s + \beta_5 \% \Delta fP_t^s + \varepsilon_t$$

$$(4-28)$$

将上述数据进行协整检验，发现上述变量至少存在一个协整关系（见表 4-4）。

表 4-4　　中国 2003～2019 年资产价格波动引致估值效应的协整关系

协整关系个数 No. of CE（s）	特征值 Eigenvalue	迹统计量 Trace 大	临界值 Statistic 小	协整概率 Prob. **
None*	0.545008	210.8445	95.75366	0.00000
At most 1*	0.484845	158.8712	69.81889	0.00000
At most 2*	0.417078	115.0942	47.85613	0.00000
At most 3*	0.400428	79.47396	29.79707	0.00000

注：* 表示在 5% 水平上拒绝假设；** 表示麦金农 - 豪格 - 米其林（1999）P 值，即表示变量在 5% 显著水平下存在协整关系。

简单利用 Eviews8.0 进行 OLS 回归，结果如表 4-5 所示①。

表 4-5　　　　　中国资产价格波动引致估值效应的实证回归结果

变量 Variable	系数 Coefficient	标准误 Std. Error	t 统计量 t - Statistic	概率 Prob.
$\% \Delta StockP_t$	-0.725974	0.094171	-7.7091	0.0000
$\% \Delta CPI_t$	2.858015	1.501608	1.903303	0.0616
$\% \Delta DEBT_t$	1.037295	1.495223	0.693739	0.4904
$\% \Delta i_t$	-0.033098	0.242982	-0.136214	0.8921
$\% \Delta fp_t$	-0.006528	0.013506	-0.48334	0.6306
C	-0.022282	0.023434	-0.950838	0.3454

注：其中：R-squared 值为 0.53，F-statistic 值为 13.98，DW 值为 2.15。

---

① 数据选取 2003～2019 年的季度数据，扣除 2006 年、2007 年、2009 年以及 2014 年第 4 季度证券市场波动幅度较大的值。Stock - P、CPI 和国债利息率选自 Wind 资讯宏观数据库，并结合之前的方法，测算 VAP 的季度值。

可以看出 VA_t^P 同%$\Delta StockP_t$ 显著负相关（1%水平下），表明随着中国证券市值的增加，外商在中国资产的权益增值，因此产生负估值效应。CPI 变动表示通胀程度，与 VA_t^P 显著正相关（10%水平下），表示通胀的增加，外商对中国的权益减少，符合经济意义。由此可知中国的负估值效应的来源，主要是由于外资在中国不断扩大的投资存量，随着中国的经济发展而产生的增值。

（三）影响 VA_t^P 因素的理论分析

由以上简单的实证可以看出，外部净资产价格的变动以及净资产存量的比重能直接影响 VA_t^P，以下将在对构成 NFA 的资产结构和币种结构进行简化处理后，进一步深入分析形成 VA_t^P 的影响因素：

首先，对资产结构进行简化分类。按奥布斯特菲尔德和罗格夫（1995）对净外部资产按收益的稳定性进行分类，将直接投资、证券股权投资、衍生金融工具归为权益型资产，也叫非状态依存型资产 A_t^N，债券、贸易信贷及储备资产归为债权型资产，也称状态依存型资产 A_t^S。债权型资产的收益体现为对固定收益的获取权，收益稳定且可预测性强，因此其资产市值与账面价值基本相等且变化不大。而权益型资产大都属于股权投资，容易因交易所产生的资本溢价而产生市值变动，未来收益不稳定。因此资产价格波动主要影响的是权益型资产。

其次，对币种结构进行简化处理。对外的投资采用外币留存并计价，外国对内的投资采用本币留存并计价。因此外部资产易受到汇率波动影响，而负债则不受汇率波动的影响。在简化后，对 NFA 资产头寸重新细分：

$$NFA_{t-1} = (A_{t-1}^N + A_{t-1}^S) - (L_{t-1}^N + L_{t-1}^S) \quad (4-29)$$

$$NFA_{t-1} + VA_t = (A_{t-1}^N(1 + \%\Delta P_t^F) + A_{t-1}^S)(1 + \%\Delta E_t) \quad (4-30)$$
$$- (L_{t-1}^N(1 + \%\Delta P_t^D) - L_{t-1}^S)$$

其中，$A_t^N(L_t^N)$ 为权益型资产（负债），$A_t^S(L_t^S)$ 为债权型资产（负债），%ΔP_t^F、%ΔP_t^D 分别表示对外国和本国权益型资产的价格变动率，%ΔE_t 表示外币兑本币的综合汇率变动率，将式（4-14）扣减式（4-13），表现为：

$$VA_t \approx A_{t-1}^N \times \%\Delta P_t^F - L_{t-1}^N \times \%\Delta P_t^D + A_{t-1} \times \%\Delta E_t \quad (4-31)$$

其中：$VA_t^E \approx A_{t-1} \times \%\Delta E_t$

$$VA_t^P \approx A_{t-1}^N \times \%\Delta P_t^F - L_{t-1}^N \times \%\Delta P_t^D \quad (4-32)$$
$$= A_{t-1}^N(\%\Delta P_t^F - \%\Delta P_t^D) + \%\Delta P_t^D(A_{t-1}^N - L_{t-1}^N)$$

式（4-31）区分了汇率和资产价格波动引发的估值效应。式（4-32）

则将资产价格波动引致的估值效应进一步细分，从式（4-32）等号右边的表达来看，前半部分可表示为价格因素，后半部分可表示为结构因素。

（四）测算结构和价格因素分别对 VA_t^P 的影响

根据以上理论方法，对 VA_t^P 进一步细分为因资产结构因素引致（VA_t^{P-S}）和因资产价格因素引致（VA_t^{P-P}），其中：

$$VA_t^{P-S} = \% \Delta P_t^D (A_{t-1}^N - L_{t-1}^N) \qquad (4-33)$$

$$VA_t^{P-P} = VA_t^P - VA_t^{P-S} \qquad (4-34)$$

根据式（4-33），以 $\% \Delta P_t^D$ 近似为本国资本市场市值变化率①，测算中国、美国欧元区及日本 2003~2019 年度 VA_t^{P-S} 值，再根据以上所测算的 VA_t^P，通过式（4-34）测算 VA_t^{P-P}，自此，可将估值效应细化成三类，即汇率变动引致的估值效应（VA_t^E）、收益因素下资产价格变动引致的估值效应（VA_t^{P-S}）以及结构因素下资产价格变动引致的估值效应（VA_t^{P-P}），结果如表 4-6 所示。

表 4-6　　　　　中、美、日及欧元区各类单位 GDP 的估值效应（2003~2019 年）　　　　　　　　单位：%

年份	CHN			USA			JAP			EUR		
	VA-E	VAP-S	VAP-P	VA-E	VAP-S	VAP-P	VA-E	VAP-S	VAP-P	VA-E	VAP-S	VAP-P
2003	1.02	-1.68	0.17	3.72	1.04	-0.71	-1.56	0.70	-2.90	-1.99	-2.91	3.55
2004	0.45	2.11	-0.11	2.27	0.87	0.77	0.09	-0.14	-0.94	-0.52	-0.61	-0.69
2005	-1.66	2.10	-1.80	-3.10	0.37	11.01	9.02	-1.02	-12.60	7.26	-0.04	-6.20
2006	0.02	-33.61	28.54	2.75	1.97	-0.90	3.73	-0.19	-0.99	-4.95	-1.40	2.75
2007	-1.08	-63.08	63.84	4.57	0.46	2.48	0.84	1.18	0.23	-11.32	-2.22	10.21
2008	-4.29	14.47	-7.74	-4.89	-9.49	8.80	-35.52	2.87	23.91	5.92	3.93	-12.18
2009	0.90	-18.08	9.31	2.91	4.33	2.14	11.37	0.18	-5.61	-15.28	-0.69	15.99
2010	-2.56	-2.06	3.16	-0.10	2.72	0.02	-17.04	0.05	10.48	15.57	-0.50	-13.78
2011	-2.89	4.24	-3.57	-0.13	-1.81	-5.01	-6.09	-0.92	7.09	0.50	0.43	-2.17
2012	0.34	-1.46	2.42	0.20	3.02	-3.14	12.30	1.41	-8.16	6.33	-0.50	-1.92
2013	-1.16	-0.05	0.41	-1.38	3.59	-4.62	28.64	5.38	-29.12	-9.84	0.15	6.83
2014	-1.67	-10.66	8.18	-10.01	1.09	2.48	15.57	0.40	-7.47	7.41	0.21	-7.74

---

① 外国投资本国的价格变化率近似以本国资本市场市值变动率进行替代，数据来源 WIND 资讯。

年份	CHN			USA			JAP			EUR		
	VA – E	VAP – S	VAP – P	VA – E	VAP – S	VAP – P	VA – E	VAP – S	VAP – P	VA – E	VAP – S	VAP – P
2015	0.34	– 8.11	4.69	– 5.74	– 0.29	5.28	– 10.48	2.24	– 1.79	10.20	0.04	– 13.92
2016	3.00	0.77	– 1.98	– 2.50	0.45	0.60	– 7.17	– 0.30	2.98	1.95	0.00	– 1.71
2017	– 1.19	– 1.68	2.27	6.06	0.47	– 2.34	2.69	4.22	– 12.30	– 17.65	– 0.76	11.46
2018	1.14	2.67	– 4.03	– 3.21	– 0.32	– 4.10	– 8.23	– 3.51	10.39	– 0.07	2.07	– 0.87
2019	0.58	– 3.61	4.26	0.56	– 0.30	– 5.27	– 3.08	4.32	– 1.89	7.88	– 1.37	– 5.73

注：VA – E 表示单位 GDP 的因汇率变动引致的估值效应；VAP – S 表示单位 GDP 的结构因素下因资产价格波动引致的估值效应；VAP – P 表示单位 GDP 的收益因素下因资产价格波动引致的估值效应。

进一步将 VA_t^{P-S} 和 VA_t^{P-P} 标准化处理后再方差分解，可得出 VA_t^{P-S} 和 VA_t^{P-P} 分别对 VA_t^P 的贡献程度（见表 4 – 7）。

表 4 – 7　　　　　　各经济体间 VA_t^{P-S} 和 VA_t^{P-P} 分别对 VA_t^P 的
贡献程度（2003 ~ 2019 年）　　　　　单位：%

经济体	VA_t^{P-P} 对 VA_t^P 的贡献	VA_t^{P-S} 对 VA_t^P 的贡献
中国	– 14.70	39.02
美国	81.10	25.13
日本	97.98	– 29.12
欧元区	98.59	– 24.01

从表 4 – 7 可以看出，中国资产结构因素对资产价格波动引致的估值效应的影响明显大于资产价格因素，说明调整中国资产结构能更有效地调整估值效应。美国、日本和欧元区，其资产结构因素对资产价格波动引致的估值效应的影响明显小于资产价格因素，且欧元区和日本本身资产价格引致的估值效应就对整体估值效应影响不大。所以通过以上比较，针对中国调整估值效应最有效的途径是调整中国外部资产结构。

根据式（4 – 33），VA_t^{P-S} 规模取决于 $\%\Delta P_t^D$ 和 $A_{t-1}^N - L_{t-1}^N$，而 $\%\Delta P_t^D$ 取决于国内经济发展的速度、国内投资环境、资本市场建设完善程度等因素，较为复杂。$A_{t-1}^N - L_{t-1}^N$ 则相对容易调整，中国目前对外股权投资的规模与外国对内股权投资的规模相差较大，A_{t-1}^N 占 L_{t-1}^N 比重近 20 年平均仅为 29.67%，2011 年起呈现逐年提升的趋势，在 2013 年"一带一路"倡议实施以来，中国资本正在加速"走出去"，中国对外直接投资的规模处于加速上升趋势，但截至 2019 年依然未能达到外资对国内投资存量的 70%。因此，提高中国对外股权投资的规模，能有效降低 $A_{t-1}^N - L_{t-1}^N$ 的负值，并实现通过降低 VA_t^{P-S} 负值来降低 VA_t^P 的负效应，进而降低整体负估值效应，提高中国的外部财富。

第四节　关于金融调整结构的政策与建议

本章首先通过对 IMF 发布的 IIP 编制规则进行解读，在理解外部净资产头寸各构成项目以及如何按市值法对其进行编制的基础上，对缺失的季度外部净资产头寸数据按市值法进行修复，为全书理解估值效应建立完善的数值基础。接着本章详细阐述了 IMF 对估值效应的理论分析，运用雷恩和费雷蒂（2004）的测算方法测算中国、美国、日本及欧元区的估值效应规模，通过比较分析发现中国虽然常年贸易顺差，但常年累计的负估值效应导致其财富外流，拉低了由于贸易顺差累计的净资产头寸。而美国则相反，虽然常年贸易逆差，但累计的正估值效应，缓解了其外债规模的扩大。日本与欧元区类似，但其外部财富都受到一定的负估值效应的影响。

其次，继续利用雷恩和香博（2010）的分析理论按影响估值效应的因素分为由汇率波动引致的估值效应和由资产价格波动引致的估值效应，并分别测算了上述四个经济体这两类效应的值以及它们对总估值效应的贡献程度。通过分析，发现引发中国估值效应的主导因素是资产价格波动而非汇率变动。由于统计数据的缺陷，精确计量由资产价格波动引发的估值效应存在难度，然而通过中国 2003～2019 年季度数据的实证分析，发现中国资产价格波动引起的估值效应同证券市场市值变动有显著负相关，即外商对华投资的价值增长是引发中国负估值效应的主要因素。因此，本章提出分析理论对资产价格波动的估值效应进一步细分为结构因素和收益因素下由资产价格波动引致的估值效应。

最后，本章通过理论分析与对中、美、日和欧元区这四大经济体实证研究表明，估值效应的规模及其结构对不同的经济体实现外部宏观经济均衡都有不同程度的影响。从美国看，由于其正估值效应，使美国在持续的贸易赤字下，外部失衡得到了一定的缓解，也缓解了外债危机。但是，如中国在内的新兴市场国家，却与之相反，由于其资产结构等因素导致负估值效应，从而导致其外部财富出现一定程度的缩水。通过本章内容可以看出，中国估值效应对外部均衡调整的影响已明显加深，但由于中国常年处于负估值效应，因此上述估值效应对外部宏观均衡的调整对中国而言是不利的影响。然而结合估值效应的规模和结构进行分析可以看出影响中国估值效应进而对外部宏观均衡调整影响的主要因素，以及中国同美国、日本及欧元区四个经济体在影响因素上的主要不同之处具体见图 4 - 10 ~ 图 4 - 13。

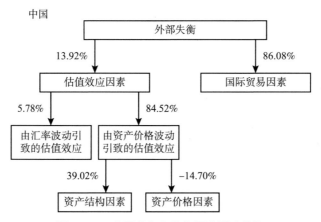

图 4 - 10　中国外部失衡各因素影响结构

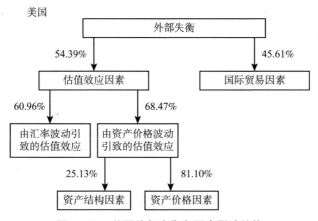

图 4 - 11　美国外部失衡各因素影响结构

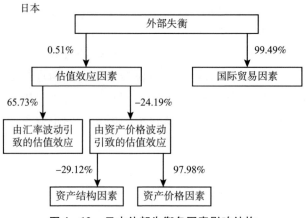

图4-12 日本外部失衡各因素影响结构

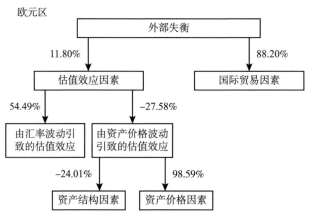

图4-13 欧元区外部失衡各因素影响结构

由图4-10～图4-13可知，中国由于国际投资头寸中的结构因素在由资产价格波动引致的估值效应中起主导作用，而资产价格波动引致的估值效应是近年中国负估值效应产生的主要原因，而中国负估值效应在中国外部均衡调整中起到的作用却越来越大，因此中国国际投资头寸表中的结构改善能直接影响到对外部均衡的调整。反观美国，其估值效应对外部均衡调整的作用也较为明显，但其估值效应对其外部均衡是有利的方向，可以看出，其通过国际投资头寸表中的价格因素，即提高其对海外投资的价值，可有效改善其外部均衡；且其利用汇率的变动也能起到一定作用。而日本和欧元区通过估值效应调整渠道对外部失衡的影响并不明显，其调整外部均衡的渠道主要还是依靠国际贸易来实现的。因此，通过以上对估值效应规模、结构及对外部均衡影响的比较来看，对中国的主要启示体现如下。

首先，应开始重视估值效应这一"金融调整渠道"对外部均衡调整的作用。随着全球金融开放程度的提高，跨国资本流动加剧，已改变了以往以贸易为单一跨国交易的格局。同时，随着资本投资规模的扩大，汇率或资产价格波动，它所产生的估值效应对外均衡调整的影响将越发显著。

　　其次，优化外部资产结构，降低负估值效应。根据以上分析和测算，中国结构因素下的资产价格波动引致的估值效应对整体估值效应规模的影响程度较大，因此有效改善中国外部资产结构，提高对外直接投资、股权证券投资等高收益性资产的份额，有助于优化中国的外部资产结构，改善中国处于负估值效应的现状。

　　再次，加强外部资产风险管控，提高收益水平。在扩大对外投资规模的同时，若无法提高其资产的收益水平，仍然无法达到优化资产结构的目的。由于中国对外投资还处于起步阶段，还面临着投资经验不足、海外法律环境障碍等多方面客观因素的影响，因此对外投资更要在加强风险管控的前提下，才能有效消除非系统风险，提高资产的收益水平。

　　最后，优化外部资产币种结构，有效利用汇率工具。虽然目前汇率波动产生的估值效应对中国整体估值效应的影响尚不明显，但随着人民币国际化、汇率市场化，汇率变动所产生的估值效应，对整体估值效应的影响将逐步增大。因此，中国应进一步实现外部资产的币种结构多元化，分散汇率风险；同时有效利用人民币汇率工具，通过汇率变动主动产生正估值效应，实现外部财富的增值。

第五章　经济周期冲击下金融
调整的动态机理

【导读】

基于金融调整的结构与驱动因素，本章通过构建动态随机一般均衡模型（DSGE），利用经济周期冲击下金融调整的动态路径，考察外部经济失衡金融调整的动态机理。本章首先利用经验数据，实证分析经济周期冲击对外部经济失衡的影响，并初步判断冲击下金融调整的方向。其次，利用新开放经济宏观经济学（NOEM）分析范式，构建 DSGE 模型，刻画在以技术和投资效率冲击为代表的经济周期冲击下，金融调整的动态轨迹及其对国家外部财富的动态作用。研究发现，正向经济周期冲击令本国产出相对提高，厂商资产相对升值，引发金融调整阻碍本国外部财富的增长，但是该不利影响仅在短期有效。

第一节　外部净资产动态调整的模型设置

通过以上对估值效应规模与结构的分析测算以及其对国家外部净资产影响的实证分析，可以发现估值效应对外部经济的影响正在加深，已逐渐成为除国际贸易外影响国家外部财富的另一重要因素，也正是由于估值效应因素的出现，使得对外部净资产动态调整的分析变得更加全面。估值效应是因汇率或资产价格波动所产生的，并进而调整国家外部净资产，因此通过考察汇率或资产价格的波动，可以有效分析刻画估值效应对外部净资产动态调整的过程。然而，外部经济一般受经济周期波动等外生因素的影响，而技术创新与投资效率改进这两项外生因素为经济周期波动提供了外在驱动力，因此本章将围绕经济周期波动，在考虑估值效应的前提下，分析外部净资产是如何进行动态调整。首先以经验数据及以往的理论分析，描述经济波动下，估值效应以及国际贸易对外部净资产所产生的调整影响；其次通过构建两国随机动态一般均衡模型（DSGE），以 NOEM 分析范式刻画外部净资产动态调整的过程并分析估值效应影响调整的原因。

代表国家外部财富的外部净资产，其变动根据雷恩和费雷蒂（2001）认为是由经常账户对其进行的流量调整，以及由估值效应对其进行的存量调整所构成的，古林查斯和雷伊（2007）将前者定义为"贸易调整渠道"，后者定义为"估值调整渠道"，外在的经济波动不仅会影响"贸易调整渠道"，也会影响"估值调整渠道"。通常认为，技术创新及投资效率改进这两项外生因素受到正向冲击时将提高产出，进而通过影响进出口促使经常账户（CA）中的贸易盈余①（TB）发生变动，而产出的提高也影响厂商股利分配，使得 CA 中的收入盈余（IB）也发生变动；同样，产出的提高也影响着汇率或资产价格的变动，从而改变估值效应（VA）。最后，经常账户将通过"贸易调整渠道"对外部净资产进行流量变动调整，而估值效应则通过"估值调整渠道"对外部资产进行存量变动调整。本章定义，当外生因素正向冲击后，由上述 TB、IB 和 VA 的变动带来外部净资产的提高时，认定 TB、IB 和 VA 对外部经济起到改善的调整作用，反之，则认为其对外部经济有恶化的调整作用（Benigno，2009）。

本节将通过大国经济体间的对比，分析在经济周期波动的影响下，估值效应和经常账户对外部净资产的调整作用，并以此为基础构建 DSGE 模型进一步刻画外部净资产动态调整过程。

一、经验数据的对比分析

（一）经验分析的成果综述

阮（Nguyen，2011）使用 G7 国家 1995～2008 年的截面数据，将全要素生产率（TFP）与经常账户和估值效应分别进行相关性分析，结果发现 TFP 变动与经常账户正相关，与估值效应负相关。因此，其认为技术创新将促进本国产出的提高，并通过增加进出口贸易顺差以改善经常账户，进而改善外部净资产，提高国家外部财富；然而，技术创新在刺激本国产出提高的同时，也提高了国内权益资产的价格，使得国内部分资产的增值为外国投资者所享有，造成估值效应恶化，进而对外部净资产有恶化的调整

---

① 根据国际货币基金组织（IMF）的《国际收支平衡手册》（第 6 版），经常账户中包括贸易盈余项（trade balance）以及收入盈余（income balance），前者主要包括商品与服务进出口盈余，后者则包含经常账户中的其他项目，包括收入、转移支付等，其主要内容为投资利息以及分红等收入。通过对 2000～2014 年 OECD 国家中经常账户的考察，发现贸易盈余总额一般能占经常账户总额的 60%～70%，是主要的构成部分。

作用。但是，其分析的数据是基于发达经济体，并未包括新兴市场经济体，且其未区分数据个体之间的差异性。

克达西耶和科尔曼等（Coeurdacier & Kollmann et al.，2010）引入费舍（Fisher，2006）所表示投资效率的变量，并利用 DSGE 模型进行数值模拟并以 G7 国家 1972～2004 年的数据进行分析，发现投资效率的改进与贸易盈余负相关（-0.17），与外部净资产也呈负相关（-0.20），虽然其研究不涉及估值效应，但其结果表明贸易盈余对外部净资产负相关，而估值效应也在扩大对外部净资产的不利影响。

然而，以上分析中，都未将经常账户中的贸易盈余和收入盈余进行区分分析。收入盈余数值上在经常账户总额中约占 30% 的份额，对经常账户的变动构成严重的影响因素，而且贸易盈余和收入盈余在其变动的驱动因素上也有较大的差异，前者主要是国际商品或服务市场的供需关系决定，而后者主要是由本国与外国厂商收益分配所决定，因此本章认为将经常账户中的两个项目分拆并分别进行分析，更有助于分析各项目对外部净资产的调整作用。

（二）经验数据处理

为更全面地分析经常账户（CA）和估值效应（VA）在技术创新和投资效率改进的外在冲击下，对外部净资产变动所起的不同作用，本节分别以 TB、IB 和 VA 分别对技术创新与投资效率改进冲击进行相关性分析。根据费舍（2006）、克达西耶和科尔曼等（2010）实证分析发现，技术创新与投资效率改进冲击的两者之间的相关系数接近于 0，因此本章可认定技术创新冲击与投资效率改进冲击之间是相互独立的。

本章考察对象为经济总量规模较大的经济体，因此经验数据选取于目前国内生产总值排名世界前 10 位的经济体，包括美国、日本、欧元区、英国、加拿大及澳大利亚构成发达经济体以及中国、印度、巴西、俄罗斯这四个金砖国家（BRIC）构成新兴市场经济体。数据时间跨度为 2000～2019 年。

技术创新冲击的变量根据柯布道格拉斯生产函数（$Y_t = z_t K_t^\kappa L_t^{1-\kappa}$）表示为 z_t，并根据其变形式求出技术冲击本国变动（$\ln(Y_t/L_t) - \kappa\ln(K_t/L_t) = \ln z_t$），这里资本投入产出弹性 κ 按阮（2011）设置为 0.34；而要表示本国相对外国的技术冲击变动，则需按同样方式求出外国的技术冲击变动，这里代表外国的 Y_t、K_t、L_t 用所测算经济体之外的其他 9 个经济体之和求得。在测算过程中，Y_t 使用年度 CPI 对 GDP 进行平减处理而得；资本存量 K_t 按照霍尔和琼斯（Hall & Jones，1999）以及徐现祥等（2007）的处理方式，先将年度固定资产形成总额除以折旧率同 2000～2019 年投资的几何平均增长率之和，再使用投资平减价格指数进行平减处理，这里将折旧率按杨（Young，2000）和张军（2004）设置为 10%。最后将本国与其他 9 个经济体之和求得的技术冲击变动相减，得到相对技术冲击变动（z_t^d）。

投资效率根据资本累积的动态公式（$K_{t+1} = (1 - \delta)K_t + \chi_t I_t$），按费舍（2006）的近似测算方法，将投资效率近似表示为消费价格指数与投资平减指数之比（$\chi_t \equiv CPI/$投资平减指数）①，并进一步将 χ_t 取对数以反映变动率。同样，将本国与其他 9 个经济加权之和求得的变动率相减，得到相对投资效率冲击（χ_t^d）。

此外，经常账户的数值取自各经济体年度国际收支平衡表（BOP），其中贸易盈余为商品和服务的进出口额，扣除贸易盈余后的经常账户余额，则表现为收入盈余。估值效应则按雷恩和费雷蒂（2001）的方法表示为外部净资产变动扣除经常账户的余额，即，$VA_t = \Delta NFA_{t+1} - CA_t$，其中净外部资产取值于各经济体的国际投资头寸表（IIP），以上 TB、IB 和 VA 均以基于购买力平价下的美元计价，且以基于购买力平价且以美元计价的 GDP 进行标准化。

（三）数据对比分析

根据对以上经验数据的处理，考察各经济体相对技术创新冲击与投资效率冲击对经常账户和估值效应的相关程度。

由表 5 - 1 可知，相对技术创新冲击对贸易盈余有 6 个经济体表现负相关，对收入盈余有 5 个经济体表现负相关，对估值效应有 4 个经济体表现负相关；投资效率冲击对贸易盈余有 4 个经济体表现负相关，对收入盈余有 8 个经济体表现负相关，对估值效应有 3 个经济体表现负相关。以上述 10 个经济体以 2019 年购买力平价下的 GDP 作为权数，可得技术冲击对贸易盈余相关系数的加权平均值为 - 12.43%，对收入盈余为 24.68%，对估值效应为 - 5.78%；投资效率冲击对贸易盈余相关系数的加权平均值为 19.74%，对收入盈余为 - 13.28%，对估值效应为 - 2.59%。体现为负相关则说明 TB、IB 或 VA 对外部净资产具有恶化调整的作用。

---

① 投资平减指数按费舍（2006）的取值方法，中国数据取自国家统计局固定资产价格指数，其他经济体数据取自 OECD 官方数据库（https://data.oecd.org/）中国家账户（national accounts）的固定资产形成平减指数（deflator：gross fixed capital formation）的数据。

表 5 –1 各经济体相对冲击与 TB、IB 和 VA 的相关程度 单位：%

经济体	技术冲击	TB	IB	VA	投资冲击	TB	IB	VA
澳大利亚	z_t^d	43. 11	3. 19	54. 40	χ_t^d	43. 31	20. 25	26. 79
加拿大		− 66. 19	76. 06	59. 69		98. 58	− 80. 57	− 60. 23
日本		35. 07	− 52. 94	21. 91		60. 77	− 14. 86	− 1. 70
欧元区		6. 71	23. 21	− 55. 47		− 27. 91	− 26. 15	7. 46
美国		− 28. 35	− 92. 32	17. 66		63. 37	6. 81	− 29. 18
英国		− 64. 81	59. 41	− 7. 18		20. 13	− 15. 87	24. 64
中国		− 1. 18	− 23. 32	− 27. 99		− 3. 71	− 5. 25	11. 45
印度		33. 21	− 8. 18	− 19. 08		− 32. 97	− 20. 76	25. 87
巴西		− 75. 63	70. 75	16. 80		48. 12	− 85. 30	4. 71
俄罗斯		− 42. 34	− 58. 45	39. 84		− 42. 34	− 58. 45	39. 84

资料来源：OECD. https：//data. oecd. org.

然而各经济体之间 TB、IB 和 VA 对冲击的相关性差异较大，应是经济体之间的个体差异所造成，因此通过表面数据无法分析冲击下"贸易调整渠道"和"估值调整渠道"对外部净资产的调整作用，于是不少学者通过构建随机动态一般均衡模型（dynamic stochastic general equilibrium，DSGE）以数值模拟的方式对上述调整作用进行动态分析。

二、外部净资产动态调整模型的构造

（一）模型构造的假设前提

描述跨国经济下的 DSGE 模型，旨在刻画以技术创新以及投资效率改进冲击为代表的经济周期波动下外部净资产动态调整的全过程，并分析估值效应以及经常账户对外部净资产的调整作用。本模型假定所描述的所有主体均为完全竞争的，假定资本市场上可供购买的资产仅为权益型资产，并且资本流动无摩擦，即金融市场完备，因此产品、投资品以及权益型资产在市场上处于完全竞争。本章使用的 DSGE 模型采用的是两国两商品模式，模型中包括家庭和厂商主体，家庭和厂商均为无限期存活且厂商涵盖了中间厂商的生产以及最终厂商的销售功能。在外部资产上，由于债权型资产的价值变动仅与汇率相关，且其资产价格变动较权益型资产不够活跃，因此本模型设定的外部资产未考虑债权型资产。对于汇率，则是假定一价定律成立，即购买力平价（purchasing power parity，PPP）实现。

(二) 模型的构造

1. 家庭效用及消费函数

$$\max: E_0 \sum_{t=0}^{\infty} \beta^t \left(\frac{1}{1-\sigma} C_{H,t1-\sigma} - \frac{1}{1+\omega} L_{H,t1+\omega} \right) \tag{5-1}$$

$$\max: E_0 \sum_{t=0}^{\infty} \beta^t \left(\frac{1}{1-\sigma} C_{F,t1-\sigma} - \frac{1}{1+\omega} L_{F,t1+\omega} \right) \tag{5-2}$$

其中，β 表示时间贴现因子，$C_{H,t}$ 表示消费指数，$L_{H,t}$ 表示劳动，σ 表示风险厌恶程度且大于 1，ω 表示劳动供给弹性且大于 0，变量右下标 H 表示本国，F 表示外国。假设本国和外国处于对称的大国经济环境，所设定的参数一致。

$$C_{H,t} = \left[a^{1/\phi} (c_{H,t}^H)^{(\phi-1)/\phi} + (1-a)^{1/\phi} (c_{F,t}^H)^{(\phi-1)/\phi} \right]^{\phi/(\phi-1)} \tag{5-3}$$

$$C_{F,t} = \left[a^{1/\phi} (c_{F,t}^F)^{(\phi-1)/\phi} + (1-a)^{1/\phi} (c_{H,t}^F)^{(\phi-1)/\phi} \right]^{\phi/(\phi-1)} \tag{5-4}$$

采用常替代弹性消费函数（CES），引入每国偏好以及国内外消费商品的替代弹性，更完整地描述消费经济环境，其中，$c_{F,t}^H$ 表示 H 国消费 F 的产品，a 为消费本国产品的偏好，$1 > a > 0.5$，ϕ 表示国内外产品替代弹性。产品价格指数上，根据 CES 函数的特性，构建使得消费成本最小化的拉格朗日方程，即 $\min\{P_t C_t\}$，按出口国的价格定价策略（PCP），可以得出产品价格指数的方程：

$$P_{H,t} = \left[a (p_{H,t})^{1-\phi} + (1-a)(e_t p_{F,t}^*)^{1-\phi} \right]^{1/(1-\phi)} \tag{5-5}$$

$$P_{F,t}^* = \left[a (p_{F,t}^*)^{1-\phi} + (1-a)(p_{H,t}/e_t)^{1-\phi} \right]^{1/(1-\phi)} \tag{5-6}$$

上述价格方程中，$P_{H,t}$ 和 $P_{F,t}^*$ 表示本国和外国一揽子产品价格指数，而 $p_{H,t}$ 和 $p_{F,t}^*$ 分别表示本国和以外币计价的外国单位产品价格，e_t 为名义汇率，综合价格和消费方程可以得出，居民消费与消费价格指数间的关系式：

$$c_{H,t}^H = a \left(\frac{p_{H,t}}{P_{H,t}} \right)^{-\phi} C_{H,t} \; ; \; c_{F,t}^H = (1-a) \left(\frac{e_t p_{F,t}^*}{P_{H,t}} \right)^{-\phi} C_{H,t} \tag{5-7}$$

$$c_{F,t}^F = a \left(\frac{p_{F,t}^*}{P_{F,t}^*} \right)^{-\phi} C_{F,t} \; ; \; c_{H,t}^F = (1-a) \left(\frac{p_{H,t}/e_t}{P_{F,t}^*} \right)^{-\phi} C_{F,t} \tag{5-8}$$

由于购买力平价（PPP）的成立，以本币计价的价格与以外币计价的价格之间的关系式可表示为：

$$p_{F,t} = e_t p_{F,t}^* \; ; \; P_{F,t} = e_t P_{F,t}^* \; ; \; p_{H,t}^* = p_{H,t}/e_t \; ; \; P_{H,t}^* = P_{H,t}/e_t \tag{5-9}$$

其中，$p_{F,t}$ 和 $P_{F,t}$ 分别为以本币计价的外国产品价格和外国产品价格指数，$p_{H,t}^*$ 和 $P_{H,t}^*$ 分别为以外币计价的本国产品价格和本国产品价格指数。

2. 厂商主体的相关函数

厂商的生产函数采用道格拉斯生产函数，表示为：

$$Y_{H,t} = z_{H,t}(K_{H,t})^{\kappa}(L_{H,t})^{1-\kappa} \tag{5-10}$$

$$Y_{F,t} = z_{F,t}(K_{F,t})^{\kappa}(L_{F,t})^{1-\kappa} \tag{5-11}$$

其中，$Y_{H,t}$表示产品产出，$Z_{H,t}$为外生全要素生产率 TFP，$K_{H,t}$为累计资本投入，κ为资本投入产出弹性，$1-\kappa$表示劳动力投入产出弹性。TFP 符合真实经济周期模型（RBC）所论述的 AR（1）的冲击规律，即技术冲击的一阶自回归规律，构成 DSGE 模型模拟真实经济的关键表达式，如下所示：

$$\ln(z_{H,t}) = \rho_{Hz}\ln(z_{H,t-1}) + \varepsilon_{Hz,t} \tag{5-12}$$

$$\ln(z_{F,t}) = \rho_{Fz}\ln(z_{F,t-1}) + \varepsilon_{Fz,t} \tag{5-13}$$

其中，ρ_{Hz}和ρ_{Fz}表示本国与外国技术冲击的持续性，由于真实经济周期冲击的收敛性，该参数均满足 $0 < \rho_{Hz} < 1$ 和 $0 < \rho_{Fz} < 1$；另外，$\varepsilon_{Hz,t}$ 和 $\varepsilon_{Fz,t}$分别表示本国与外国关于技术冲击的标准误差，以反映冲击的随机游走特性。

资本动态累积的表达式为：

$$K_{H,t+1} = (1-\delta)K_{H,t} + \chi_{H,t}I_{H,t} \tag{5-14}$$

$$K_{F,t+1} = (1-\delta)K_{F,t} + \chi_{F,t}I_{F,t} \tag{5-15}$$

其中，$I_{H,t}$为当期投资，δ为恒定资本折旧率。表示厂商主体在投资与资本累积的动态关系。$\chi_{H,t}$和$\chi_{F,t}$为费舍（2006）所描述的投资效率参数，该变量类似 TFP 也属于随机冲击项，且符合一阶自回归 AR（1）的冲击规律：

$$\ln(\chi_{H,t}) = \rho_{H\chi}\ln(\chi_{H,t-1}) + \varepsilon_{H\chi,t} \tag{5-16}$$

$$\ln(\chi_{F,t}) = \rho_{F\chi}\ln(\chi_{F,t-1}) + \varepsilon_{F\chi,t} \tag{5-17}$$

投资函数表达为：

$$I_{H,t} = \left[a^{1/\phi}(i_{H,t}^{H})^{(\phi-1)/\phi} + (1-a)^{1/\phi}(i_{F,t}^{H})^{(\phi-1)/\phi} \right]^{\phi/(\phi-1)} \tag{5-18}$$

$$I_{F,t} = \left[a^{1/\phi}(i_{F,t}^{F})^{(\phi-1)/\phi} + (1-a)^{1/\phi}(i_{H,t}^{F})^{(\phi-1)/\phi} \right]^{\phi/(\phi-1)} \tag{5-19}$$

投资函数使用同消费函数类似的 CES 函数，对以本国和外国投资的替代弹性以及投资的偏好进行描述，以形成更符合实际经济情形的投资环境，其中将替代弹性和母国偏好与消费函数设置一致。同样在投资品的价格上与消费品一致设置为式（5-5）和式（5-6），因此，国内与国外投资品的表达式可表示为：

$$i_{H,t}^{H} = a\left(\frac{p_{H,t}}{P_{H,t}}\right)^{-\phi}I_{H,t} \ ; \ i_{F,t}^{H} = (1-a)\left(\frac{e_{t}p_{F,t}^{*}}{P_{H,t}}\right)^{-\phi}I_{H,t} \tag{5-20}$$

$$i_{F,t}^F = a \left(\frac{p_{F,t}^*}{P_{F,t}^*} \right)^{-\phi} I_{F,t}; \quad i_{H,t}^F = (1-a) \left(\frac{p_{H,t}/e_t}{P_{F,t}^*} \right)^{-\phi} I_{F,t} \qquad (5-21)$$

其中，$i_{H,t}^H$ 和 $i_{F,t}^H$ 分别表示为本国用本国投资品投资的数量以及本国用外国投资品投资的数量；反之，$i_{F,t}^F$ 和 $i_{H,t}^F$ 分别表示外国用外国投资品投资的数量以及外国用本国投资品投资的数量。

根据维肯斯（Wickens，2011）的动态一般均衡厂商理论，本国厂商利润可表示为：

$$\prod\nolimits_{H,t} = p_{H,t} Y_{H,t} - w_{H,t} L_{H,t} - P_{H,t} I_{H,t} - D_{H,t}$$

其中，$\prod\nolimits_{H,t}$ 为剩余利润，$w_{H,t}$ 为工资率，而 $D_{H,t}$ 为企业分配股利的价值。因此，在厂商最优决策下，劳动力无差异时厂商利润最大化表示为：

$$w_{H,t} L_{H,t} = p_{H,t} (1-\kappa) z_{H,t} (K_{H,t})^\kappa (L_{H,t})^{1-\kappa} = (1-\kappa) p_{H,t} Y_{H,t} \qquad (5-22)$$

$$w_{F,t} L_{F,t} = p_{F,t} (1-\kappa) z_{F,t} (K_{F,t})^\kappa (L_{F,t})^{1-\kappa} = (1-\kappa) p_{F,t} Y_{F,t} \qquad (5-23)$$

同时由于最优厂商的剩余利润为 0，因此厂商的收入扣减工资支出（$w_{H,t} L_{H,t}$）后用于当期资本投资以及分配股利（$D_{H,t}$），因此分配的股利的表达式为：

$$D_{H,t} = \kappa p_{H,t} Y_{H,t} - P_{H,t} I_{H,t} \qquad (5-24)$$

$$D_{F,t} = \kappa p_{F,t} Y_{F,t} - P_{F,t} I_{F,t} \qquad (5-25)$$

接下来，根据维肯斯（2011）的动态一般均衡厂商理论，分析厂商的边际资本支出无差异时厂商的最优决策，由于厂商累计资本的边际支出等于投资，而投资上（4.14-15）中处于动态化，因此需构建本国的拉格朗日一阶表达式，求解后可得到厂商的对于对边际资本无差异化下的欧拉方程，并表示为厂商均衡条件下，产出、资本与消费动态之间的关系：

$$1 = E_t \beta \left(\frac{C_{H,t+1}}{C_{H,t}} \right)^{-\sigma} \left(\frac{\chi_{H,t}}{P_{H,t+1}} \right) \left[\kappa p_{H,t+1} \frac{Y_{H,t+1}}{K_{H,t+1}} + (1-\delta) \frac{P_{H,t+1}}{\chi_{H,t+1}} \right] \qquad (5-26)$$

$$1 = E_t \beta \left(\frac{C_{F,t+1}}{C_{F,t}} \right)^{-\sigma} \left(\frac{\chi_{H,t}}{P_{F,t+1}} \right) \left[\kappa p_{F,t+1} \frac{Y_{F,t+1}}{K_{F,t+1}} + (1-\delta) \frac{P_{F,t+1}}{\chi_{F,t+1}} \right] \qquad (5-27)$$

3. 家庭约束、资本市场和市场出清

家庭资源约束，可表现为在初始状态下每个家庭完全拥有本国存量，在下一期，可以选择对外购买权益型资产，由于资本完全流动，因此本期增加的收入，对外投资可造成当期消费的平滑，本国及外国的预算约束方程如下：

$$P_{H,t} C_{H,t} + s_{H,t+1}^H Q_{H,t} + s_{F,t+1}^H Q_{F,t} = w_{H,t} L_{H,t} + s_{H,t}^H (Q_{H,t} + D_{H,t}) + s_{F,t}^H (Q_{F,t} + D_{F,t})$$

$$(5-28)$$

$$P_{F,t}C_{F,t} + s_{F,t+1}^F Q_{F,t} + s_{H,t+1}^F Q_{H,t} = w_{F,t}L_{F,t} + s_{F,t}^F(Q_{F,t} + D_{F,t}) + s_{H,t}^F(Q_{H,t} + D_{H,t})$$
$$(5-29)$$

其中，s_F^H 表示本国持有外国权益资产的份额，s_H^F 表示外国持有本国权益资产的份额；Q_H 表示以本币计价本国的总权益资产价值，Q_F 表示以本币计价的外国的总权益资产价值。在权益型资产进入国际资本市场后，由于资本交易的供需关系，其价值将产生变动。考虑汇率因素后，权益型资产价值和股利价值可表示为：

$$Q_{H,t} = e_t Q_{H,t}^*; \quad Q_{F,t} = e_t Q_{F,t}^*; \quad D_{H,t} = e_t D_{H,t}^*; \quad D_{F,t} = e_t D_{F,t}^* \quad (5-30)$$

其中，$Q_{H,t}^*$ 和 $Q_{F,t}^*$ 分别为外币计价的本国权益资产价值和外国权益资产价值；$D_{H,t}^*$ 和 $D_{F,t}^*$ 分别为外币计价的本国股利价值和外国股利价值。

通过对家庭消费、投资份额以及劳动力进行最优无差异化处理，构建拉格朗日优化方程，可以求出以下家庭的欧拉方程：

$$C_{H,t}^{-\sigma} = \beta E_t \left[C_{H,t+1}^{-\sigma} \left(\frac{P_{H,t}}{P_{H,t+1}} \right) \left(\frac{Q_{H,t+1} + D_{H,t+1}}{Q_{H,t}} \right) \right] \quad (5-31)$$

$$C_{F,t}^{-\sigma} = \beta E_t \left[C_{F,t+1}^{-\sigma} \left(\frac{P_{F,t}}{P_{F,t+1}} \right) \left(\frac{Q_{F,t+1} + D_{F,t+1}}{Q_{F,t}} \right) \right] \quad (5-32)$$

$$E_t \left(\frac{Q_{H,t+1} + D_{H,t+1}}{Q_{H,t}} \right) = E_t \left(\frac{Q_{F,t+1} + D_{F,t+1}}{Q_{F,t}} \right) \quad (5-33)$$

$$E_t \left(\frac{Q_{F,t+1} + D_{F,t+1}}{Q_{F,t}} \right) = E_t \left(\frac{Q_{H,t+1} + D_{H,t+1}}{Q_{H,t}} \right) \quad (5-34)$$

$$L_{H,t}^{\omega} = w_{H,t} C_{H,t}^{-\sigma} / P_{H,t} \quad (5-35)$$

$$L_{F,t}^{\omega} = w_{F,t} C_{F,t}^{-\sigma} / P_{F,t} \quad (5-36)$$

以上欧拉方程式（5-31）、式（5-32）表示本国与外国家庭在资源约束下对消费无差异的最优选择；式（5-33）、式（5-34）表示家庭在资源约束下对权益资产投资份额无差异的最优选择；式（5-35）、式（5-36）表示家庭在预算约束下对劳动力投入无差异的最优选择。值得注意的是，这里也可设定对权益资产投资的回报率 $R_{H,t}$ 和 $R_{F,t}$，其中：

$$R_{H,t} = \frac{Q_{H,t+1} + D_{H,t+1}}{Q_{H,t}} \quad (5-37)$$

$$R_{F,t} = \frac{Q_{F,t+1} + D_{F,t+1}}{Q_{F,t}} \quad (5-38)$$

对产品市场和资本市场的出清情况的描述如下：

$$c_{H,t}^H + c_{H,t}^F + i_{H,t}^H + i_{H,t}^F + G_{H,t} = Y_{H,t}; \quad (5-39)$$

$$c_{F,t}^F + c_{F,t}^H + i_{F,t}^F + i_{F,t}^H + G_{F,t} = Y_{F,t}; \quad (5-40)$$

$$s_{H,t}^H = 1 - s_{H,t}^F; \quad s_{F,t}^F = 1 - s_{F,t}^H \tag{5-41}$$

其中，式（5-39）、式（5-40）表示产品市场出清情况，所有本国消费本国、外国消费本国、本国以本国投资品投资本国、外国以本国投资品投资外国这四种产品都等于本国在该期间的产出，相应外国产出的出清条件类似；而式（5-41）描述资本市场上出清情况，本国持有本国权益型资产的份额与外国持有本国权益型资产的份额相加为1，也等于外国持有外国权益资产份额与本国持有外国权益型资产的份额之和。

4. 估值效应、经常账户与外部净资产

对涉及外部经济的估值效应、经常账户以及外部净资产的描述则体现外部经济均衡以及外部经济状况，其中，外部净资产、估值效应以及经常账户中的收入盈余均表述的是本国与外国之间存量价值的相对差异。以往，外部经济与国内经济联系的纽带只依靠经常账户，国内经济通过经常账户流量变动影响外部净资产的存量变动，以此对外部财富进行调整。而考虑估值效应因素后，改变了以往以流量变动影响存量变动的格局，由于估值效应，直接可以带动存量外部资产价格的变动，因此其同经常账户的流量调整共同构成外部财富调整的影响因素。金融一体化后，国际资本流动更为便利，国内家庭对外的投资行为更为普遍，因此估值效应对外部财富调整的影响也在加深。自此，国内经济对外部经济的传导已从单一经常账户传导演变为通过经常账户和估值效应两种渠道进行传导。

根据外部净资产的含义，对其的描述为：

$$NFA_{H,t} = s_{F,t}^H Q_{F,t} - s_{H,t}^F Q_{H,t} \tag{5-42}$$

$$NFA_{F,t} = s_{H,t}^F Q_{H,t} - s_{F,t}^H Q_{F,t}; \tag{5-43}$$

经常账户包括贸易盈余（trade balance）和收入项目（income balance），其中贸易盈余可表示为：

$$TB_{H,t} = p_{H,t}Y_{H,t} - P_{H,t}I_{H,t} - P_{H,t}C_{H,t} \tag{5-44}$$

$$TB_{F,t} = p_{F,t}Y_{F,t} - P_{F,t}I_{F,t} - P_{F,t}C_{F,t} \tag{5-45}$$

收入项目可表示为：

$$IB_{H,t} = s_{F,t}^H D_{F,t} - s_{H,t}^F D_{H,t} \tag{5-46}$$

$$IB_{F,t} = s_{H,t}^F D_{H,t} - s_{F,t}^H D_{F,t} \tag{5-47}$$

因此，整体经常账户可表示为：

$$CA_{H,t} = TB_{H,t} + IB_{H,t} \tag{5-48}$$

$$CA_{F,t} = TB_{F,t} + IB_{F,t} \tag{5-49}$$

根据上述对外部净资产以及家庭工资收入与生产、投资和股利之间关系的描述（家庭工资收入＋股利收入＝产出－投资），代入家庭预算约束式（5-28）、式（5-29），可得：

$$NFA_{H,t+1} - NFA_{H,t} = CA_{H,t} + s_{F,t+1}^{H}(Q_{F,t+1} - Q_{F,t}) - s_{H,t+1}^{F}(Q_{H,t+1} - Q_{H,t})$$

$$NFA_{F,t+1} - NFA_{F,t} = CA_{F,t} + s_{H,t+1}^{F}(Q_{H,t+1} - Q_{H,t}) - s_{F,t+1}^{H}(Q_{F,t+1} - Q_{F,t})$$

进而根据雷恩和费雷蒂（2001）、蒂勒（2008）以及德韦鲁斯克和萨瑟兰（2010）对于估值效应近似的表达式：

$$CA_{H,t} = \Delta NFA_{H,t+1} - VA_{H,t} \tag{5-50}$$

$$CA_{F,t} = \Delta NFA_{F,t+1} - VA_{F,t} \tag{5-51}$$

进而得估值效应的表达式：

$$VA_{H,t} = s_{F,t+1}^{H}(Q_{F,t+1} - Q_{F,t}) - s_{H,t+1}^{F}(Q_{H,t+1} - Q_{H,t}) \tag{5-52}$$

$$VA_{F,t} = s_{H,t+1}^{F}(Q_{H,t+1} - Q_{H,t}) - s_{F,t+1}^{H}(Q_{F,t+1} - Q_{F,t}) \tag{5-53}$$

（三）模型的稳态求解

DSGE 模型求解以及模型设置的关键，也在于其非线性方程存在稳态解析解的问题，若存在稳态解，对于对数线性化后动态模型方程就更有依据。因此，以下将对模型中的变量进行稳态求解。由于本章涉及的是跨国 DSGE 模型，在稳态求解上，为简化计算量，假定两国完全对称，且两国使用的参数一致，而两国对称不仅简化了稳态解的计算，同时也并不影响模型本身的经济意义。由于两国完全对称，仅对国内经济 H 进行求解，在稳态时，消除变量下标的 t，以表示稳态下各变量不随着之间的变化而变动，此时消费、生产、投资等变量均不变。假定稳态下单位产品价格为 1，汇率不变，因此价格指数也为 1。

1. 生产、消费、投资等变量的稳态解

首先从资本动态方程（5-14）出发，稳态后，由 $K_H = (1-\delta)K_H + \chi_H I_H$，可知：$I_H = \dfrac{\delta}{\chi_H} K_H$，稳态下 χ_H 为 1，得到 K_H 和 I_H 的关系为 $I_H = \delta K_H$。

稳态下生产最优方程（5-22），可知：$w_H L_H = (1-\kappa)Y_H$；稳态下最优化厂商的股利分配方程（5-24），$D_H = \kappa Y_H - I_H$；稳态下厂商边际资本最优方程（5-26），$1 = \beta\left(\dfrac{\kappa \chi_H Y_H}{K_H} + 1 - \delta\right)$，令稳态 χ_H 为 1，可得到 Y_H 与 K_H 的关系：$(1 - \beta + \delta\beta)K_H = \kappa\beta Y_H$。

家庭资源约束式（5-28）稳态后，可知，$C_H = w_H L_H + s_H^H D_H + s_F^H D_F$；进而可得 $C_H = w_H L_H + D_H$；即：$C_H = (1-\kappa)Y_H + D_H$；稳态下消费家庭欧拉方程（5-31），可知：$D_H = \dfrac{1-\beta}{\beta} Q_H$；稳态下劳动力欧拉方程（5-35），可知：$L_H^{\omega} = w_H C_H^{-\sigma}$；通过市场出清条件以及两国对称的假设可得 $c_{H,t}^{H} + c_{H,t}^{F} +$

$i_{H,t}^H + i_{H,t}^F = y_{H,t}$，进一步由于两国对称，可知 $Y_H = C_H + I_H$。

通过 $Y_H = C_H + I_H$、$(1 - \beta + \delta\beta)K_H = \kappa\beta Y_H$ 以及 $I_H = \delta K_H$，可知，K_H 和 C_H 的关系：$C_H = \dfrac{1 - \beta + \delta\beta - \delta\kappa\beta}{\kappa\beta}K_H$；再将 $K_H = \dfrac{\kappa\beta}{1 - \beta + \delta\beta}Y_H$ 代入，可得出 Y_H 和 C_H 的关系为：$C_H = \dfrac{1 - \beta + \delta\beta - \delta\kappa\beta}{1 - \beta + \delta\beta}Y_H$；根据 $Y_H = z_H K_H^\kappa L_H^{1-\kappa}$ 以及 $(1 - \beta + \delta\beta)K_H = \kappa\beta Y_H$，可知 Y_H 同 L_H 之间的关系：$Y_H = z_H^{\frac{1}{1-\kappa}}\left(\dfrac{\kappa\beta}{1 - \beta + \delta\beta}\right)^{\frac{\kappa}{1-\kappa}}L_H$；令稳态下 z_H 为 1，以 $D_H = \kappa Y_H - I_H$ 及 $(1 - \beta + \delta\beta)K_H = \kappa\beta Y_H$，$I_H = \delta K_H$ 可知 D_H 和 K_H 的关系：$D_H = \dfrac{1 - \beta}{\beta}K_H$，即 $Q_H = K_H$；最后根据 $w_H L_H = (1 - \kappa)Y_H$ 以及 $Y_H = z_H^{\frac{1}{1-\kappa}}\left(\dfrac{\kappa\beta}{1 - \beta + \delta\beta}\right)^{\frac{\kappa}{1-\kappa}}L_H$，可知 w_H 的表达式：$w_H = (1 - \kappa)z_H^{\frac{1}{1-\kappa}}\left(\dfrac{\kappa\beta}{1 - \beta + \delta\beta}\right)^{\frac{\kappa}{1-\kappa}}$。

将 $L_H^\omega = w_H C_H^{-\sigma}$ 代入以上 L_H，可知：$Y_H = z_H^{\frac{1}{1-\kappa}}\left(\dfrac{\kappa\beta}{1 - \beta + \delta\beta}\right)^{\frac{\kappa}{1-\kappa}}w_H^{\frac{1}{\omega}}C_H^{\frac{-\sigma}{\omega}}$；再同 $C_H = \dfrac{1 - \beta + \delta\beta - \delta\kappa\beta}{1 - \beta + \delta\beta}Y_H$ 联立，可知消费的稳态解：

$$C_H = C_F = \frac{z_H^{\frac{1+\omega}{\sigma+\omega-\kappa\sigma-\kappa\omega}}(1 - \beta + \delta\beta - \delta\kappa\beta)^{\frac{\omega}{\sigma+\omega}}(\kappa\beta)^{\frac{\kappa+\omega\kappa}{\sigma+\omega-\kappa\sigma-\kappa\omega}}(1 - \kappa)^{\frac{1}{\sigma+\omega}}}{(1 - \beta + \delta\beta)^{\frac{\omega+\kappa}{\sigma+\omega-\kappa\sigma-\kappa\omega}}}$$

$$(5 - 54)$$

进而通过以上各变量之间的关系，可得其他变量的稳态解：

$$Y_H = Y_F = \frac{z_H^{\frac{1+\sigma}{\sigma+\omega-\kappa\sigma-\kappa\omega}}(1 - \beta + \delta\beta - \delta\kappa\beta)^{\frac{-\sigma}{\sigma+\omega}}(\kappa\beta)^{\frac{\kappa+\omega\kappa}{\sigma+\omega-\kappa\sigma-\kappa\omega}}(1 - \kappa)^{\frac{1}{\sigma+\omega}}}{(1 - \beta + \delta\beta)^{\frac{\kappa-\sigma+\kappa\sigma+\kappa\omega}{\sigma+\omega-\kappa\sigma-\kappa\omega}}}$$

$$(5 - 55)$$

$$K = K_H = K_F = \frac{\kappa\beta}{1 - \beta + \delta\beta}Y \qquad (5 - 56)$$

$$I = I_H = I_F = \delta K \qquad (5 - 57)$$

$$w = w_H = w_F = (1 - \kappa)\left(\frac{\kappa\beta}{1 - \beta + \delta\beta}\right)^{\frac{\kappa}{1-\kappa}} \qquad (5 - 58)$$

$$L = L_H = L_F = \frac{(1 - \beta + \delta\beta - \delta\kappa\beta)^{\frac{-\sigma}{\sigma+\omega}}(\kappa\beta)^{\frac{\kappa(1-\sigma)}{\sigma+\omega-\kappa\sigma-\kappa\omega}}(1 - \kappa)^{\frac{1}{\sigma+\omega}}}{(1 - \beta + \delta\beta)^{\frac{\kappa-\sigma}{\sigma+\omega-\kappa\sigma-\kappa\omega}}} \qquad (5 - 59)$$

$$D_H = D_F = \frac{1 - \beta}{\beta}K \qquad (5 - 60)$$

$$Q = Q_H = Q_F = K \tag{5-61}$$

$$c_H^H = c_F^F = aC \,;\quad c_F^H = c_H^F = (1-a)\,C \tag{5-62}$$

$$i_H^H = i_F^F = aI \,;\quad i_F^H = i_H^F = (1-a)\,I \tag{5-63}$$

2. 估值效应、外部净资产与经常账户的稳态解

由于上述稳态下两国的对称关系，稳态下维持在相互持有权益型资产，份额保持稳定且相等。因此，根据式（5-54）到式（5-63）的稳态情况分析，经常账户、外部净资产及估值效应的稳态解由于两国对称而均为 0。

3. 稳态下对权益资产投资份额的稳态解

根据上述生产、消费系统中，权益型投资的持有份额的稳态解相对独立，其根据家庭预算的跨期约束形成对权益投资份额的决策，当生产、消费等内部经济趋于稳态后，外部经济也形成对称稳态，因此对权益型资产的投资也应为稳态，并存在稳态解，且本国和外国都对自己母国的投资份额相等，即 $s_H^H = s_F^F = s$，相应：$s_F^H = s_F^H = 1-s$。将家庭预算约束方程式（5-28）、式（5-29），代入稳态 s 后可得：

$$C_{H,t} = w_{H,t}L_{H,t} + sD_{H,t} + (1-s)\,D_{F,t} \tag{5-64}$$

$$C_{F,t} = w_{F,t}L_{F,t} + sD_{F,t} + (1-s)\,D_{H,t} \tag{5-65}$$

将式（5-64）与式（5-65）相减，可得：

$$C_{H,t} - C_{F,t} = w_{H,t}L_{H,t} - w_{F,t}L_{F,t} + (2s-1)\,(D_{H,t} - D_{F,t}) \tag{5-66}$$

对式（5-66）左右进行线性化后可得[①]：

$$\hat{C_{H,t}} - \hat{C_{F,t}} = (w_{H,t}\hat{L}_{H,t} - w_{F,t}\hat{L}_{F,t}) + (2s-1)\,(\hat{D_{H,t}} - \hat{D_{F,t}}) \tag{5-67}$$

而根据式（5-22）、式（5-23）的厂商最优利润下的工资收入与生产之间的关系，进行本国 H 减外国 F，可得：

$$w_{H,t}L_{H,t} - w_{F,t}L_{F,t} = (1-\kappa)\,(p_{H,t}Y_{H,t} - p_{F,t}Y_{F,t})$$

将其左右线性化后，可得：

$$w_{H,t}\hat{L}_{H,t} - w_{F,t}\hat{L}_{F,t} = \hat{p_{H,t}} - \hat{p_{F,t}} + \hat{Y_{H,t}} - \hat{Y_{F,t}} \tag{5-68}$$

由式（5-24）、式（5-25）的厂商最优利润下的股利、投资与产出之间的关系，将本国 H 减外国 F，可得：

$$D_{H,t} - D_{F,t} = \kappa\,(Y_{H,t} - Y_{F,t}) - (I_{H,t} - I_{F,t})$$

将其左右线性化后，可得：

$$\kappa Y(\hat{Y_{H,t}} - \hat{Y_{F,t}}) = D(\hat{D_{H,t}} - \hat{D_{F,t}}) + I(\hat{I_{H,t}} - \hat{I_{F,t}}) \tag{5-69}$$

将表示国内外产品消费、投资与国内外综合消费与投资之间的关系线

---

① 本章对线性化后，变量上带尖号的变量表示在稳态附近的变动。

性化后，代入线性化后的市场出清条件式（5-39）、式（5-40）后可得：

$$aCC\hat{}_{H,t} + \frac{1-a^{1/\phi}}{(1-a)^{1/\phi}}CC\hat{}_{F,t} + aII\hat{}_{H,t} + \frac{1-a^{1/\phi}}{(1-a)^{1/\phi}}II\hat{}_{F,t} = Y_H Y\hat{}_{H,t} \quad (5-70)$$

$$aCC\hat{}_{F,t} + \frac{1-a^{1/\phi}}{(1-a)^{1/\phi}}CC\hat{}_{H,t} + aII\hat{}_{F,t} + \frac{1-a^{1/\phi}}{(1-a)^{1/\phi}}II\hat{}_{H,t} = Y_F Y\hat{}_{F,t} \quad (5-71)$$

式（5-70）扣减式（5-71）后可得：

$$\left(a - \frac{1-a^{1/\phi}}{(1-a)^{1/\phi}}\right)\left[C(\hat{C}_{H,t} - \hat{C}_{F,t}) + I(\hat{I}_{H,t} - \hat{I}_{F,t})\right] = Y(\hat{Y}_{H,t} - \hat{Y}_{F,t})$$

$$(5-72)$$

根据式（5-31）、式（5-32）对消费线性化的结果，令 $\hat{C}_{H,t} - \hat{C}_{F,t} = 0$ 代入式（5-66）、式（5-72）后，得：

$$s = \frac{1}{2}\left[\frac{\kappa(1-\beta)}{1-\beta+\delta\beta}\frac{a(1-a)^{1/\phi} - 1 + a^{1/\phi}}{(1-a)^{1/\phi}(1-\kappa a) + \kappa - \kappa a^{1/\phi}} + 1\right] \quad (5-73)$$

由于式（5-73）中 s 明显大于 50%，因此稳态下的权益资产投资份额存在母国偏好，而相应稳态下的对外权益投资份额可表现为 $1-s$。

（四）模型动态化

在以上对模型稳态解的求解后，为考察变量受到冲击后，各变量之间的传导关系，则需要将模型进行对数线性化处理，即以一阶近似的方式，考察模型变量在受到微小量冲击时，经济各方面的反应。根据式（5-1）到式（5-41）方程全部予以线性化后，可得本国与外国线性化方程，并整理后可得表 5-2。

表 5-2　　　　　DSGE 模型线性化后本国与外国的方程合集

本国	外国
$\hat{C}_{H,t} = a^{1/\phi}c^{\hat{H}}_{H,t} + (1-a)^{1/\phi}c^{\hat{H}}_{F,t}$	$\hat{C}_{F,t} = a^{1/\phi}c^{\hat{F}}_{F,t} + (1-a)^{1/\phi}c^{\hat{F}}_{H,t}$
$\hat{P}_{H,t} = a\hat{p}_{H,t} + (1-a)\hat{p}_{F,t}$	$\hat{P}_{F,t} = a\hat{p}_{F,t} + (1-a)\hat{p}_{H,t}$
$c^{\hat{H}}_{H,t} = -\phi(\hat{p}_{H,t} - \hat{P}_{H,t}) + \hat{C}_{H,t}$	$c^{\hat{F}}_{F,t} = -\phi(\hat{p}_{F,t} - \hat{P}_{F,t}) + \hat{C}_{F,t}$
$c^{\hat{H}}_{F,t} = -\phi(\hat{p}_{F,t} - \hat{P}_{H,t}) + \hat{C}_{H,t}$	$c^{\hat{F}}_{H,t} = -\phi(\hat{p}_{H,t} - \hat{P}_{F,t}) + \hat{C}_{F,t}$
$\hat{Y}_{H,t} = \kappa\hat{K}_{H,t} + (1-\kappa)\hat{L}_{H,t} + \hat{z}_{H,t}$	$\hat{Y}_{F,t} = \kappa\hat{K}_{F,t} + (1-\kappa)\hat{L}_{F,t} + \hat{z}_{F,t}$
$\hat{K}_{H,t+1} = (1-\delta)\hat{K}_{H,t} + \delta(\hat{\chi}_{H,t} + \hat{I}_{H,t})$	$\hat{K}_{F,t+1} = (1-\delta)\hat{K}_{F,t} + \delta(\hat{\chi}_{F,t} + \hat{I}_{F,t})$

本国	外国
$\hat{I_{H,t}} = a^{1/\phi} \hat{i_{H,t}^H} + (1-a)^{1/\phi} \hat{i_{F,t}^H}$	$\hat{I_{F,t}} = a^{1/\phi} \hat{i_{F,t}^F} + (1-a)^{1/\phi} \hat{i_{H,t}^F}$
$\hat{i_{H,t}^H} = -\phi(\hat{p_{H,t}} - \hat{P_{H,t}}) + \hat{I_{H,t}}$	$\hat{i_{F,t}^F} = -\phi(\hat{p_{F,t}} - \hat{P_{F,t}}) + \hat{I_{F,t}}$
$\hat{i_{F,t}^H} = -\phi(\hat{p_{F,t}} - \hat{P_{H,t}}) + \hat{I_{H,t}}$	$\hat{i_{H,t}^F} = -\phi(\hat{p_{H,t}} - \hat{P_{F,t}}) + \hat{I_{F,t}}$
$\hat{w_{H,t}} + \hat{L_{H,t}} = \hat{p_{H,t}} + \hat{Y_{H,t}}$	$\hat{w_{F,t}} + \hat{L_{F,t}} = \hat{p_{F,t}} + \hat{Y_{F,t}}$
$\hat{DD_{H,t}} = \kappa pY(\hat{p_{H,t}} + \hat{Y_{H,t}}) - PI(\hat{P_{H,t}} + \hat{I_{H,t}})$	$\hat{DD_{F,t}} = \kappa pY(\hat{p_{F,t}} + \hat{Y_{F,t}}) - PI(\hat{P_{F,t}} + \hat{I_{F,t}})$
$\dfrac{\kappa pY/K(\hat{p_{H,t+1}} + \hat{Y_{H,t+1}} - \hat{K_{H,t+1}}) + (1-\delta)(\hat{PP_{H,t+1}} - \hat{\chi_{H,t+1}})}{\kappa pY/K + (1-\delta)P} =$ $\sigma \hat{C_{H,t+1}} - \sigma \hat{C_{H,t}} + \hat{P_{H,t+1}} - \hat{\chi_{H,t}}$	$\dfrac{\kappa pY/K(\hat{p_{F,t+1}} + \hat{Y_{F,t+1}} - \hat{K_{F,t+1}}) + (1-\delta)(\hat{PP_{F,t+1}} - \hat{\chi_{F,t+1}})}{\kappa pY/K + (1-\delta)P} =$ $\sigma \hat{C_{F,t+1}} - \sigma \hat{C_{F,t}} + \hat{P_{F,t+1}} - \hat{\chi_{F,t}}$
$PC(\hat{P_{H,t}} + \hat{C_{H,t}}) + sQ(\hat{s_{H,t+1}^H} + \hat{Q_{H,t}}) + (1-s)Q$ $(\hat{s_{H,t+1}^H} + \hat{Q_{F,t}}) = wL(\hat{w_{H,t}} + \hat{L_{H,t}}) + sQ(\hat{s_{H,t}^H} + \hat{Q_{H,t}}) + sD(\hat{s_{H,t}^H} + \hat{D_{H,t}}) + (1-s)Q(\hat{s_{F,t}^H} + \hat{Q_{F,t}}) + (1-s)sD(\hat{s_{F,t}^H} + \hat{D_{F,t}})$	$PC(\hat{P_{F,t}} + \hat{C_{F,t}}) + sQ(\hat{s_{F,t+1}^F} + \hat{Q_{F,t}}) + (1-s)Q$ $(\hat{s_{H,t+1}^F} + \hat{Q_{H,t}}) = wL(\hat{w_{F,t}} + \hat{L_{F,t}}) + sQ(\hat{s_{F,t}^F} + \hat{Q_{F,t}}) + sD(\hat{s_{F,t}^F} + \hat{D_{F,t}}) + (1-s)Q(\hat{s_{H,t}^F} + \hat{Q_{H,t}}) + (1-s)sD(\hat{s_{H,t}^F} + \hat{D_{H,t}})$
$-\sigma \hat{C_{H,t}} - \hat{P_{H,t}} = -\sigma \hat{C_{H,t+1}} - \hat{P_{H,t+1}} + \dfrac{Q_H \hat{Q_{H,t+1}} + D_H \hat{D_{H,t+1}}}{Q_H + D_H} - \hat{Q_{H,t}}$	$-\sigma \hat{C_{F,t}} - \hat{P_{F,t}} = -\sigma \hat{C_{F,t+1}} - \hat{P_{F,t+1}} + \dfrac{Q_F \hat{Q_{F,t+1}} + D_F \hat{D_{F,t+1}}}{Q_F + D_F} - \hat{Q_{F,t}}$
$-\sigma(\hat{C_{H,t}} - \hat{C_{F,t}}) = \hat{P_{H,t}} - \hat{P_{F,t}}$	$-\sigma(\hat{C_{H,t}} - \hat{C_{F,t}}) = \hat{P_{H,t}} - \hat{P_{F,t}}$
$-\sigma \hat{C_{H,t}} + \hat{w_{H,t}} - \omega \hat{L_{H,t}} - \hat{P_{H,t}} = 0$	$-\sigma \hat{C_{F,t}} + \hat{w_{F,t}} - \omega \hat{L_{F,t}} - \hat{P_{F,t}} = 0$
$c_H^H \hat{c_{H,t}^H} + c_H^F \hat{c_{F,t}^H} + i_H^H \hat{i_{H,t}^H} + i_F^H \hat{i_{F,t}^H} + \hat{GG_{H,t}} = \hat{YY_{H,t}}$	$c_F^F \hat{c_{F,t}^F} + c_F^H \hat{c_{H,t}^F} + i_F^F \hat{i_{F,t}^F} + i_H^F \hat{i_{H,t}^F} + \hat{GG_{F,t}} = \hat{YY_{F,t}}$
$s_H^H \hat{s_{H,t}^H} + s_H^F \hat{s_{H,t}^F} = 0$	$s_F^F \hat{s_{F,t}^F} + s_F^H \hat{s_{F,t}^H} = 0$
$\hat{z_{H,t}} = \rho_{Hz} \hat{z_{H,t-1}} + \varepsilon_{Hz,t}$	$\hat{z_{F,t}} = \rho_{Fz} \hat{z_{F,t-1}} + \varepsilon_{Fz,t}$
$\hat{\chi_{H,t}} = \rho_{H\chi} \hat{\chi_{H,t-1}} + \varepsilon_{H\chi,t}$	$\hat{\chi_{F,t}} = \rho_{F\chi} \hat{\chi_{F,t-1}} + \varepsilon_{F\chi,t}$

由于本章以考察外部经济为主，根据吉洛尼、李和里布奇（Ghironi，Lee & Rebucci，2015）将本国与外国线性化方程相减，可以得出本国与外

国之间的相对动态反应，对于反映外部经济的国际投资头寸、经常账户以及估值效应在变量，由于其都体现为本国与国外之间的差额关系，因此将本国与外国动态方程进行相减并以差额的形式反映，一方面能使两国经济在变量上达到统一，另一方面也能实现两国模型的封闭，假定国内外方程的参数一致，设定差额变量为：

（1）$\hat{Y}_{H,t} - \hat{Y}_{F,t} = \hat{Y}_t^d$；（2）$\hat{K}_{H,t} - \hat{K}_{F,t} = \hat{K}_t^d$；（3）$\hat{L}_{H,t} - \hat{L}_{F,t} = \hat{L}_t^d$；

（4）$\hat{I}_{H,t} - \hat{I}_{F,t} = \hat{I}_t^d$；（5）$\hat{w}_{H,t} - \hat{w}_{F,t} = \hat{w}_t^d$；（6）$\hat{C}_{H,t} - \hat{C}_{F,t} = \hat{C}_t^d$；

（7）$\hat{D}_{H,t} - \hat{D}_{F,t} = \hat{D}_t^d$；（8）$\hat{Q}_{H,t} - \hat{Q}_{F,t} = \hat{Q}_t^d$；（9）$\hat{s}_{F,t}^H - \hat{s}_{H,t}^F = s_t^{-HF}$；

（10）$\hat{s}_{H,t}^H - \hat{s}_{F,t}^F = s_t^{+HF}$；（11）$\hat{P}_{H,t} - \hat{P}_{F,t} = \hat{P}_t^d$；（12）$\hat{p}_{H,t} - \hat{p}_{F,t} = \hat{p}_t^d$；

（13）$\hat{z}_{H,t} - \hat{z}_{F,t} = \hat{z}_t^d$；（14）$\hat{\chi}_{H,t} - \hat{\chi}_{F,t} = \hat{\chi}_t^d$。

将表5-2中的方程集合左边国内扣减右边国外，可得差额方程：

$$\hat{P}_t^d = (2a-1)\hat{p}_t^d \tag{5-74}$$

$$\hat{Y}_t^d = \kappa \hat{K}_t^d + (1-\kappa)\hat{L}_t^d + \hat{z}_t^d \tag{5-75}$$

$$\hat{K}_{t+1}^d = (1-\delta)\hat{K}_t^d + \delta(\hat{\chi}_t^d + \hat{I}_t^d) \tag{5-76}$$

$$\hat{w}_t^d + \hat{L}_t^d = \hat{Y}_t^d + \hat{p}_t^d \tag{5-77}$$

$$\hat{DD}_t^d = \kappa pY(\hat{p}_t^d + \hat{Y}_t^d) - PI(\hat{P}_t^d + \hat{I}_t^d) \tag{5-78}$$

$$\frac{\frac{\kappa pY}{K}(\hat{p}_{t+1}^d + \hat{Y}_{t+1}^d - \hat{K}_{t+1}^d) + (1-\delta)(P\hat{P}_{t+1}^d - \hat{\chi}_{t+1}^d)}{\frac{\kappa pY}{K} + (1-\delta)P} = \sigma\hat{C}_{t+1}^d - \sigma\hat{C}_t^d + \hat{P}_{t+1}^d - \hat{\chi}_t^d \tag{5-79}$$

$$PC(\hat{P}_t^d + \hat{C}_t^d) + sQs_{t+1}^{+HF} + (1-s)Qs_{t+1}^{-HF} = wL(\hat{w}_t^d + \hat{L}_t^d) + sQs_t^{+HF} + sD(s_t^{+HF} + \hat{D}_t^d) + (1-s)Qs_t^{-HF} + (1-s)D(s_t^{-HF} - \hat{D}_t^d) \tag{5-80}$$

$$\hat{Q}_t^d = \frac{Q\hat{Q}_{t+1}^d + D\hat{D}_{t+1}^d}{Q+D} \tag{5-81}$$

$$-\sigma\hat{C}_t^d = \hat{P}_t^d \tag{5-82}$$

$$\hat{w}_t^d - \hat{P}_t^d = \omega\hat{L}_t^d + \sigma\hat{C}_t^d \tag{5-83}$$

$$(C+I)\phi[(2a-1)\hat{P}_t^d - \hat{p}_t^d] + (2a-1)(C\hat{C}_t^d + I\hat{I}_t^d) = Y\hat{Y}_t^d \tag{5-84}$$

$$s s_t^{+HF} = (1-s)s_t^{-HF} \tag{5-85}$$

$$\hat{z}_t^d = \rho_z \hat{z}_{t-1}^d + \varepsilon_{HFz,t} \tag{5-86}$$

$$\hat{\chi}_t^d = \rho_\chi \hat{\chi}_{t-1}^d + \varepsilon_{HF\chi,t} \tag{5-87}$$

针对NFA、CA、VA、TB和IB，由于其变量值可能为负数，无法进行线性化。按蒂勒和温库伯（2010）以及德韦鲁克斯和萨瑟兰（2010b）的方法对上述变量稳态进行替换，令$\hat{VA}_{H,t} = (VA_t - VA)/Y$，则$\hat{VA}_{H,t}$表示为估值效应相对稳态GDP的变动，因此上述外部经济的变量（15）$\hat{NFA}_{H,t}$；

（16）$V\hat{A}_{H,t}$；（17）$C\hat{A}_{H,t}$；（18）$I\hat{B}_{H,t}$；（19）$T\hat{B}_{H,t}$进行类似处理后，可表示为：

$$NF\hat{A}_{H,t} = \frac{(1-s)Q}{Y}(s_t^{-\hat{H}F} - \hat{Q}_t^d) \qquad (5-88)$$

$$V\hat{A}_{H,t} = \frac{(1-s)Q}{Y}(\hat{Q}_t^d - \hat{Q}_{t+1}^d) \qquad (5-89)$$

根据$NF\hat{A}_{H,t+1} - NF\hat{A}_{H,t} = C\hat{A}_{H,t} + V\hat{A}_{H,t}$的关系，可知：

$$C\hat{A}_{H,t} = NF\hat{A}_{H,t+1} - NF\hat{A}_{H,t} - V\hat{A}_{H,t} \qquad (5-90)$$

由于收入盈余（IB）包含国内对国外的股利和国外对国内股利获取之差，因此其线性化可以表达为：

$$I\hat{B}_{H,t} = \frac{(1-s)D}{Y}(s_{t+1}^{-\hat{H}F} - \hat{D}_t^d) \qquad (5-91)$$

根据式（5-48）~式（5-49）经常账户中 TB 和 IB 的表达式，可得：$C\hat{A}_{H,t} = T\hat{B}_{H,t} + I\hat{B}_{H,t}$，因此贸易盈余的线性表达式可表示为：

$$T\hat{B}_{H,t} = C\hat{A}_{H,t} - I\hat{B}_{H,t} \qquad (5-92)$$

式（5.74）~式（5-92）表示对应内部经济的 14 个差额变量以及外部经济的 5 个变量，其中差额变量反映了本国与外国相应经济变量在冲击下的相对差异，以$\hat{Y}_t^d$为例，$\hat{Y}_t^d = \frac{Y_{H,t} - Y}{Y} - \frac{Y_{F,t} - Y}{Y} = \frac{Y_{H,t} - Y_{F,t}}{Y}$，而另外 5 个外部经济变量则是反映本国外部经济的情况，其共同构成了考察外部净资产动态调整的 DSGE 系统。

第二节　经济周期冲击下的外部净资产的动态调整

为更好地分析上述理论，以下将对模型的参数进行确定，其中对静态参数采用校准的方法进行确定，相应动态参数则采用估计的方式确定，通过校准和估计后的参数，能更好地进行数值模拟，刻画并描述外部净资产的动态调整过程。

一、模型参数的确定

（一）静态参数校准

针对本章式（5-74）到式（5-87）的 14 个方程组，方程静态参数共有 8 个。对该类参数采用校准方法进行赋值，其中贴现因子 β 为 0.99（Ghironi，2015），家庭风险厌恶系数 σ 为 2（Ghironi，2015），资本折旧

率 δ 为 0.10（Coeurdacier & Kollamnn et al.，2010），资本产出弹性 κ 为 0.34（Nguyen，2011），消费及投资偏好 a 为 0.85（Coeurdacier & Kollamnn et al.，2010），劳动供给弹性 ω 为 0.5（Ghironi，2015）。跨国消费品和投资品替代弹性 ϕ 为 3.5（刘斌，2008），假定稳态下的价格指数为 1，因此，校准后的静态参数如表 5 − 3 所示。

表 5 −3   模型静态校准参数值

变量	变量说明	数值
β	折现因子	0.99
δ	资本折旧率	0.10
a	母国消费/投资偏好	0.85
ϕ	国内外产品替代弹性	3.50
σ	消费风险厌恶系数	2.00
κ	资本占生产比重	0.34
ω	劳动供给弹性	0.50
P	稳态价格指数	1.00

注：该校准值采用为年度数值。

（二）动态参数估计

对冲击方程中技术创新冲击持续参数 ρ_z、投资效率改进冲击持续参数 ρ_χ 以及相应的随机冲击 ε_z、ε_χ，本章拟采用广义矩估计（GMM）的方法进行估计，该估计方法在确定 DSGE 动态参数上，已得到广泛运用，阮（2011）以及刘斌（2008）对于动态参数较少的 DSGE 模型都采用该种估计方法。在估计数据上，采用本章第一节所处理的代表世界主要经济体美国、日本、欧元区、英国、加拿大、澳大利亚及中国、印度、巴西和俄罗斯构成的金砖国家（BRIC）2000 ~ 2019 年的技术创新冲击（$\ln z_t$）以及投资效率冲击（$\ln \chi_t$）数据，估计结果见表 5 − 4。

表 5 −4   模型动态参数估计值（GMM 估计）

变量	变量说明	数值
ρ_z	技术创新冲击持续参数	0.8589
ρ_χ	投资效率冲击持续参数	0.9364
SE_z	随机技术创新冲击标准误	0.0513
SE_χ	随机投资效率冲击标准误	0.0408

注：以上技术创新冲击与投资效率冲击参数均在 1% 水平下显著。

二、技术创新冲击下的数值模拟

根据以上校准和估计的参数，在本国相对外国1%技术创新冲击下，通过观察线性化后的本国相对外国的生产（yd）、消费（cd）、投资（id）、股利（dd）、资产价格（qd）、商品价格指数（pbd）、本国持有外国权益资产的相对份额（sfd）以及外部净资产变动（dnfa）、贸易盈余（tb）、收入盈余（ib）、经常账户（ca）以及估值效应（va）的变动，考察外部净资产动态调整的过程（见图5-1）：

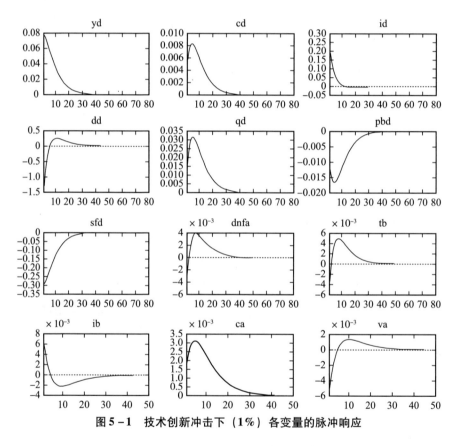

图5-1 技术创新冲击下（1%）各变量的脉冲响应

冲击初期：本国正向技术冲击使得本国产出相对外国正增长。从市场出清条件下的产品供给情况看，由于母国偏好因素的影响①，投资和消费的提高都超过了产出的增长，导致贸易盈余（tb）的逆差；同时从厂商角

---

① 在跨国经济中，当外国收入相对减少时，由于母国偏好，外国将挤出进口，对本国而言将增加进口，导致本国进出口逆差，具体见：Lane P. R. The new open economy macroeconomics：a survey. 2010.

度看，投资增长率超过产出增长率也导致股利分配的下降，进而导致收入盈余（ib）的增长，而 ib 的增长超过了 tb 的逆差，因此导致整体 ca 的顺差。同时根据式（5-81），可以看出，权益资产价格变化率的趋势与预期股利的变化率方向相反，根据式（5-89），估值效应（va）的变化率与权益资产价格变动率的趋势也相反，因此估值效应的变动是由预期股利的变动所决定，且 va 初始体现为降低，经济意义上，本国厂商产出的增长，导致了本国厂商权益资产价格的提高，进而导致估值效应呈现下降。最后由于 va 的下降超过 ca 的顺差，带动了外部净资产变动 dnfa 的降低。

　　冲击持续期：冲击效应下降，收入差额开始减少，导致相对消费和投资的下降，由于母国偏好因素，消费与投资下降速度较收入快，进而带动 tb 的改善；而投资的下降，也逐步释放了股利，导致其快速提高，并转为正数，这也造成 ib 下降为负数，由于 tb 占 ca 的份额高于 ib，因此 ca 在持续期的趋势与 tb 相同。由于估值效应由预期股利变动所决定，在持续期，估值效应与预期股利的变动趋势类似，开始提升并转为正数后缓慢恢复至稳态。在 tb 和 va 改善的作用下，带动 dnfa 上升并恢复至稳态。冲击的传导路径如图 5-2 所示。

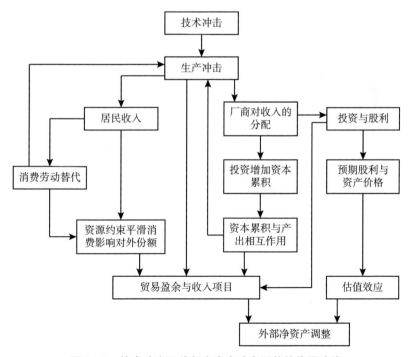

图 5-2　技术冲击下外部净资产动态调整的传导路线

三、投资效率冲击下的数值模拟

类似上述技术创新冲击，按费舍（2006）的思路，提高投资使用效率，也将提高资本累积的效果，进而也促进产出的提高，根据以上校准与估计的参数，在本国相对外国进行1%的投资效率改进的冲击后，通过观察线性化后相应变量的变动，考察外部净资产动态调整的过程（见图5-3）。

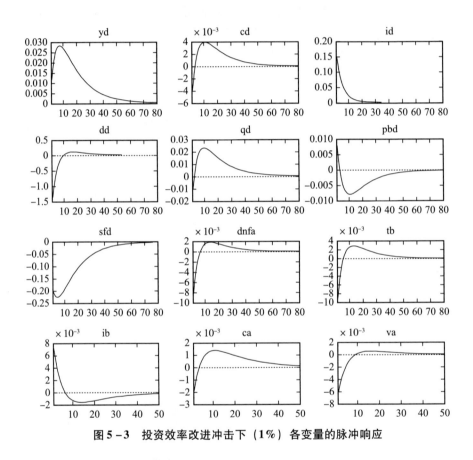

图5-3　投资效率改进冲击下（1%）各变量的脉冲响应

冲击初期：投资效率的提高，加快了资本的累积速度，进而使本国产出提高，然而高效的投资品带动单位产品价格上升，导致消费下降；由于投资母国偏好因素的影响，使得投资增长较产出更快，使 tb 逆差，由于投资冲击导致的产出提高没有技术创新冲击那样有效，因此这里 tb 的逆差较技术冲击下更明显；同时从厂商角度，投资增长较产出快也导致股利的下降，因此也导致 ib 的提高，但与技术冲击不同的是，这里 ib 的提高未能超过 tb 的逆差，使得 ca 整体体现为逆差。类似技术冲击，由于本国厂商产出的提高，使本国厂商权益资产价格相对上升，进而也使得估值效应下降。由于ca逆差以及va的降低，导致冲击初始外部净资产变动（dn-fa）的降低。

冲击持续期：由于投资效率在持续减弱，投资开始下降并恢复稳态，因此资本累积在到达极值后也开始下降，导致相对产出上升一段后也开始下降并恢复稳态，同时投资效率的下降也导致产品价格下跌，带动消费上升。由于母国偏好因素，投资降低程度较收入明显，进而使tb得到改善，并逐步转为顺差后缓慢恢复稳态，同时，投资的下降释放厂商股利，导致股利的提高并恢复稳态，因此也造成ib的下降，由于tb占ca的比重较ib大，因此ca在持续期的变动趋势与tb接近。估值效应在冲击持续期，与预期股利的变动趋势类似，随着本国资产价格的下降，开始上升，并在转为正值后缓慢恢复至稳态。在持续期，ca与va的改善共同使得dnfa上升并恢复至稳态。冲击产生的传导路径如图5-4所示。

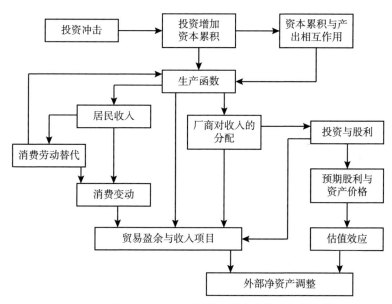

图5-4 投资冲击下外部净资产动态调整的传导路线

四、冲击动态模拟结论

在代表经济周期波动的技术创新和投资效率改进的外在冲击驱动下，通过以上DSGE模型中各变量的数值模拟过程可以看出以下几点。

第一，在冲击初始期，两类冲击都提高了本国的产出，也提高了本国的投资，但因为母国偏好的因素，本国的投资水平的提高超过了产出，导致贸易盈余赤字。同时投资的提高，使得厂商分配的股利受挤压，进而相对股利降低并导致收入盈余上升。可以看出，TB 和 IB 在初期变动相反，而经常账户初期的顺差或逆差，是根据 TB 和 IB 相反变动的绝对额来决定，其中技术冲击下 CA 初期为正，投资效率冲击下 CA 初期为负，差异的原因主要是投资效率冲击对收入提高的额度和在冲击反应的速度上都较技术冲击落后。同时，收入的提高，使得厂商权益资产价值得到提升，因此也造成估值效应在初期的降低。在冲击初始，TB 和 VA 对外部净资产是有恶化的调整作用，而 IB 则有改善的调整作用，但由于 IB 占外部净资产变动的份额较低，因此外部净资产（NFA）在冲击初期被恶化。

第二，在冲击持续期，随着冲击效应的下降，投资回落，同样也由于母国偏好因素的影响，导致投资回落速度快于产出的回落，导致 TB 的改善，并转为正值后缓慢恢复稳态；在厂商方股利也是由于投资的快速回落而快速上升，导致 IB 的恶化，由于 TB 在 CA 总额中的比重较大，CA 在持续期的变动与 TB 同趋势。而 VA 随着本国相对外国的权益资产价格下降，也从负值开始改善，转为正值后恢复稳态。可以看出，在持续期，TB 和 VA 对 NFA 都起到改善的作用，而 IB 则是起到恶化的作用。

第三，外部净资产存量（NFA）的调整过程是经常账户与估值效应共同作用的结果，其调整过程如图 5-5 所示。

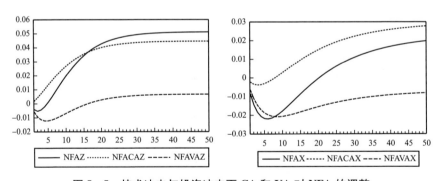

图 5-5　技术冲击与投资冲击下 CA 和 VA 对 NFA 的调整

注：①实线表示 NFA 在技术 z 和投资 x 冲击下的调整过程。
②短虚线表示只考虑 CA 因素对 NFA 的调整，长虚线表示只考虑 VA 对 NFA 的调整。

如图 5-5 所示，在技术和投资两类冲击下，短期内，CA 改善了 NFA，而 VA 恶化了 NFA；但是从长期来看，随着 VA 恶化缓解和 CA 持续改善，使 NFA 得到永久改善，其中技术冲击下，考虑 VA 调整因素的 NFA 较不考虑 VA 调整因素的 NFA 高，说明 VA 在技术冲击下，长期内，也能改善 NFA，但在投资冲击下，考虑 VA 调整因素的 NFA 较不考虑 VA 调整因素的 NFA 低，说明 VA 在投资冲击下，长期来看，未能有效改善 NFA。

第四，由于以上是在完全自由竞争的环境中构建的 DSGE 模型，并进行了数值模拟，其模拟结果与本章第一节各经济体关于在经济周期冲击对 TB、IB 和 VA 之间的相关性存在部分相悖的地方。因此，本章认为，在实际经济环境中，由于各经济体自身所处的金融环境不同，其共同构成的国际金融市场也不可能存在理想的完备性，各经济体间异质性的差异也将对在经济周期波动冲击下，估值效应和经常账户对外部净资产动态调整的作用产生影响。

第三节　金融调整动态理论机制的启示

本章通过构建 DSGE 模型，刻画了在技术创新与投资效率改进冲击为代表的经济周期冲击下，经常账户和估值效应分别通过"贸易调整渠道"和"估值调整渠道"对外部净资产进行动态调整的全过程。通过分析看出，经济周期正向冲击使本国产出相对提高，但由于母国偏好因素的影响，使投资上升更快，导致贸易盈余逆差；同时冲击也使得国内厂商的权益资产价值升值，导致估值效应下降。由于贸易盈余与估值效应在冲击初期对外部净资产有恶化的调整作用，使外部净资产在冲击初期下滑；在冲击持续阶段，随着冲击效应减弱，投资由于母国偏好因素而迅速下降，使得贸易盈余改善；同时，本国厂商权益资产价格的下降，使估值效应改善，在贸易盈余与估值效应对外部净资产共同的改善作用下，外部净资产获得长期永久的改善，其中估值效应的调整作用在短期较为有效，长期仍需依靠经常账户的调整作用。

中国正步入经济增长的"新常态"，随着"一带一路"建设构想的落实，中国资本有着规模性走出国门的需求。同时，随着国际金融一体化程度的深化，中国正在形成全方位的对外开放新格局，在贸易调整因素对外部财富影响得到普遍认知的前提下，也应充分重视估值调整因素对中国外部财富在短期和长期内的影响，以实现中国外部财富的改善与提高：

首先，充分利用估值效应对外部净资产的调整作用。当本国处于不利经济周期时，可充分利用估值效应对外部净资产的短期改善调整作用，降低经济周期对外部净资产带来的贬值冲击。

其次，注重国际贸易对外部净资产均衡的长期影响。本章分析可知，估值效应在经济周期波动过程中对外部净资产所起的调整作用仅在短期效果明显，长期过程中，仍应注重依靠国际贸易实现对外部净资产均衡调整。

最后，对外进行风险性投资应把握合理限度。由于外部净资产的均衡在长期由国际贸易因素所决定，而通过对外进行风险性投资并因资产价格波动产生估值效应，进而影响外部净资产仅是一个短期的过程。同时，随着对外风险投资的比重加大，国家受全球经济系统性风险的影响就越大。因此，从估值效应和国际贸易对外部净资产动态调整的视角，应对对外风险性资产的投资把握合理的限度。

第六章　经济政策冲击下金融
调整的动态机理

【导读】

基于第五章构建的 DSGE 模型，本章围绕财政政策与货币政策，继续丰富 DSGE 模型，探寻经济政策冲击下外部经济失衡金融调整的动态机理，并为制定国际经济政策提供参考。本章首先构造结构向量自回归模型（SVAR），利用经验数据，判断经济政策冲击下金融调整的方向。其次，继续丰富 DSGE 模型，利用贝叶斯估计手段，考察经济政策冲击下金融调整的动态机理。研究发现，在扩张性财政政策和紧缩性货币政策冲击下，金融调整在短期内有利于改善外部财富，并抵消部分由国际贸易产生对外部财富的恶化效果；但在长期，外部财富仍由国际贸易决定。因此，经济政策冲击下，相对于贸易调整，金融调整的效果仅在短期有效，且财政政策冲击下金融调整的效果优于货币政策冲击。

第一节　宏观经济政策与金融调整

一、宏观经济政策冲击对国家外部经济的影响

根据国际投资头寸表的核算规则，国家外部净资产代表着该国的外部财富，而该外部财富的波动直接影响该国所拥有的整体财富水平。在开放的经济环境下，一国运用财政政策和货币政策刺激或调节本国经济运行已是常见的经济调控方式，但其所实施的宏观经济政策也将形成冲击，通过一定的传导渠道，对本国以及与之相关的国家或地区的外部财富产生动态影响，分析刻画上述动态影响，正是本章试图解决的问题。

随着国际金融一体化程度的深化，国家间（或地区）权益资产互持的比重在不断扩大，以往联系国内与国外经济的纽带也由国际贸易逐渐发展

为由国际贸易和国际投资共同构成。因此，目前经济冲击对外部净资产的传导渠道，一方面是基于通过国际商品和服务交易从流量上影响外部净资产，也称贸易调整渠道，另一方面是基于国家间投资的存量，通过未实现资本利得影响外部净资产，而未实现资本利得是由国家对外资产存量因汇率或资产价格变动所产生的，被定义为估值效应调整渠道（Lane & Milesi-Ferretti，2001）。近年来，相对于传统的国际贸易渠道，估值效应调整渠道对外部净资产的影响在逐步加深，估值效应的产生是由汇率波动、资产价格波动以及外部资产组合等因素导致的（Lane & Shambaugh，2010）。古林查斯和雷伊（2007）创新性地设计一套实证模型用于评价估值效应对外部净资产调整的影响程度，其利用截至 2004 年的实证数据测算估值效应对美国外部净资产的正向影响达到27%。同样基于该模型，古林查斯和雷伊（2014）利用截至 2011 年的实证数据测算估值效应对美国净资产的正向影响已达到51%。可见，估值效应对外部净资产的影响已不容忽视，正是由于正向的估值效应存在，美国的外债危机才得以延缓。贝内特里克斯等（Benetrix et al.，2015）、密勒瓦（Mileva，2015）也通过数据实证等方法证实估值效应对国家外部净资产调整的重要性在逐步提升。因此，在分析经济冲击对外部财富影响的传导渠道上，增加估值效应的分析视角将令分析更加全面。

随着中国进入经济增长的"新常态"，经济结构调整的需求，驱使中国在"引进来"的同时，更加大"走出去"的力度。"一带一路"倡议的推进，加快了中国权益资产的双向投资流动。因此，基于估值效应视角，结合传统国际贸易调整渠道，分析宏观经济政策冲击对外部净资产的动态调整影响，对实现中国外部财富保值增值，具有一定现实意义。

本章在总结中外学者对上述问题的研究基础上，利用 SVAR 实证方法结合构建 DSGE 模型研究了在财政政策与货币政策这两类宏观经济政策的冲击下，分析刻画了外部净资产的动态调整过程，并分析了不同的政策冲击对估值效应在外部净资产动态调整过程中的作用。基于此，为如何通过制定经济政策影响外部财富或应对他国经济政策对中国外部财富的冲击，实现中国外部财富增值保值方面提供一个全新的分析视角。

二、相关研究现状

目前，从估值效应分析视角，探讨各类经济冲击对外部净资产的影响，尚处于初级阶段。贝尼格诺（Benigno，2009）、阮（2010）、德韦鲁克斯和萨瑟兰（2010）、古林查斯和雷伊（2012）在考虑估值效应调整渠道的前提下，考察技术冲击、经济危机冲击对外部净资产动态调整的过程和影响机制，其分析均认为在非预期冲击下，估值效应对外部净资产的调整作用相对国际贸易而言具有缓冲作用。然而，结合估值效应，分析宏观经济政策实施所形成的冲击对外部净资产动态调整的影响方面，目前相关研究较为匮乏。吉洛尼等（2015）以李嘉图式的政府购买代表财政政策冲击引入两国开放的动态随机一般均衡（DSGE）模型系统中，首次分析财政政策冲击通过估值效应和经常账户两个渠道对外部净资产产生的影响及调整作用，其数值模拟结果显示，正向政府采购冲击将产生负估值效应，从而拉低外部净资产。但其模型中缺少厂商主体的投资和资本因素，导致其资产价格的决定因素不完整，因此其所描述的 DSGE 模型仍有一定缺陷。迈尔（2013）通过构建 DSGE 模型，证实由于汇率引致的估值效应存在，使得货币政策的效果增强。同样，乔吉亚迪斯和梅尔（2016）利用实证分析模型，进一步证实，由于估值效应的存在，货币政策的有效性得以增强25%，并改变传统货币政策的跨国传递模式。乔吉亚迪斯和詹克考瓦（2017）认为考虑由于金融全球化带来的估值效应因素，则可以令分析货币政策冲击的各类 DSGE 模型不具有误导性。但以上有关货币政策冲击的分析，仅考虑汇率波动引致的估值效应，并未完整考察资产价格波动以及资产结构等因素引致的估值效应，分析尚缺乏全面性。

反观中国国内的相关研究，相对起步较晚。肖立晟和陈思翀（2013）通过实证分析证实估值效应对中国外部净资产具有较大不利影响（12%），且相对于美国的外部财富增值，中国则体现为外部财富流失。刘琨和郭其友（2016）、韩永超和杨万成（2016）、那明和戴振亚（2017）进一步通过实证分析，证实估值效应对中国的不利影响在加深。贺力平（2015）指出防止估值效应对一国实体经济将产生不利的影响，需要从源头解决问题，应努力避免宏观经济政策对国际金融市场的震动效应。因此，对于中国而言，基于估值效应视角分析宏观政策冲击对外部财富的影响，具有更重大的研究意义。目前，虽然中国国内结合估值效应分析宏观经济政策冲击对外部财富的影响，尚处空白阶段，但是已有相关研究，仍可以为本章研究提供分析思路，例如：李晓芳和高铁梅（2005）分析政府财政支出对产出的动态冲击研究中，利用结构向量自回归模型（SVAR）分析财政支出对进出口的冲击，其结果表明，财政支出冲击导致经常账户赤字，主要是由于政府支出在短期挤出消费后，在消费恢复的过程中，政府支出引致的产出增长不足，导致出口落后进口。王君斌和郭新强（2011，2014）同样利用 SVAR 实证方法，分析中国货币政策对经常账户失衡的影响，其结果发现经常账户在紧缩性货币政策的冲击下，随着基准利率的提高，经常账户出现"J曲线"动态变动，该现象主要是由家庭消费习惯和厂商定价的粘性所导致，使得价格的调整滞后于政策冲击效应，致使经常账户在短期呈现赤字。

第二节　经济政策冲击模型的设定

一、宏观经济政策对外部经济的影响

运用财政政策和货币政策刺激或调节本国经济运行已是常见的经济调控方式，但在跨国经济环境下，所实施的经济政策对本国及其他国家外部财富的影响却面临着更加复杂的因素。中国常年采取政府补贴的方式刺激经济，税收改革也在不断深化。2015年美国的经济复苏，使得美元走强而联邦储蓄委员会也在近10多年来首次调高基础利率，这些宏观经济政策冲击是如何传导至对外部经济，以及对中国和其他国家的外部财富的影响，是本章试图分析解决的问题。随着国际金融一体化程度的加深，国家间金融资产互持的比重在加大，以往联系国内与国外经济的纽带也由国际贸易这单一渠道，逐渐发展为由国际投资和国际贸易共同构成，前者由于相互投资，形成通过投资收益和未实现资本利得相互影响国家间的外部财富，而后者依然是通过国际商品和服务交易影响外部财富，其中未实现资本利得是由国家对外资产存量因汇率或资产价格变动所产生的，也称估值效应（Lane & Milesi – Ferretti，2001）。随着估值效应近年对外部财富的影响加深，在考虑外生因素对本国外部财富的冲击影响问题上，也应考虑估值效应方面的因素。本书第五章讨论了以技术冲击与投资冲击为代表的经济周期下，经常账户与估值效应对国家外部财富的调整作用，本章将分析以财政政策与货币政策为代表的冲击，对国家外部财富产生怎样的动态调整影响，并分别分析经常账户和估值效应在调整中的作用。

吉洛尼、李和里布奇（2015）首次将政府购买冲击引入两国开放的DSGE模型系统中，以分析财政政策冲击通过估值效应和经常账户对外部净资产产生的影响及调整作用。然而在结合货币政策冲击，并同时运用在外部净资产的动态调整上，还未有学者对此进行深入研究。刘斌（2008）曾建立开放的DSGE模型分析货币政策冲击的影响，其分析中涉及国家外部净资产的变动，但其引入的外部净资产主要是以贸易盈余的累积形成，

并通过国内外利率的差异影响汇率变动，进而影响贸易条件和国内通胀率，其货币冲击对外部经济的影响，建立在国际贸易的基础上，未考虑国际间的相互投资。梅冬州和赵晓军（2015）在资产国际互持的基础上分析经济周期的跨国传递，其分析内容考虑了国家间的相互资产投资，并简要分析了货币政策规则的冲击传递作用，但其分析未考虑冲击对互持资产所产生的价格波动，因此对外部净资产影响的分析因素中未包括估值效应。总体来看，国内外学者在宏观经济政策冲击对国家外部财富影响的研究上，特别是在该冲击下，对估值效应对外部财富动态调整作用的分析，还处于研究初期阶段。

二、经济政策冲击的传导路径

在宏观经济政策冲击的问题上，对其冲击传导路径的分析，是探究各经济变量变动机理的关键因素。随着新凯恩斯经济理论模型的发展，宏观经济问题的分析能更好地结合微观经济问题进行分析，使得宏观问题的分析结果更加可靠。不少学者在新凯恩斯宏观经济理论的基础上，构建随机动态一般均衡模型（DSGE）展开对宏观经济政策的研究。对于财政政策的冲击，包括克拉里达（Clarida，2014）；吉洛尼、李和里布奇（2015）、刘斌（2008，2009，2011）在其构建的 DSGE 理论模型中，都以李嘉图式的政府购买代表财政政策冲击，该政府购买的方式表示为非转移支付的政府支出与向家庭收取的总量税相等。

对于货币政策冲击的传导机制，相对政府购买为代表的财政政策要复杂许多，因为货币政策的传导机制通常是通过多方面影响经济运行。在传统宏观经济理论模型中，中央银行可以通过调节利率来保证经济的均衡，可通过三条渠道实现市场供求均衡并且通胀实现预期目标：

第一条渠道是总需求曲线，表现为产出缺口与利率和通胀率之间的关系：

$$y_t = \beta_y E_t y_{t+1} + \beta_r i_{t-1} + \beta_\pi E_t \pi_{t+1} + \varepsilon_{yt}$$

其中，y_t 为产出缺口，i_t 为基准利率，π_t 为通胀率；

第二条渠道是基于卡尔沃（Calvo，1983）提出交错合同定价的带有微观经济基础的菲利普斯曲线，反映通胀由产出缺口以及带有前瞻性质的通胀率所决定：

$$\pi_t = \lambda_\pi E_t \pi_{t+1} + \lambda_y y_t + \varepsilon_{\pi t}$$

第三条渠道则是经典的货币政策运行规则，即泰勒规则（Taylor，1993），其反映的是名义利率由前瞻通胀率以及产出缺口所决定：

$$i_t = \varphi_\pi E_t \pi_{t+1} + \varphi_y y_t + \varepsilon_{it}$$

围绕这三条货币政策传导渠道的实证研究分析，已经历经近二十年，实证方法上最早采用向量自回归（VAR）进行分析，但卢卡斯的批判认为结构型的经济行为不适用 VAR 的分析，随后具有微观经济基础的 DSGE 模型以及结构 VAR 实证分析就常用于分析货币政策的传导机制。后来学者通过理论与实证的研究，根据实证的结果和经济的新形势，不断对该三种货币政策传递效应进行修正。在基于 Calvo 价格粘性定价的菲利普斯曲线，加利和格特勒（Gali & Gertler，1999）提出的混合新凯恩斯需求曲线模型，即通胀不仅受前瞻型通胀决定，也受后顾型惯性所决定：

$$\pi_t = \lambda_{\pi 1} E_t \pi_{t+1} + \lambda_{\pi 2} \pi_{t-1} + \lambda_y y_t + \varepsilon_{\pi t}$$

在实证分析结果上，修正后的模型更适应多数国家，王君斌（2010）就曾通过 SVAR 实证分析发现中国通胀与后顾型的通胀有较强相关性。而货币政策规则，最早是用于利率预测，是货币政策有效性的经典代表。进入 21 世纪后，克拉里达、加利和格特勒（2000）就不断致力于泰勒规则的经验分析及改造，其引入前瞻变量进一步改造泰勒规则，随后他们进一步将泰勒规则向资产价格波动方向进行改造，研究货币政策对证券市场价格以及房地产市场价格波动的相关性（Gali，2014；Gali & Gambetti，2015），也有学者将泰勒规则向汇率波动方向进行改造（Bacchetta & Wincoop，2006；Tanya & David，2009）。然而，资产价格和汇率波动是影响存量国际投资头寸市值变动的两个因素，其也是产生估值效应的两个引致因素，利率规则对估值效应的影响应非常凸显，但是目前，在实证方面，认为利率除了同产出缺口和通胀率有较紧密的联系之外，与资产价格波动和汇率波动的关系并不显著。黄昌利和尚友芳（2013）曾利用泰勒规则结合汇率和资产价格波动进行实证分析，但利率对资产价格波动的反应并不显著。鉴于利率规则最新的拓展在实证方面的不成熟，本章仍采用克拉里达、加利和格特勒（2000）经典的利率规则，并设置利率惯性，以反映货币政策冲击的持续性。由于传统的 IS 曲线过于简单，因此本章在构建 DSGE 模型中，直接引入厂商生产系统，以反映通胀和利率对产出的影响。

通过以上理论模型的综述，本章将在第五章所构建的跨国 DSGE 模型基础上，新增财政政策和货币政策所考虑的分析因素，构建动态理论模型，描述宏观经济政策冲击对外部净资产动态调整的影响。

第三节　基于 SVAR 的政策冲击实证分析

根据以上在财政政策和货币政策对内部与外部经济影响的实证和理论分析，可以看出，宏观经济政策首先通过影响国内的经济运行状况，进而向外部经济传递，而已有的国内外研究主要以经常账户为纽带，考察经济政策如何向外部经济进行传导，进而影响国家外部财富。本章通过对估值效应的系统分析，认为其已成为除经常账户外国内经济政策向外部经济进行传导的另一渠道，因此本章侧重分析国内经济政策冲击通过估值渠道向外部经济进行传导，并进而与经常账户共同综合影响国家外部财富的过程。

一、SVAR 实证分析模型的构建

（一）实证研究综述

在分析实施财政政策和货币政策对国内和国外经济影响的实证研究，在近 20 多年来取得丰富的成果，然而在经济政策对国家外部经济影响的分析上，已有的研究，都还集中在经济政策对经常账户均衡的传递冲击影响这个问题上。李晓芳和高铁梅（2005）在分析政府财政支出对产出的动态冲击研究中，利用结构向量自回归模型（SVAR）分析了财政支出对进出口的冲击，其实证结果表明，进出口总额都随着财政支出冲击而扩大，但进口扩大的幅度更大，导致经常账户赤字，主要是由于政府支出在短期挤出消费后，在消费恢复的过程中，政府支出引致的产出增长不足，导致出口落后进口。王君斌和郭新强（2011，2014）同样利用 SVAR 实证方法，分析了我国货币政策对经常账户失衡的影响，其分析结果发现经常账户在紧缩性货币政策的冲击下，随着基准利率的提高，经常账户出现"J曲线"动态变动，该现象主要是由于家庭消费习惯和厂商定价的粘性所导致的，使得价格的调整滞后于政策冲击效应，导致经常账户在短期呈现赤字。经常账户受紧缩性货币政策冲击呈现"J曲线"的现象，也印证了巴赫玛尼 – 奥斯库伊和拉塔（Bahmani – Oskooee & Ratha，2004）以及纳德尼切克（Nadenichek，2006）的分析结果，其研究结果是基于美国与 G7 国家的经验数据，并同样也是通过 SAVR 分析方法而得。

（二）实证方法描述

在实证方法上，本章同样采用结构向量自回归模型（SVAR）进行实证分析，该实证方法在西姆斯（Sims，1980）向量自回归模型（VAR）的基础上，构建一个考察多变量冲击的动态模型，伯尔南克（Bernanke，1986）通过构建存在非递归短期约束的 SVAR 模型，解决了在同一个模型中识别多个变量的结构冲击问题。将 SAVR 实证方法应用在经济问题上，可有效解决政策冲击通过多个变量进行结构性传导的问题，阿米萨诺和吉阿尼尼（Amisano & Giannini，1997）系统地总结 SVAR 模型的设立、识别以及估计应用，其认为带有嵌套结构的经济模型能有效分析复杂经济环境下各变量间的联系，并且也可有效避免卢卡斯（Lucas）针对非嵌套经济模型的批判。

模型构建上，SVAR 的模型构建可描述成：

$$\Gamma_0 X_t = A + \Gamma_1 X_{t-1} + \cdots + \Gamma_p X_{t-p} + B\mu_t \qquad (6-1)$$

其中，X_t 为内生变量组合的列向量矩阵，μ_t 为 SVAR 模型的扰动项，p 为滞后阶数，A 为常数项，B 为各变量对冲击的反应系数，Γ_0 为模型内生变量间的当期关系矩阵，且为了模型可被估计，通过设定 Γ_0 可逆，并将式（6-1）变换为：

$$X_t = \Gamma_0^{-1} A + \Gamma_0^{-1} \Gamma_1 X_{t-1} + \cdots + \Gamma_0^{-1} \Gamma_p X_{t-p} + \varepsilon_t \qquad (6-2)$$

上述模型可被当作退化的 VAR 模型，其中 $\varepsilon_t = \Gamma_0^{-1} \mu_t$，表现为 VAR 模型的扰动项并包含结构式的冲击，且 ε_t 和 μ_t 线性相关。

根据阿米萨诺和吉阿尼尼（1997），SVAR 模型对当期结构中各内生变量间建立了明确的关系，因此需要对矩阵系数实施相应的额外约束条件，若约束条件个数为 $n(n-1)/2$，其中 n 表示内生变量的个数。

（三）实证数据选取及处理

1. 变量与数据的选取

本章描述的财政政策和货币政策冲击，分别是基于李晓芳和高铁梅（2005）、王君斌和郭新强（2011，2014）构建的 SVAR 模型，同时引入估值效应进行拓展。本章构建两类 SVAR 模型，分别反映代表财政政策冲击的政府采购冲击对估值效应的影响，以及代表货币政策冲击的利率冲击对估值效应的影响。在内生变量的选取上，使用政府采购 g、基础利率 r、通胀率 π、产出 y、名义汇率 ex 和估值效应 va，并以估值效应代表外部财富存量增减值变动，所构建的两类模型如下：

$$\text{SVAR} - \text{VA} - g \text{ 模型}（[g \, y \, ex \, va]'） \qquad (6-3)$$

$$\text{SVAR} - \text{VA} - r \text{ 模型}（[r \, y \, \pi \, ex \, va]'） \qquad (6-4)$$

2. 数据的处理

实证数据选取中国 2003~2019 年季度数据，共 68 个观测值，变量数据处理如表 6-1 所示。

表 6 - 1	各变量的数据处理方法
变量名称	处理方法
政府采购 g	选取国家统计局公布财政支出，以 2002 年末商品消费价格指数为基础，剔除价格指数的影响，并以 $(g_t - g_{t-1})/g_{t-1}$ 表示政府采购的变动
基础利率 r	由于我国是采取有管制的基础利率，本章以 HP 滤波去除趋势项后得到动的利率数据
通胀率 π	根据通胀率的概念，按 $\pi = (CPI_t - CPI_{t-1})/CPI_{t-1}$ 的计算方式得来
产出 y	根据国家统计局公布的 GDP 数据，以 2002 年末商品消费价格指数为基础，剔除价格指数的影响，并以 $(y_t - y_{t-1})/y_{t-1}$ 表示产出的变动
名义汇率 ex	人民币的汇率按兑换美元的直接标价法进行表示，并以 $(ex_t - ex_{t-1})/ex_{t-1}$ 表示变动
估值效应 va	根据德韦鲁克斯和萨瑟兰（2010），将本期以本币计价的外部净资产，扣减上期后的差额再扣除经常账户，其余额即为估值效应，并利用计算公式 $(va_t - va_{t-1})/va_{t-1}$ 表示估值效应的变动

二、SVAR 实证分析过程描述

（一）数据稳健性检验

根据 SVAR 模型构建的原理，需要在平稳数据下进行分析，首先对各经济体中各变量所取得的数据进行稳健性检验，检验通过对各变量构建一阶 VAR 以单位根（AR）进行检验，结果如图 6 - 1 所示。

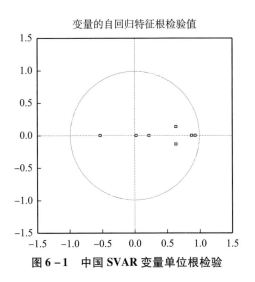

变量的自回归特征根检验值

图 6 - 1 中国 SVAR 变量单位根检验

根据图 6 - 1 可以发现，基于中国数据构建 SVAR 模型所涉及的 7 个变量数据在一阶滞后 VAR 中表现平稳。以下将通过 Johansen 协整检验，检验各变量间是否存在长期稳定的协整关系，结果如表 6 - 2 所示。

表 6 - 2　　　　　　　　中国 SVAR 变量 Johansen 协整检验结果

协整关系	Trace Stat	Prob.	Max - E Stat	Prob.
China None *	210. 4476	0. 0000	75. 5156	0. 0000
At most 1 *	134. 9320	0. 0000	57. 0957	0. 0003
At most 2 *	77. 8363	0. 0115	35. 2066	0. 0359

注：＊表示在 5% 水平下显著。

根据表 6 - 2 可以发现，基于各经济体实证数据，构建 SVAR 模型的变量间存在长期稳定的协整关系。

（二）SVAR 模型的识别条件

为使结构中各变量在即期存在一定数量的稳定关系而令 SVAR 估计恰好识别，本章以布兰查德和柯（Blanchard & Quah，1989）的非递归式短期约束，判断约束条件个数，即 $n(n-1)/2$ 个。

根据公式（6 - 3）的 SVAR - VA - g 模型，可以发现 SVAR 扰动项与结构冲击之间的关系如下：

$$
\begin{bmatrix} 1 & a_{12} & a_{13} & a_{14} \\ a_{21} & 1 & a_{23} & a_{24} \\ a_{31} & a_{32} & 1 & a_{34} \\ a_{41} & a_{42} & a_{43} & 1 \end{bmatrix}
\begin{bmatrix} \varepsilon_t^g \\ \varepsilon_t^y \\ \varepsilon_t^{ex} \\ \varepsilon_t^{va} \end{bmatrix}
=
\begin{bmatrix} b_{11} & 0 & 0 & 0 \\ 0 & b_{22} & 0 & 0 \\ 0 & 0 & b_{33} & 0 \\ 0 & 0 & 0 & b_{44} \end{bmatrix}
\begin{bmatrix} \mu_t^g \\ \mu_t^y \\ \mu_t^{ex} \\ \mu_t^{va} \end{bmatrix}
\quad (6-5)
$$

根据上述识别条件，SVAR - VA - g 模型包含 4 个变量，即所满足的 6 个约束（4 × (4 - 1)/2）应设置如下：a_{12}、a_{13}、a_{14} 为 0，表示当期政策冲击不受当期产出、汇率和估值效应的影响；a_{23} 和 a_{24} 为 0，表示当期产出不受汇率和估值效应影响；a_{34} 为 0，表示当期汇率不受估值效应影响。

SVAR - VA - r 模型中，SVAR 扰动项与结构冲击之间的关系如下：

$$
\begin{bmatrix} 1 & a_{12} & a_{13} & a_{14} & a_{15} & a_{16} \\ a_{21} & 1 & a_{23} & a_{24} & a_{25} & a_{26} \\ a_{31} & a_{32} & 1 & a_{34} & a_{35} & a_{36} \\ a_{41} & a_{42} & a_{43} & 1 & a_{45} & a_{46} \\ a_{51} & a_{52} & a_{53} & a_{54} & 1 & a_{56} \\ a_{61} & a_{62} & a_{63} & a_{64} & a_{65} & 1 \end{bmatrix}
\begin{bmatrix} \varepsilon_t^g \\ \varepsilon_t^r \\ \varepsilon_t^y \\ \varepsilon_t^{\pi} \\ \varepsilon_t^{ex} \\ \varepsilon_t^{va} \end{bmatrix}
=
\begin{bmatrix} b_{11} & 0 & 0 & 0 & 0 & 0 \\ 0 & b_{22} & 0 & 0 & 0 & 0 \\ 0 & 0 & b_{33} & 0 & 0 & 0 \\ 0 & 0 & 0 & b_{44} & 0 & 0 \\ 0 & 0 & 0 & 0 & b_{55} & 0 \\ 0 & 0 & 0 & 0 & 0 & b_{66} \end{bmatrix}
\begin{bmatrix} \mu_t^g \\ \mu_t^r \\ \mu_t^y \\ \mu_t^{\pi} \\ \mu_t^{ex} \\ \mu_t^{va} \end{bmatrix}
$$

$$(6-6)$$

SVAR $-$ VA $-$ r 模型包含 6 个变量，需满足的 15 个约束（$6 \times (6-1)/2$），设置为：a_{12}、a_{13}、a_{14}、a_{15} 和 a_{16} 为 0 表示政府采购不受当期利率、产出、通胀率、汇率和估值效应影响；a_{23}、a_{24}、a_{25} 和 a_{26} 为 0，表示当期利率冲击不受当期产出、通胀率、汇率和估值效应的影响；a_{34}、a_{35} 和 a_{36} 为 0，表示当期产出不受通胀率、汇率和估值效应影响；a_{45} 和 a_{46} 为 0，表示通胀率应不受汇率与估值效应的影响；a_{56} 为 0，表示汇率不受估值效应的影响。

（三）SVAR 模型的最优滞后期

在施加以上约束后，可以进一步以 AIC、HQIC 和 SBIC 评价规则检测 SVAR 模型中的滞后期，并通过 STATA13.0 软件实施，结果如表 6 $-$ 3 所示。

表 6 $-$ 3　　　　　　　　　中国 SVAR 模型最优滞后阶数检测

Country	SVAR $-$ VA $-$ g					SVAR $-$ VA $-$ r					Obs
	AIC	FPE	LR	HQIC	SBIC	AIC	FPE	LR	HQIC	SBIC	
China_lag	4	4	4	4	4	4	4	4	4	4	67

说明：表中数值表示模型最优的滞后阶数。

施加以上约束后，以 AIC、HQIC 和 SBIC 评价规则检测模型的滞后期，发现两类模型（1）和（2）的最优滞后阶数都为 4 阶。

（四）SVAR 实证结论分析

通过政府采购和基础利率冲击，考察其对估值效应的影响（见图 6 $-$ 2）：

由 SVAR 冲击图 6 $-$ 2 可以发现以下结论。

首先，在实施以政府采购为代表的扩张性财政政策后，估值效应表现为上升的概率较表现为下降的概率高（图 6 $-$ 2 上半部分图的实线部分为正值），根据古林查斯和雷伊（2007）、德韦鲁克斯和萨瑟兰（2010）等理论，差额外部净资产是由估值效应和经常账户所构成的，冲击下估值效应的上升说明冲击在一定程度上有效改善外部净资产。由于估值效应主要是因资产价格与汇率变动所引起的，说明在扩张性财政政策实施后的短期内，本国国内资产价格下跌，同时造成资本外流和本币贬值，进而产生正向的估值效应。

其次，在实施以基础利率为代表的紧缩性货币政策后，估值效应表现为上升的概率较表现为下降的概率高（图 6 $-$ 2 下半部分图的实线部分为正值），说明冲击也在一定程度上有效改善外部净资产，说明紧缩性货币政策实施后的短期，随着本国利率的提高，国内资产价格在下滑，本币贬值，带动估值效应上升。

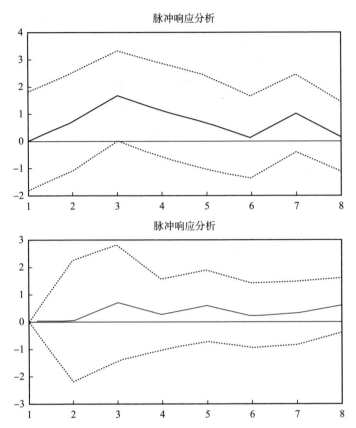

图 6 - 2　政府采购冲击（上）与基础利率冲击（下）的 SVAR 模型脉冲响应图

最后，从两种冲击下估值效应的反应程度来看，扩张性财政政策较紧缩性货币政策对估值效应的正向影响程度更大，从两种冲击反应的显著程度来看，扩张性财政政策引发估值效应上升的显著性较货币政策引发估值效应上升的显著性更明显，因此，可认为扩张性财政政策较紧缩性货币政策在短期内更有效地改善本国外部财富。

第四节　宏观经济政策冲击下的外部净资产动态调整

根据以上 SVAR 实证分析，实证结论上表现政策冲击对国家外部净资产相应的影响，但该分析尚不能揭示政策冲击下经常账户和估值效应动态变动的内在机制，因此以下部分将通过构建 DSGE 模型进一步进行分析。

一、理论模型的构建

（一）模型构建的前提

本章沿用第五章的大国经济 DSGE 模型，在模型上针对分析财政政策和货币政策的冲击进行相应的改造。首先，在经济主体上，包括家庭、中间厂商、最终厂商以及包括央行在内的政府主体；其次，由于货币政策的扩张或紧缩冲击是利用利率的变动，其传导的方式主要依靠资金成本，因此需要在模型上新增资本调整成本、资金使用成本和资本使用效率等因素；最后，由于资金成本的存在，使得资本市场与厂商实体的联系成为了可能，而根据雷恩和费雷蒂（2007）、古兰查斯和雷伊（2007）的研究，估值效应同资本市场市值的联系十分紧密，因此托宾 Q 定价方程更能将资产价值以市值的方式予以反映。

（二）经济主体的行为

1. 中间厂商行为

假定存在无限期的中间厂商，且中间厂商属于垄断竞争的，这与大部分国家的实际情况更为接近，作为最终厂商的上游，中间厂商容易处于垄断状态，如石油、电力等资源型的原料生产厂商。其生产函数设定为道格拉斯生产函数：

$$Y_{H,t}^i = z_{H,t} K_{H,t}^\kappa L_{H,t}^{1-\kappa} \tag{6-7a}$$

$$Y_{F,t}^i = z_{F,t} K_{F,t}^\kappa L_{F,t}^{1-\kappa} \tag{6-7b}$$

根据拉巴纳尔（Rabanal，2007）和克里斯蒂亚诺（Christiano，2010）对于货币政策冲击下 DSGE 模型的经典设置，$Y_{H,t}^i$ 表示中间产品的产出，$z_{H,t}$ 为外生全要素生产率 TFP，$K_{H,t}$ 为累计资本投入，κ 为资本投入产出弹性，$1-\kappa$ 表示劳动力投入产出弹性。变量的右下标 H 表示本国，F 表示外国。

中间厂商的资本投入，满足资本动态累积的表达式为：

$$K_{H,t+1} = (1-\delta) K_{H,t} + \left[1 - S\left(\frac{I_{H,t}}{I_{H,t-1}}\right) \right] I_{H,t} \tag{6-8a}$$

$$K_{F,t+1} = (1-\delta) K_{F,t} + \left[1 - S\left(\frac{I_{F,t}}{I_{F,t-1}}\right) \right] I_{F,t} \tag{6-8b}$$

根据拉巴纳尔（2007）和克里斯蒂亚诺（2010）对货币政策冲击 DSGE 模型的设定以及阿吉亚尔和戈皮纳斯（Aguiar & Gopinath，2007）、阮（2010）对跨国 DSGE 模型中投资的描述，需对投资增加调整成本，更符合实证内容，这里资本调整成本函数 $S(?)$ 为递增的凸函数，稳态下调整成本为0。

投资函数表达为：

$$I_{H,t} = \left[a^{1/\phi} (i_{H,t}^{H})^{(\phi-1)/\phi} + (1-a)^{1/\phi} (i_{F,t}^{H})^{(\phi-1)/\phi} \right]^{\phi/(\phi-1)} \quad (6-9\text{a})$$

$$I_{F,t} = \left[a^{1/\phi} (i_{F,t}^{F})^{(\phi-1)/\phi} + (1-a)^{1/\phi} (i_{H,t}^{F})^{(\phi-1)/\phi} \right]^{\phi/(\phi-1)} \quad (6-9\text{b})$$

同时，以投资成本最小化，可得：

$$i_{H,t}^{H} = a \left(\frac{p_{H,t}}{P_{H,t}} \right)^{-\phi} I_{H,t}; \quad i_{F,t}^{H} = (1-a) \left(\frac{e_t p_{F,t}^{*}}{P_{H,t}} \right)^{-\phi} I_{H,t} \quad (6-10\text{a})$$

$$i_{F,t}^{F} = a \left(\frac{p_{F,t}^{*}}{P_{F,t}^{*}} \right)^{-\phi} I_{F,t}; \quad i_{H,t}^{F} = (1-a) \left(\frac{p_{H,t}/e_t}{P_{F,t}^{*}} \right)^{-\phi} I_{F,t} \quad (6-10\text{b})$$

其中，$i_{H,t}^{H}$ 和 $i_{F,t}^{H}$ 分别表示为本国用本国投资品投资的数量以及本国用外国投资品投资的数量，$i_{F,t}^{F}$ 和 $i_{H,t}^{F}$ 分别表示外国用外国投资品投资的数量以及外国用本国投资品投资的数量。由于本章考虑投资时资本调整成本的因素，因此对投资行为的决定，根据货币政策对投资的决策传导影响，本章采用托宾 Q 进行决策。托宾 Q 为企业股价和重置成本的比值，通过该比值反映厂商的投资行为，托宾 Q 小于 1 时，企业股价小于重置成本，厂商倾向于并购而不是新增投资品，则投资减少，反之，则投资增大。而货币政策对企业股价也具有传导机制，根据拉巴纳尔（2007）和克里斯蒂亚诺（2010）在新凯恩斯经济模型下，引入托宾 Q 对投资进行决定，其中托宾 Q 值与资本成本和通胀建立关系，反映为：

$$q_{H,t} = E_t \left[\pi_{H,t+1} \left(\frac{q_{H,t+1}}{1+r_{H,t+1}} \right)^{\beta(1-\delta)} \right] \quad (6-11\text{a})$$

$$q_{F,t} = E_t \left[\pi_{F,t+1} \left(\frac{q_{F,t+1}}{1+r_{F,t+1}} \right)^{\beta(1-\delta)} \right] \quad (6-11\text{b})$$

$$(I_{H,t})^{1+\beta} = E_t(I_{H,t+1}^{\beta}) I_{H,t-1}(q_{H,t}^{\chi}) \quad (6-12\text{a})$$

$$(I_{H,t})^{1+\beta} = E_t(I_{H,t+1}^{\beta}) I_{H,t-1}(q_{H,t}^{\chi}) \quad (6-12\text{b})$$

以上式（6-11）、式（6-12）表示货币政策通过对资本市场的传导，影响厂商的投资决定，其中 χ 反映为资本调整成本相关决定因素，$\chi = 1/S''(1)$。货币政策的传导表现为：宽松货币政策下，使资本市场市值上升，带动托宾 Q 提高，进而提高投资。

根据维肯斯（2011）厂商理论，对于垄断厂商，其剩余利润均用于分配股利，而剩余利润表示为产出扣减投资，以及由工资和资本成本构成的边际成本：

$$D_{H,t} = p_{H,t} Y_{H,t} - P_{H,t} I_{H,t} - (r P_{H,t} K_{H,t-1} + w_{H,t} L_{H,t})$$

$w_{H,t}$ 为工资率，而 $D_{H,t}$ 为企业分配股利的价值，劳动无差异时，垄断利润最大，根据拉巴纳尔（2007）中间厂商的边际成本，可表示为：

$$MC_{H,t} = (r_{H,t}^{\kappa} w_{H,t}^{1-\kappa})/z_{H,t} \qquad (6-13a)$$

$$MC_{F,t} = (r_{F,t}^{\kappa} w_{F,t}^{1-\kappa})/z_{F,t} \qquad (6-13b)$$

垄断利润达到最优的情况下，扣除由工资和资本成本构成的中间厂商边际成本，用于分配的剩余利润表达式为：

$$D_{H,t} = (p_{H,t} - MC_{H,t})Y_{H,t} - P_{H,t}I_{H,t} \qquad (6-14a)$$

$$D_{F,t} = (p_{F,t} - MC_{F,t})Y_{F,t} - P_{F,t}I_{F,t} \qquad (6-14b)$$

2. 最终厂商行为

假定无限期的最终厂商是完全竞争的，但其购进的中间产品仅限制于国内的中间厂商，即中间产品在跨国间并不流动交易，而最终产品设定为可自由进出国际交易市场进行交易，购进中间产品生产最终产品的生产函数为：

$$Y_{H,t} = \left[\int_0^1 (Y_{H,t}^i)^{(\lambda_t-1)/\lambda_t} di \right]^{\lambda_t/(\lambda_t-1)} \qquad (6-15a)$$

$$Y_{F,t} = \left[\int_0^1 (Y_{F,t}^i)^{(\lambda_t-1)/\lambda_t} di \right]^{\lambda_t/(\lambda_t-1)} \qquad (6-15b)$$

$Y_{H,t}$ 表示最终产品，并购进第 i 个中间厂商生产的中间产品 $Y_{H,t}^i$，λ_t 为不同中间产品之间的替代弹性且大于1，因此根据最终厂商利润最大化：

$$Maxf(Y_{H,t}^i) = p_{H,t}Y_{H,t} - \int_0^1 p_{H,t}^i Y_{H,t}^i di$$

这里 $p_{H,t}^i$ 表示中间品价格，$p_{H,t}$ 表示最终产品价格；根据利润最大化，可得最终产品与中间产品的关系，即最终厂商对中间品的需求为：

$$Y_{H,t}^i = \left(\frac{p_{H,t}^i}{p_{H,t}} \right) Y_{H,t}, \quad i \in [0, 1] \qquad (6-16a)$$

$$Y_{F,t}^i = \left(\frac{p_{F,t}^i}{p_{F,t}} \right) Y_{F,t}, \quad i \in [0, 1] \qquad (6-16b)$$

由于最终产品市场处于完全竞争市场，最终厂商的最优利润为零，因此最终产品价格与中间品价格之间的关系为：

$$p_{H,t} = \left[\int_0^1 (p_{H,t}^i)^{1-\lambda_t} di \right]^{1/(1-\lambda_t)} \qquad (6-17a)$$

$$p_{F,t} = \left[\int_0^1 (p_{F,t}^i)^{1-\lambda_t} di \right]^{1/(1-\lambda_t)} \qquad (6-17b)$$

3. 家庭主体行为

无限期家庭效用包括消费和劳动所组成：

$$\max: E_0 \sum_{t=0}^{\infty} \beta^t \left(\frac{1}{1-\sigma} C_{H,t}^{1-\sigma} - \frac{1}{1+\omega} L_{H,t}^{1+\omega} \right) \qquad (6-18a)$$

$$\max: E_0 \sum_{t=0}^{\infty} \beta^t \left(\frac{1}{1-\sigma} C_{F,t}^{1-\sigma} - \frac{1}{1+\omega} L_{F,t}^{1+\omega} \right) \qquad (6-18\mathrm{b})$$

β 表示时间贴现因子，$C_{H,t}$ 表示本国消费指数，$L_{H,t}$ 表示本国劳动，σ 为风险厌恶程度，ω 为劳动供给弹性。

消费函数为 CES 函数，包括本国的消费和进口商品的消费：

$$C_{H,t} = \left[a^{1/\phi} \left(c_{H,t}^H \right)^{(\phi-1)/\phi} + (1-a)^{1/\phi} \left(c_{F,t}^H \right)^{(\phi-1)/\phi} \right]^{\phi/(\phi-1)} \quad (6-19\mathrm{a})$$

$$C_{F,t} = \left[a^{1/\phi} \left(c_{F,t}^F \right)^{(\phi-1)/\phi} + (1-a)^{1/\phi} \left(c_{H,t}^F \right)^{(\phi-1)/\phi} \right]^{\phi/(\phi-1)} \quad (6-19\mathrm{b})$$

其产品价格指数方程，可表示为：

$$P_{H,t} = \left[a \left(p_{H,t} \right)^{1-\phi} + (1-a) \left(e_t p_{F,t}^* \right)^{1-\phi} \right]^{1/(1-\phi)} \qquad (6-20\mathrm{a})$$

$$P_{F,t}^* = \left[a \left(p_{F,t}^* \right)^{1-\phi} + (1-a) \left(p_{H,t}/e_t \right)^{1-\phi} \right]^{1/(1-\phi)} \qquad (6-20\mathrm{b})$$

$p_{H,t}$ 和 $p_{F,t}^*$ 分别表示本国和以外币计价的外国单位产品价格，$p_{H,t}$ 和 $p_{F,t}^*$ 分别表示本国和以外币计价的外国单位产品价格，e_t 为名义汇率，根据以上，价格指数与一揽子消费之间的关系可表示为：

$$c_{H,t}^H = a \left(\frac{p_{H,t}}{P_{H,t}} \right)^{-\phi} C_{H,t}; \quad c_{F,t}^H = (1-a) \left(\frac{e_t p_{F,t}^*}{P_{H,t}} \right)^{-\phi} C_{H,t} \qquad (6-21\mathrm{a})$$

$$c_{F,t}^F = a \left(\frac{p_{F,t}^*}{P_{F,t}^*} \right)^{-\phi} C_{F,t}; \quad c_{H,t}^F = (1-a) \left(\frac{p_{H,t}/e_t}{P_{F,t}^*} \right)^{-\phi} C_{F,t} \qquad (6-21\mathrm{b})$$

假设购买力平价（PPP）成立，以本币计价的 $p_{F,t}$ 和 $P_{F,t}$，可表示为：

$$p_{F,t} = e_t p_{F,t}^*; \quad P_{F,t} = e_t P_{F,t}^*; \quad p_{H,t}^* = p_{H,t}/e_t; \quad P_{H,t}^* = P_{H,t}/e_t \qquad (6-22)$$

反映家庭的资源约束上，家庭是资本的贷出者，其向本国的中间厂商贷款，并获得资本回报率。同样，家庭本国的权益资产和外国的权益资产份额，考虑权益间投资有一定的摩擦 $e^{-\tau}$，家庭约束如下：

$$P_{H,t} C_{H,t} + s_{H,t+1}^H Q_{H,t} + s_{F,t+1}^H Q_{F,t} = w_{H,t} L_{H,t} + s_{H,t}^H \left(Q_{H,t} + D_{H,t} \right) + s_{F,t}^H \left(Q_{F,t} + D_{F,t} \right)$$
$$+ s_{F,t}^H \left(Q_{F,t} + D_{F,t} \right) e^{-\tau}$$
$$+ s_{H,t}^F \left(Q_{H,t} + D_{H,t} \right) \left(1 - e^{-\tau} \right) + r_{H,t} P_{H,t} K_{H,t-1}$$

在财政政策上，政府采购使用的是李嘉图式的财政政策，即政府采购的价值同政府向居民收入征收的总量税相等，即：

$$P_{H,t} G_{H,t} = w_{H,t} L_{H,t} (1 - T_{H,t}) \qquad (6-23\mathrm{a})$$

$$P_{F,t} G_{F,t} = w_{F,t} L_{F,t} (1 - T_{F,t}) \qquad (6-23\mathrm{b})$$

其中，$G_{H,t}$ 表示本国的政府采购数量，$T_{H,t}$ 表示本国对于家庭工资收入所征收的总量税税率，在征税和考虑政府采购后，家庭的预算约束可改写为：

$$P_{H,t} C_{H,t} + P_{H,t} G_{H,t} + s_{H,t+1}^H Q_{H,t} + s_{F,t+1}^H Q_{F,t} = w_{H,t} L_{H,t} +$$
$$s_{H,t}^H \left(Q_{H,t} + D_{H,t} \right) + s_{F,t}^H \left(Q_{F,t} + D_{F,t} \right) + s_{F,t}^H \left(Q_{F,t} + D_{F,t} \right) e^{-\tau} +$$

$$s_{H,t}^F(Q_{H,t}+D_{H,t})(1-e^{-\tau})+r_{H,t}P_{H,t}K_{t-1} \tag{6-24a}$$

$$P_{F,t}C_{F,t}+P_{F,t}G_{F,t}+s_{F,t+1}^FQ_{F,t}+s_{H,t+1}^FQ_{H,t}=w_{F,t}L_{F,t}+$$
$$s_{F,t}^F(Q_{F,t}+D_{F,t})+s_{H,t}^F(Q_{H,t}+D_{H,t})+s_{H,t}^F(Q_{H,t}+D_{H,t})e^{-\tau}+$$
$$s_{F,t}^H(Q_{F,t}+D_{F,t})(1-e^{-\tau})+r_{F,t}P_{F,t}K_{t-1} \tag{6-24b}$$

根据以上家庭预算约束和家庭效用函数，可求出家庭欧拉方程为：

$$C_{H,t}^{-\sigma}=\beta E_t\Big[C_{H,t+1}^{-\sigma}\Big(\frac{P_{H,t}}{P_{H,t+1}}\Big)\Big(\frac{Q_{H,t+1}+D_{H,t+1}}{Q_{H,t}}\Big)\Big]e^{-\tau} \tag{6-25a}$$

$$C_{F,t}^{-\sigma}=\beta E_t\Big[C_{F,t+1}^{-\sigma}\Big(\frac{P_{F,t}}{P_{F,t+1}}\Big)\Big(\frac{Q_{F,t+1}+D_{F,t+1}}{Q_{F,t}}\Big)\Big]e^{-\tau} \tag{6-25b}$$

$$E_t\Big(\frac{Q_{H,t+1}+D_{H,t+1}}{Q_{H,t}}\Big)=E_t\Big(\frac{Q_{F,t+1}+D_{F,t+1}}{Q_{F,t}}\Big) \tag{6-26a}$$

$$E_t\Big(\frac{Q_{F,t+1}+D_{F,t+1}}{Q_{F,t}}\Big)=E_t\Big(\frac{Q_{H,t+1}+D_{H,t+1}}{Q_{H,t}}\Big) \tag{6-26b}$$

$$L_{H,t}^{\omega}=w_{H,t}C_{H,t}^{-\sigma}/P_{H,t} \tag{6-27a}$$

$$L_{F,t}^{\omega}=w_{F,t}C_{F,t}^{-\sigma}/P_{F,t} \tag{6-27b}$$

市场出清时，整个产品市场的预算约束为：

$$c_{H,t}^H+c_{H,t}^F+I_{H,t}+G_{H,t}=Y_{H,t} \tag{6-28}$$

$$c_{F,t}^F+c_{F,t}^H+I_{F,t}+G_{F,t}=Y_{F,t} \tag{6-29}$$

权益型资本市场出清情形为：

$$s_{H,t}^H=1-s_{H,t}^F;\quad s_{F,t}^F=1-s_{F,t}^H \tag{6-30}$$

4. 政府行为

以上已经描述了以政府采购为代表的财政政策，且为李嘉图式政府采购。而中央银行的利率冲击方程为泰勒规则（1993），经过克拉里达、加利和格特勒（2000）改造后，表示为前瞻性的货币规则，如下：

$$r_{H,t}=(r_{H,t-1}/r_H)^{\rho_{Hr}}[(\pi_{H,t+1}/\pi_H)^{\phi_{H\pi}}(Y_{H,t}/Y_H)^{\phi_{HY}}]^{1-\rho_{Hr}}e^{\varepsilon_{Hr,t}} \tag{6-31a}$$

$$r_{F,t}=(r_{F,t-1}/r_F)^{\rho_{Fr}}[(\pi_{F,t+1}/\pi_F)^{\phi_{F\pi}}(Y_{F,t}/Y_F)^{\phi_{FY}}]^{1-\rho_{Fr}}e^{\varepsilon_{Fr,t}} \tag{6-31b}$$

上述利息率为无风险利息率，其表示为前瞻性的利率规则，是基于货币政策有效性的基础上进行构建。其中 ρ_{ir} 为利率惯性，也叫利率平滑系数，$\phi_{i\pi}$ 为通货膨胀反应系数，ϕ_{iY} 为产出缺口反应系数，$\varepsilon_{ir,t}$ 为货币政策冲击标准误差。$\pi_{H,t}$ 为通胀率，也可表示为 $\pi_{H,t+1}=P_{H,t+1}/P_{H,t}-1$。

5. 价格粘性

价格粘性按照卡尔沃（1983）的定价策略，对于采用灵活变动定价策略的厂商，其价格具有前瞻性，是基于未来的理性预期而调节；而采用刚性定价策略的厂商，其价格具有后顾性，即依据以往的信息进行定价，并盯住上期的通胀水平。卡尔沃的交错定价形式，构成了新凯恩斯菲利普斯曲线方程。根据加利和格特勒（1999），表示通货膨胀的方式的菲利普斯曲线为：

$$\pi_{F,t} = (\pi_{F,t-1}^{\theta_b})(\pi_{F,t+1}^{\theta_f})(MC_{F,t}\varepsilon_{Fp,t})^{\gamma} \qquad (6-32a)$$

$$\pi_{H,t} = (\pi_{H,t-1}^{\theta_b})(\pi_{H,t+1}^{\theta_f})(MC_{H,t}\varepsilon_{Hp,t})^{\gamma} \qquad (6-32b)$$

根据卡尔沃的定价策略，假设 $\upsilon \in [0, 1]$ 为后顾型（刚性）定价策略厂商的比例，$1-\upsilon$ 则为前瞻型（灵活）定价策略厂商的比例，其中 ς 表示在特定期无法调整价格的概率。因此，后顾式粘性价格系数 $\theta_b = \upsilon/(1+\beta\upsilon)$、前瞻式粘性价格系数 $\theta_f = \beta/(1+\beta\upsilon)$，价格加成系数为：$\gamma = (1-\varsigma\beta)(1-\varsigma)[(1+\beta\upsilon)\varsigma]$；$MC_{H,t}$ 为边际成本，说明价格粘性程度越高，通胀对边际成本的反应就越低。

6. 冲击方程

本章冲击方程共有 4 项，分别为技术冲击、政府采购冲击、利率冲击以及成本加成冲击，其中技术冲击和政府采购冲击符合真实经济周期关于一阶自回归的设定 AR（1），表示为：

$$\ln(z_{H,t}) = \rho_{Hz}\ln(z_{H,t-1}) + \varepsilon_{Hz,t} \qquad (6-33a)$$

$$\ln(z_{F,t}) = \rho_{Fz}\ln(z_{F,t-1}) + \varepsilon_{Fz,t} \qquad (6-33b)$$

$$\ln(G_{H,t}) = \rho_{HG,t}\ln(G_{H,t-1}) + \varepsilon_{HG,t} \qquad (6-34a)$$

$$\ln(G_{F,t}) = \rho_{FG,t}\ln(G_{F,t-1}) + \varepsilon_{FG,t} \qquad (6-34b)$$

其中，ρ_{Hz} 为技术冲击持续性系数，ρ_{Gi} 为政府购买的冲击持续性系数，$\varepsilon_{Hz,t}$ 为技术冲击随机项，$\varepsilon_{Gi,t}$ 为政府购买冲击的随机项。成本加成冲击基于卡尔沃的粘性价格定价下的菲利普斯反应曲线所包含的随机冲击项，而利率冲击则基于加利和格特勒改造后的泰勒利率规则中所包含的随机冲击项。

7. 外部经济情形

本章设置外部经济与第五章所描述的类似，包括经常账户、估值效应和外部净资产，其中经常账户中包括贸易盈余和收入盈余部分。

外部净资产表达为持有外部资产份额的差额：

$$NFA_{H,t} = s_{F,t}^{H}Q_{F,t} - s_{H,t}^{F}Q_{H,t} \qquad (6-35)$$

贸易盈余以国民收入等式表达：

$$TB_{H,t} = p_{H,t}Y_{H,t} - P_{H,t}I_{H,t} - P_{H,t}C_{H,t} \qquad (6-36)$$

收入盈余表示为：

$$IB_{H,t} = s_{F,t}^{H}d_{F,t}e^{-\tau} - s_{H,t}^{F}d_{H,t}e^{-\tau} \qquad (6-37)$$

经常账户可表示为：

$$CA_{H,t} = TB_{H,t} + IB_{H,t} \qquad (6-38)$$

根据雷恩和费雷蒂（2001）、蒂勒（2008）以及德韦鲁克斯和萨瑟兰（2010b），可将估值效应经常账户和外部净资产差额表示为：

$$CA_{H,t} = \Delta NFA_{H,t+1} - VA_{H,t} \qquad (6-39)$$

结合国内预算约束以及以上关系式，可将估值效应表达为：

$$VA_{H,t} = s_{F,t+1}^{H}(Q_{F,t+1} - Q_{F,t}) - s_{H,t+1}^{F}(Q_{H,t+1} - Q_{H,t}) - \\ s_{F,t}^{H}Q_{F,t}(1 - e^{-\tau}) + s_{H,t}^{F}Q_{H,t}(1 - e^{-\tau}) \qquad (6-40)$$

二、模型的求解

（一）模型稳态的求解

本章对模型稳态的求解，也与第四章相同，依然采用大国对称经济的稳态形式，稳态下单位产品价格为1，汇率不变，因此价格指数也为1，菲利普斯曲线与泰勒规则不存在变动关系。最终厂商由于市场充分竞争，利润为0；边际成本中包括资本成本和工资成本，即 $MC = (rK + wL)/Y$；资本调整成本 $S(1) = 0$，中间品与最终品间的替代弹性 λ 根据克里斯蒂亚诺（2010）在稳态下可通过参数校准赋值。政府采购的稳态解 G，根据刘斌（2008）、王艺明等（2012）、吉洛尼、李和里布奇（2015）可知，其与总产出 Y 为一定比例，假设为 $G = \eta Y$。

外部经济上，由于对称稳态使得本国和外国均处于封闭状态，因此涉及外部经济的各变量均为0，其他变量在稳态下的表达见表6-4。

表6-4　　　　　　　　　模型稳态下的各变量表达式

变量	稳态值表达公式
Y	$Y = \dfrac{\left[(1-\eta)(1-\beta+\delta\beta+R\beta)-\delta\kappa\beta\right]^{\frac{-\sigma}{\sigma+\omega}}(\kappa\beta)^{\frac{\kappa+\kappa\omega}{\sigma+\omega-\kappa\sigma-\kappa\omega}}(1-\kappa)^{\frac{1}{\sigma+\omega}}}{(1-\beta+\delta\beta+R\beta)^{\frac{\kappa-\sigma+\kappa\sigma+\kappa\omega}{\sigma+\omega-\kappa\sigma-\kappa\omega}}}$
C	$C = \left\{1 - \dfrac{\delta\kappa\lambda\beta}{(\lambda-1)\left[1-(1-\delta)\beta\right]} - \eta\right\}Y$
K	$K = \dfrac{\kappa\lambda}{\lambda-1}Y$
Q	$Q = \dfrac{(1-\beta)e^{-\tau}}{1-\beta e^{-\tau}}K$
L	$L = \left(\dfrac{1-\beta+\delta\beta}{\kappa\beta}\right)^{\frac{\kappa}{1-\kappa}}Y$
c_F^H	$c_F^H = c_H^F = (1-a)C$

变量	稳态值表达公式
I	$I = \dfrac{\delta \kappa \lambda \beta}{(\lambda - 1)\left[1 - (1-\delta)\beta\right]} Y$
D	$D = \dfrac{1-\beta}{\beta} K$
w	$w = (1-\kappa)\left(\dfrac{\kappa\beta}{1-\beta+\delta\beta}\right)^{\frac{\kappa}{1-\kappa}}$
c_H^H	$c_H^H = c_H^F = aC$
s	$s = \dfrac{1}{2}\left[\dfrac{\kappa(1-\beta)}{1-\beta+\delta\beta} \dfrac{a(1-a)^{1/\phi} - 1 + a^{1/\phi}}{(1-a)^{1/\phi}(1-\kappa a) + \kappa - \kappa a^{1/\phi}} + 1\right]$

（二）模型线性化求解

对模型进行对数线性化，在稳态附近以一阶近似展开，以考察模型动态化（见表6-5）。

表6-5　　　　　　模型对数线性化方程合集（以本国为例）

方程对数线性化说明	方程对数线性化表达式
CES 生产函数线性化	$\hat{Y}_{H,t} = \kappa \hat{K}_{H,t} + (1-\kappa)\hat{L}_{H,t} + \hat{z}_{H,t}$
边际成本线性化	$\hat{MC}_{H,t} = \kappa \hat{r}_{H,t} + (1-\kappa)\hat{w}_{H,t} - \hat{z}_{H,t}$
垄断厂商剩余利润	$\hat{DD}_{H,t} = py(\hat{p}_{H,t} + \hat{Y}_{H,t}) - Y(MC)(\hat{MC}_{H,t} + \hat{Y}_{H,t}) - PI(\hat{P}_{H,t} + \hat{I}_{H,t})$
资本动态关系	$\hat{K}_{H,t+1} = (1-\delta)\hat{K}_{H,t} + \delta \hat{I}_{H,t}$
托宾 Q	$\hat{q}_{H,t} = \beta(1-\delta)E_t \hat{q}_{H,t+1} - \beta(1-\delta)E_t \hat{r}_{H,t+1} + E_t \Delta \hat{P}_{H,t+1}$
托宾 Q 对投资的决定关系	$\hat{I}_{H,t} = \left(\dfrac{1}{1+\beta}\right)\left[\beta E_t \hat{I}_{H,t+1} + \hat{I}_{H,t-1} + \chi \hat{q}_{H,t}\right]$
投资品本地与进口之间关系	$\hat{I}_{H,t} = a^{1/\phi}\hat{i}_{H,t}^H + (1-a)^{1/\phi}\hat{i}_{F,t}^H$
使用本地生产的投资品	$\hat{i}_{F,t}^H = -\phi(\hat{p}_{F,t} - \hat{P}_{H,t}) + \hat{I}_{H,t}$
使用进口的投资品	$\hat{i}_{F,t}^H = -\phi(\hat{p}_{F,t} - \hat{P}_{H,t}) + \hat{I}_{H,t}$

方程对数线性化说明	方程对数线性化表达式
消费品本地与进口关系	$\hat{C_{H,t}} = a^{1/\phi}\hat{c_{H,t}} + (1-a)^{1/\phi}\hat{c_{F,t}}$
价格指数与单位价格关系	$\hat{P_{H,t}} = a\hat{p_{H,t}} + (1-a)\hat{p_{F,t}}$
使用本地生产的消费品	$\hat{c_{H,t}^H} = -\phi(\hat{p_{H,t}} - \hat{P_{H,t}}) + \hat{C_{H,t}}$
使用进口的消费品	$\hat{c_{F,t}^H} = -\phi(\hat{p_{F,t}} - \hat{P_{H,t}}) + \hat{C_{H,t}}$
家庭欧拉方程线性化1:	$-\sigma\hat{C_{H,t}} - \hat{P_{H,t}} = -\sigma\hat{C_{H,t+1}} - \hat{P_{H,t+1}} + \dfrac{Q_H\hat{Q_{H,t+1}} + D_H\hat{D_{H,t+1}}}{Q_H + D_H} - \hat{Q_{H,t}}$
家庭欧拉方程线性化2:	$-\sigma(\hat{C_{H,t}} - \hat{C_{F,t}}) = \hat{P_{H,t}} - \hat{P_{F,t}}$
家庭欧拉方程线性化3:	$-\sigma\hat{C_{H,t}} + \hat{w_{H,t}} - \omega\hat{L_{H,t}} - \hat{P_{H,t}} = 0$
家庭资源约束方程	$PC(\hat{P_{H,t}} + \hat{C_{H,t}}) + PG(\hat{P_{H,t}} + \hat{G_{H,t}}) + sQ(\hat{s_{H,t+1}^H} + \hat{Q_{H,t}}) + (1-s)Q$ $(\hat{s_{F,t+1}^H} + \hat{Q_{F,t}}) = wL(\hat{w_{H,t}} + \hat{L_{H,t}}) + sQ(\hat{s_{H,t}^H} + \hat{Q_{H,t}}) + sD(\hat{s_{H,t}^H} + \hat{D_{H,t}}) +$ $(1-s)Q(\hat{s_{F,t}^H} + \hat{Q_{F,t}}) + (1-s)sD(\hat{s_{F,t}^H} + \hat{D_{F,t}}) + e^{-\tau}(1-s)Q(\hat{s_{F,t}^H} - \hat{s_{H,t}^H} -$ $\hat{Q_{H,t}} + \hat{Q_{F,t}}) + e^{-\tau}(1-s)D(\hat{s_{F,t}^H} - \hat{s_{H,t}^H} - \hat{D_{H,t}} + \hat{D_{F,t}}) + rPK(\hat{r_{H,t}} + \hat{P_{H,t}} +$ $\hat{K_{H,t-1}})$
产品出清方程	$c_H^H\hat{c_{H,t}^H} + c_H^F\hat{c_{H,t}^F} + i_H^H\hat{i_{H,t}^H} + i_H^F\hat{i_{H,t}^F} + GG\hat{G_{H,t}} = YY\hat{Y_{H,t}}$ $c_F^F\hat{c_{F,t}^F} + c_F^H\hat{c_{F,t}^H} + i_F^F\hat{i_{F,t}^F} + i_F^H\hat{i_{F,t}^H} + GG\hat{G_{F,t}} = YY\hat{Y_{F,t}}$
资本市场出清方程	$s_H^H\hat{s_{H,t}^H} + s_H^F\hat{s_{H,t}^F} = 0$
菲利普斯曲线动态	$\Delta\hat{P_{H,t}} = \theta_b\Delta\hat{P_{H,t-1}} + \theta_f\Delta\hat{P_{H,t+1}} + \gamma(\hat{MC_{H,t}} + \varepsilon_{H,t})$
泰勒货币政策规则	$\hat{r_{H,t}} = \rho_{Hr}\hat{r_{H,t-1}} + (1-\rho_{Hr})(\phi_\pi\Delta\hat{P_{H,t}} + \phi_Y\hat{Y_{H,t}}) + \varepsilon_{Hr,t}$
政府采购冲击	$\hat{G_{H,t}} = \rho_{HG}\hat{G_{H,t-1}} + \varepsilon_{GH,t}$
技术冲击	$\hat{z_{H,t}} = \rho_{Hz}\hat{z_{H,t-1}} + \varepsilon_{Hz,t}$

　　根据以上方程组，类似本书第五章的处理方式，将本国（以变量右下标 H 表示）与外国（以变量右下标 F 表示）的动态方程进行对减，以相对差额的表现形式，反映本国相对外国的差额动态变动：

$$\hat{Y_t^d} = \kappa\hat{K_t^d} + (1-\kappa)\hat{L_t^d} + \hat{z_t^d} \qquad (6-41)$$

$$\hat{MC}_t^d = \kappa \hat{r}_t^d + (1-\kappa)\hat{w}_t^d - \hat{z}_t^d \tag{6-42}$$

$$\hat{DD}_t^d = pY(\hat{p}_t^d + \hat{Y}_t^d) - (MC)Y(\hat{MC}_t^d + \hat{Y}_t^d) - PI(\hat{P}_t^d + \hat{I}_t^d) \tag{6-43}$$

$$\hat{K}_{t+1}^d = (1-\delta)\hat{K}_t^d + \delta \hat{I}_t^d \tag{6-44}$$

$$\hat{q}_t^d = \beta(1-\delta)E_t\hat{q}_{t+1}^d - \beta(1-\delta)E_t\hat{r}_{t+1}^d + E_t\Delta\hat{P}_{t+1}^d \tag{6-45}$$

$$\hat{I}_t^d = \left(\frac{1}{1+\beta}\right)(\beta E_t \hat{I}_{t+1}^d + \hat{I}_{t-1}^d + \chi\hat{q}_t^d) \tag{6-46}$$

$$\hat{P}_t^d = (2a-1)\hat{p}_t^d \tag{6-47}$$

$$PC(\hat{P}_t^d + \hat{C}_t^d) + PG(\hat{P}_t^d + \hat{G}_t^d) + sQs_{t+1}^{\hat{+}HF} + (1-s)Qs_{t+1}^{\hat{-}HF} = (\hat{w}_t^d + \hat{L}_t^d)wL +$$

$$sQ\,s_t^{\hat{+}HF} + sD(s_t^{\hat{+}HF} + \hat{D}_t^d) + (1-s)Q(2\hat{Q}_t^d - s_t^{\hat{-}HF}) + (1-s)D(\hat{D}_t^d - s_t^{\hat{-}HF}) +$$

$$2e^{-\tau}(1-s)Q(s_t^{\hat{-}HF} - \hat{Q}_t^d) + 2e^{-\tau}(1-s)D(s_t^{\hat{-}HF} - \hat{D}_t^d) +$$

$$rPK(\hat{r}_{H,t} + \hat{P}_{H,t} + \hat{K}_{H,t-1}) \tag{6-48}$$

$$\hat{Q}_t^d = \frac{Q\hat{Q}_{t+1}^d + D\hat{D}_{t+1}^d}{Q+D} \tag{6-49}$$

$$-\sigma\hat{C}_t^d = \hat{P}_t^d \tag{6-50}$$

$$\hat{w}_t^d - \hat{P}_t^d = \omega\hat{L}_t^d + \sigma\hat{C}_t^d \tag{6-51}$$

$$(C+I)\phi[(2a-1)\hat{P}_t^d - \hat{p}_t^d] + (2a-1)(C\hat{C}_t^d + I\hat{I}_t^d) + G\hat{G}_t^d = Y\hat{Y}_t^d \tag{6-52}$$

$$ss_t^{\hat{+}HF} = (1-s)s_t^{\hat{-}HF} \tag{6-53}$$

$$\Delta\hat{P}_t^d = \theta_b\Delta\hat{P}_{t-1}^d + \theta_f\Delta\hat{P}_{t+1}^d + \gamma(\hat{MC}_t^d + \varepsilon_{pt}) \tag{6-54}$$

$$\hat{r}_t^d = \rho_r\hat{r}_{t-1}^d + (1-\rho_r)(\phi_\pi(\hat{P}_t^d - \hat{P}_{t-1}^d) + \phi_Y\hat{Y}_t^d) + \varepsilon_{rt} \tag{6-55}$$

$$\hat{G}_t^d = \rho_G\hat{G}_{t-1}^d + \varepsilon_{Gt} \tag{6-56}$$

$$\hat{z}_t^d = \rho_z\hat{z}_{t-1}^d + \varepsilon_{zt} \tag{6-57}$$

对于外部经济下的相应变量 TB、IB、CA 以及 VA 和 NFA 的变动，类似本书第五章的处理方式，按蒂勒和温库伯（2010）以及德韦鲁克斯和萨瑟兰（2010b）的处理方法，表示为：

$$\hat{CA}_{H,t} = \hat{NFA}_{H,t+1} - \hat{NFA}_{H,t} - \hat{VA}_{H,t} \tag{6-58}$$

$$\hat{NFA}_{H,t} = \frac{(1-s)Q}{Y}(s_t^{\hat{-}HF} - \hat{Q}_t^d) \tag{6-59}$$

$$\hat{IB}_{H,t} = \frac{(1-s)De^{-\tau}}{Y}(s_{t+1}^{\hat{-}HF} - \hat{D}_t^d) \tag{6-60}$$

$$\hat{TB}_{H,t} = \hat{CA}_{H,t} - \hat{IB}_{H,t} \tag{6-61}$$

$$\hat{VA}_{H,t} = \frac{(1-s)Q}{Y}[(2-e^{-\tau})\hat{Q}_t^d - \hat{Q}_{t+1}^d - (1-e^{-\tau})s_t^{\hat{-}HF}] \tag{6-62}$$

以上从式（6-41）到式（6-62）的方程合集中，作为本章在分析宏观经济政策冲击传导下，考察外部净资产动态调整的 DSGE 模型系统。

三、模型参数估计及动态数值模拟

以下将对理论模型系统的参数进行确定，对静态参数采用校准的方法确定，对动态参数采用估计的方式确定，通过校准和估计后的参数，能更好地进行数值模拟，刻画并描述宏观经济政策制定冲击下外部净资产的动态调整过程。

（一）参数的确定

1. 静态参数的校准

针对本章式（6-41）到式（6-62）的22个方程组，方程静态参数共有12个。对于本章模型的静态参数，假定国内与国外使用的参数值一致。对该类参数采用校准方法进行赋值，其中贴现因子 β 为 0.99（Ghironi et al.，2015），家庭风险厌恶系数 σ 为 2（Ghironi et al.，2015），资本折旧率 δ 为 0.1（Coeurdacier & Kollamnn et al.，2010），资本占生产的比重 κ 为 0.34（Nguyen，2011），消费及投资偏好 a 为 0.85（Coeurdacier & Kollamnn et al.，2010），劳动供给弹性 ω 为 0.5（Ghironi et al.，2015）。跨国消费品和投资品替代弹性 ϕ 为 3.5（刘斌，2008），稳态下的政府采购占收入的比重 η 为 0.2（Ghironi et al.，2015），稳态下的无风险利息率 0.04（刘斌，2008），稳态下中间产品替代弹性 λ 设置为 6（Rabanal，2007）；假定稳态下价格指数为 1，国际投资摩擦因素为 τ 设为 0.01（Nguyen，2011）。静态参数校准如表 6-6 所示。

表 6-6　　　　　　　　　　　模型静态校准参数值

变量	变量说明	数值	变量	变量说明	数值
β	折现因子	0.9975	σ	消费风险厌恶系数	2.00
δ	资本折旧率	0.025	κ	资本占生产比重	0.34
a	母国消费/投资偏好	0.85	ω	劳动供给弹性	0.50
ϕ	国内外产品替代弹性	3.50	η	稳态下的政府购买比重	0.20
P	稳态价格指数	1.00	r	稳态无风险利息率	0.01
λ	中间产品替代弹性	6.00	τ	国际投资摩擦因子	0.01

注：以上变量数值取值为季度数值。

2. 动态参数的估计

政府购买、利率规则、成本加成与技术冲击 4 个冲击方程中所涵盖的

8 个行为参数（技术冲击持续系数 ρ_z、政策采购冲击持续系数 ρ_G、利率惯性 ρ_r、通胀反应系数 ϕ_π、产出缺口反应系数 ϕ_Y、刚性价格定价策略厂商的比例 υ、特定期间无法调整价格的概率 ς、资本调整成本系数 χ），以及 4 个随机冲击项（技术冲击 ε_{zt}、政府采购冲击 ε_{Gt}、利率规则冲击 ε_{rt}、成本加成冲击 ε_{pt}）。

本章采用贝叶斯（Bayes）估计的方法对 DSGE 模型进行估计赋值，由于 DSGE 模型结构属于非嵌套式模型结构，使用传统计量估计方法如最大似然估计（MLE）和广义矩估计（GMM）相比较，具有一定优势：最大似然估计在样本容量有限的情况下，并不能发挥估计的有效性；而广义矩估计对于工具变量的选择敏感性较高，通常也只针对单一均衡条件。因此贝叶斯的估计运用在非嵌套的 DSGE 模型上可以利用其先验概率范围，缩小参数取值范围，并在样本容量不足的情况下，发挥其估计的效果。Bayes 估计的运用主要是在最大似然估计下结合 Bayes 法则进行拓展。假设在结构化的模型系统下，可观察的变量为 y_t^*，满足：

$$y_t^* = M(\theta)y_t + \eta$$

利用卡尔曼滤波（Kalman Filter）技术，除去观测误差后得到似然函数的对数值 $\ln L(\theta \mid Y_t^*)$，$L(\theta \mid Y_t^*)$ 是样本 $Y_T^* = \{y_t^*,\ t = 1,\ \cdots,\ T\}$ 的似然函数，根据 Bayes 定理，参数 θ 的后验概率密度的表达式为：

$$p(\theta \mid Y_T^*) = \frac{L(\theta \mid Y_T^*)p(\theta)}{p(Y_T^*)}$$

其中，$p(\theta)$ 为参数 θ 的先验概率密度，$p(Y_T^*)$ 为边际概率密度函数，从 θ 的分布角度看，$p(Y_T^*)$ 的决定式为：$p(Y_T^*) = \int [L(\theta \mid Y_t^*)p(\theta)]d\theta$，因此 $p(Y_T^*)$ 同 θ 无关，则上述后验概率 $p(\theta \mid Y_T^*)$ 就取决于 $L(\theta \mid Y_T^*)$ $p(\theta)$。因此，Bayes 法的目标是计算：

$$E[g(\theta)] = \frac{\int g(\theta)p(\theta \mid Y_T^*)\mathrm{d}\theta}{\int p(\theta \mid Y_T^*)\mathrm{d}\theta}$$

$E[g(\theta)]$ 表示的条件期望值。接着在随机抽样上，采用马尔科夫链蒙特卡洛法（Markov Chain Monte Carlo，MCMC），构建 θ 的一个马尔科夫链，并通过事先知道 θ 的分布，依概率收敛于后验分布 $p(\theta \mid Y_T^*)$。

在动态估算时，为避免随机奇异性问题，模型中选取的可观测变量数量不超过冲击数。本章冲击数，包括技术冲击、政府购买冲击以及货币政策冲击。由于本章模型系统中，是以差额形式表示本国与外国之间的变动差异，因此可观测数据也按该变量形成的规律进行处理，这里选取中国以及美国 1992 年第 1 季度到 2019 年第 4 季度的名义 GDP 数据，共 108 个观测值。由于购买力平价，本章将货币单位统一，按各季度期末汇率换算，以亿美元为单位，再对中美两国名义 GDP 按季度 GDP 平减指数进行平减后得到季度实际 GDP，最后取自然对数后进行相减表示变动差额，将差额用 HP 滤波除去趋势性因素得到可观测的样本数据，表示为 $Y_T^* = \{y_t^*, t = 1, \cdots, T\}$。本章的冲击方程共 4 个，分别为技术冲击方程、成本加成冲击方程、政府采购冲击方程以及货币政策冲击方程，且假定国内和国外的冲击都是相互独立的。因此需要进行 Bayes 估计的参数有 12 个参数值，其先验概率分布参考（Rabanal，2007；刘斌，2008，2009，2012；王艺明等，2012；马勇，2013；吴超和王彬，2013；张敏峰，2014）等前人研究的结果，将观测值和先验概率分布按上述 Bayes 估计的步骤，代入式（6-41）~式（6-62）方程组构成的模型系统进行 Bayes 估计①，可得到以下结果（见表 6-7）。

表 6-7 行为参数先验分布及事后估计结果

参数	参数含义	先验分布	先验均值	后验众数	置信区间（90%）	
ρ_z	技术冲击持续系数	NORM（0.8，0.1）	0.8000	0.7794	0.6415	0.9467
ρ_g	政府购买冲击持续系数	NORM（0.8，0.1）	0.8000	0.7936	0.6386	0.9395
ρ_r	利率平滑系数	BETA（0.5，0.2）	0.5000	0.4159	0.2167	0.6247
ϕ_π	通胀反应系数	NORM（1.5，0.2）	1.5000	1.6276	1.2897	1.9295
ϕ_y	产出缺口反应系数	NORM（0.5，0.2）	0.5000	0.7233	0.4645	0.9986
χ	资本调整成本系数	NORM（2.0，0.1）	2.0000	2.0160	1.8641	2.1883
υ	刚性定价策略厂商的比例	NORM（0.5，0.1）	0.5000	0.5128	0.3340	0.6619
ς	厂商无法调整价格的概率	BETA（0.6，0.1）	0.6000	0.6019	0.4462	0.7606

注：上述 NORM 表示标准正态分布，BETA 表示贝塔分布。

根据 Bayes 估计法则，按行为参数的先验分布进入模型系统进行估计，以下为各参数的先验分布和在模型系统估计后的后验分布（见图 6-3）：

---

① Bayes 估计按编写的 dynare 估计程序进入 Matlab 软件进行测算可得。

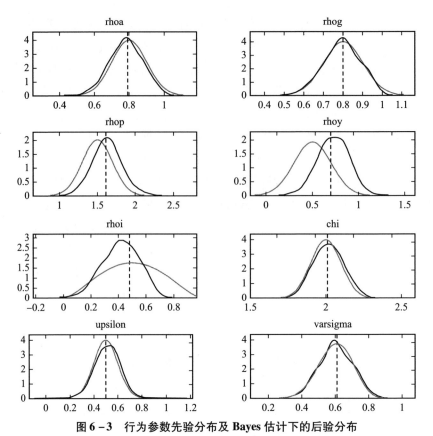

图 6 - 3　行为参数先验分布及 Bayes 估计下的后验分布

注：①rhoa/rhog/rhop/rhoy/rhoi/chi/upsion/varsigma 代表 $\rho_z/\rho_g/\rho_r/\phi_y/\phi_\pi/\phi_\pi/\chi/\upsilon/\varsigma$；
②图中明线代表 Bayes 估计后的后验参数分布，暗线代表参数先验分布。

在行为参数估计后，对四个冲击标准误的分布进行相应估计，结果如表 6 - 8 所示。

表 6 - 8　　　　　　　冲击标准误先验分布及事后估计结果

参数	参数含义	先验分布	先验均值	后验众数	置信区间（90%）	
SE_z	技术冲击标准误	Inv_GAMMA（0.1，∞）	0.1000	0.0502	0.0233	0.0773
SE_P	成本加成冲击标准误	Inv_GAMMA（0.1，∞）	0.1000	0.6322	0.5368	0.7231
SE_g	政府购买冲击标准误	Inv_GAMMA（0.1，∞）	0.1000	0.0819	0.0264	0.1380
SE_r	利率规则冲击标准误	Inv_GAMMA（0.1，∞）	0.1000	0.0645	0.0240	0.1102

注：上述 Inv_GAMMA，表示伽马逆分布。

四个随机冲击项的分布及根据经验数据估计的随机游走情形如图 6 - 4 和图 6 - 5 所示。

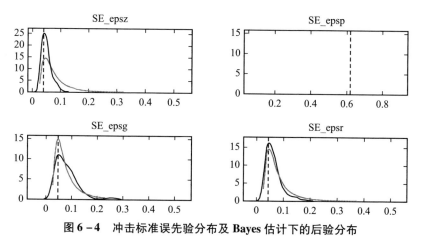

图 6 - 4　冲击标准误先验分布及 Bayes 估计下的后验分布

注：epsz/epsp/epsg/epsr 分布代表 $SE_z/SE_p/SE_g/SE_r$。

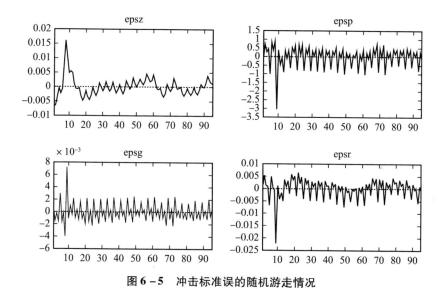

图 6 - 5　冲击标准误的随机游走情况

图 6 - 4、图 6 - 5 和表 6 - 7、表 6 - 8 为本章利用 Bayes 估计对动态行为参数估计的结果，以下将根据校准和 Bayes 估计确定的参数，对模型系统进行动态模拟。

（二）财政政策冲击的数值模拟

财政政策的冲击是指国家购买消费、转移支付或税收调节等政府财政行为，以达到刺激产出和消费的目的，带动 GDP 的增长，由于政府采购行为多为振兴本国产业，采购产品多为本国企业所生产，因此对外部经济的影响，在古典经济学理论中，常为降低出口，因此使得经常账户顺差受到缩减。本章使用政府采购的冲击代表财政政策冲击，考察冲击下估值效应是如何对外部均衡进行动态调整。

根据以上校准和 Bayes 估计确定的参数，通过观察在政府采购冲击（1%）为代表的财政政策冲击下，各经济变量的动态反应，考察以外部净资产为代表的国家外部财富的动态调整过程，特别是估值效应对外部财富动态调整的作用（见图 6-6）。

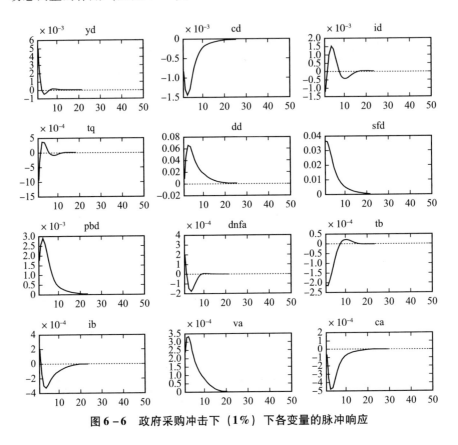

图 6-6　政府采购冲击下（1%）下各变量的脉冲响应

冲击初期：政府采购为代表的财政政策冲击，代表本国实施扩张性财政政策，在冲击初期产出提升约 0.6%，说明政府采购所刺激 GDP 的增长幅度未能达到本身政府采购的冲击增量（1%），因此产生贸易盈余（tb）逆差（-0.02%）、消费下降（-0.1%）和投资下滑（-0.15%），主要是由于政府采购刺激国内产品价格上涨，导致消费和投资的下降。然而，对于国内家庭，产出提高可带动工资收入的上升，形成对国外权益型资产份额购买的增加，但是本国政府购买的增加挤占投资，降低国内资本市场热度，使得托宾 Q 值下降，由于本国资本市场市值降低，导致估值效应期初为正值（0.02%）。对于收入盈余，由于本国厂商期初的剩余利润未发生变动，因此本国新增的对外投资份额，使得期初 ib 上升。因此由 tb 下降和 ib 上升共同构成经常账户（ca）的变动，而 va 期初的正增长，超过 ca 反向变动量，带动了整体外部净资产变动（dnfa）的提高。

冲击持续期：在持续期阶段，财政政策冲击效应下降，带动产出的增长迅速下滑，而产品价格的下降，使得消费和投资则开始上升，其中导致托宾 Q 值的提高，带动投资由负转为正增长，且由于资本调整成本的存在，使得持续期投资呈现经验分析的驼峰状变动。外部经济上，贸易盈余上升并恢复稳态，收入盈余下降并由正值转负值后恢复稳态，因此其共同构成的经常账户在持续期表现为负值，并逐渐恢复稳态。估值效应由起初正值，在上升至最高点时，下降并恢复至稳态。va 与 ca 共同构成 dnfa 的变动，其下降为负值后以驼峰状恢复稳态。

综上所述，在本国实施扩张性财政政策后，虽然短期内 GDP 提高，但维持时间较短，并造成贸易逆差，使经常账户持续赤字；但同时，权益资产价格的波动，使得估值效应在冲击下所提高的幅度大于经常账户的赤字，令外部净资产变动在冲击初始相对提高。冲击传导路径如图 6 - 7 所示。

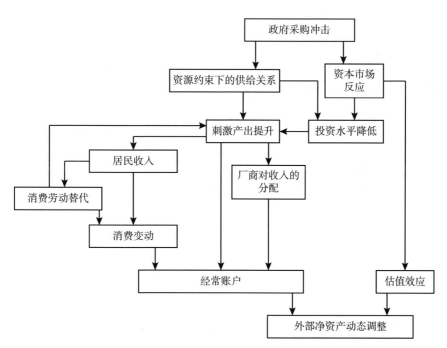

图 6 - 7　政府采购冲击下外部净资产动态调整的传导路线

（三） 货币政策冲击的数值模拟

货币政策的冲击原指货币供应量规模的增减，以此对通货膨胀、投资以及产出产生影响，之后由于政府指导性基准利率的调节被证明也能有效调节货币供应规模，因此利率的调节也被认为是货币政策调节经济的手段之一。本章将在由利率冲击为代表的货币政策冲击下，考察外部净资产的动态调整以及估值效应在调整过程中的作用。从目前文献上看，还未有学者运用 DSGE 模型将货币政策冲击与外部净资产动态调整等相关问题相结合研究。以下将类似上述冲击，通过观察 12 个主要变量在冲击后的反应，以考察估值效应的动态调整过程（见图 6-8）：

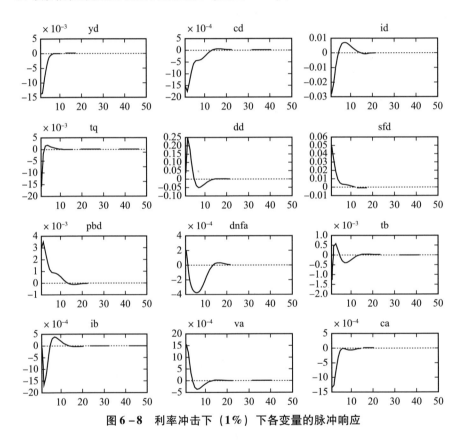

图 6-8 利率冲击下（1%）下各变量的脉冲响应

冲击初期：本国中央银行将基准利率提高 1 个百分点，实施紧缩性货币政策，基础利率的提高，带动信贷市场上厂商融资成本的提高，进而使得本国产出相对外国下降；而产品供给的下降，使得产品价格上升，随着本国居民收入由于 GDP 相对下降，使得本国消费下滑。同时，厂商融资成本的上升，使得本国企业资本收益率有向下的趋势，带动托宾 Q 降低，因而使得投资下滑。在厂商利润分配上，由于厂商用于分配的利润等于厂商在企业会计利润的基础上扣除用于投资的资本后所得到的剩余部分，因此虽然边际厂商边际成本上升，但投资下降的幅度更快，导致厂商用于分配的利润上升。在本国外部经济上，本国贸易盈余有短暂逆差压力，同时由于本国股利分配相对外国上升使得收入盈余下降，两者共同作用下，使得经常账户赤字。由于紧缩性货币政策使得本国资本市场相对外国低落，因此估值效应上升，经常账户和估值效应共同构成外部净资产变动（dnfa），通过观察，dnfa 在紧缩性货币政策冲击下，呈现整体增长趋势。

冲击持续期：随着利率冲击效应的衰退，产出和消费恢复至稳态，资本市场市值的恢复使得投资上升并且由于资本调整成本的存在，呈现驼峰状变动。外部经济上，贸易盈余和收入盈余逐渐由逆差转至顺差后经过驼峰状变动后恢复稳态，而估值效应由于本国资本市场回暖而逐渐降低。在估值效应和经常账户共同作用下，dnfa 呈现反驼峰状的变动趋势。

综上所述，在本国实施紧缩性货币政策冲击后，资本市场的低弱带动投资下降，但在外部经济上也使得估值效应上升；而产出的下降，在外部经济上使得经常账户的逆差。外部净资产变动在估值效应和经常账户的冲击下，初始得到提高，而后呈现反驼峰状变动趋势。货币政策冲击的传导路径如图 6-9 所示。

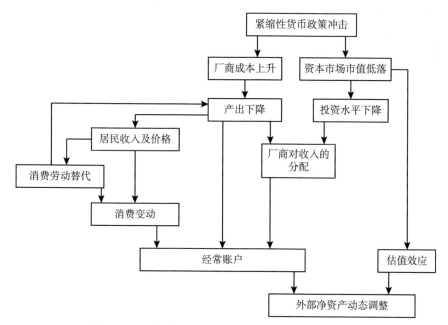

图 6-9　利率冲击下外部净资产动态调整的传导路线

（四）冲击动态模拟结论

以上扩张性财政政策和紧缩性货币政策冲击对经常账户和估值效应的影响可以看出：扩张性财政政策，提高了产出，但挤出了投资，提升了产品价格，使得消费下降，在外部经济上，使得经常账户逆差；而紧缩性货币政策，降低产出和消费，同时由于资本市场低迷，通过托宾Q反应，使得投资下降，进而使得经常账户逆差。扩张性政府采购由于挤出投资，使得资本市场低落，引致本国估值效应上升；而紧缩性货币政策同样导致资本市场低迷，令本国估值效应上升。

冲击对外部财富的影响上，可以看出，两种冲击下，估值效应和经常账户的动态变动方向均相反，其共同构成外部净资产变动（dnfa）的变动，进而代表外部财富水平的外部净资产存量（NFA）的调整过程。

如图6-10和图6-11所示，扩张财政政策冲击下，va改善NFA，ca恶化NFA，说明在该冲击下，va和ca对NFA动态调整的作用是相反的。观察上图实线部分，可看出，在短期，NFA整体上得到改善，但长期表现为恶化，说明va对NFA的改善作用仅在短期有效，长期过程中，ca对NFA的恶化作用是外部财富最终恶化的决定因素。

同样，在紧缩货币政策冲击下，va和ca对NFA的动态调整作用与扩张财政政策类似，其中va的调整过程还表现为驼峰状，在va和ca综合作用下，NFA在短期内得到改善，但长期表现为恶化。同样在短期，va对NFA改善作用有效，但长期，若ca的持续逆差，将最终决定NFA长期的恶化表现。

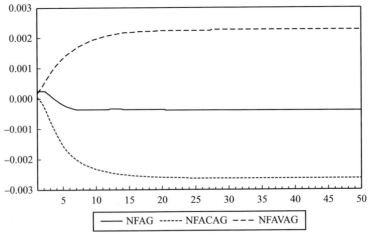

图6-10 财政政策冲击下CA和VA的累积变动对NFA存量调整的影响

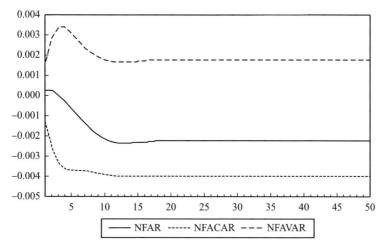

图 6 - 11　货币政策冲击下 CA 和 VA 的累积变动对 NFA 存量调整的影响

注：①实线（NFAG）和（NGAR）分别表示 NFA 在扩张财政政策 g 和紧缩货币政策 r 冲击下的调整过程；

②短虚线（NFACAR）表示只考虑 ca 对 NFA 的调整，长虚线（NFAVAR）表示只考虑 va 对 NFA 的调整。

（五）冲击动态模拟结论

以上扩张性财政政策和紧缩性货币政策冲击对经常账户和估值效应的影响可以看出：

第一，扩张性财政政策，提高产出，但挤出投资，提升产品价格，使消费下降，造成经常账户逆差；而紧缩性货币政策，降低产出和消费，使得资本市场低迷，投资下降，同样也造成经常账户逆差。扩张性政府采购由于挤出投资，使得资本市场低落，引致本国估值效应上升；而紧缩性货币政策同样导致资本市场低迷，令本国估值效应上升。

第二，对比财政政策和货币政策冲击，在长期过程中，财政政策冲击下，NFA 的恶化程度明显弱于货币政策，主要是由于财政政策冲击下，估值效应在初期和持续期均处于正值，抵消大部分经常账户对 NFA 的恶化调整作用；而在货币政策冲击下，因资本调整成本的存在，托宾 Q 出现驼峰状波动，带动估值效应由期初正值下降为负值，因此在长期过程中，估值效应对 NFA 的改善作用，无法类似财政政策冲击，抵消大部分由经常账户逆差引起的 NFA 恶化。因此，扩张性财政政策冲击下的估值效应对 NFA 的改善作用，较紧缩性货币政策冲击下的估值效应对 NFA 的改善作用表现得更加有效。

第五节 政策冲击下金融调整机制的启示

随着中国经济深度融入世界经济，外部财富逐渐成为国家整体财富不可或缺的组成部分，如何有效保障外部财富的价值，防止外部财富无谓流失，成为目前国际经济研究的热点问题之一。国际金融一体化令权益资本跨国互持的规模在不断扩大，估值效应逐渐成为影响外部财富的重要因素。贺力平（2015）指出随着国际经济和货币金融市场环境的发展，估值效应运用的范围将扩大。因此本章在分析视角方面，从估值效应因素出发，考察宏观经济政策冲击下外部财富的动态调整变动，可令分析结果更加全面。本章在分析方法方面，通过构建 SVAR 实证分析模型，利用中国和美国 2003～2016 年的季度数据，分析扩大政府采购为代表的扩张性财政政策冲击和以提高基础利率为代表的紧缩性货币政策冲击下的估值效应动态调整过程。为进一步分析估值效应，特别是估值效应对外部净资产动态调整作用的机理，本章构建 DSGE 实证分析模型，使用贝叶斯估计等方法进行参数估计，利用数值模拟刻画上述两类宏观经济政策冲击下，外部净资产的动态调整过程。结合 SVAR 和 DSGE 模型进行分析，令 DSGE 的分析结论印证 SVAR 的分析结论，提高本章所构建 DSGE 模型的有效性，并有以下三点发现：第一，扩张性财政政策和紧缩性货币政策冲击下，经常账户与估值效应对外部净资产的动态调整作用基本相同；第二，估值效应能在短期改善外部净资产市值，但在长期下，经常账户才是外部净资产市值的决定因素；第三，扩张性财政政策相对紧缩性货币政策，估值效应对外部净资产的改善作用更优。

当前中国的经济形势下，资本"引进来"和"走出去"具有同等重要作用，因此未来中国外部权益资本的规模将进一步增大，估值效应对中国外部财富的动态调整影响也将深化，因此围绕外部财富保值增值的目标，结合以上实证分析结论，提出以下政策建议。

第一，注重宏观政策对外部财富的冲击影响。目前中国经济与世界经济的联系更加密切，中国财政政策和货币政策的制定，不仅影响国内经济运行状况，对本国外部财富的影响程度也在加深。因此，在制定宏观经济政策的同时，也需要关注政策冲击对外部财富的动态影响，尤其要关注冲击通过估值效应渠道对外部财富的调整作用，可将政策对外部财富的影响效果，纳入本国政策实施效率的评价体系内。

第二，利用政策冲击下估值效应对外部财富的短期调整作用，防止本国外部财富贬值。根据本章分析的结论，扩张政府采购以及提高基准利率，都可产生正向估值效应，令外部财富短期增值。当本国外部财富由于对外权益投资价格下滑或所持外部资产的外币持续贬值等原因陷入流失通道时，本国政府可适当扩张政府采购或提高基准利率，利用政策冲击产生的正估值效应，减缓本国外部财富的流失，振兴本国对海外投资的信心。

第三，设置"防火墙"以防止他国政策冲击对本国外部财富的不利影响。根据本章对称 DSGE 模型分析，本国实施宏观政策，不仅对本国外部财富形成冲击影响，也将对与本国经济交往密切国家的外部财富造成冲击影响，且两者影响方向相反。因此，当具有影响力的大国在实施相关宏观经济政策时，可根据本章所分析的结论预判其对本国外部财富的影响，进而采取相应的政策措施，形成"防火墙"，缓解国外政策冲击对本国外部财富的不利影响。

第四，不断优化外部资产的结构，提升高收益对外权益投资的比重。根据本章分析，长期来看，扩张财政政策和紧缩货币政策都将降低本国外部财富，该类宏观政策冲击，都是通过影响本国资本市场托宾 Q，进而影响本国资产价格。若本国外部资产结构中配置高收益较高的外部权益资产，可令国外资产的高收益抵消国内资产价格的下降，进而缓解政策冲击对本国外部财富的不利影响。目前，中国对外权益投资的规模相比对外债权投资仍较小，因此，配置收益较高的外部权益投资以取代收益较低的外部债权投资，可令宏观政策冲击对中国外部财富的长期不利影响得到缓解。

第五，根据本章分析结论，就长期而言，外部财富的决定因素仍是国际贸易为主导的经常账户。因此，为长期改善本国外部财富，制定政策的落脚点仍然是提高本国国际贸易顺差。

第七章　金融调整视角下投资开放的应对机制

【导读】

　　由投资保护主义引领的"逆全球化"趋势正在国际投资领域蔓延，导致世界各国投资开放程度的下滑，围绕投资开放对国家外部财富影响的研究由来已久，但尚未得到统一的解释。本章基于影响国家外部财富存量变动的金融调整视角，展开实证分析，发现投资开放在短期对国家外部财富具有抑制作用，但在滞后期具有促进作用。进一步利用开放经济宏观经济理论（NOEM）构建 DSGE 模型展开研究，发现降低投资开放程度，将引起本国投资资产价格上升，进而产生正向估值效应，带动外部财富的短期提升。然而，该效应持久性差，就长期而言，开放程度降低对跨国投资形成的障碍，令跨国投资收益下降，并最终导致外部财富恶化。基于该结论，中国应持续改革开放，通过缓解投资信息不对称以及呼吁反对投资保护主义，提高投资开放程度并改善国际投资环境，推动外部财富长期优化。

第一节　投资开放与金融调整

　　21 世纪以来，包括中国在内的世界各国正在深度融入全球经济。然而，2018 年以来，全球贸易摩擦不断升级，国际贸易成本逐步提高，一股"逆全球化"的趋势正在形成。随着近期新加坡博通收购高通、蚂蚁金服收购速汇金等一批投资并购案的失败，以及美国《2018 年外国投资风险评估现代化法案》（FIRRMA2018）这一美国史上最严格外资安全法案的颁布①，这股"逆全球化"趋势已开始由国际贸易领域延伸至国际投资领

---

　　① 2018 年 8 月 13 日，特朗普签署 "*Foreign Investment Risk Review Modernization Act of 2018*"，增加美国政府机构对外资的审查权限，增加对外资的制裁，成为史上最严的外资进驻法案。

域，除国际贸易摩擦外，由投资双方国家相互提高投资门槛而产生的国际投资障碍已成为当前"逆全球化"趋势的另一种重要表现形式。根据联合国贸易和发展会议发布的投资报告①，全球直接投资规模近年来出现大幅下滑，并表现为全球投资开放程度的不断下降，其中，2018年、2019年分别实际同比下降19%和20%，2020年预期同比下降40%，排除2020年全球公共卫生突发事件的影响，国际投资开放程度的下降，成为减缓投资全球化进程的一项重要原因。

所谓投资开放程度，主要受跨国投资所面临的障碍与限制影响，既可由投资国与被投资国在文化、政治等方面客观存在的信息不对称所引发，也可由被投资国主观保护主义所引发（黄河，2009）。近年来，随着信息技术的发展，由信息不对称引发投资开放程度下降的趋势正在逐渐弱化，而保护主义的抬头却令投资开放程度的提升面临挑战。所谓国家外部财富，依据《国际收支手册》（第6版），主要是由国际投资头寸表（IIP）中的国家外部净资产构成，象征着一国外部经济实力，同时也是一国偿债能力的保障。从近年来主动提升投资门槛的美国来看，由于常年贸易赤字，美国已背负巨额外债，其国家外部财富正在持续负增长，美国外债的可持续性成为撼动美国经济霸主地位的隐患所在。与此同时，一国提高外资进驻门槛不仅能保护本国产业，还能通过提高外资入驻的成本，增加本国获取外资入驻的收益。于是，根据美国政府颁布投资限制法案的思路，提升外资入驻门槛，适度降低投资开放程度，将产生一定规模的外资入驻收益，并且有利于推动其国家外部财富增长，缓解常年困扰美国的外债问题②。然而，一国因保护主义单方面提高投资门槛，势必引发投资双方相互提高门槛，进而降低双边投资开放程度，而这种结果是否有助于优化国家外部财富尚未得到学界的统一阐释。因此，本章拟从国家外部财富的构成出发，利用新开放经济宏观经济学（NOEM）分析范式，围绕上述问题展开分析，尝试揭示国家投资开放程度与国家外部财富之间的动态作用机理。

据国际投资头寸表（IIP）核算原则，国家外部财富不仅受国际贸易与国际投资损益所产生的经常账户影响，还受存量资产价格波动所产生的估值效应影响，前者与后者分别影响外部财富的流量和存量。随着世界投

---

① 数据来源于《2018年世界投资报告》《2019年世界投资报告》《2020年世界投资报告》。
② 2018年8月特朗普多次在其Twitter上表示，美国已在贸易摩擦中取得成功，贸易摩擦中的关税和投资限制令美国变得富裕。

资规模的扩大，估值效应对国家外部财富的影响程度正在逐渐提升（Gourinchas & Rey，2014；贺力平，2015；张明，2018；刘琨和郭其友，2020），在学界，估值效应现已成为外部调整理论的重要拓展（范小云等，2011；Lane，2015），并构成国家外部财富变动的主要因素。因此，基于估值效应，考察外部财富的动态调整以及调整机理，进而探析国家开放程度对外部财富动态影响，将令分析结果更加完善。

随着经济全球化以及"一带一路"建设的持续推进，中国与世界各国之间的投资规模处于稳步增长趋势。截至 2018 年，中国对外直接投资存量达 2.19 万亿美元，已是 2002 年的 73 倍，世界排名已逐渐上升至第 3 位①。然而，随着投资规模的膨胀，中国已进入与欧美等发达国家经贸摩擦的高发期，不少国家和地区投资保护主义的抬头，令中国企业的海外投资并购项目频频受阻，不少海外投资项目也正面临因投资成本过高而濒临亏损的风险。可见，投资开放程度对中国经济利益的影响日益明显，因此，探析投资开放程度对国家外部财富的影响机理，有助于丰富中国高质量开放发展的经验规律，有助于中国制定更为精确的外部经济政策，在新的国际经贸环境下实现外部财富增值保值目标，助力新型开放经济体的构建。

本章以下部分，首先，基于已有文献，梳理相关研究的进展情况；其次，利用世界各主要国家统计数据，构建实证分析模型，考察投资开放程度与国家外部财富之间的相关关系；再次，基于新开放经济宏观经济学（NOEM）分析范式，构建动态随机一般均衡模型（DSGE），深入探析投资开放程度对国家外部财富的动态影响机理；最后，基于分析结论，提出优化中国外部财富的相关政策建议，为中国投资开放提供相应决策支持。

第二节　投资开放与金融调整的相关研究

针对经贸开放的研究由来已久，但 21 世纪前，研究主要以贸易开放为主，国际经贸摩擦也主要体现为贸易摩擦，投资开放在国际经济相关问题的研究中未得到充分关注，如，奥布斯特菲尔德和罗格夫（2005）所构建的经典跨国贸易模型中，就假定跨国流动的资产无差异且跨国投资无障碍，从而忽略投资开放程度的影响。然而，21 世纪以来，随着全球经济

---

① 资料来源中国国家外汇管理局数据和联合国国际贸易和发展组织发布的《2019 年世界投资报告》。

一体化进程加快，跨国投资的规模正在快速膨胀，然而，由国家间信息不对称以及投资保护主义对跨国投资形成的障碍与限制也在逐渐增加，投资开放程度逐渐成为跨国投资，乃至全球化进程所需考虑的重要因素之一（Tille & Wincoop，2014）。由于奥布斯特菲尔德和罗格夫（2005）构建的理论模型未考虑国际投资开放程度，导致其模型预测与实际经济产生明显偏差。卡巴莱罗等（Caballero et al.，2008）最早在奥布斯特菲尔德和罗格夫（2005）的模型基础上考虑影响资产跨国流动的投资开放因素，令其经济理论模型能够较好地解释资产配置的国别差异问题。此后，不少研究都将投资开放程度作为国际经济理论研究所考虑的重要要素，如，门多萨等（2009）、巴甫洛娃和理哥本（Pavlova & Rigobon，2010）、古林查斯等（2012）、罗格夫和田代（Rogoff & Tashiro，2015）、乔吉亚迪斯和梅尔（2016）等研究在分析跨国资产流动时均考虑了国际投资开放程度。

随着投资开放程度受到学界的重视，针对其引致因素的研究以及围绕开放程度变动产生经济后果的研究也逐渐完善。最初，古林查斯和雷伊（2007）、科库罗等（2010）通过实证分析发现美国与新兴市场国家之间由信息不对称引发投资开放程度的下降，其根源在于二者间金融市场发达程度的差异，该结论也得到肖立晟和王博（2011）、范小云等（2012）实证结果的印证。另外，巴甫洛娃和理哥本（2010）、阮（2011）、蒂勒和温库伯（2010，2014）、吉洛尼等（2015）针对投资开放程度所产生的经济后果深入研究，其认为投资信息不对称以及投资保护主义引起的投资障碍是导致投资开放程度降低的主要因素。然而，围绕本章引言部分所提出的研究议题，针对开放程度对国家外部财富影响的研究文献尚不多见，贝尼尼诺等（Benigno et al.，2014）试图通过构建 DSGE 模型探析投资开放程度对经常账户的影响，首次建立投资开放程度与国家外部财富之间的联系，但其研究对于外部财富变动的构成仅涵盖经常账户，而忽略存量资产市值波动对外部财富变动的影响，因此该研究仍不够全面。

21 世纪以来，随着各国外部资产存量规模的扩大，除了因国际贸易与国际投资损益产生的经常账户在流量上影响国家外部财富的变动，由汇率或资产价格波动引致存量资产市值的变动也在深刻影响着国家外部财富，雷恩和费雷蒂（2001）将后者定义为估值效应，针对估值效应的研究也逐渐成为新开放宏观经济理论的重要拓展。通过梳理德韦鲁克斯和萨瑟兰（2010）、肖立晟和陈思翀（2013）、贝内特里克斯等（Benetrix et al.，2015）、杨权和鲍楠（2017）、刘威等（2018）的实证研究，发现估值效应对各国外部财富的影响正逐年增强，因此，考虑估值效应分析国家外部财富问题，可令研究更加全面（李晓和周学智，2012；张明，2018）。

综合已有文献，投资开放程度是体现经济全球化的重要指标且备受关注，学界近年针对投资开放程度引致因素和经济后果的研究，已取得一定成果。然而，在探索投资开放程度对国家外部财富影响的研究问题上，学界尚未实现统一的解释，且因忽略考虑估值效应因素而不够完善。因此，本章以下部分将从估值效应视角出发，通过实证分析以及基于新开放宏观经济学（NOEM）分析范式下的 DSGE 模型考察投资开放对国家外部财富的影响。

第三节　投资开放对国家外部财富影响的实证研究

根据雷恩和费雷蒂（2001）、IMF（2005）等相关研究，国家外部财富的变动是由代表存量价值变动的估值效应以及代表财富流量增减的国际贸易构成的，表示为：

$$NFA_{t+1} - NFA_t = VA_t + CA_t$$

其中，NFA 表示国家外部财富的存量，VA 表示因外部存量资产市值波动产生的估值效应，CA 表示因国际贸易和国际投资损益产生的经常账户。根据蒂勒和温库伯（2010）、巴甫洛娃和理哥本（2010）、阮（2011）等相关研究，一国因保护主义单方面增加投资限制，势必引发投资双边开展相似行为，并最终导致双边投资开放程度的下降；此外，投资双方在信息传递、文化交流以及往来便利等方面的障碍也将导致双边投资开放程度的下降。投资开放程度是衡量国家全球化的一项关键指标（Gwartney et al.，2019），以下部分将构建实证分析模型，结合估值效应（VA）和国际贸易（CA）两个构成国家外部财富变动的因素出发，考察投资开放程度对国家外部财富的影响作用。

一、实证模型构建与数据处理

为具代表性，本节选取经济规模世界排名前 10 位的大型经济体作为截面个体，包括美国、日本、欧元区、英国、加拿大和澳大利亚等发达经济体以及中国、印度、巴西和俄罗斯等新兴市场经济体，并建立回归方程：

$$nfa_{i,t} = \beta_1 FO_{i,t} + \beta_2 X_{i,t} + \mu_i + v_t + \varepsilon_{i,t} \qquad (7-1)$$

$$va_{i,t} = \beta_1 FO_{i,t} + \beta_2 X_{i,t} + \mu_i + v_t + \varepsilon_{i,t} \qquad (7-2)$$

$$ca_{i,t} = \beta_1 FO_{i,t} + \beta_2 X_{i,t} + \mu_i + v_t + \varepsilon_{i,t} \qquad (7-3)$$

以上方程中，$nfa_{i,t}$ 为 GDP 标准化的国家外部财富变动，$va_{i,t}$ 为 GDP 标准化的估值效应，代表因汇率或资产价格波动引致国家外部财富存量的变动；$ca_{i,t}$ 为 GDP 标准化的经常账户，代表因国际贸易和国际投资损益引致国家外部财富流量的变动。为降低实证分析的内生性，引入相关控制变量，并用 $X_{i,t}$ 表示，其中包括人均 GDP，以及与投资开放程度相关的贸易开放程度进行控制，以防止因经济规模体量的不同以及贸易开放程度对回归结论的影响。此外，根据实际经济周期理论以及克达西耶等（Coeurdacier et al.，2010）等研究所描述的跨国经济理论模型，经济周期冲击是相关经济指标动态调整的重要驱动因素，而构成国家外部财富变动的估值效应与贸易差额都会受到经济周期冲击的影响，为进一步降低内生性，本章通过测算各国或地区的相对技术创新冲击代表经济周期冲击，并加以控制。最后，i 表示不同经济体，t 表示时间，μ 表示国家固定效应，v 表示时间固定效应，ε 为随机误差项，所有变量时间长度设置为 2000~2019 年。具体变量释义与处理如表 7-1 所示。

表 7-1　　　　　　　　　　实证变量处理方法及数据来源

变量名		含义	处理方法	数据来源
被解释变量	nfa	国家外部财富变动	根据 IMF（2005），$nfa=va+ca$	EWN 数据库[①]
	va	估值效应，体现为国家外部财富的存量变动	估值效应除基于购买力平价且以美元计价的 GDP	EWN 数据库
	ca	经常账户，体现为国家外部财富的流量变动	经常账户除基于购买力平价且以美元计价的 GDP	OECD 数据库
解释变量	FO	投资开放程度	据雷恩和费雷蒂（2007），表示为"（FDI 和 EQ 资产 + 负债）/GDP"，并对其取对数	EWN 数据库
控制变量	z	技术创新冲击	以道格拉斯生产函数近似测算全要素生产率，并将本国与外国之差表示相对技术冲击	OECD 数据库
	TR	贸易开放程度	据吕志鹏等（2015），表示为"（货物与服务进口 + 出口）/GDP"，并对其取对数	OECD 数据库
	gdp	人均 DGP	基于购买力平价且以美元计价的人均 GDP 水平	OECD 数据库

注：①EWN（external wealth of nations）数据库来自为国际货币基金组织专家雷恩和费雷蒂在 2006 年创立，记录世界各国估值效应、金融市场开放度及国家外部财富等数据（http://www.imf.org）。

基于以上数据处理方法之后，各变量的描述性统计结果如表7-2所示，从该结果反映情况来看，各变量存在明显差异，总体来看样本具有良好的区分度。进一步通过对面板 AIC、BIC 和 HQIC 的最优滞后期数判定，本实证分析关键变量投资开放程度（FO）以及控制变量贸易开放程度（TR）的最优滞后期数都为1期，因此实证回归方程应加上变量 $L-FO$ 以及 $L-TR$，反映最优滞后期相关变量对被解释变量的影响。

表7-2　　　　　　　　　　　描述性统计结果

变量	观测值	均值	标准误	最小值	最大值
nfa	200	-0.0016	0.0745	-0.2214	0.2817
va	200	-0.0013	0.0751	-0.1799	0.3339
ca	200	-0.0004	0.0386	-0.0692	0.1804
fo	200	-0.1747	0.8249	-2.4480	1.5167
tr	200	-0.8720	0.3478	-1.5768	-0.1644
z	200	0.1471	0.9605	-2.0438	1.4711
gdp	200	0.7332	1.4507	-2.1949	2.2535

二、实证结果的分析

采用"OLS + 面板校正标准误"估计方法对（1）~（3）式分别回归，所得实证结果见表7-3。通过回归结论第（1）列可以看出，在控制人均GDP、技术冲击为代表的经济周期波动、贸易开放程度以及时间、地区之后，即期的投资开放程度与外部财富显著相关且变化趋势相反，说明即期投资开放程度的降低，能带动外部资产存量的价值提升，但是滞后1期投资开放程度的降低，却不利于外部资产存量的价值提升。换句话说，投资开放程度的提升，在短期不利于外部财富的增长，在长期是有利于外部财富的增长。可以看出，投资开放程度在即期和长期通过估值效应对国家外部财富的影响作用截然相反，但滞后1期的作用绝对值弱于即期的作用绝对值，即投资开放程度变化在滞后期对估值效应的作用绝对值小于投资开放程度变化在即期对估值效应的作用绝对值。进一步考察回归结果（2）列，可以看出，投资开放程度的降低将导致正向估值效应，但滞后1期时将导致负向估值效应的产生。由此可以看出，投资开放程度主要是通过估值效应对外部财富产生影响。此外，根据回归结果（3）列，投资开放程度的变动对于经常账户的变动无显著作用，而贸易开放程度在滞后期对经常账户具有正向作用，但根据（1）列和（2）列结果，贸易开放程度在滞后期却不利于估值效应以及整体国家外部财富的增长。

表7-3　　　　　　　　　　回归估计结果

变量	(1) nfa	(2) va	(3) ca
FO	− 0.2155 *** （− 9.48）	− 0.2127 *** （− 8.99）	− 0.0028 （− 0.41）
L − FO	0.1292 *** （5.32）	0.1291 *** （5.18）	− 0.0001 （− 0.02）
z	0.2549 （0.34）	− 0.0700 （− 0.87）	0.0955 *** （4.34）
gdp	− 0.0440 （− 0.99）	0.01324 （0.27）	− 0.0572 *** （− 4.46）
TR	0.1219 ** （2.04）	0.1040 * （1.78）	0.0179 （0.95）
L − TR	− 0.0824 * （− 1.69）	− 0.1371 *** （− 2.82）	0.0547 *** （3.28）
_cons	13.8769 *** （− 2.53）	− 12.8029 *** （− 4.55）	− 1.0741 *** （− 1.38）
观测值	200	200	200
截面数	10	10	10
控制时间	YES	YES	YES
控制地区	YES	YES	YES

注：括号内为 T 统计值，*** 为在 1% 水平下显著，** 为在 5% 水平下显著，* 为在 10% 水平下显著。

三、稳健性与内生性检验

为了进一步检验实证结果的稳健性，本章引入由格瓦尼等（Gwartney et al.，2019）设计发布的 KOF 全球化指标的金融全球化指数，对作为投资开放程度的代理变量（KOFFI）展开稳健性检验，通过稳健性检验回归结果表7-4第（1）和第（2）栏可以看出，代理变量的变动对于国家外部财富变动的作用与表7-3第（1）和第（2）栏结果相同，因此，通过以上稳健性检验，本实证分析结果基本稳健。

表7-4 稳健性检验结果

变量	(1) nfa	(2) va
KOFFI	-0.3631*** (-3.26)	-0.3505*** (-3.09)
L-KOFFI	0.2156*** (2.06)	0.2438** (2.30)
z	0.1176 (1.02)	0.0083 (0.07)
gdp	-0.0518 (-0.67)	0.0057 (0.307)
TR	0.2039*** (2.68)	0.1820** (2.32)
L-TR	-0.1934*** (2.86)	-0.2529*** (-3.65)
_cons	-8.6339*** (-1.55)	-7.9281*** (-1.37)
观测值	180	180
截面数	10	10
控制时间	YES	YES
控制地区	YES	YES

注：括号内为 T 统计值，*** 为在1%水平下显著，** 为在5%水平下显著，* 为在10%水平下显著。此外，由于在稳健性检验中，代表对外开放程度替换指标 KOFFI 只公布到2017年，因此在该稳健性检验过程中所有参与实证检验的变量取值区间都限定于2000~2017年。

最后，本章为降低实证分析内生性问题，虽然控制三组常用影响国家财富的变量，并控制时间与地区，但是仍然无法解决投资开放程度与国家外部财富所存在因果倒置的内生性问题。为解决该内生性问题，本章引用 KOF 全球化指标下的经济开放制度指标（KOFecgldj）以及信息开放制度指标（KOFingldj）作为工具变量展开进一步检验，其中 KOFecgldj 反映了以国际投资限制、国际投资协议、开放协定构成的经济开放制度指标，KOFingldj 反映了以媒体、互联网通畅程度构成的信息开放制度指标。由于投资限制的减少以及信息交流通畅程度的提升，将降低投资障碍，推动投资开放程度的提高，但对于国家外部财富的影响却不直接，因此，两类变量可作为合理的工具变量。经过实证检验后，结果如表7-5所示，可以看出，投资限制降低以及信息交流的提升将引致投资开放程度的提升，在短期不利于外部财富的增长，但在长期能促进外部财富的增长，该结论与表7-3所反映的回归结果一致。因此，本实证结果不存在因果倒置的内生性问题。

表7-5　　　　　　　　　　　　工具变量回归结果

变量	第1阶段 FO		第2阶段 nfa		第1阶段 FO		第2阶段 nfa
$KOFecgldj$	0.2966 * (1.82)	FO	-0.3542 * (-1.78)	$KOFingldj$	0.9376 *** (2.77)	FO	-0.1938 * (-1.68)
$L-FO$	0.8604 *** (21.61)	$L-FO$	0.3041 * (1.75)	$L-FO$	0.8034 *** (17.77)	$L-FO$	0.1652 * (1.64)
z	-0.0592 (-1.43)	z	-0.0010 (-0.05)	z	0.0099 (0.21)	z	0.0076 (0.53)
gdp	0.0372 (0.85)	gdp	0.0207 (0.98)	gdp	-0.0515 (-0.85)	gdp	0.0072 (0.49)
TR	-0.4068 * (-1.97)	TR	0.0500 (0.50)	TR	-0.1972 (-0.96)	TR	0.1034 (1.39)
$L2-TR$	0.4335 ** (2.19)	$L-TR$	-0.0014 (-0.01)	$L-TR$	0.3492 * (1.79)	$L-TR$	-0.0663 (-0.85)
$\_cons$	-1.2167 * (-1.77)	$\_cons$	0.0287 * (1.70)	$\_cons$	-3.9318 *** (-2.75)	$\_cons$	0.0241 * (1.70)
观测值	180	观测值	180	观测值	180	观测值	180
截面数	10	截面数	10	截面数	10	截面数	10
控制时间	YES	控制时间	YES	控制时间	YES	控制时间	YES
控制地区	YES	控制地区	YES	控制地区	YES	控制地区	YES

注：括号内为T统计值，*** 为在1%水平下显著，** 为在5%水平下显著，* 为在10%水平下显著。此外，由于 $KOFsogldj$ 指标只公布到2017年，因此所有变量的时间时长为2000～2017年。

四、实证结论分析

通过回归结论发现，投资开放程度能显著影响国家外部财富，提升投资开放程度在短期内不利于国家外部财富的增长，但从长期看有利于国家外部财富的增长。由于估值效应是国家外部财富变动的重要构成部分，因此，在考虑估值效应之后，发现投资开放程度将通过估值效应对外部财富产生显著影响，即投资开放程度的降低将通过估值效应对外部财富产生显著影响，其中投资开放程度的即期下降（上升），将产生正向（负向）估值效应，进而带动外部财富的增长（降低），然而在投资开放程度下降（上升）的滞后期，将产生负向（正向）估值效应，进而带动外部财富的降低（增长）。该结论说明，投资开放在即期不利于外部财富的增长，但在远期却能推动外部财富的增长，若美国政府推行限制海外相互投资的政策思路是为了推动自身国家外部财富的增长，在短期，该政策思路一定程度上与本章结论中投资开放对国家外部财富的即期作用相符，但从本章滞后期的实证分析结果来看，该政策思路具有明显的短视缺陷，并成为"全球化"发展趋势下的伪命题。

然而，本部分实证分析仅揭示投资开放程度对外部财富的影响，尚未揭示投资开放程度对外部财富的动态传导机制，特别是估值效应在该传导机制中的作用。因此，本章以下部分将利用 NOEM 理论分析范式，通过构建 DSGE 理论模型进一步探索上述问题。

第四节　金融调整视角下国家外部财富的动态调整

虽然上述实证分析发现了投资开放与外部财富间于即期与滞后期存在的关系，但仍然无法发掘投资开放对外部财富的动态影响机理。因此，以下部分将在克达西耶等（2010）、加利和莫纳切利（Galí & Monacelli，2016）构建的 NOEM 理论模型基础上，创新引入估值效应以及蒂勒和温库伯（2010）、阮（2011）理论模型中采用衡量投资开放程度的外生变量，构建跨国 DSGE 分析框架，进而探寻投资开放对外部财富的动态影响机理。

一、理论模型描述

（一）家庭效用及消费函数

$$\max: E_0 \sum_{t=0}^{\infty} \beta^t \left(\frac{1}{1-\sigma} C_{H,t}^{1-\sigma} - \frac{1}{1+\omega} L_{H,t}^{1+\omega} \right) \qquad (7-4)$$

其中，β 表示贴现因子，$C_{H,t}$ 表示消费，$L_{H,t}$ 表示劳动，σ 表示风险厌恶程度且大于 1，ω 表示劳动供给弹性且大于 0，右下标 H 表示本国，反之用 F 表示外国。

$$C_{H,t} = \left[a^{1/\phi} \left(c_{H,t}^H \right)^{(\phi-1)/\phi} + (1-a)^{1/\phi} \left(c_{F,t}^H \right)^{(\phi-1)/\phi} \right]^{\phi/(\phi-1)} \qquad (7-5)$$

消费函数中，$c_{F,t}^H$ 表示 H 国消费 F 的产品，a 为消费本国产品的偏好，$1 > a > 0.5$，ϕ 表示国内外产品替代弹性。假设购买力平价成立。根据成本最小化，可知：

$$P_{H,t} = \left[a \left(p_{H,t} \right)^{1-\phi} + (1-a) \left(e_t p_{F,t}^* \right)^{1-\phi} \right]^{1/(1-\phi)} \qquad (7-6)$$

其中，$P_{H,t}$ 表示国内和国外一揽子产品价格指数，而 $p_{H,t}$ 表示国内单位产品价格，$p_{F,t}^*$ 表示以其本币计价的国外单位产品价格，e_t 为名义汇率。并且 $P_{F,t} = e_t P_{F,t}^*$ 与 $p_{F,t} = e_t p_{F,t}^*$ 成立。因此，国内居民消费国内和国外产品与消费指数间的关系式：

$$c_{H,t}^H = a \left(\frac{p_{H,t}}{P_{H,t}} \right)^{-\phi} C_{H,t} ; \quad c_{F,t}^H = (1-a) \left(\frac{e_t p_{F,t}^*}{P_{H,t}} \right)^{-\phi} C_{H,t} \qquad (7-7)$$

由于购买力平价成立，以本币计价的价格与以外币计价的价格之间的关系式可表示为：

$$p_{F,t} = e_t p_{F,t}^* ; \quad P_{F,t} = e_t P_{F,t}^* ; \quad p_{H,t}^* = p_{H,t}/e_t ; \quad P_{H,t}^* = P_{H,t}/e_t \qquad (7-8)$$

其中，$p_{F,t}$ 和 $P_{F,t}$ 分别为以本币计价的外国产品价格和外国产品价格指数，$p_{H,t}^*$ 和 $P_{H,t}^*$ 分别为以外币计价的本国产品价格和本国产品价格指数。

（二）厂商主体的相关函数

生产函数、技术冲击、资本动态的表达为：

$$Y_{H,t} = z_{H,t} \left(K_{H,t} \right)^{\kappa} \left(L_{H,t} \right)^{1-\kappa} \qquad (7-9)$$

$$K_{H,t+1} = (1-\delta) K_{H,t} + \chi_{H,t} I_{H,t} \qquad (7-10)$$

$$\ln(z_{H,t}) = \rho_{Hz} \ln(z_{H,t-1}) + \varepsilon_{Hz,t} \qquad (7-11)$$

$$\ln(\chi_{H,t}) = \rho_{H\chi} \ln(\chi_{H,t-1}) + \varepsilon_{H\chi,t} \qquad (7-12)$$

$Y_{H,t}$ 表示产品产出，$z_{H,t}$ 为外生全要素生产率并符合 AR（1）冲击规律，$K_{H,t}$ 为累计资本投入，κ 为资本产出弹性，$1-\kappa$ 为劳动力产出弹性，δ 为恒定资本折旧率，$\chi_{H,t}$ 为投资效率参数，该变量类似 $z_{H,t}$ 为随机冲击项，符合 AR（1）冲击规律。投资函数为：

$$I_{H,t} = \left[a^{1/\phi} \left(i_{H,t}^H \right)^{(\phi-1)/\phi} + (1-a)^{1/\phi} \left(i_{F,t}^H \right)^{(\phi-1)/\phi} \right]^{\phi/(\phi-1)} \qquad (7-13)$$

$I_{H,t}$ 为当期投资，设定投资偏好和替代弹性参数与消费函数的一致，同样在投资品的价格上设定与消费品一致，因此，国内投资品表达式可表示为：

$$i_{H,t}^H = a \left(\frac{p_{H,t}}{P_{H,t}} \right)^{-\phi} I_{H,t} ; \quad i_{F,t}^H = (1-a) \left(\frac{e_t p_{F,t}^*}{P_{H,t}} \right)^{-\phi} I_{H,t} \qquad (7-14)$$

其中，$i_{H,t}^H$ 和 $i_{F,t}^H$ 分别表示为本国用本国投资品投资的数量以及本国用外国投资品投资的数量。假设厂商支付工资成本以及投资后的剩余利润全部用于分配股利，则厂商均衡下的工资支出（$w_{H,t}L_{H,t}$）、股利（$D_{H,t}$）及资本优化的表达式：

$$w_{H,t}L_{H,t} = p_{H,t}(1-\kappa)z_{H,t}(K_{H,t})^{\kappa}(L_{H,t})^{1-\kappa} = (1-\kappa)p_{H,t}Y_{H,t} \quad (7-15)$$

$$D_{H,t} = \kappa p_{H,t}Y_{H,t} - P_{H,t}I_{H,t} \quad (7-16)$$

$$1 = E_t\beta\left(\frac{C_{H,t+1}}{C_{H,t}}\right)^{-\sigma}\left(\frac{\chi_{H,t}}{P_{H,t+1}}\right)\left[\kappa p_{H,t+1}\frac{Y_{H,t+1}}{K_{H,t+1}} + (1-\delta)\frac{P_{H,t+1}}{\chi_{H,t+1}}\right] \quad (7-17)$$

（三）家庭约束、资本市场和市场出清

针对投资开放程度，本节将引入蒂勒和温库伯（2010）、巴甫洛娃和理哥本（2010）以及阮（2011）所描述的投资障碍因素，$e^{-\tau}$。当 $\tau > 0$ 时，则 $0 < e^{-\tau} < 1$，当 τ 越大，说明国家间相互投资的障碍越大，对本国而言，跨国投资的损失就越大，因此，购买外国资产的吸引力在下降。同时，$1-e^{-\tau}$ 则表示接受投资的一国因设置了相应投资障碍而获得的收入，反映该国获取外资进入其国内市场的门票。预算约束方程为：

$$P_{H,t}C_{H,t} + s^H_{H,t+1}Q_{H,t} + s^H_{F,t+1}Q_{F,t} = w_{H,t}L_{H,t} + s^H_{H,t}(Q_{H,t} + D_{H,t})$$
$$+ s^H_{F,t}(Q_{F,t} + D_{F,t})e^{-\tau}$$
$$+ s^F_{H,t}(Q_{H,t} + D_{H,t})(1-e^{-\tau}) \quad (7-18)$$

s^H_F 为本国持有外国资产的份额，s^F_H 为外国持有本国资产的份额；Q_H 为本国资产价值，Q_F 为外国资产价值。因此，家庭欧拉方程如下：

$$C_{H,t}^{-\sigma} = \beta E_t\left[C_{H,t+1}^{-\sigma}\left(\frac{P_{H,t}}{P_{H,t+1}}\right)\left(\frac{Q_{H,t+1} + D_{H,t+1}}{Q_{H,t}}\right)\right]e^{-\tau} \quad (7-19)$$

$$E_t\left(\frac{Q_{H,t+1} + D_{H,t+1}}{Q_{H,t}}\right) = E_t\left(\frac{Q_{F,t+1} + D_{F,t+1}}{Q_{F,t}}\right) \quad (7-20)$$

$$L_{H,t}^{\omega} = w_{H,t}C_{H,t}^{-\sigma}/P_{H,t} \quad (7-21)$$

对产品市场和资本市场的出清情况的描述如下：

$$c^H_{H,t} + c^F_{H,t} + i^H_{H,t} + i^F_{H,t} = Y_{H,t} \quad (7-22)$$

$$c^F_{F,t} + c^H_{F,t} + i^F_{F,t} + i^H_{F,t} = Y_{F,t} \quad (7-23)$$

$$s^H_{H,t} = 1 - s^F_{H,t}; \quad s^F_{F,t} = 1 - s^H_{F,t} \quad (7-24)$$

（四）外部净资产的金融调整与经常账户

在描述宏观经济运行系统的部门运作规律之后，反映国家外部财富存量变动的估值效应（$VA_{H,t}$），以及国家外部财富（$NFA_{H,t}$）和代表国家外部财富流量变动的经常账户（$CA_{H,t}$）之间的关系，可按德韦鲁克斯和萨瑟兰（2010）所描述的关系进行刻画：

$$\Delta NFA_{H,t+1} = VA_{H,t} + CA_{H,t} \quad (7-25)$$

$$VA_{H,t} = s_{F,t+1}^{H}(Q_{F,t+1} - Q_{F,t}) - s_{H,t+1}^{F}(Q_{H,t+1} - Q_{H,t})$$
$$- s_{F,t}^{H}Q_{F,t}(1 - e^{-\tau}) + s_{H,t}^{F}Q_{H,t}(1 - e^{-\tau}) \tag{7-26}$$

上述式（7-26）表示代表外部财富存量变动的估值效应由于跨国投资障碍因素 τ 值的存在，母国对外投资的价值遭到损失（$1 - e^{-\tau}$）。同时，代表外部财富流量变动的经常账户，由于不受跨国投资障碍影响，本节将其进一步细分为由国际贸易引发的贸易差额（TB）和由对国际投资损益所引发的收入差额（IB），其中 IB 可表示为：

$$IB_{H,t} = s_{F,t}^{H}D_{F,t} - s_{H,t}^{F}D_{H,t} \tag{7-27}$$

按 DSGE 模型分析框架，在稳态附近进行线性化，反映应对冲击时各变量的动态反应。本章考察的是外部宏观均衡的变动，体现外部宏观经济均衡的 NFA、VA、CA、TB 及 IB 变量值都属国内外相对差额，因此本章对所有变量在线性化展开后均以国内相对国外的差额进行表示[①]。线性化后的生产、价格、资本动态、均衡厂商工资支出、股利、资本以及预算约束、欧拉方程及市场出清的动态方程以及上述外部经济变量的线性方程组如表 7-6 所示。

表 7-6 　　　　　　　　　　　　　DSGE 线性化方程组

$\hat{Y}_t^d = \kappa \hat{K}_t^d + (1-\kappa)\hat{L}_t^d + \hat{z}_t^d$	$\hat{P}_t^d = (2a-1)\hat{p}_t^d$
$\hat{K}_{t+1}^d = (1-\delta)\hat{K}_t^d + \delta(\hat{\chi}_t^d + \hat{I}_t^d)$	$\hat{w}_t^d + \hat{L}_t^d = \hat{Y}_t^d + \hat{p}_t^d$
$\hat{DD}_t^d = \kappa p Y(\hat{p}_t^d + \hat{Y}_t^d) - PI(\hat{P}_t^d + \hat{I}_t^d)$	$\dfrac{\frac{\kappa p Y}{K}(\hat{p_{t+1}^d} + \hat{Y_{t+1}^d} - \hat{K_{t+1}^d}) + (1-\delta)(P\hat{P_{t+1}^d} - \hat{\chi_{t+1}^d})}{\frac{\kappa p Y}{K} + (1-\delta)P} =$ $\sigma \hat{C_{t+1}^d} - \sigma \hat{C_t^d} + \hat{P_{t+1}^d} - \hat{\chi_t^d}$
$PC(\hat{P}_t^d + \hat{C}_t^d) + sQ s_{t+1}^{+\widehat{HF}} + (1-s)Q s_{t+1}^{-\widehat{HF}} =$ $(\hat{w}_t^d + \hat{L}_t^d)wL + sQ s_t^{+\widehat{HF}} + sD(s_t^{\widehat{HF}} + \hat{D}_t^d) +$ $(1-s)Q(2\hat{Q}_t^d - s_t^{\widehat{HF}}) + (1-s)D(\hat{D}_t^d -$ $s_t^{\widehat{HF}}) + 2e^{-\tau}(1-s)Q(s_t^{-\widehat{HF}} - \hat{Q}_t^d) + 2e^{-\tau}$ $(1-s)D(s_t^{-\widehat{HF}} - \hat{D}_t^d)$	$\hat{Q}_t^d = \dfrac{Q\hat{Q_{t+1}^d} + D\hat{D_{t+1}^d}}{Q + D}$
$-\sigma \hat{C}_t^d = \hat{P}_t^d$	$\hat{w}_t^d - \hat{P}_t^d = \omega \hat{L}_t^d + \sigma \hat{C}_t^d$

---

① 变量 NFA、VA、CA、TB 及 IB 按德韦鲁克斯和萨瑟兰（2010a）以 GDP 稳态对变量稳态进行替换。变量右上方 d 表示国内变动与国外变动的差额。

$(C+I)\phi[(2a-1)\hat{P}_t^d - \hat{p}_t^d] + (2a-1)(\hat{CC}_t^d + \hat{II}_t^d) = YY\hat{Y}_t^d$	$ss_t^{\hat{+}HF} = (1-s)s_t^{\hat{-}HF}$
$\hat{z}_t^d = \rho_z \hat{z}_{t-1}^d + \varepsilon_{HFz,t}; \hat{\chi}_t^d = \rho_\chi \hat{\chi}_{t-1}^d + \varepsilon_{HF\chi,t}$	$\hat{NFA}_{H,t} = \frac{(1-s)Q}{Y}(s_t^{\hat{-}HF} - \hat{Q}_t^d)$
$\hat{VA}_{H,t} = \frac{(1-s)Q}{Y}[(2-e^{-\tau})\hat{Q}_t^d - \hat{Q}_{t+1}^d - (1-e^{-\tau})s_t^{\hat{-}HF}]$	$\hat{IB}_{H,t} = \frac{(1-s)De^{-\tau}}{Y}(s_{t+1}^{\hat{-}HF} - \hat{D}_t^d)$
$\hat{CA}_{H,t} = \hat{NFA}_{H,t+1} - \hat{NFA}_{H,t} - \hat{VA}_{H,t}$	$\hat{TB}_{H,t} = \hat{CA}_{H,t} - \hat{IB}_{H,t}$

二、数值模拟分析

(一) 参数校准设定

为更好地分析上述理论,以下将对模型参数进行确定,其中对静态参数采用校准的方法确定,相应动态参数采用估计的方式确定,在表 7 - 6 所展示的对数线性化方程组中,静态参数共 8 个,以年度数值进行校准:贴现因子 β 为 0. 99 (Ghironi et al. , 2015),家庭风险厌恶系数 σ 为 2 (Ghironi et al. , 2015),资本折旧率 δ 为 0. 10 (Coeurdacier & Kollamnn et al. , 2010),资本产出弹性 κ 为 0. 34 (Nguyen, 2011),消费及投资偏好 a 为 0. 85 (Coeurdacier & Kollamnn et al. , 2010),劳动供给弹性 ω 为 0. 5 (Ghironi et al. , 2015)。跨国消费品和投资品替代弹性 ϕ 为 3. 5 (刘斌,2008),假定稳态下的价格指数为 1 (张天顶和张洪敏,2014),校准后的静态参数如表 7 -7 所示。

表 7 - 7   模型静态校准参数值

变量	变量含义	数值	变量	变量含义	数值
β	折现因子	0. 99	σ	消费风险厌恶系数	2. 00
δ	资本折旧率	0. 10	κ	资本占生产比重	0. 34
a	母国消费/投资偏好	0. 85	ω	劳动供给弹性	0. 50
ϕ	国内外产品替代弹性	3. 50	P	稳态价格指数	1. 00

对冲击方程中技术创新冲击持续参数 ρ_z 以及相应的随机冲击 ε_z,本章采用广义矩估计 (GMM) 的方法进行估计。在估计数据上,采用本章实证

部分所选取代表世界主要经济体美国、日本、欧元区、英国、加拿大、澳大利亚及中国、印度、巴西和俄罗斯构成 2000～2019 年的技术创新冲击（$\ln z_t$）数据以及投资效率冲击（$\ln \chi_t$）数据，估计结果如表 7-8 所示。

表 7-8　　　　　　　　模型动态参数估计值（GMM 估计）

变量	变量含义	数值	变量	变量含义	数值
ρ_z	技术创新冲击持续参数	0.8565	SE_z	随机技术创新冲击标准误	0.0508
ρ_χ	投资效率冲击持续参数	0.9358	SE_χ	随机投资效率冲击标准误	0.0402

注：以上技术创新冲击与投资效率冲击参数均在 1% 水平下显著。

（二）技术冲击下的数值模拟分析

通过设定不同 τ 值，反映上述理论模型所描述的经济环境中存在不同程度的投资障碍，进而反映为不同的投资开放程度，并分别进行动态模拟，进而刻画分析投资开放程度对估值效应或经常账户的影响，进而可分析其对外部财富的动态调整影响。假定 τ 为 0.01、0.10 以及 0.20 分别代表高等、中等和低等投资开放程度，在 1% 技术冲击下脉冲响应见图 7-1。

从以上脉冲响应的结果可以看出：

（1）本国相对外国的对外投资份额（SF）随着投资开放程度的下降，呈现下降趋势，主要由于投资障碍令国际投资成本上升，进而使得本国对外投资的吸引力下降。

（2）本国与外国的资产价格差（Q）随着投资开放程度的下降，呈现初期降低，随后快速提高的趋势。上述资产价格随投资障碍加深而期初下降，主要是由于期初跨国投资障碍与限制增加，令本国与外国居民对外投资资产的吸引力降低，然而，冲击初期本国居民收入相对高于外国居民，这使得本国居民对外国资产的投资能力大于外国居民对本国资产的投资能力，进而在冲击初期，本国居民对外国资产的购买需求相对较高，使得外国资产价格相对上升，而本国资产价格相对下降。随着冲击持续，本国技术创新令本国资产的获利能力持续提高，导致本国资产相对于外国资产具备超额回报，外资则更愿意投资本国资产，并愿意支付因投资开放程度下降而多付出的投资成本。该投资成本将作为本国居民吸纳外资的门票收入，随着投资障碍程度的提升，本国居民获取的外资进入的门票收入在增加，但为避免因跨国投资受限而产生的损失，其更愿意将新增收入投资在本国资产上，因此本国资产的投资吸引力在持续提高，进而导致在冲击存续期本国资产价格的持续上升。

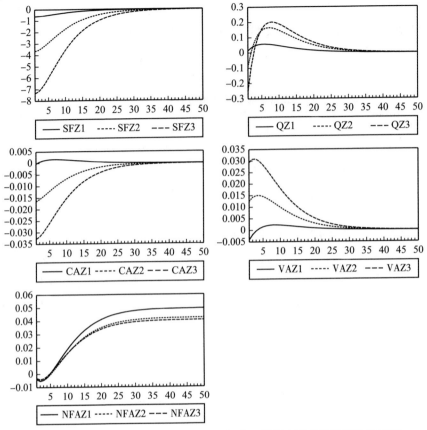

图7-1 技术创新冲击（1%）下不同投资开放程度下各变量的动态反应

注：①实线、短虚线及长虚线分别表示 τ 值在 0.01、0.1 以及 0.2 的情形；

②SFZ1 表示在摩擦 τ 值为 0.01 时，对外投资份额 SF 在受技术创新 Z 冲击后的脉冲响应路线；相应 Q 表示相对资产价格，CA 表示经常账户；VA 表示估值效应；NFA 表示外部净资产。

（3）代表外部财富流量变动的经常账户（CA）随投资开放程度的下降，呈现恶化趋势，进而对外部财富形成不利影响。通过将经常账户细分为贸易差额（TB）和收入差额（IB）两个项目分别考察，前者代表国际贸易引致的财富流量，后者代表投资收益引致的财富流量。表7-6所示，本国产出、消费、投资以及产品价格等变量均不受投资障碍的影响，因此国际贸易不受投资开放程度的影响。然而，基于表7-6所反映的收入差额线性表达式，可以看出，对外投资份额（SF）随着跨国投资受限程度的加深而降低，这将导致收入差额（IB）也呈现下降表现，并进而带动整个经常账户呈恶化表现。因此，投资开放程度下降将引致外部财富流量的下降，并且该下降的流量表现为投资收益引致的流量，并非国际贸易引致的流量。

（4）代表外部财富存量变动的估值效应（VA）随投资开放程度的下降，在短期却呈现改善的趋势，进而对外部财富构成有利影响。观察表 7 - 6 中 $\hat{VA}_{H,t}$ 所反映的估值效应线性方程，可以看出，估值效应同时受资产价格（$(1 - e^{-\tau})\hat{Q}_t^d$）的正向和投资份额（$(1 - e^{-\tau})\hat{s}_t^{HF}$）的负向动态影响。根据以上分析，随着投资障碍增大，本国对外投资份额（$\hat{s}_t^{HF}$）下降，但（$1 - e^{-\tau}$）上升，因此无法确定投资份额是否是改善估值效应的原因；同时，随着投资障碍增大，资产价格（$\hat{Q}_t^d$）呈现先降后升的趋势，而（$1 - e^{-\tau}$）上升进一步推动估值效应的改善，因此，结合图 7 - 1 的数值模拟，可知，估值效应随投资障碍增加而改善主要是由资产价格的正向动态影响所致。经济意义上，由于本国资产存在超额回报，外资更愿意投资本国资产，资本因此持续向本国流入，随着投资障碍持续增大，外资进入本国的成本增加，本国居民却因获取该成本而增加相应收益，即用 $Q_{H,t}(1 - e^{-\tau})$ 表示。由此增加的收益最终导致本国存量外部财富的改善。

（5）代表外部财富的外部净资产（NFA）随着投资开放程度下降，在短期内（0 ~ 5 期）实现改善，但长期来看（5 ~ 50 期），投资开放程度的下降恶化了外部财富。这说明投资开放下降在短期内通过估值效应带动存量外部财富的增值，进而实现整体外部财富的改善，但该改善作用缺乏持续性，长期来看，由于投资障碍限制资本的跨国流动，经常账户（CA）中对外投资收益（IB）的下滑，令外部财富的流量降低，并最终在长期导致外部财富恶化。

（三）投资效率改进冲击下的数值模拟分析

类似上述表示经济周期冲击的技术创新冲击分析，本章接着以投资效率改进冲击表示金融周期冲击（Fisher，2006），并在所设定的不同国际投资开放程度（以 τ 值反映）下，考察 1% 投资效率改进冲击之后，各变量的动态变动情况。

从以上脉冲响应的结果可以看出：

从脉冲响应（见图 7 - 2）可以看出，随着投资开放程度的加深，在投资效率改进冲击下，变量 $\hat{s}_t^{HF}$ 与 $\hat{Q}_t^d$ 的动态变动轨迹，同其在技术创新冲击下的变动轨迹相类似。同时，经常账户、估值效应和外部财富的动态调整轨迹也与技术创新冲击下的动态轨迹类似。两类冲击造成变量脉冲响应的区别在于，投资效率改进冲击下，随着投资开放程度的下降，估值效应对外部财富改善作用较技术创新冲击下的表现更为持久。这说明，投资效率改进冲击对外部财富存量价值的影响较技术创新冲击更大。

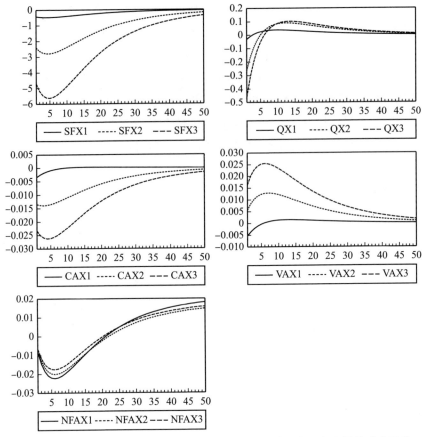

图 7 – 2　投资效率改进冲击（1%）下不同投资开放程度下各变量的动态反应

注：实线、短虚线及长虚线分别表示 τ 值在 0.01、0.1 以及 0.2 的情形。

　　综合上述 DSGE 实证研究，发现投资开放程度对国家外部财富动态调整作用规律，即技术创新冲击和投资效率改进冲击下，当国际投资开放程度下降，将改善估值效应，进而促进外部财富的改善。然而，该改善作用的持续性非常有限，由于国际投资障碍增大，投资开放程度逐渐下降，跨国投资的成本上升，所引发跨国投资收益的下降，最终不仅抵消了估值效应在短期所带来的外部财富改善作用，并在长期实现对外部财富的进一步恶化。由上述 DSGE 理论模型的分析，可以看出，投资障碍对外部财富增长的推动作用仅在短期有效，长期来看，投资开放程度下降或国际投资"逆全球化"思路将最终恶化自身国家外部财富。

第五节　金融调整视角下投资开放的政策启示

2018 年以来，国际投资开放程度不断下降，已对经济全球化产生一系列不利影响，美国政府利用投资障碍优化其外部财富的意图，令全球投资领域陷入"逆全球化"发展趋势，并对中国融入世界经济的进程构成一定障碍。目前，在学界，不同于贸易开放，相关研究在投资开放对各类宏观经济变量的影响上尚未形成共识，且对影响程度、持续性以及影响规律方面的研究仍不够深入。基于此，本章创新引入估值效应，利用新开放经济宏观经济（NOEM）理论分析范式，针对投资开放对国家外部财富的动态影响以及影响机理展开研究。

首先，基于现有研究文献发现，若未考虑估值效应，针对国家外部财富的研究将不够完善，因此，考察投资开放程度对国家外部财富的影响，需考虑估值效应。其次，本章以世界主要经济体构建面板数据，通过实证分析结果，发现投资开放程度的下降在短期对国家外部财富有正向推动作用，但在滞后期投资开放程度下降对国家外部财富产生显著不利影响。进一步利用 NOEM 理论分析范式，构建考虑估值效应在内的 DSGE 分析模型，基于技术创新和投资效率改进冲击对模型进行数值模拟，发现投资开放程度的下降只能在短期内通过估值效应适当改善国家外部财富，然而，该作用持续性短，由于跨国投资受限，国际投资收益的下降，导致外部财富新增流量持续下降，将在长期最终恶化国家外部财富。

本章的分析结论，对于正在构建高质量开放型经济的中国，有着如下启示。

首先，经济全球化是全球经济发展的必然趋势，投资"逆全球化"最终将恶化国家外部财富。通过本章分析，投资障碍增多，必将造成投资开放程度的下降，虽然可实现外部财富的短期改善，但是从投资开放与外部财富动态调整的作用机理来看，较低的投资开放水平最终在长期将恶化外部财富。因此，中国在构建高质量开放型经济的过程中，依然要秉持改革开放的态度，逐步优化外商投资负面清单，适度开放金融市场，提升投资开放程度。

其次，国际经贸政策的设计需关注估值效应。根据本章分析，估值效应对外部财富存量的影响使得其逐渐成为分析外部经济所需考虑的一项重要因素，正是因为估值效应的存在，使得投资开放程度的下降在短期对外部财富呈现出改善趋势。因此，在设计相关国际经贸政策时，增加考虑估值效应的影响，有助于丰富相关政策的运用范围，增强政策实施的有效性。

再次，降低国际投资障碍应致力于消除投资双方的信息不对称。中国对外投资的规模正在逐年扩大，尤其是"一带一路"倡议提出后，中国对沿线国家的投资正在加速膨胀，然而，沿线国家在地缘政治、投资文化、金融环境上都与中国差异较大。因此，为消除信息不对称，降低投资障碍，应推动投资双方的相互了解，构建投资信息交流平台，并强化政府对企业境外投资的指导，此外，优化多边投资组合也能有效降低由信息不对称所产生的投资障碍。

最后，强化大国间的沟通机制，建立互信互利的合作关系，呼吁反对投资保护主义，致力于构建优化的国际投资环境。本章分析可知，虽然投资保护主义令投资开放程度下降，在短期内推动国家外部财富上升，但这毕竟是一种短视行为，长期来看，投资双方的国家外部财富最终因投资开放程度下降而呈现恶化趋势，构成双输格局。因此，为避免国际投资障碍增大对双方外部财富带来的长期不利影响，国家间特别是大国之间应建立互信互利共赢的合作伙伴关系，共同致力于降低投资保护主义，推动经济全球化进程。

第八章　金融调整视角下外部资产的结构配置

【导读】

基于本书机理部分的研究结论，外部资产结构是影响金融调整的一项重要因素。因此，如何优化外部资产结构，通过金融调整渠道改善外部财富，成为包括中国在内各经济体关注的一项外部经济问题。本章基于新开放经济宏观经济学（NOEM）分析框架，围绕改善外部财富的目标展开研究。首先，通过模型推导和实证分析，发现外部权益资产结构与估值效应间的动态机制，以及该动态联系在不同经济体间存在的异质性。其次，构建动态随机一般均衡模型（DSGE），发掘外部权益资产结构的动态优化路径，并发现国际投资非完备性对该结构优化路径的阻碍作用。最后，通过数值拟合，测算中国外部权益资产结构的优化目标和改善空间，并认为中国现阶段仍需加快权益资本"走出去"的步伐。

第一节　金融调整与外部资产结构

根据国际收支编制规则，外部财富体现为国际贸易的累积结果。近年来，持续贸易顺差已为中国累积规模相当的外部财富，然而按市值法重新测算之后，中国外部财富却呈现大幅贬值。根据截至 2019 年的数据，中国基于市值法测算的外部财富落后贸易顺差累积额达 6.95 万亿人民币；反观美国，虽然常年贸易逆差，但其基于市值法测算的外部财富却超过贸易逆差累积额达 0.63 万亿美元①。这种由资产市值变动引致外部财富的影响，被定义为估值效应（IMF，2005）。随着经济全球化，各国外部财富

---

① 资料来源中国国家外汇管理局（http：//www.safe.gov.cn）和美国国家经济分析局（http：//www.bea.gov）.

存量规模在不断增大，估值效应对国家外部财富的影响逐渐提高。然而，该影响具有显著双面性，其令中国外部财富无谓流失，却令美国外部债务得到缓解。估值效应对国家外部经济的多样性影响，令其逐渐成为学者们探析外部经济问题的一项考量因素。

雷恩和香博（2010）认为引致估值效应的直接因素包括汇率与资产价格波动，但外部资产结构对估值效应也能产生一定间接影响。吉洛尼等（2015）、梅东洲和赵晓军（2015）等研究将外部资产结构划分为资产属性类型与资产互持方向两个维度。首先，资产属性类型维度是将一国外部财富按风险收益水平的显著差异划分为外部权益资产和非权益资产两类。前者包括对外直接投资与证券投资中的股权部分以及衍生金融工具，主要由国家间的权益投资行为所产生；后者包括国家债券、外汇储备以及对外直接投资与证券投资中的债权部分，主要是由国际贸易以及国家间相互债权投资所形成。两者虽然都会因为汇率波动引致估值效应，但前者相对后者，投资风险显著提高，资产价格容易波动，因此其还将因资产价格波动引致估值效应。其次，资产互持方向维度是将一国外部财富区分为本国持有外国方向以及外国持有本国方向。若一国持有外国的投资超过外国持有本国的投资常被称为世界投资者（Mendoza，2009；Curcuru et al.，2013），例如美国；反之，则被称作世界投资接受者，例如中国。站在世界投资者角度，如果外国资产市值的正向升值幅度较本国大，那么世界投资者会产生显著正估值效应，而世界投资接受者则会产生显著的负估值效应。

综合两个维度下的外部资产结构，资产属性类型结构中外部权益资产的比重将影响估值效应产生的规模；资产互持方向结构中，偏向对外投资或接受投资，将影响估值效应产生的方向。根据图 8 - 1 所展示 2015 年世界各主要经济体的外部资产结构状况，发现各经济体外部资产结构均存在一定差异，中美之间的差异尤为明显并且集中反映在权益资产结构方面，其中，中国对外不偏好持有权益资产而世界偏好持有中国的权益资产，美国对外偏好持有权益资产而世界不偏好持有美国的权益资产。随着国际金融一体化，国家间权益资产互持规模不断扩大，由权益资产价格引致的估值效应逐渐取代汇率波动的估值效应并主导外部财富估值效应（Gourinchas & Rey，2014）。刘琨（2016）利用方差分解法将中国与美国的估值效应逐级分解，发现资产价格波动引致的估值效应占整体估值效应的89%和71%。由于资产价格波动引致的估值效应主要是由于权益资产价格的波动所导致，因此，本章围绕估值效应和外部资产结构的研究，聚焦于资产价格波动引致的估值效应以及外部权益资产结构。

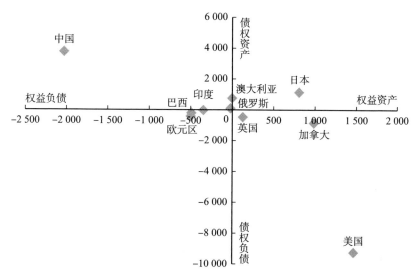

图 8 - 1 2015 年世界各主要经济体外部资产结构

注：配置结构图中刻度单位为十亿美元。

然而，资产结构是动态的，根据图 8 - 2 所展示 2019 年世界各主要经济体的外部资产结构状况，可以看出，2019 年部分经济体外部资产结构与 2015 年相比具有明显变化。其中，美国的资产结构发生重大变化，其从 2015 年的第四象限变化到 2019 年的第三象限，在其 21 世纪以来，首次出现对外权益投资存量小于外资对其投资存量，表示美国在 2019 年成为世界主要的权益投资目的地。结合图 8 - 3 来看，美国在 2017 年之后，原本为了减缓国家外部债务的正向估值效应出现大幅萎缩，截至 2019 年，市值计算的外部净资产（即国家外部财富）仅小于累计经常账户 0.63 万亿美元，较 2015 年的 2.75 万亿美元，减少 2.12 万亿美元。这暗示着资产结构的变化对正向估值效应具有深刻影响。此外，从图 8 - 2 还可以看出，在 2015 年还处于第三象限的欧元区在 2019 年逐步变化为第二象限，跟中国处于同一象限范围内，而 2015 年处于第一和第二象限之间的两个能源输出国家，即澳大利亚和俄罗斯，也在 2019 年变化到第三象限。变化不大的国家包括中国、英国、日本、印度和巴西。

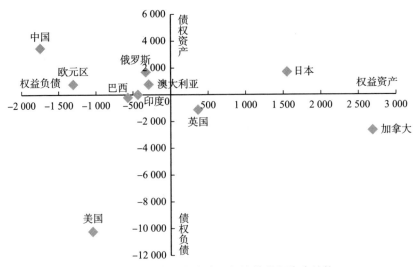

图 8 - 2　2019 年世界各主要经济体外部资产结构

注：配置结构图中刻度单位为十亿美元。

图 8 - 1 和图 8 - 2 资料分别来源于中国、美国、日本、欧元区、英国、加拿大、澳大利亚、巴西、印度和俄罗斯 2015 年和 2019 年的国际投资头寸表。

2019 年世界各经济体开始在资产结构上出现明显的分化，日本（第一象限）、中国和欧元区（第二象限）、美国（第三象限）、英国和加拿大（第四象限）成为四类资产结构的典型代表。

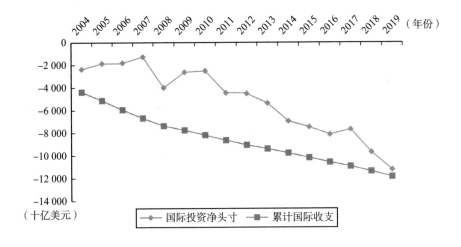

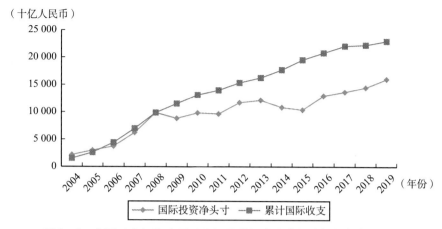

（十亿人民币）

图8-3　美国（左）和中国（右）累计经常账户与外部净资产的关系

图8-3 资料根据美国和中国2004~2019年国际投资头寸表和国际收支平衡表数据，作者自行整理而得。

进一步考察中美两国外部资产的结构配置（见图8-4和图8-5）。首先，从权益资产总量看，中美两国权益资产（或负债）在资产（或负债）所占的比重较大，以2017年为例，美国外部权益资产与负债之和为34.88万亿美元，占外部资产与负债之和的比重为55.26%；中国外部权益资产与负债之和为6.93万亿美元，占外部资产与负债之和的比重为57.54%。由此看来，权益资产的市值波动所引致的估值效应对中美两国

（万亿美元）

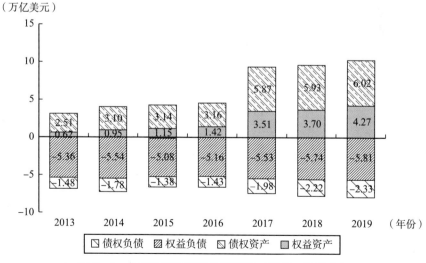

图8-4　中国外部资产的分布情况（2013~2019年）

资料来源：中国国家外汇管理局数据。

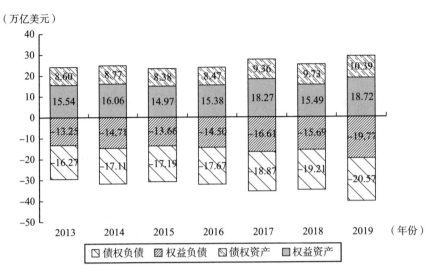

（万亿美元）

图 8-5　美国外部资产的分布情况（2013~2017 年）

资料来源：美国经济分析局。

外部财富的影响也将显著。其次，从权益资产持有方向看，中美两国权益资产的持有方向具有显著差异，2013~2019 年以来，中国权益资产均显著小于权益负债，但是权益资产规模的扩张速度在 2017 年之后得到显著提升，其与权益负债之间的差额得到逐渐缩小；反观美国，其权益资产在 2017 年之前均显著大于权益负债，但是在 2018 年时，美国权益负债开始超过权益资产并且该趋势在 2019 年进一步拉大。

可以看出，2017 年之前，作为世界被投资者的中国，当国内资产市值波动大于其外国时，其权益负债市值波动引致的估值效应也将对其外部财富产生显著影响；同理，作为世界投资者的美国，当国外资产市值波动大于其本国时，其权益资产市值波动引致的估值效应将对其外部财富产生显著影响。但是资产结构在 2017 年发生系列变化，中国正在快速获取世界权益资产而美国则逐渐成为全球权益资产的投资地，权益资产结构的变化，令估值效应对国家外部财富产生的金融调整效果也在 2017 年之后产生变化。如图 8-3 所示，2018~2019 年，美国正向估值效应开始大幅缩水，估值效应对其长期债务的缓解作用得到大幅减弱。此外，结合权益资产持有方向和属性类型上看，中国外部资产中权益资产的比重较小而外部负债中权益负债比重较大，美国外部资产中权益资产的比重较大而外部负债中权益负债的比重较小。

基于以上中美之间外部权益资产在持有方向和属性类型分布上存在的

显著差异，结合中美之间估值效应对外部财富截然相反的影响，直观来看，美国外部权益资产配置结构相对于中国更有利于产生正向估值效应，进而促进外部财富的增长。基于估值效应的外部经济失衡金融调整与外部资产结构都是新开放经济宏观经济学（NOEM）的前沿问题。基于中美两国权益资产结构与估值效应的现状，直观来看，美国的外部权益资产结构相对中国更有利于产生正向估值效应，并促进外部财富增长。然而，理论上，外部权益资产结构与估值效应之间的动态机制、最优外部权益资产结构的动态路径及其影响因素等问题仍尚待发掘。现实上，伴随中国经济结构调整以及"一带一路"建设推进，中国资本"走出去"的意愿越发强烈，中国外部权益资产规模呈现快速增长的趋势。2019 年中国非金融类对外直接投资存量达 2.19 万亿美元，投资存量仅次于美国、荷兰等经济体并成为世界对外权益投资的大国之一。面对新形势，基于估值效应视角探寻合理的外部权益资产结构，实现中国外部财富保值与增值，有助于为中国构建开放型经济体制提供一条参考思路。

本章以下内容首先梳理估值效应与外部资产结构的研究现状；其次基于 NOEM 分析范式构建理论与实证分析模型，探寻估值效应与外部权益资产结构之间的动态机制，发掘影响外部资产结构的相关因素；再次构建动态随机一般均衡模型（DSGE），探索外部权益资产结构动态优化路径；最后探讨优化中国外部资产结构的相关政策建议。

第二节　金融调整视角下外部资产结构的研究综述

21 世纪初，常年贸易赤字令美国外部债务规模持续膨胀，奥布斯特菲尔德和罗格夫（2000）通过经典跨期模型分析认为，若美国外部财富恢复均衡，美元需要持续贬值 45% 以上。然而，雷恩和费雷蒂（2001）认为，美元贬值也会促进已有存量外部财富的升值，因此均衡外部财富还需考虑存量外部财富的价值变动，其将外部存量资产因汇率或资产价格波动产生的变动值，定义为"估值效应"。他们首次利用市值法修正 1970～2004 年 145 个国家以账面价值记账的各资产价值，通过重新估算发现，估值效应明显改善美国外部财富并令美国债务危机得到缓解。由于市值法的运用，估值效应对外部财富的影响得以发现，科塞蒂和康斯坦丁诺（Corsetti & Konstantinou, 2005）利用向量误差修正及状态空间计量模型测算 21 个发达国家与 28 个新兴市场国家，发现 8 个发达国家和 4 个新兴市场国家存在明显的估值效应。宋效军和陈德兵（2006）首次发现中国外部财富也存在显著的估值效应。贺力平和林娟（2011）、廖泽芳和詹新宇（2012）基于外汇储备与主权债务的分析，发现中国大规模的外部债权暴露在美元风险下，已产生不利的估值效应。自此，估值效应得到学界的广泛认识，雷恩和费雷蒂（2007）认为估值效应已对国家外部财富的传统调整方式构成重要补充，也成为新开放经济宏观经济学一项重要的前沿研究议题。

有关估值效应对外部财富影响程度的计量问题上，古林查斯和雷伊（2007）创新性地构建一套测算模型（以下简称 GR 模型），将汇率和资产价格引致的估值效应表示为对外投资的超额回报，通过该模型可分别测算估值效应和国际贸易对外部财富的影响程度，即通过"估值效应渠道"和"贸易调整渠道"分别对外部财富的影响。该测算模型作为衡量外部财富受估值效应影响程度的经典方式沿用至今。古林查斯和雷伊（2014）利用 GR 模型和最新美国数据重新测算，发现估值效应对美国外部财富的影响程度正在加深，并且已超过国际贸易的影响程度。然而，估值效应具有两面性，美国外部财富因估值效应升值，而中国外部财富却因不利的估值效应而发生贬值。肖立晟和陈思翀（2013）利用 GR 模型和 1998 ~ 2011 年数据展开分析，发现估值效应对中国外部财富的不利影响已达 12.1%。刘琨和郭其友（2016）、那明和戴振亚（2017）、杨权和鲍楠（2017）继续利用 GR 模型以及不断更新的中国数据，发现估值效应对中国外部财富的不利影响在持续加深。估值效应也被认为是导致外部财富由新兴市场国家向发达国家转移的一项关键因素（Benetrix et al.，2015），并造成发展中国家外部财富流失的"剪羊毛"现象（范小云等，2011；丁志杰和谢峰，2014；贺力平，2015）。

基于估值效应对国家外部财富影响程度的加深，学者们开始研究估值效应的驱动因素。雷恩和香博（2010）、德韦鲁克斯和萨瑟兰（2010）、科库罗等（2013）、吉洛尼等（2015）等研究发现驱动估值效应的直接因素为汇率和资产价格波动，但是外部资产结构对估值效应也具有间接影响。各经济体外部资产结构存在明显差异，新兴市场经济体偏向持有发达经济体的非权益资产，发达经济体偏向持有新兴市场经济体的权益资产。自从奥布斯特菲尔德和罗格夫（2005）构建财富完全可替代的三国贸易模型起，学者们开始对国家间外部资产结构的差异展开研究。古林查斯和雷伊（2007）、科库罗等（2010）的研究发现美国投资人由于投资水平高，偏向于对外持有较高超额回报水平的权益资产；而新兴市场国家投资人偏向持有回报较低但更稳健的非权益资产，由此造成美国与新兴市场国家外部资产结构的差异。卡巴莱罗等（2008）、门多萨等（2009）、李俊青和韩其恒（2011）等研究从国家间金融市场发达程度的差异性出发，认为发展中国家由于自身金融市场不发达，令其更愿意持有美国非权益资产，而美国发达金融市场可为其投资提供更稳定的收益水平。因此，美国持续外债赤字与美国非权益资产需求上升并存的现象是合理的，这也是全球金融一体化的正常现象。但是，若需消除国家间外部资产结构的差异，根本出路在于降低国家间金融市场发展程度的差异。

实证方面，肖立晟和王博（2011）、范小云等（2012）、罗格夫和田代（2015）都寻找到金融发展水平可导致外部资产结构差异的证据，同时发现国家间金融开放程度的差异也能影响资产跨国流动。此外，克达西耶等（2010）认为投资"母国偏好"也影响着财富在本国与外国之间的分布，并导致国家间外部资产结构差异。综上所述，国家间金融发展水平、金融开放水平的差异，以及"母国偏好"等因素，将构成财富在不同国家、不同类型间分布的不可替代性，并最终导致国家间外部资产结构差异。因此，由财富不可替代性所形成的国际投资市场非完备性逐渐取代资产无差异的传统假设，构成国际投资研究领域所需考虑的一项重要因素。蒂勒和温库伯（2010）、巴甫洛娃和理哥本（2010）、阮（2011）等研究将这种国际投资市场非完备性反映为跨国投资障碍，即国际投资市场的非完备性越高，投资障碍越严重，最终导致国际投资的流动性减弱。

关于估值效应与外部资产结构间的关系，程希和舒艳（2014）最早利用面板向量自回归模型分别以新兴市场国家和发达市场国家两组截面数据，测算汇率和股票收益率对其估值效应的影响，其发现估值效应除直接受汇率和股票收益率的影响外，资产组合也是重要的影响因素。该研究也得到齐天翔等（2016）的印证，其利用 13 个亚洲国家 2006～2013 年数据展开实证分析，发现外部资产结构对估值效应的影响程度达 76.25%，起到主导作用。同时，在探讨外部资产结构的研究中考虑估值效应，一定程度上能完善分析结论。布兰查德等（2005）最早在其传统开放宏观经济模型中引入估值效应，发现估值效应导致外部财富具有显著的不可替代性。菲利帕和维亚尼（Filipa & Viani，2013）进一步丰富了布兰查德等（2005）的模型，将美国外部财富划分为权益资产和债权资产，并考察在美元资产偏好冲击下，美国各宏观经济指标的反应。研究发现，偏好下降令美元贬值并产生估值效应实现美国外债的短期缓解。然而，上述分析仅考虑汇率波动引致的估值效应，并未考虑资产价格波动因素。

由于外部权益资产相对非权益资产更容易因价格波动引致估值效应，

因此，结合估值效应考察外部资产结构时，更应着重考虑外部权益资产结构以及由权益资产价格波动引致的估值效应。例如，塞希和维克多（Serhiy & Viktor，2015）发现在外部资产结构中配置一定比重的权益资产后，由权益资产价格波动引致的估值效应，能有效缓解税收冲击造成的经济波动。乔吉亚迪斯和梅尔（2016）也发现由权益资产价格波动引致的估值效应令货币政策跨国传递的有效性增强了25%，并改变了传统货币政策的传递模式。丁志杰等（2017）认为，经济全球化以及估值效应对中国的影响加深，应充分考虑估值效应对外部资产结构的影响，才能更好地分析国际风险通过估值效应渠道对国内经济产生的冲击作用。

综合上述文献，发现围绕外部经济的相关研究中考虑估值效应，可令研究更加完善与深入，同时，外部权益资产因其价格易于波动将引致更为显著的估值效应。然而，现有研究尚未紧密结合权益资产以及由权益资产价格波动引致的估值效应，导致研究未能准确探寻影响外部资产结构动态优化的相关因素。同时，现有研究虽已发现外部资产结构对估值效应的影响，但仍未能构建合适理论模型，刻画估值效应与外部资产结构间的作用机制。

第三节　金融调整与外部权益资产结构的动态联系

基于上述分析，基于估值效应的金融调整主要是由国家外部权益资产的价格波动所引致，并且构成影响外部财富的主导因素。本节将聚焦于外部权益资产结构以及由权益资产价格波动所引致的估值效应，并通过构建实证分析模型探索二者之间的动态作用机制。

一、基础模型构建

基于新开放经济宏观经济学（NOEM）分析范式，结合克达西耶等（2010）构造的两国一般均衡模型以及德韦鲁斯克和萨瑟兰（2010）描述的外部资产结构，构建一套旨在刻画估值效应与外部权益资产结构两者间动态关系的理论模型。变量下标"H"为本国，"F"为外国。假设市场完全竞争，两国完全对称，不存在政府开支且一价定律成立。

（一）家庭效用、消费及价格函数

$$\max: V_t = E_0 \sum_{t=0}^{\infty} \beta^t \left(\frac{1}{1-\sigma} C_{H,t}^{1-\sigma} - \frac{1}{1+\omega} L_{H,t}^{1+\omega} \right) \tag{8-1}$$

其中，β 为折扣率，$C_{H,t}$ 为本国消费，$L_{H,t}$ 为本国劳动，σ 为风险厌恶程度且大于1，ω 为工资率且大于0。

$$C_{H,t} = \left[a^{1/\phi} \left(c_{H,t}^H \right)^{(\phi-1)/\phi} + (1-a)^{1/\phi} \left(c_{F,t}^H \right)^{(\phi-1)/\phi} \right]^{\phi/(\phi-1)} \qquad (8-2)$$

消费函数（8-2）中，$c_{j,t}^i$ 为 i 国消费 j 国的产品，a 为消费本国产品的偏好且 $1 > a > 0.5$，ϕ 为国内外产品的替代弹性，由于完全对称，外生变量 a 与 ϕ 在 H 与 F 国中都一致。基于成本最小化，求得价格指数函数：

$$P_{H,t} = \left[a \left(p_{H,t} \right)^{1-\phi} + (1-a) \left(e_t p_{F,t} \right)^{1-\phi} \right]^{1/(1-\phi)} \qquad (8-3)$$

P_H 为国内价格指数，p_H 为国内产品定价，e_t 为名义汇率并采用直接标价法。国外价格函数类似，因此根据式（8-3）可得：

$$c_{H,t}^H = a \left(\frac{p_{H,t}}{P_{H,t}} \right)^{-\phi} C_{H,t} ; \quad c_{F,t}^H = (1-a) \left(\frac{e_t p_{F,t}}{P_{H,t}} \right)^{-\phi} C_{H,t} \qquad (8-4)$$

（二）企业

企业的生产函数、资本变动及投资规模的表达式为：

$$Y_{H,t} = z_{H,t} (K_{H,t})^\kappa (L_{H,t})^{1-\kappa} \qquad (8-5)$$

$$K_{H,t+1} = (1-\delta) K_{H,t} + I_{H,t} \qquad (8-6)$$

$$I_{H,t} = \left[a_I^{1/\phi_I} \left(i_{H,t}^H \right)^{(\phi_I-1)/\phi_I} + (1-a_I)^{1/\phi_I} \left(i_{F,t}^H \right)^{(\phi_I-1)/\phi_I} \right]^{\phi_I/(\phi_I-1)} \qquad (8-7)$$

其中，$Y_{i,t}$ 为产出产品，$z_{i,t}$ 为全要素生产力且大于0，$K_{i,t}$ 为累计资本投入，κ 为资本投入的比例，$1-\kappa$ 则表示劳动力投入的比例；δ 为恒定资本折旧率，$I_{i,t}$ 为当期投资，a_I 为引入本国投资的偏好，$1 > a_I > 0.5$，ϕ_I 为引入 i 国和引入 j 国投资的替代弹性。基于投资成本最小化，求得投资价格指数函数：

$$P_{H,t}^I = \left[a_I \left(p_{H,t} \right)^{1-\phi_I} + (1-a_I) \left(e_t p_{F,t} \right)^{1-\phi_I} \right]^{1/(1-\phi_I)} \qquad (8-8)$$

P_H^I 为国内投资价格指数，根据式（8-7）和式（8-8）则有：

$$i_{H,t}^H = a_I \left(\frac{p_{H,t}}{P_{H,t}^I} \right)^{-\phi_I} I_{H,t} ; \quad i_{F,t}^H = (1-a_I) \left(\frac{e_t p_{F,t}}{P_{H,t}^I} \right)^{-\phi_I} I_{H,t} \qquad (8-9)$$

根据一般均衡理论，厂商利润予以最大化，则本国利润一阶函数为：

$$w_{H,t} L_{H,t} = (1-\kappa) p_{H,t} z_{H,t} (K_{H,t})^\kappa (L_{H,t})^{1-\kappa} \qquad (8-10)$$

$w_{H,t}$ 为工资率，股利 $D_{H,t}$ 为厂商在支付成本与投资后的留存，表示：

$$D_{H,t} = \kappa p_{H,t} z_{H,t} (K_{H,t})^\kappa (l_{H,t})^{1-\kappa} - P_{H,t}^I I_{H,t} \qquad (8-11)$$

（三）资本市场、家庭选择和市场出清

投资品市场中，家庭可选择交易权益或非权益资产。假设国内外非权益资产总和为0，本国持有非权益资产与外国相反。初始状态下家庭仅拥有本国存量资产，预算约束为：

$$P_{H,t}C_{H,t} + s_{H,t+1}^H Q_{H,t} + e_t Q_{F,t} s_{F,t+1}^H + B_{H,t+1}^H + e_t B_{F,t+1}^H =$$

$$w_{i,t}L_{i,t} + s_{H,t}^H (Q_{H,t} + D_{H,t}) + e_t (Q_{F,t} + D_{F,t}) s_{F,t}^H + (1 + \upsilon_{H,t})B_{H,t}^H + e_t(1 + \upsilon_{F,t})B_{F,t}^H$$

$$(8-12)$$

其中，s_F^H 为本国持有外国权益资产的份额，s_H^F 为外国持有本国权益资产的份额；B_F^H 为本国持有外国非权益资产的市值（本币计量），B_H^F 为外国持有本国非权益资产份额的市值（外币计量）；Q_H 为本国全部权益资产的市值（本币计量），Q_F 为外国全部权益资产的市值（外币计量），e_t 为名义汇率，$R_{i,t}$ 为本国权益资产回报率，$\upsilon_{i,t}$ 为本国非权益资产回报率。

基于式（8-1）和式（8-12）构建 H 国欧拉方程：

$$E_t\left[\frac{\beta e_{t+1}(Q_{F,t+1} + D_{F,t+1})}{e_t Q_{F,t}}\right] = E_t\left[\frac{\beta(Q_{H,t+1} + D_{H,t+1})}{Q_{H,t}}\right] \quad (8-13)$$

产品市场和资本市场出清条件：

$$c_{H,t}^H + c_{H,t}^F + i_{H,t}^H + i_{H,t}^F = Y_{H,t} \quad\quad\quad (8-14)$$

$$c_{F,t}^H + c_{F,t}^F + i_{F,t}^F + i_{F,t}^H = Y_{F,t} \quad\quad\quad (8-15)$$

$$s_{H,t}^H + s_{H,t}^F = s_{F,t}^F + s_{F,t}^H = 1 \quad\quad\quad (8-16)$$

$$B_H^H + B_H^F = B_F^F + B_F^H = 0 \quad\quad\quad (8-17)$$

其中，式（8-16）为权益资产市场出清，表示国内资本持有国内权益资产份额与外资持有国内权益资产份额之和为 1；式（8-17）为非权益资产市场出清，反映本国与外国之间的借贷关系，若本国向外国贷款，则表现为 $B_H^H = -B_H^F > 0$。

（四）外部经济相关变量

根据 IMF（2005），外部财富（NFA）每期（t）变动值可约等于估值效应（VA）与经常账户（CA）之和，如下式：

$$NFA_{H,t+1} - NFA_{H,t} = CA_{H,t} + VA_{H,t} \quad\quad\quad (8-18)$$

根据雷恩和香博（2010）、德韦鲁克斯和萨瑟兰（2010）等研究将驱动估值效应的因素分为汇率和资产价格波动，其中汇率波动对外部权益资产和外部非权益资产都能产生估值效应，而资产价格波动只对外部权益资产产生估值效应，如下式：

$$VA_{H,t} = (e_{t+1}Q_{F,t+1} - e_t Q_{F,t})s_{F,t+1}^H - (Q_{H,t+1} - Q_{H,t})s_{H,t+1}^F + (e_{t+1} - e_t)B_{F,t+1}^H$$

$$(8-19)$$

将外部财富（NFA）分解为外部权益净资产与外部非权益净资产，如下：

$$NFA_{H,t} = e_t s_{F,t}^H Q_{F,t} - s_{H,t}^F Q_{H,t} + e_t B_{F,t}^H - B_{H,t}^F \quad\quad\quad (8-20)$$

同时，经常账户（*CA*）分解为贸易余额（*TB*）和收益余额（*IB*），其中贸易余额利用国民收入恒等式表示，收益余额利用外部权益资产收益和外部非权益资产收益表示：

$$CA_{H,t} = TB_{H,t} + IB_{H,t}$$

$$= (p_{H,t}Y_{H,t} - P_{H,t}C_{H,t} - P_{H,t}^I I_{H,t})$$

$$+ (s_{H,t}^F D_{H,t} - e_t s_{F,t}^H D_{F,t} + \upsilon_{H,t} B_{H,t}^F - e_t \upsilon_{F,t} B_{F,t}^H) \qquad (8-21)$$

（五）动态外部权益资产结构

吉洛尼等（2015）认为外部权益资产结构是本国持有外国权益资产份额与外国持有本国权益资产份额差，$s_{F,t}^H - s_{H,t}^F$，该式既反映了外部权益资产的比重，又反映其在资产互持方向上的分布，即综合反映外部权益资产在类型属性和互持方向两个维度上的分布结构。从式（8-19）看出，估值效应与外部权益资产份额（$s_{F,t}^H$ 和 $s_{H,t}^F$）以及外部非权益资产 $B_{F,t+1}^H$ 相关，但不存在线性关系。若要继续探析其间关系，需对式（8-19）线性化处理。由于市场完全竞争，国内外资产无差异，一阶线性化后仍无法体现估值效应与外部权益资产结构间的关系，因此，参考德韦鲁克斯和萨瑟兰（2010）对估值效应二阶近似分解：

$$VA_{H,t} = VA_H + Y_H [\, \hat{VA}_{H,t}^{(1)} + \hat{VA}_{H,t}^{(2)} \,] + O(\varepsilon^3) \qquad (8-22)$$

$$\hat{VA}_{H,t}^{(1)} = [\, s_F^H e Q_F - s_H^F Q_H \,] \times \begin{bmatrix} \Delta\hat{e}_{t+1} + \Delta\hat{Q}_{F,t+1} \\ \Delta\hat{Q}_{H,t+1} \end{bmatrix} \qquad (8-23)$$

$$\hat{VA}_{H,t}^{(2)} = [\, s_F^H e Q_F - s_H^F Q_H \,] \times \begin{bmatrix} \dfrac{1}{2}(\Delta\hat{e}_{t+1} + \Delta\hat{Q}_{F,t+1})^2 \\ \dfrac{1}{2}(\Delta\hat{Q}_{H,t+1})^2 \end{bmatrix}$$

$$+ [\, s_{F,t}^H \hat{e}_t Q_{F,t} - s_{H,t}^F \hat{Q}_{H,t} \,] \times \begin{bmatrix} \Delta\hat{e}_{t+1} + \Delta\hat{Q}_{F,t+1} \\ \Delta\hat{Q}_{H,t+1} \end{bmatrix} \qquad (8-24)$$

从二阶展开式（8-24）看出，等式右边后半部分体现了动态外部权益资产结构，说明估值效应与外部权益资产结构存在动态联系，结合线性化后的式（8-11）和式（8-13），可得外部权益资产结构（$\hat{s}_t^{-HF} = \hat{s}_{F,t}^H - \hat{s}_{H,t}^F$）① 的动态线性表达式：

$$\hat{s}_t^{-HF} = \frac{Q - (Q+D)\beta}{Q(1-\beta)} \hat{Q}_{t-1}^d + \frac{e B_F^H}{Q(1-s)(1-\beta)} \Delta\hat{e}_t$$

---

① 对数线性化后的变量表示在稳态附近的微小变化，用变量上加尖号表示。而变量不加任何时间下标，表示达到稳态时的值，若变量不带任何上标与下标，则表示稳态值。

$$+ \frac{D\beta}{Q(\kappa - \eta)(1 - \beta)}(\kappa \hat{Y}_t^d - \eta \hat{I}_t^d) + \frac{\beta D(\kappa - 2a_I \eta + \eta)}{Q(\kappa - \eta)(1 - \beta)}\hat{i}_t^d \qquad (8-25)$$

其中，$\hat{Q}_{t-1}^d = \hat{Q}_{H,t-1} - \hat{Q}_{F,t-1} - \hat{e}_{t-1}$、$\Delta \hat{e}_t = \hat{e}_t - \hat{e}_{t-1}$、$\hat{y}_t^d = \hat{y}_{H,t} - \hat{y}_{F,t}$、$\hat{I}_t^d = \hat{I}_{H,t} - \hat{I}_{F,t}$、$\hat{i}_t^d = \hat{p}_{H,t} - \hat{p}_{F,t} - \hat{e}_t$ 分别表示本国相对外国的权益资产相对价格变动、汇率变动、相对产出变动、相对投资变动及贸易条件变动，η 为稳态下投资占 GDP 比重。从式（8-25）等号右边表达式看，第 1 项表示权益资产价格波动引致的估值效应，系数 $\frac{Q - (Q + D)\beta}{Q(1 - \beta)} < 0$ 表示当外国权益资产价格相对本国上升将引起权益资产从本国向外国流动；第 2 项表示汇率波动引致的估值效应，系数 $\frac{eB_F^H}{Q(1 - s)(1 - \beta)} > 0$ 表示外国货币相对持续升值将引起权益投资从本国向外国流动；第 3 项表示由本国产出扣除投资后的家庭可支配收入，系数 $\frac{D\beta}{Q(\kappa - \eta)(1 - \beta)} > 0$ 表示本国家庭可支配收入的提高促进对外国权益资产的投资；第 4 项表示本国产品价格相对外国的动态变动，即贸易条件变动，系数 $\frac{\beta D(\kappa - 2a_I \eta + \eta)}{Q(\kappa - \eta)(1 - \beta)} > 0$ 表示贸易条件改善将引发本国贸易盈余，进而产生增量可支配收入促进本国家庭对外国权益资产的投资。综上可知，动态外部权益资产结构与由权益资产价格和汇率波动引发的估值效应相关，也与由产出和贸易条件引发的家庭可支配收入变动相关。

二、面板实证检验

（一）数据来源

为进一步印证以上理论模型所分析的外部权益资产最优配置问题。本章采用面板数据进行实证分析，面板截面选取分为发达经济体和新兴市场国家经济体两组，共 10 个，其中发达国家包括美国、欧元区、英国、日本、加拿大和澳大利亚六个，将 G7 经济体中法国、德国和意大利以整个欧元区进行考察，并加入与 G7 经济体相似的澳大利亚。新兴市场国家选取金砖国家（BRIC）① 中国、巴西、印度和俄罗斯四个。根据 IMF 的统计，以上 10 个经济体 2019 年 GDP 总量达 69.76 万亿美元，占同期世界 GDP 总量的 78.41%，其中发达经济体 48.01 万亿美元，占世界 GDP 总量

---

① 金砖国家中的南非由于经济体量不大而未列入，2019 年南非 GDP 仅为其他金砖国家合计的 1.66%。

的 54.74%，金砖国家 20.76 万亿美元，占 23.67%。上述经济体基本可反映世界整体情形。时间上，本章以 1999 年为基期，数据长度为 2000～2019 年，取各变量的年度数据，时间跨度为 20 期。

（二）模型及变量选取

根据以上理论模型分析，权益资产份额变动影响因素包括资产价格、汇率、无价格的居民可支配收入以及贸易条件，构建面板计量模型表示为：

$$\ln\frac{s_{F,it}^{H}}{s_{H,it}^{F}}=\beta_1\ln\frac{Q_{H,it-1}}{Q_{F,it-1}}+\beta_2\ln\frac{Y_{H,it}}{Y_{F,it}}+\beta_3\ln\frac{p_{H,it}}{p_{F,it}}+\beta_4\ln e_{it}+\mu_i+v_t+\varepsilon_{it}$$

$$(8-26)$$

以上方程表示相对外部权益净资产变动与本国和外国的权益资产价格、本国与外国的无价格可支配收入、贸易条件以及汇率相关，其中 μ_i 表示地区效应，而 v_t 表示时间效应，ε_{it} 为随机项，其中无价格可支配收入使用产量作为代理变量。

表 8-1 列示了计量模型各变量解释含义。

表 8-1　　　　　　　　　　计量模型各变量解释含义

变量	解释
$s_{F,it}^{H}$	本国持有外国权益资产份额
$Q_{H,it}$	本国总权益资产价值
$p_{H,it}$	本国产品价格
$y_{H,it}$	本国产量
$s_{H,it}^{F}$	外国持有本国权益资产份额
$Q_{F,it}$	外国总权益资产价值
$p_{F,it}$	外国产品价格
$y_{F,it}$	外国产量
E_{it}	名义直接标价法汇率

（三）数据处理

1. 权益资产份额

$s_{H,it}^{F}$ 采用各经济体国际资产头寸表（IIP）权益型负债部分（FDI 与证券投资中股权部分合计）占本国权益资产总值①的比重，$s_{F,it}^{H}$ 采用各经济体 IIP 权益型资产（美元计价）占外国权益资产总值的比重，外国权益资产为除本国外上述其他 9 个经济体权益资产按美元计价的合计值。

2. 权益资产价值

$Q_{H,it}$ 表示本国权益资产价值，因该计量模型仅考察资产价格变动与资产份额变动的关系，因此，以 $Q_{H,it}$ 表示为资产价格并以 1999 年基期为 1，单位为本币，以 1999 年本国国内证券总市值为基础，通过 1999～2019 年总市值与基期的变动来测算资产价格。$Q_{F,it}$ 以本国以外其他 9 个经济体的资产价格以其 GDP 为权重加权计算得来。

3. 产品价格

$p_{H,it}$ 表示本国产品价格，本章以 1999 年基期设置为 100，单位为本币，以本国 CPI 消费价格指数环比代表。相应外国产品价格 $p_{F,it}$ 以本国以外其他 9 个经济体的产品价格以其 GDP 为权重加权计算得来。前者除以后者表示贸易条件。

4. 产量

$y_{H,it}$ 表示本国产量，为统一单位量以本国美元计价的 GDP 除以上述产品价格 $p_{H,it}$ 得来，相应外国产量 $y_{F,it}$ 则为其他 9 个经济体产量之和。

5. 汇率

本章采用名义直接标价的汇率，并采用综合加权汇率，即以其他 9 个经济体的每单位外国货币兑换本国货币的值按同期 GDP 权重加权得出。

三、面板检验与回归

（一）面板稳定性检验

由于本章面板的截面个数小于时间跨度，在对面板进行协整分析之前，需要对模型中各变量进行单位根检验，继续简化为：

$$\ln s_{it} = \beta_1 \ln q_{it} + \beta_2 \ln y_{it} + \beta_3 \ln p_{it} + \beta_4 \ln e_{it} + \mu_i + v_t + \varepsilon_{it} \qquad (8-27)$$

其中，s_{it} 为相对权益资产份额，q_{it} 为相对资产价格，y_{it} 为相对产出，i_{it} 为相对投资，p_{it} 为贸易条件，E_{it} 为综合加权汇率。本章采用 4 种常见的检验方法：LLC 检验，IPS 检验、ADF – Fisher 检验和 PP – Fisher 检验。各

---

① 权益资产价值选取国家资产负债表中家庭金融资产，美国数据来自美联储 http：//www. federalreserve. gov/，日本数据来自内阁府 http：//www. esri. cao. go. jp/，澳大利亚数据来自澳洲央行 http：//www. rba. gov. au/，加拿大数据来自加拿大央行 http：//www. bankofcanada. ca/，印度数据来自印度央行 http：//www. rbi. org. in/，巴西数据来自巴西央行 http：//www. bcb. gov. br，俄罗斯数据来自俄罗斯央行 http：//www. cbr. ru/，英国、欧元区及中国数据来自 Wind 资讯。

检验方法对上述 $\ln s_{it}$、$\ln q_{it}$、$\ln y_{it}$、$\ln p_{it}$、$\ln E_{it}$ 的检验结果如表 8 - 2 所示。

表 8 - 2 变量单位根检验结果

变量	LLC		IPS		ADF – Fisher		PP – Fisher	
	Stat	Prob	Stat	Prob	Stat	Prob	Stat	Prob
$\ln s_{it}$	- 1.501	0.064	- 0.025	0.485	18.937	0.508	35.084	0.017
$\ln q_{it}$	1.388	0.910	3.023	0.988	5.467	0.989	5.687	0.989
$\ln y_{it}$	0.224	0.583	0.384	0.644	16.682	0.655	9.094	0.971
$\ln p_{it}$	- 6.365	0.000	- 1.051	0.143	31.934	0.040	33.743	0.025
$\ln E_{it}$	- 1.020	0.149	0.182	0.567	18.665	0.526	10.788	0.939

注：各检验方法原假设均采用"存在单位根"。

以上四种方法检验变量的单位根，发现变量平稳性较弱。通过上述变量一阶差分进行检验，可以发现上述变量为一阶单整，因此进一步进行面板协整检验，并采用佩德罗尼（Pedroni）、考（Kao）以及约翰森（Johansen）方法检验，根据表 8 - 3 协整检验的结果，表明所选取的变量存在面板协整关系。

表 8 - 3 变量协整检验结果

协整方法	Statistic	Prob.
Pedroni Panel ADF – Statistic	- 3.787245	0.0001
Kao Residual Cointegration Test	- 2.913471	0.0013
Johansen Fisher Panel Cointegration Test	0	
None	175.428	0.0000
At most 1	92.7432	0.0000
At most 2	42.7383	0.0013

注：各检验方法原假设为"存在协整关系"。

（二）面板回归估计

由于本章选取的面板截面数小于时间跨度，因此采用长面板的估计策略，由于截面小于时间跨度，对于截面间存在的固定效应，加入个体虚拟变量予以解决，时间效应通过加上时间趋势项予以控制，因此本章估计策略采用"OLS + 面板校正标准误"（PCSE）的方法。在估计过程中，将截面分为整体经济、发达经济、金砖国家。估计结果见表 8 - 4。

表 8 - 4　　　　　　　　　　面板实证估计结果

变量	整体经济	发达经济体	新兴市场经济体
$\ln q_{it}$	- 0. 1264 ** (- 1. 95)	- 0. 5724 *** (- 6. 09)	0. 1578 ** (2. 26)
$\ln e_{it}$	0. 7828 *** (2. 76)	0. 6638 ** (2. 50)	1. 8502 *** (4. 36)
$\ln y_{it}$	1. 5249 *** (12. 46)	1. 7315 *** (7. 38)	1. 9661 *** (7. 21)
$\ln p_{it}$	1. 2495 *** (7. 45)	1. 1210 ** (2. 39)	2. 0266 *** (12. 20)
观测值	200	120	80
截面个数	10	6	4
控制时间	YES	YES	YES
控制地区	YES	YES	YES

注：数值括号中为 t 值，*** 为在 1% 水平下显著，** 为在 5% 水平下显著，* 为在 10% 水平下显著。

从整体经济的实证结果上看，该结果进一步验证了基础理论模型的分析结论。两者在探析影响外部权益资产结构的相关因素以及发掘外部权益资产结构与估值效应之间动态关系这两个问题上，得出相同结论。分别从发达与新兴市场经济体的实证结果上看，虽然两类经济体在实证回归结果上都呈现显著，但在新兴市场经济体中，动态外部权益资产结构与动态相对权益资产价格正相关，这与基础理论模型不一致并且显著性水平明显弱于发达经济体，说明两类经济体之间，估值效应对外部权益资产结构的影响作用存在差异。根据卡巴莱罗等（2008）、门多萨等（2009）、李俊青和韩其恒（2011）等研究，国家间金融发达程度和开放程度的差异是造成权益资产投资差异的重要原因，也构成国际投资市场非完备性的重要内容。因此，考察外部权益资产结构，还需考虑经济体权益投资的异质性，以及由该异质性构造的国际投资市场非完备性。

第四节　外部权益资产结构的动态优化路径

基于估值效应的金融调整显著影响外部权益资产结构，相反，若以改善本国估值效应为目的，如何优化外部权益资产结构，是研究外部资产结构面临的另一项重要问题。根据本章第三节实证结论，国际投资市场非完备性是影响外部权益资产结构动态变动的一项重要因素。因此，探讨外部权益资产结构的优化路径，还需要考虑国际投资市场非完备性。

一、外部权益资产结构的稳态及优化路径

（一）构建非完备国际投资市场理论模型

基于本章第三节的基础理论模型，参考蒂勒和温库伯（2010）、巴甫洛娃和理哥本（2010）、阮（2011）等研究，将国际投资市场非完备性外生量化并表示为国际资本流动的阻碍因素，$e^{-\tau}$。当 $\tau>0$，则 $0<e^{-\tau}<1$，τ 越大，$e^{-\tau}$ 越接近于 0，表明国际资本流动的障碍越大，国际投资市场的非完备性越强。类似贸易摩擦中的关税壁垒，τ 越大时，本国跨国投资损失 $(1-e^{-\tau})$ 就越大，外国权益资产的投资吸引力下降。反过来，被投资国可获一笔收入 $(1-e^{-\tau})$，表示外来资金购买本国权益资产所需多支付的成本。由于模型新考虑国际投资市场非完备性，涉及权益投资的相关表达式需要重新描述，其中约束方程（8-12）、估值效应（8-19）和经常账户（8-21）需改写为：

$$P_{H,t}C_{H,t}+s_{H,t+1}^{H}Q_{H,t}+e_{t}s_{F,t+1}^{H}Q_{F,t}+B_{H,t+1}^{H}+e_{t}B_{F,t+1}^{H}=$$
$$w_{H,t}L_{H,t}+s_{H,t}^{H}(Q_{H,t}+D_{H,t})+e_{t}s_{F,t}^{H}(Q_{F,t}+D_{F,t})e^{-\tau}+ \quad (8-28)$$
$$s_{H,t}^{F}(Q_{H,t}+D_{H,t})(1-e^{-\tau})+(1+\upsilon_{H,t})B_{H,t}^{H}+e_{t}(1+\upsilon_{F,t})B_{F,t}^{H}$$

$$VA_{H,t}=s_{F,t+1}^{H}(e_{t+1}Q_{F,t+1}-e_{t}Q_{F,t})-s_{H,t+1}^{F}(Q_{H,t+1}-Q_{H,t})$$
$$-s_{F,t}^{H}Q_{F,t}(1-e^{-\tau})+s_{H,t}^{F}Q_{H,t}(1-e^{-\tau})+(e_{t+1}-e_{t})B_{F,t+1}^{H}$$
$$(8-29)$$

$$CA_{H,t}=(p_{H,t}Y_{H,t}-P_{H,t}C_{H,t}-P_{H,t}^{I}I_{H,t}) \quad (8-30)$$
$$+(s_{F,t}^{H}D_{F,t}e^{-\tau}-s_{H,t}^{F}D_{H,t}e^{-\tau}+\upsilon_{H,t}B_{H,t}^{F}-e_{t}\upsilon_{F,t}B_{F,t}^{H})$$

改写后的式（8-28）～式（8-30）及基础理论模型中的其余方程将重新构成一套考虑国际投资市场非完备性的外部权益资产结构动态模型。

(二) 模型对数线性化过程

采用 Uhlig 线性化方法对式 (8-3)、式 (8-4) 及式 (8-13) ~ 式 (8-17) 进行线性化，并令 $\hat{t}_t = \hat{p}_{H,t} - \hat{p}_{F,t} - \hat{e}_t$，可得：

$$-\sigma(\hat{C}_{H,t} - \hat{C}_{F,t}) = \hat{P}_{H,t} - \hat{P}_{F,t} - \hat{e}_t \qquad (8-31)$$

$$\hat{P}_{H,t} - \hat{P}_{F,t} - \hat{e}_t = (2a-1)\hat{t}_t \qquad (8-32)$$

根据式 (8-5)、式 (8-6) 和式 (8-9) 以及相应国外方程，可求出本国用于消费的产品与外国用于消费的产品之比和本国用于投资的产品与外国用于投资的产品之比：

$$Y_{c,t} = \frac{c_{H,t}^H + c_{H,t}^F}{c_{F,t}^F + c_{F,t}^H} = t_t^{-\phi} \frac{1 + \dfrac{1-a}{a} \dfrac{C_{F,t}}{C_{H,t}} \left(\dfrac{P_{H,t}}{e_t P_{F,t}}\right)^{-\phi}}{\dfrac{C_{F,t}}{C_{H,t}} \left(\dfrac{P_{H,t}}{e_t P_{F,t}}\right)^{-\phi} + \dfrac{1-a}{a}} \qquad (8-33)$$

$$Y_{I,t} = \frac{i_{H,t}^H + i_{H,t}^F}{i_{F,t}^F + i_{F,t}^H} = t_t^{-\phi} \frac{1 + \dfrac{1-a_I}{a_I} \dfrac{I_{F,t}}{I_{H,t}} \left(\dfrac{P_{H,t}^I}{e_t P_{F,t}^I}\right)^{-\phi_I}}{\dfrac{I_{F,t}}{I_{H,t}} \left(\dfrac{P_{H,t}^I}{e_t P_{F,t}^I}\right)^{-\phi_I} + \dfrac{1-a_I}{a_I}} \qquad (8-34)$$

将式 (8-33) 和式 (8-34) 线性化，后得：

$$\hat{Y}_{C,t} = \hat{t}_t \left[-\phi - \left(\frac{1}{\sigma} - \phi\right)(2a-1)^2 \right] \qquad (8-35)$$

$$\hat{Y}_{I,t} = -\phi_I(1 - (2a_I-1)^2)\hat{t}_t + (2a_I-1)(\hat{I}_{F,t} - \hat{I}_{H,t}) \qquad (8-36)$$

根据市场出清条件式 (8-14) 和式 (8-15) 可知，投资和消费等于总产出，代入线性化测算，可得：

$$(1-\eta)\hat{Y}_{C,t} + \eta \hat{Y}_{I,t} = \hat{Y}_t \qquad (8-37)$$

令 $\eta = \dfrac{P_H^I I_H}{p_H Y_H} = \dfrac{P_F^I I_F}{p_F Y_F}$ 表示为在稳态下投资占 GDP 的比重，由于对称性，国内和国外比例都相等。因此相对产出可用式 (8-35) 式 (8-36) 代入式 (8-37) 表示：

$$\hat{Y}_t = \left\{ (1-\eta)\left[-\phi - \left(\frac{1}{\sigma} - \phi\right)(2a-1)^2 \right] - \phi_I \eta [1 - (2a_I-1)^2] \right\}\hat{t}_t$$
$$+ \eta(2a_I-1)(\hat{I}_{F,t} - \hat{I}_{H,t}) \qquad (8-38)$$

(三) 稳态下最优资产组合

1. 稳态权益资产配置份额

为方便计算，假设两国完全对称，则稳态权益型资产份额和债权型资产份额可表示为 $s_H^H = s_F^F = 1 - s_H^F = 1 - s_F^H = s$ 和 $B = B_H^H = B_F^F = -B_H^F = -B_F^H$，将稳态 (s, B) 代入国内约束方程 (8-12) 以及相应的国外约束方程后，相减可得：

$$P_{H,t}C_{H,t} - e_t P_{F,t}C_{F,t} = w_{H,t}L_{H,t} - e_t w_{F,t}L_{F,t} + (2s-1)(D_{H,t} - e_t D_{F,t})$$
$$+ 2B(\upsilon_{H,t} - e_t \upsilon_{F,t}) \tag{8-39}$$

将式（8-39）左边线性化后，利用对称性以及式（8-31）和式（8-32）可得：

$$P_{H,t}\hat{C}_{H,t} - e_t P_{F,t}\hat{C}_{F,t} = \left(1 - \frac{1}{\sigma}\right)(2a-1)\hat{t}_t$$

将式（8-39）右边线性化后，利用稳态时投资、工资收入占 GDP 的比重，之后式子的线性化表达式为：

$$\left(1 - \frac{1}{\sigma}\right)(2a-1)\hat{t}_t = \frac{1-\kappa}{1-\eta}(w_{H,t}\hat{L}_{H,t} - e_t w_{F,t}\hat{L}_{F,t})$$
$$+ (2s-1)\left(\frac{\kappa-\eta}{1-\eta}\right)(\hat{D}_{H,t} - e_t \hat{D}_{F,t}) \tag{8-40}$$
$$+ \frac{2B\upsilon_H}{P_H C_H}(\hat{\upsilon}_{H,t} - e_t \hat{\upsilon}_{F,t})$$

上式中对数线性化后的工资收入（8-40）以国内外差额的形式，表示为：

$$w_{H,t}\hat{L}_{H,t} - e_t w_{F,t}\hat{L}_{F,t} = \hat{t}_t + \hat{Y}_{H,t} - \hat{Y}_{F,t} \tag{8-41}$$

将股利表达式（8-41）进行线性化，并进行差额表达，可得：

$$(\kappa-\eta)(\hat{D}_{H,t} - \hat{e}_t - \hat{D}_{F,t}) = \kappa(\hat{t}_t + \hat{Y}_{H,t} - \hat{Y}_{F,t}) - \eta(2a-1)\hat{t}_t \tag{8-42}$$
$$- \eta(\hat{I}_{H,t} - \hat{I}_{F,t})$$

将式（8-40）和式（8-41）代入式（8-39）后，得：

$$\left(1 - \frac{1}{\sigma}\right)(2a-1)\hat{t}_t = \frac{1-\kappa}{1-\eta}(\hat{t}_t + \hat{Y}_{H,t} - \hat{Y}_{F,t})$$
$$+ \left(\frac{2s-1}{1-\eta}\right)\left[\kappa(\hat{t}_t + \hat{Y}_{H,t} - \hat{Y}_{F,t}) - \eta(2a-1)\hat{t}_t - \eta(\hat{I}_{H,t} - \hat{I}_{F,t})\right]$$
$$+ \frac{2B\upsilon_H}{P_H C_H}(\hat{\upsilon}_{H,t} - E_t\hat{\upsilon}_{F,t}) \tag{8-43}$$

最后将式（8-41）代入式（8-43）并令 $\hat{I}_{H,t} - \hat{I}_{F,t} = \hat{I}_t$ 得：

$$(1-\eta)\left(1 - \frac{1}{\sigma}\right)(2a-1)\hat{t}_t = (1-\kappa)\lambda^*\hat{t}_t + (2s-1)\kappa\lambda^*\hat{t}_t$$
$$- \eta(2s-1)(2a-1)\hat{t}_t + (1-\kappa)\eta(2a_I-1)\hat{I}_t$$
$$+ \eta\kappa(2s-1)(2a_I-1)\hat{I}_t - \eta(2s-1)\hat{I}_t$$
$$+ \frac{2B\upsilon_H}{P_H C_H}(\hat{\upsilon}_{H,t} - E_t\hat{\upsilon}_{F,t})(1-\eta) \tag{8-44}$$

其中：$\lambda^* = 1 - \dfrac{4a^2}{\sigma} + \dfrac{4a}{\sigma} - \dfrac{1}{\sigma} + 4a^2\phi - 4a\phi + \dfrac{4a^2\eta}{\sigma} - \dfrac{4a\eta}{\sigma} + \dfrac{\eta}{\sigma} - 4a^2\phi\eta +$

$4a\phi\eta + 4a_I^2\phi_I\eta - 4a_I\phi_I\eta$

并通过（8-43）可知：

$$s = \frac{1}{2} + \frac{1}{2}\frac{(1-\kappa)(2a_I - 1)}{1 - \kappa(2a_I - 1)} \tag{8-45}$$

稳态下本国持有本国总权益型资产的最优份额，可以看出权益型资产份额的比例只同投资份额和投资偏好相关，并且 s 恒大于 0.5，体现为母国的偏好。由于稳态下模型的对称假设，因此 $EQ_F = Q_H = Q$。根据上式可求得，稳态下对外权益资产投资的总价值为：

$$(1-s)Q = \left[\frac{1}{2} - \frac{1}{2}\frac{(1-\kappa)(2a_I - 1)}{1 - \kappa(2a_I - 1)}\right]Q \tag{8-46}$$

根据克达西耶和考尔曼等（2010），将两国对称稳态的资产配置进行扩展，以不对称的形式反映外资持有本国权益型资产的持有份额：

$$s_i^j = 1 - s_i^i = (1 - u_i) - (1 - u_i)\left[\frac{(1-\kappa)(2a_I - 1)}{1 - \kappa(2a_I - 1)}\right] \tag{8-47}$$

其中，s_i^i 为 i 国本国资本持有本国权益型资产的份额，而 s_i^j 可表现为外资持有本国权益资产的份额；$u_i = GDP_i/GDP_W$，表示 i 国 GDP 占世界 GDP 的比重。而相应 s_j^j 可表示为外国资本持有外国权益型资产的份额，则 s_j^i 就可表现为本国持有国外权益型资产占外国总权益资产的比重，相应 $1 - u_i = 1 - (GDP_i/GDP_W)$。根据式（8-47），权益资产份额沿着最优路径到达稳态时，决定因素只有生产中资本的份额 κ 以及投资的母国偏好程度 a_I。

2. 稳态非权益资产配置份额

根据式（8-47），可知非权益资产组合在最优稳态下的份额，表示为：

$$\begin{aligned}\frac{B}{PC} &= (1-\eta)\left(1 - \frac{1}{\sigma}\right)(2a - 1) - (1-\kappa)\lambda^* \\ &\quad - \frac{(1-\kappa)(2a_I - 1)}{1 - \kappa(2a_I - 1)}[\kappa\lambda^* - \eta(2a - 1)]\end{aligned} \tag{8-48}$$

非权益资产的最优稳态不仅同投资品偏好有关还同消费相关，如国内外消费替代弹性 ϕ 上升，λ^* 上升，则 B 下降，B 负数时进口增加，经常性账户逆差。因此，在稳态下对外非权益资产的总价值表现为：

$$-B = PC\left\{\begin{array}{l} -(1-\eta)\left(1 - \dfrac{1}{\sigma}\right)(2a - 1) + (1-\kappa)\lambda^* + \\[2mm] \dfrac{(1-\kappa)(2a_I - 1)}{1 - \kappa(2a_I - 1)}[\kappa\lambda^* - \eta(2a - 1)] \end{array}\right\} \tag{8-49}$$

同样，类似权益资产的处理，针对以上对称稳态下非权益资产价值按GDP权重折算为不对称状态下的非权益资产市值：

$$B_i^j = 2u_i(-B_i^i) = 2u_iPC \left\{ \begin{array}{l} -(1-\eta)\left(1-\dfrac{1}{\sigma}\right)(2a-1) + (1-\kappa)\lambda^* + \\[2mm] \dfrac{(1-\kappa)(2a_I-1)}{1-\kappa(2a_I-1)}[\kappa\lambda^* - \eta(2a-1)] \end{array} \right\}$$

$$(8-50)$$

由于非权益资产在一国（或地区）体现为债权，则在对应的另一国（或地区）则体现为债务，在对称稳态下，世界总体的债权债务净额应保持均衡水平，即净值为0。因此，GDP权重下的非权益资产为 $2u_i(-B_i^i)$。

由于稳态下国内外财富无差异，导致经常账户和国际投资头寸实现平衡，估值效应为0，且不影响外部资产结构。参考德韦鲁克斯和萨瑟兰（2010）、阮（2011）、克达西耶等（2014）、吉洛尼等（2015）、马勇（2015）、乔吉亚迪斯（2016）、李璐和刘斌等（2016）研究对稳态资产份额进行参数校准（见表8-5）。

表8-5　　　　　　　　　　　　模型静态参数校准值

外生变量	变量解释	校准值
β	折现因子	0.95
δ	资本折旧率	0.10
a	消费母国偏好	0.85
a_I	投资母国偏好	0.95
$\phi\ \phi_I$	国内外产品替代弹性/投资替代弹性	3.50
σ	消费风险厌恶	2.00
κ	资本占生产比重	0.34
ω	劳动供给弹性	0.50
η	投资占Y比重	0.20
P	稳态价格指数	1.00

3. 稳态权益型资产与非权益资产的组合

假设 ϑ 表示外部权益资产占总资产的比重，即：

$$\vartheta = \frac{\left[\dfrac{1}{2} - \dfrac{1}{2}\dfrac{(1-\kappa)(2a_I-1)}{1-\kappa(2a_I-1)}\right]Q}{\left[\dfrac{1}{2} - \dfrac{1}{2}\dfrac{(1-\kappa)(2a_I-1)}{1-\kappa(2a_I-1)}\right]Q + |-B|}$$

$$(8-51)$$

根据本节模型设置，推算出稳态下 Q 和 C 的表达式为：

$$Q = \frac{\kappa\beta}{1-\beta+\delta\beta} \frac{(1-\beta+\delta\beta-\delta\kappa\beta)^{\frac{-\sigma}{\sigma+\omega}}(\kappa\beta)^{\frac{\kappa+\omega\kappa}{\sigma+\omega-\kappa\sigma-\kappa\omega}}(1-\kappa)^{\frac{1}{\sigma+\omega}}}{(1-\beta+\delta\beta)^{\frac{\kappa-\sigma+\kappa\sigma+\kappa\omega}{\sigma+\omega-\kappa\sigma-\kappa\omega}}} \quad (8-52)$$

$$C = \frac{(1-\beta+\delta\beta-\delta\kappa\beta)^{\frac{\omega}{\sigma+\omega}}(\kappa\beta)^{\frac{\kappa+\omega\kappa}{\sigma+\omega-\kappa\sigma-\kappa\omega}}(1-\kappa)^{\frac{1}{\sigma+\omega}}}{(1-\beta+\delta\beta)^{\frac{\omega+\kappa}{\sigma+\omega-\kappa\sigma-\kappa\omega}}} \quad (8-53)$$

将上述校准值及 2019 年中国占世界 GDP 比重（16.35%）代入式（8-47）和式（8-50），可得中国外部权益资产结构稳态状况。其中，资产互持方向维度上，中国持有外部权益资产占外国权益资产总量的 6.44%，外国持有中国权益资产占中国权益资产总量的 32.93%；资产类型属性维度上，中国持有的外部权益资产占中国外部财富的 54.78%。2019 年，中国持有外国权益资产 2.19 万亿美元，占全球权益资产的 3.63%（严重低于稳态值 6.44%），且占中国外部财富的 42.33%（低于稳态值 54.78%）。因此，从稳态数值来看，中国外部权益资产结构，在互持方向和类型属性上都有较大优化空间。

（四）外部权益资产结构的动态路径

基于本章第三节，外部权益资产结构受估值效应影响，资本总是流向权益资产增值的国家。因此，以资本逐利性为前提，外部权益资产结构的优化路径，也是资本追逐正向估值效应的动态过程。利用本章第三节的实证结果，结合中国实际数据，以改善估值效应为前提，拟合中国外部权益资产结构的动态路径。

根据图 8-6，首先，从现实值看，1999～2019 年，中国持有外部权益资产占外国比重（$s_{F,t}^{H}$）与外国持有中国权益资产占中国比重（$s_{H,t}^{F}$）的比例在不断上升，说明中国正逐步由世界投资接受者转变为世界投资者。其次，从拟合值看，发达经济体拟合值的增长最为缓慢，而新兴市场经济拟合值的增长最为快速，说明新兴市场经济体投资外部权益资产的欲望强于发达经济体。21 世纪以来，由于经济高速增长，新兴市场经济体大都成为权益资产投资的接受者，投资人通过权益资产投资，分享新兴经济体经济增长带来的投资增值。从估值效应角度理解，外国投资人对经济增长红利的分享不利于新兴市场经济体的估值效应，因此，相比发达经济体，新兴经济体更希望通过投资价值高增长的外部权益资产，改善自身估值效应。最后，比较中国现实值与拟合值，发现中国现实值落后于新兴市场经济拟合值，说明中国对外部权益资产投资仍然有待提速，以期产生正向估值效应，改善外部财富。

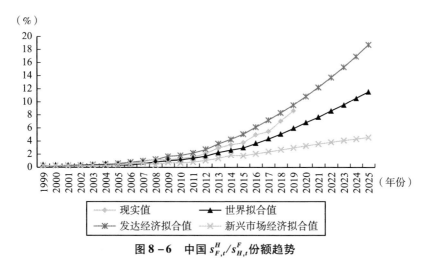

图 8－6　中国 $s_{F,t}^H / s_{H,t}^F$ 份额趋势

二、外部权益资产的动态过程

本章第三节部分，利用动态一般均衡的理论对在稳态附近的估值效应进行一阶对数线性化，可以看出在权益资产市场不完备时，外部权益资产的动态配置与权益资产价格、可支配收入、贸易条件以及名义汇率存在紧密关系，其中权益资产价格和名义汇率因素通过估值效应影响外部权益资产的配置，而可支配收入和贸易条件将通过影响家庭购买权益资产的收入来影响资产结构。该影响关系也得到了由世界 GDP 排名前十位经济体所构成面板数据的经验分析证实。然而，外部权益资产结构是一个动态过程，在动态过程中，各因素将受到外在因素的影响而相互作用，并通过金融调整或家庭可支配收入的改变影响资产结构，因此，以下将利用实证方法描述外部权益资产结构的动态过程。

（一）PVAR 实证分析的构建

由本章第三节的理论与面板实证分析结果可知，外部权益资产结构的动态过程在非完备资产市场下，与权益资产价格、名义汇率、居家庭可支配收入和贸易条件相关。然而，外部权益资产结构是一个动态调整的过程，而考察各影响因素在结构配置过程中的相互作用，有助于分析各因素对结构动态影响效果及持续性。因此，以下将利用本章第三节的面板数据，通过构建面板向量自回归（panel vector autoregression，PVAR）实证模型描述外部权益资产结构的动态过程。

利用 PVAR 分析外部净权益资产结构的过程，外部权益型资产结构与相对权益型资产价格（$\hat{Q}_{t-1} = \hat{Q}_{H,t-1} - \hat{Q}_{F,t-1} - \hat{e}_{t-1}$）、贸易条件（$\hat{t}_t = \hat{p}_{H,t} - \hat{p}_{F,t} - \hat{e}_t$）、以相对产量（$\hat{y}_t = \hat{y}_{H,t} - \hat{y}_{F,t}$）为代表的相对可支配收入以及名

义汇率相关。由于前三个解释变量均已包含考虑名义汇率,因此以下构建的 PVAR 实证分析模型,所考虑选取的变量包括上述被解释变量(lns)以及前三个解释变量(lnq、lnp、lny)。PVAR 实证分析模型是基于面板数据以向量自回归模型(VAR)进行实证处理,这里采用连玉君和彭方平(2010)使用的 PVAR 分析方法。由于本章第三节的面板实证分析过程已将相应变量数据进行稳定性检验,上述四个变量数据虽不稳定,但为一阶单整,利用 Pedroni、KAO 和 Johansen 三种面板协整检验方法检验后,发现存在长期稳定的协整关系。以下利用连玉君和彭方平(2010)的 PVAR 方法对相应的变量数据进行最优滞后阶数的测试,结果见表 8 - 6:

表 8 - 6   PVAR 最优滞后阶数测试结果

lag	AIC	BIC	HQIC
1	- 3. 3857 *	- 2. 1691 *	- 2. 8914 *
2	- 1. 2322	0. 4235	- 0. 5596
3	- 0. 3204	1. 8184	- 0. 5472
4	- 2. 3414	0. 3409	- 1. 2559

注:观察数 200 个,截面数 10 个。

(二) PVAR 实证分析结果与分析

按以上 AIC、BIC 和 HQIC 的检测标准发现,所构建的 PVAR 模型最优滞后阶数为 1 阶,Hansen 检验方法测试模型为恰好识别,因此采用 PVAR 方法进行估计,并向前 8 期,使用蒙特卡洛模拟 1000 次可得脉冲响应结果见图 8 -7。

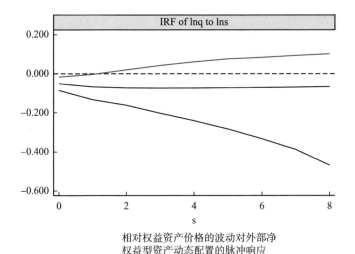

相对权益资产价格的波动对外部净
权益型资产动态配置的脉冲响应

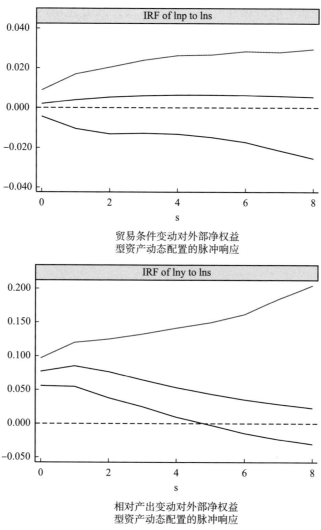

图 8 - 7　各因素对权益资产结构的脉冲响应

　　由上可知，PVAR 分析下，权益资产相对价格对该资产结构产生负的
脉冲响应，说明本国权益资产价格的上升，因此对本国而言，将产生负估
值效应，本国为减少负估值效应或外国为增加其正估值效应，都有增持本
国权益资产的意愿；贸易条件对相对权益资产配置也产生正的脉冲响应，
说明本国相对价格的提高，以此提高本国居民的购买能力，增加了其投资
外国权益资产的能力；相对产出冲击对相对权益资产结构产生正的脉冲响
应，类似贸易条件，说明本国居民可支配收入的提高增加了投资外国权益
资产的需求。

从脉冲响应的过程可以看出，在外部权益资产结构的动态过程中，权益资产价格波动对外部权益资产配置的影响，在短期内并不明显，但在 3 - 6 期间影响开始加深，并接近 - 0.1，在 6 期后逐步恢复稳态；贸易条件对外部权益资产结构的影响，在短期内也不明显，影响逐步上升至第 6 期（0.05）后，逐步恢复稳态；而产出对外部权益资产结构的影响，在短期内较为明显，其影响在第 1 期（0.08）后即开始减弱，并逐步恢复至稳态。这说明，权益资产结构在短期主要受因产出变动而产生家庭可支配收入变化的影响，在长期主要受因资产价格波动而产生的估值效应影响，贸易条件在整个动态过程中，影响并不明显。

为进一步分析各因素对外部权益资产动态结构的影响，对以上 PVAR 实证分析结果进行方差分解，结果见表 8 - 7。

表 8 - 7　　　　　　　各因素对权益资产动态结构的方差分解　　　　单位：%

s	lns	lnq	lny	lnp
1	100.00	0.00	0.00	0.00
2	98.60	0.30	0.80	0.30
3	97.60	0.70	1.20	0.50
4	96.80	1.00	1.40	0.80
5	96.30	1.30	1.50	0.90
6	95.80	1.60	1.50	1.10
7	95.50	1.80	1.50	1.20
8	95.20	2.00	1.50	1.30
9	94.90	2.30	1.50	1.40
10	94.70	2.40	1.50	1.40
11	94.50	2.60	1.40	1.50
12	94.30	2.80	1.40	1.50
13	94.10	2.90	1.40	1.60
14	94.00	3.00	1.40	1.60
15	93.90	3.10	1.40	1.60

根据方差分解结果可知，在权益资产结构动态过程，在短期内，主要受产出和贸易条件影响，该因素通过改变家庭可支配收入影响权益资产结构。在长期，外部权益资产结构主要受权益资产价格波动引致的估值效应

影响，上述脉冲响应的分析结果，也说明权益资产价格对权益资产结构的影响具有一定滞后性。该结论与本章第三节面板实证结果（表 8 - 5）相符。

三、经济冲击下外部权益资产结构的动态优化路径

由于上述拟合路径仅能反映外部权益资产结构的变动趋势，无法反映其动态优化路径，因此，以下构造动态随机一般均衡模型（DSGE），围绕经济冲击下外部权益资产结构的动态路径深入考察。由于外部权益资产结构与估值效应均反映本国与外国间的相对变化，因此，参考吉洛尼等（2015），将本国与外国相应模型方程线性处理后并相减，以差额方式构造一套线性化模型，能更好地反映外部权益资产结构的动态优化水平。其中，处理后的动态外部权益资产结构 $\hat{s}_{F,t}^{H} - \hat{s}_{H,t}^{F}$ 表示为 $\hat{s}_t^{-HF}$，通过线性化式（8 - 14）、式（8 - 27）和式（8 - 28），分解可得：

$$\hat{s}_t^{-HF} = \hat{s}_{Y,t}^{-HF} + \hat{s}_{VA,t}^{-HF} \tag{8 - 54}$$

其中，$\hat{s}_{VA,t}^{-HF} = \dfrac{Y}{e^{-\tau}(e^{-\tau} - \beta)(1 - s)(Q + D)} \hat{VA}_{H,t+1}$ 和 $\hat{s}_{Y,t}^{-HF}$ 分别表示由估值效应以及家庭可支配收入变动引致的外部权益资产结构变动。当 $\tau < -\ln\beta$ 时，$\hat{s}_t^{-HF}$ 与 $\hat{VA}_{H,t}$ 正相关，表示当估值效应为正向时，外部权益资产结构表现为资本外向动态流动；当 $\tau > -\ln\beta$ 时，$\hat{s}_t^{-HF}$ 与 $\hat{VA}_{H,t}$ 负相关，表示虽然估值效应为正向，但由于国际投资非完备性，资本向外流动的成本较高。综合上述非完备国际投资市场理论模型以及式（8 - 54），可构建一套旨在分析外部权益资产结构动态优化的 DSGE 模型，包含 20 个动态变量和 20 个动态方程，其中变量右上角 d 表示本国与外国之差，见表 8 - 8。

表 8 - 8　　　金融调整视角下外部权益资产结构的动态优化方程组

$\hat{Y}_t^d = \kappa \hat{K}_t^d + (1 - \kappa)\hat{L}_t^d + \hat{z}_t^d$	$\hat{P}_t^d = (2a - 1)\hat{p}_t^d$
$\hat{K}_{t+1}^d = (1 - \delta)\hat{K}_t^d + \delta \hat{I}_t^d$	$\hat{w}_t^d + \hat{L}_t^d = \hat{Y}_t^d + \hat{p}_t^d$
$D\hat{D}_t^d = \kappa p Y(\hat{p}_t^d + \hat{Y}_t^d) - PI(\hat{P}_t^d + \hat{I}_t^d)$	$\dfrac{\frac{\kappa pY}{K}(\hat{p}_{t+1}^d + \hat{Y}_{t+1}^d - \hat{K}_{t+1}^d) + (1 - \delta)PP\hat{P}_{t+1}^d}{\frac{\kappa pY}{K} + (1 - \delta)P} = \sigma \hat{C}_{t+1}^d - \sigma \hat{C}_t^d + \hat{P}_{t+1}^d$

$PC(\hat{P}_t^d + \hat{C}_t^d) + sQs_{t+1}^{\hat{+}HF} + (1-s)Qs_{t+1}^{\hat{-}HF} = (\hat{w}_t^d + \hat{L}_t^d)wL + sQs_t^{\hat{+}HF} + sD(s_t^{\hat{+}HF} + \hat{D}_t^d) + (1-s)Q(2\hat{Q}_t^d - s_t^{\hat{-}HF}) + (1-s)D(\hat{D}_t^d - s_t^{\hat{-}HF}) + 2e^{-\tau}(1-s)Q(s_t^{\hat{-}HF} - \hat{Q}_t^d) + 2e^{-\tau}(1-s)D(s_t^{\hat{-}HF} - \hat{D}_t^d)$	$\hat{Q}_t^d = \dfrac{QQ_{t+1}^{\hat{d}} + DD_{t+1}^{\hat{d}}}{Q+D}$
$-\sigma\hat{C}_t^d = \hat{P}_t^d$	$\hat{w}_t^d - \hat{P}_t^d = \omega\hat{L}_t^d + \sigma\hat{C}_t^d$
$(C+I)\phi[(2a-1)\hat{P}_t^d - \hat{p}_t^d] + (2a-1)(CC_t^{\hat{d}} + II_t^{\hat{d}}) = Y\hat{Y}_t^d$	$ss_t^{\hat{+}HF} = (1-s)s_t^{\hat{-}HF}$
$\hat{z}_t^d = \rho_z z_{t-1}^{\hat{d}} + \varepsilon_{HFz,t}$	$\hat{NFA}_{H,t} = \dfrac{(1-s)Q}{Y}(s_t^{\hat{-}HF} - \hat{Q}_t^d)$
$\hat{VA}_{H,t} = \dfrac{(1-s)Q}{Y}[(2-e^{-\tau})\hat{Q}_t^d - Q_{t+1}^{\hat{d}} - (1-e^{-\tau})s_t^{\hat{-}HF}]$	$\hat{IB}_{H,t} = \dfrac{(1-s)De^{-\tau}}{Y}(s_{t+1}^{\hat{-}HF} - \hat{D}_t^d)$
$\hat{CA}_{H,t} = \hat{NFA}_{H,t+1} - \hat{NFA}_{H,t} - \hat{VA}_{H,t}$	$\hat{TB}_{H,t} = \hat{CA}_{H,t} - \hat{IB}_{H,t}$
$s_{VA,t}^{\hat{-}HF} = \dfrac{Y}{e^{-\tau}(e^{-\tau}-\beta)(1-s)(Q+D)}\hat{VA}_{H,t+1}$	$s_t^{\hat{-}HF} = s_{C,t}^{\hat{-}HF} + s_{VA,t}^{\hat{-}HF}$

　　基于表 8-5 的参数校准值，利用技术创新冲击代表经济冲击，考察估值效应与外部权益资产结构的动态作用过程。首先，冲击方程中技术冲击的持续参数 ρ_z 以及随机冲击参数 ε_z，采用广义矩估计（GMM）测算；在估计数据上，采用本章 10 个世界主要经济体 2000~2017 年的技术创新冲击（$\ln Z$）数据。通过估计，技术冲击持续参数（ρ_z）为 0.8569，随机技术冲击标准误差（SE_z）为 0.0513，且均在 1% 水平下显著。由于国际投资市场非完备性将对资本的跨国流动构成一定障碍，其也构成考察外部权益资产结构动态优化路径的一项影响因素，因此，从低到高设定国际投资市场非完备性（τ）为 0.05 和 0.30 两档（Nguyen，2011），考察非完备性对外部权益资产结构动态优化路径的影响。

　　根据图 8-8，外部权益资产结构的动态优化路径，以及在动态优化过程中各影响因素间作用机理如下：

类型	外部权益资产结构 $\hat{s}_t^{-HF}$	其中：估值效应的影响 $\hat{s}_{VA,t}^{-HF}$	可支配收入变动的影响 $\hat{s}_{Y,t}^{-HF}$
$\tau = 0.05$			
$\tau = 0.03$			

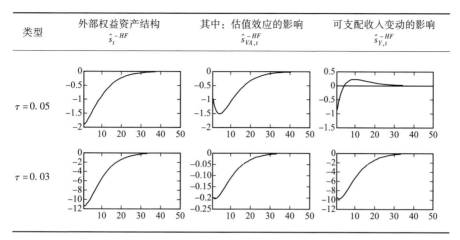

图 8-8 技术冲击（本国1%正向）下外部权益资产结构

首先，从外部权益资产结构的整体动态优化路径来看，在本国遭受1%正向技术冲击后，本国经济相对外国增长快速，因此国际资本快速流入，随着冲击效应的持续减弱，国际资本流入开始逐渐恢复均衡。据式（8-52），将外部权益资产结构的动态优化路径按估值效应和家庭可支配收入变动两类因素分解，从冲击波动幅度和动态路径可看出，$\tau = 0.05$ 时，估值效应与家庭可支配收入变动对整体动态优化路径的影响程度相当。

其次，从估值效应引致外部权益资产结构动态变动的内在机理看，正向技术冲击后，本国企业因产出较高，导致企业价值相对上升，由此吸引国际资本向本国流入，并进一步推动本国权益资产的增值，因此，$\tau = 0.05$ 情形下冲击后的 4 期内，本国估值效应持续下降并吸引外国资本流入。第 4 期后，由于冲击效应减弱，产出增速下滑令本国企业价值增速减缓，同时，外资对本国权益资产增值的边际效应递减，外资流入增速逐渐减弱，并趋于均衡。

再次，从家庭可支配收入变动引致外部权益资产结构动态变动的内在机理看，正向冲击后，本国家庭收入增长，而本国企业价值增值较快，相对外国更具投资价值。因此本国家庭虽然收入增长，但投资本国企业的需求增长更快，导致本国家庭在冲击初期对外投资热情不高。随着冲击减弱，本国企业价值增速减缓，家庭对本国企业投资的增速下滑，$\tau = 0.05$ 情形下冲击后的第 5 期，本国家庭开始对外投资。

最后，考虑国际投资市场非完备性后，随着国际资本流动障碍上升（$\tau = 0.30$），国际资本跨国流动的成本提高，虽然本国企业因技术革命而价值增长，但国际资本进入本国的成本较高，资本增值的空间遭受挤压。

因此，非完备性提高后，国际资本流动遭受限制，估值效应对外部权益资产结构的影响逐渐变小。此外，虽然国际投资市场非完备性不影响本国家庭收入，但本国家庭需填补由于外资被限制进入所留下的空缺。随着本国权益资产增值速度降低，本国家庭投资本国企业的意愿虽然下降，但由于国际投资市场非完备性具有双向性，本国家庭对外国权益资产的投资也遭受相同限制，对比之下，本国家庭仍然选择投资本国权益资产。因此，国际投资市场非完备性对外部权益资产结构的动态优化路径构成障碍。

第五节　金融调整视角下外部资产结构配置的启示

基于估值效应的外部经济失衡金融调整与外部资产结构都是 NOEM 领域前沿议题，基于已有研究的梳理，发现由权益资产价格波动所引致的估值效应与外部权益资产结构之间存在密切关系，并主导估值效应与外部资产结构之间的联系。然而，估值效应与外部权益资产结构之间的作用机制尚未被充分揭示。因此，本章利用 NOEM 分析框架，探寻估值效应与外部权益资产结构间的联系，并考察外部权益资产结构的动态优化路径以及估值效应对该动态路径的动态作用。

根据本章第三节基础理论模型与面板实证分析的结果，发现估值效应与外部权益资产结构存在动态联系，除家庭可支配收入外，估值效应是影响外部权益资产结构变化的一项重要因素。由于资本的逐利性，国际投资市场中，资本总是趋向投入增值能力高的资产。相对于国家债券、外汇储备等非权益资产，权益资产的价值波动幅度大，对于金融发达程度和开放程度较高的国家，其投资者相对容易在国际投资市场中发现具备价值增长潜力的权益资产，进而产生正向估值效应，实现国家外部财富的保值增值。因此，由权益资产投资的异质行为所引发的国际投资市场非完备性，通过估值效应也对外部权益资产结构产生影响。综合而言，基于分布在不同国家的权益资产，引发估值效应的差异性，将推动权益投资资本的跨国动态流动，导致外部权益资产结构的动态变动。

根据本章第四节构建的非完备国际市场下外部权益资产结构模型，发现外部权益资产结构的动态优化路径是一个资本追逐正向估值效应的动态过程。通过构建 DSGE 模型，基于数值模拟，发现随着国际投资市场非完备性的提高，估值效应对外部权益资产结构的动态影响将降低。同时，结合理论模型稳态值和外部权益资产结构动态路径，发现现行中国外部权益资产结构具有较大优化空间。

随着中国步入经济新常态，在"一带一路"倡议下，国内资本正在加速走出国门以寻求更高的投资回报水平，加之持续贸易盈余，令中国外部财富不断膨胀。构建动态优化的外部资产结构，避免外部财富无谓流失，已成为中国构建开放型经济新体制所亟待解决问题之一。本章具有以下启示。

第一，分析外部资产结构的优化问题需注重金融调整的影响。随着估值效应对国家外部财富影响加深，基于外部财富增值保值，考虑金融调整因素探讨国家外部资产结构的优化问题，可令分析结果更加完善。本章基于中国外部权益资产结构现状，结合估值效应展开分析，为中国海外权益投资提供理论支持。

第二，提高对外权益资产的投资份额有利于改善中国外部财富流失的现状。截至 2019 年，虽然中国已连续五年对外非金融类直接投资流量超过外商直接投资，但外商直接投资存量仍然远大于中国对外直接投资存量，中国在让世界投资者分享经济增长红利的同时，也需改善自身外部权益资产结构，通过寻找高回报率海外投资标的，改善外部财富现状。

第三，关注国际投资市场非完备性对权益资产结构的影响。基于本章研究，非完备性导致国际资本流动的障碍，将削弱估值效应对外部权益资产结构动态优化的作用。当今"贸易摩擦"升级并演化至国际投资领域，中国在对外投资方面，更应深化"五通建设"，加强与新兴市场国家联系，消除投资障碍，提高估值效应对资产结构优化的作用。

第四，未来可进一步关注外部权益资产在各细化维度上的优化配置。本章外部权益资产结构仅包括资产类型属性和互持方向两个维度，然而外部权益资产还存在更加细化的维度，例如，类别上可细化至直接投资、证券投资、衍生金融工具；在空间上可细化至各国、各经济体、各经济联盟等；在行业上也可细化至不同产业层面。细化的各类外部权益资产在收益与风险水平上都存在差异，由于资本追逐正估值效应是本章优化外部权益资产结构的前提，因此为探索更精确的优化结构，可进一步关注资产细化维度上的分布。

第五，从微观角度，正向估值效应是建立在本国企业海外权益资产的增值之上。近年来，中国海外权益投资尽管发展势头迅猛，但仍处于起步阶段，中国企业面临海外投资经验不足、海外法律环境不熟等一系列难题。因此，只有不断提高中国企业的海外投资风险管控水平，健全投资保险机制，增强投资抗风险能力，重视投资收益质量，才能有效改善海外投资的获利能力，进而优化国家外部财富。

第九章　金融调整视角下国际投资的优化布局

【导读】

紧接上一章的结论，围绕加快中国权益资本"走出去"的战略目标，本章基于金融调整视角，探讨中国海外权益投资的优化布局问题。本章首先构建投资估值效应测算模型，以中国、美国和日本三国对东盟的直接投资为例，分别测算三国在东盟各国投资所产生的估值效应。其次，创新性地以投资估值效应作为衡量投资效率的因素，构建随机前沿模型（SFA）测算投资效率，并基于投资效率指标考察投资的优化布局问题。通过对比与实证分析发现，中美两国对东盟整体直接投资产生正向估值效应，日本为负估值效应，同时三国对东盟各国投资效率具有显著差异，其中美国对新加坡以及日本对泰国的投资效率较高，值得中国借鉴。

第一节　金融调整与对外直接投资

随着经济全球化的深入发展，全球对外直接投资（OFDI）的规模在不断扩大，对外直接投资成为连接跨国经济的重要桥梁。自 2008 年全球金融危机爆发到 2011 年世界经济复苏前，各国对外直接投资进入深度调整阶段，针对高风险地区与行业的直接投资在规模上呈现出不断缩减的趋势。随着 2011 年世界经济的复苏，全球对外直接投资规模再度呈现快速发展的态势。在此期间，中国对外直接投资的增长速度尤为显著，其对外直接投资存量由 2011 年的全球 13 位上升至 2019 年的全球第 3 位，投资存量规模较 2002 年增长约 73 倍，中国对外直接投资存量成为全球仅次于美国、荷兰等对外直接投资大国，中国对外直接投资流①量在 2012～2019 年间，常年保持在全世界的第 2～3 位。

从投资区域布局上看，经济增长速度较快的新兴市场经济体再度成为外资投资的热点区域，其中最为典型的是东盟地区。由东南亚十个国家组成的东盟已成为世界第五大经济体，2019 年东盟 GDP 达到 3.2 万亿美元，是其 2000 年的 5 倍。东盟进入 21 世纪以来 GDP 年均增长达 5.7%，它也是除中国外，世界上经济增长最快的经济体。在吸收投资方面，东盟近 20 年吸收外商直接投资的存量规模年均增长达 11.01%，投资流量从 2000 年的 218 亿美元增长至 2019 年的 1606 亿美元，成为吸收国际直接投资增长最快的区域之一②。从对东盟国家投资的来源上看，美国、日本和中国成为东盟国家最大的三个外商投资来源国，截至 2019 年，美国、日本和中国对东盟投资存量占东盟所吸收外商投资总量的比例分别达 15.37%、12.70% 和 5.31%。其中，中国对东盟的投资增速最快，其 2019 年投资存量较 2008 年增长 25.5 倍③。虽然，中美日三国都高度重视对东盟的投资与合作关系，但三者对东盟的投资战略却略显不同。自 2013 年"一带一路"倡议提出，中国对东盟的投资合作更加紧密，不仅继续与新加坡、印度尼西亚、马来西亚、泰国、菲律宾、越南 6 个东盟经济大国加强合作，同时也兼顾布局投资缅甸、老挝、柬埔寨和文莱 4 个经济体量较小的东盟国家。美国利用"重返亚太"战略，以新加坡作为投资重心，辐射马来西亚、印度尼西亚和泰国 3 个国家。日本则利用东盟国家相对低廉的制造成本，通过投资建设海外生产基地，将部分制造业主要转移至印度尼西亚、马来西亚、泰国、越南和菲律宾。因此，对比三国在东盟各国的投资布局，中国体现较为均衡，美国主要集中在新加坡，日本主要集中在东盟制造业大国。

目前，不少研究从投资规模效率、投资风险及投资收益方面来分析投资的布局优化，然而，学界在国家对外投资布局策略的优化问题上尚无统一的认知。根据国际投资头寸表（IIP）编制原则，对外直接投资在狭义上体现为跨国股权投资资产，而最能体现股权投资成功与否的指标是资产价值的增值程度，反映所投资资产的盈利能力，因此，在考察对外直接投资布局优化问题上，纳入投资价值增值程度，将更有益于分析对外直接投

---

① 资料来源于中国国家外汇管理局数据和联合国国际贸易和发展组织发布的《2020 年世界投资报告》。

② 资料来源于联合国国际贸易和发展组织发布的《2020 年世界投资报告》。

③ 资料来源于东盟秘书处和联合国贸易和发展会议发布的《2019 年东盟投资报告》。

资的布局优化策略。针对对外直接投资价值的增值，从开放经济宏观经济学（NOEM）的理论角度，可将其视为估值效应（Lane & Milesi – Ferretti，2001），也称为外部经济失衡的金融调整，即表示由汇率或被投资资产价格波动引发整体直接投资资产价值的波动程度。

随着国际投资存量规模的增长，估值效应越发成为分析国际经济政策的一项考虑因素。21世纪初，美国由于持续贸易赤字引发外部债务的持续增长，不少美国学者对其外部债务的持续性表示担忧（Obstfeld & Rogoff，2005；Mann，2004；Edwards，2006；Blanchard et al.，2005），然而，随着时间推进，美国并未出现严重的外部债务危机且美元也未出现严重的贬值。究其原因，基于美国庞大的对外直接投资存量，由美元汇率适度贬值以及对外直接投资升值所引发的正向估值效应，抵消了部分美国外部债务，从而缓解美国外部债务危机（Gourinchas & Rey，2007）。在整个缓解过程中，由美国在中国、南美、东盟等新兴市场国家直接投资所产生的正向估值效应，对其外部债务缓解的贡献最大（Benetrix et al.，2015）。由此可见，正向估值效应不仅能有效促进国家外部财富的增长，也应作为考量对外直接投资布局优化和投资效率的重要因素。

本章创新性地基于中国、美国和日本三国对东盟直接投资所产生的估值效应，利用金融调整的视角重新定义投资效率，并展开实证分析，通过对比投资效率评价各国对东盟直接投资的优化布局策略。本章结构为：首先，梳理文献，总结针对直接投资在布局优化策略上的研究成果；其次，对比分析中美日三国对东盟直接投资的估值效应；再次，利用随机前沿实证分析模型（SFA）测算三国基于估值效应下的投资效率，并分析其影响因素；最后，提出有益于中国海外直接投资的相应政策建议。

第二节　金融调整视角下直接投资的相关研究

经济全球化带动跨国对外直接投资规模的膨胀，现阶段，学界将母国跨国直接投资的动机划分为三类，即市场寻求动机、资源需求动机和效率寻求动机（Erdal & Tatoglu，2002；Deng，2004；Aleksynska & HavryIchyk，2012），三类投资投机最根本的出发点是为母国企业创造具备资源优势的核心竞争力（Buckley，2007）。然而，跨国直接投资面对的各东道国，在政治、文化、营商、法制、经济发展等方面的环境均存在差异，这些差异将对直接投资的效率产生一定影响（Asiedu & Lien，2011；Hurst，2011；

蒋冠宏和蒋殿春，2012）。从而优化母国整体对外直接投资效率首先需要考虑对外直接投资在各东道国间如何合理分配，并由此引发学界对于对外直接投资布局优化问题（张瑞良，2018；王培志等，2018）。随着"一带一路"倡议推进，中国对外直接投资在流量和存量规模上都位居世界前列，然而对外投资质量不高且布局不够合理成为中国由对外投资大国向对外投资强国转变的一项阻碍因素（张述存，2017）。因此，发掘东道国投资潜力，探寻优化的对外投资布局，成为现阶段学界研究中国对外直接投资的热点议题。

目前，学界关于中国对外直接投资优化布局的研究，主要从对外直接投资效率的角度出发，通过测算投资效率，发掘投资潜力，进而提出对外投资优化布局的实现路径。田泽和许东梅（2016）、李计广等（2016）、程中海和南楠（2017）等研究基于超效率 DEA、随机前沿实证分析模型等方法，通过测算中国在"一带一路"沿线国家直接投资的效率，发现中国目前在"一带一路"沿线布局并不合理，针对部分国家的直接投资效率较低，但同时也说明"一带一路"沿线国家具有较大的投资潜力。崔娜等（2017）、宋林等（2017）、季凯文和周吉（2018）、熊彬和王梦娇（2018）等进一步对影响中国海外投资效率的因素展开分析，认为投资效率与东道国经济自由度、产权制度保障有效性、政治稳定、政府效率、腐败程度、劳动力充裕程度、通信基础设施条件、空间距离以及区域贸易协定等因素相关。然而，上述研究关于投资效率的概念范畴，仅考虑对外投资的规模，并未考虑投资的价值因素。由于对外直接投资主要由股权投资构成，股权投资价值一定程度上可反映投资的未来盈利水平，并且综合反映海外投资的效率与风险因素，因此，仅利用投资规模的变动并不能很好地诠释投资效率。例如，赵明亮（2017）、太平和李姣（2018）从投资风险角度对中国海外直接投资的布局策略展开分析，其认为汇率波动、文化差异以及主权摩擦都是影响中国海外投资的风险因素，且该因素将对中国海外投资的存量价值产生负面影响。李建军和孙慧（2017）、李勤昌和许唯聪（2017）、田原和李建军（2018）则从产业转移的角度剖析中国海外投资的区位选择问题，其认为市场寻求和资源需求是目前驱动中国对外投资的重要因素，现阶段中国在海外投资布局应兼顾产业转移与资源获取，对外直接投资效率的概念范畴中还应涵盖促进国内产业结构优化这一效应，并最终体现在投资价值上。因此，在对外投资效率的概念范畴中，以投资价值替代投资规模，将令对外直接投资效率的内涵更加完善，并最终有利于对外投资布局优化决策的制定。然而，现有文献鲜有从对外直接投资的价值变动，即估值效应的角度，探析对外直接投资效率以及投资优化布局问题。

关于对外投资估值效应的研究，其逐渐成为新开放经济宏观经济学（NOEM）理论研究的一个创新领域。自科塞蒂和康斯坦丁诺（Corsetti & Konstantinou，2005）利用构建的向量误差修正及状态空间计量模型首次发现8个发达国家和4个新兴市场国家的海外资产存在明显的估值效应之后，国内外学者利用不断创新的实证模型和持续更新的经验数据，发现估值效应对国家外部资产的影响越发重要（Gourinchas & Rey，2007；Lane & Shambaugh，2010；肖立晟和陈思翀，2013；Benetrix et al.，2015；刘琨和郭其友，2016；杨权和鲍楠，2017；刘威等，2018）。由于美国投资于世界各国的对外直接投资存量产生价值升值，进而产生正向估值效应并缓解其因常年贸易赤字所产生外债危机（Lane & Milesi－Ferretti，2007；李晓和周学智，2012），而中国在内的各新兴市场国家因外部资产价值贬值，产生负向估值效应并造成其外部财富流失（丁志杰和谢峰，2014；Ghironi et al.，2015；Georgiadis & Mehl，2016）。因此，在国际金融领域中，考虑估值效应，可令分析结果更为完善。

最后，由于本章所探讨的国家对外直接投资资产，多以股权投资形式存在，相对债权资产，其价值更易波动，即更易产生估值效应。基于现有文献的梳理，发现利用对外直接投资的价值变动，即估值效应，作为对外直接投资效率的概念范畴，有利于完善对外直接投资效率的考量因素，可为解决中国海外投资的优化布局问题提供一条新思路。

第三节　金融调整视角下各国对外直接投资的对比分析

一、对外直接投资估值效应的测算

根据古林查斯和雷伊（2007）、雷恩和香博（2010）、德韦鲁克斯和萨瑟兰（2010）等研究，外部净资产价值的变动可细分为两类变动，一种是以资产流量带来资产规模上的变动，另一种是以资产价值波动带来存量资产价值的变动，前者主要通过国际贸易产生，而后者主要依靠存量资产价值的波动产生，并被认定为估值效应：

$$NIIP_{t+1} - NIIP_t = CA_t + VA_t \qquad (9-1)$$

其中，$NIIP$ 表示净外部资产，也代表国家外部财富，CA 表示为经常账户，VA 表示估值效应。参照外部净资产估值效应的生成模式，对外直接投资的估值效应可表示为存量外部直接投资价值的波动，并从对外直接投资变动细分而得：

$$OFDI_{t+1} - OFDI_t = Flow_{ofdi,t} + VA_{ofdi,t} \quad\quad (9-2)$$

其中，$OFDI$ 表示对外直接投资存量，其变动由当期对外直接投资流量和上期末对外直接投资存量的本期价值波动所构成，因此，对外直接投资的估值效应可表示为：

$$VA_{ofdi,t} = (OFDI_{t+1} - OFDI_t) - Flow_{ofdi,t} \quad\quad (9-3)$$

对外直接投资一般以东道国货币进行结算，在影响对外直接投资估值效应的因素中，除体现所投资资产增值或贬值的资产市值波动因素外，还包括汇率波动因素。因此，从驱动对外直接投资估值效应的因素出发，本章以对外直接投资估值效应表示对外投资效率，可综合体现母国企业的投资水平、东道国投资风险以及投资结构的优化程度。

二、中国、美国、日本对东盟直接投资的估值效应比较

根据 2020 年世界经济论坛东盟峰会（WEF – ASEAN）的相关数据显示，截至 2019 年，美国、日本和中国是对东盟直接投资存量规模最大的三个国家（见表 9 – 1）。对比美国和日本在东盟的投资（见图 9 – 1），中国近年来在东盟的投资呈加速发展的态势。基于以上对外直接投资估值效应测算理论的描述，本章利用 2010 ~ 2019 年，即全球金融危机之后的 10 年间，中国、美国和日本在东盟 10 国直接投资的相关数据，分别测算出该三国对东盟各国直接投资所产生的估值效应（见表 9 – 2），并展开比较研究。

表 9 – 1   2019 年止中国、美国、日本对东盟 10 国对外直接投资存量规模

国家	中国		美国		日本	
	直接投资[①]（亿美元）	占引资比重[②]（%）	直接投资（亿美元）	占引资比重（%）	直接投资（亿美元）	占引资比重（%）
新加坡	526.37	3.76	2 606.42	18.61	885.12	6.32
印度尼西亚	151.33	6.20	193.24	7.92	400.48	16.41
老挝	82.50	40.82	0.00	0.00	1.07	0.53
越南	70.74	9.85	28.83	4.01	195.81	27.27
缅甸	41.34	13.47	0.00	0.00	14.28	4.65
泰国	71.86	2.63	176.28	6.46	779.37	28.56

国家	中国		美国		日本	
	直接投资① (亿美元)	占引资比重② (%)	直接投资 (亿美元)	占引资比重 (%)	直接投资 (亿美元)	占引资比重 (%)
柬埔寨	64.64	24.51	0.00	0.00	19.28	7.31
马来西亚	79.24	4.69	121.39	7.18	174.50	10.32
菲律宾	6.64	0.70	56.12	5.93	157.33	16.63
文莱	4.27	6.06	0.02	0.03	1.57	2.22
合计	1 098.91	5.31	3 182.30	15.37	2 628.81	12.70

注：①直接投资反映为截至2019年的投资存量；②占引资比重反映为直接投资占东道国所有外资投资存量的比重，单位为%。

资料来源：东盟十国2019年投资报告和万得（wind）数据库。

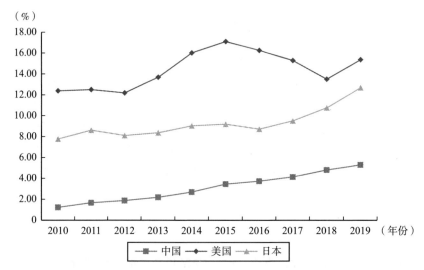

图9-1 2010~2019年东盟接受来源于中国、美国和日本直接投资的比重变化

资料来源：中国对外投资公报、美国经济分析局和日本统计局。

表9-2 2010~2019年中国、美国、日本对东盟10国FDI的估值效应

国家	中国		美国		日本	
	估值效应① (亿美元)	占GDP比重② (%)	估值效应 (亿美元)	占GDP比重 (%)	估值效应 (亿美元)	占GDP比重 (%)
新加坡	58.46	1.97	584.89	18.48	142.36	4.50
印度尼西亚	6.62	0.08	32.26	0.29	-80.78	-0.82
老挝	-1.31	0.05	-0.06	0.32	0.52	0.28

国家	中国		美国		日本	
	估值效应① （亿美元）	占 GDP 比重② （%）	估值效应 （亿美元）	占 GDP 比重 （%）	估值效应 （亿美元）	占 GDP 比重 （%）
越南	－7.15	－0.23	9.96	0.43	－38.34	－1.82
缅甸	－2.65	－0.08	－2.88	－0.46	3.90	0.56
泰国	－9.61	－0.21	2.54	0.02	55.05	1.16
柬埔寨	－0.14	0.63	－1.29	－0.40	9.04	3.33
马来西亚	－9.65	－0.30	－83.05	－2.59	－40.62	－1.32
菲律宾	－5.12	－0.17	－22.34	－0.75	－45.51	－1.40
文莱	1.68	1.19	－1.44	－0.87	－3.91	－2.52
合计	31.14	0.17	520.56	1.96	－14.50	－0.02

注：①估值效应数值体现为 2010～2019 年，中美日三国对东盟各国直接投资估值效应的 10 年累计值；②占 GDP 比重表示上述累积估值效应占各国 10 年累积 GDP 值的比重。

资料来源：根据中国、日本和美国对东盟十国投资的数据测算而得。

由表 9-1 所展现的结果，美国是东盟 10 国最大的直接投资来源国，但其直接投资主要集中在新加坡，在老挝、柬埔寨、缅甸和文莱 4 国的投资布局几乎为零。日本是仅次于美国的第二大东盟直接投资来源国，其在东盟 10 国的投资布局相对美国而言较为平均，投资不仅仅集中于新加坡，在泰国、印度尼西亚等国也有大量投资存量。中国近年来尤其重视对东盟国家的直接投资，尤其在"一带一路"倡议提出后，中国加快对东盟地区的直接投资步伐，从投资在东盟各国间的分布来看，中国对东盟的投资不仅局限于新加坡以及马来西亚、菲律宾、印度尼西亚、泰国、越南等相对发达的国家，对老挝、缅甸、柬埔寨三个相对落后的国家以及文莱这类资源型的国家也有较大的投资布局。为了进一步考察三国对东盟各国的投资效率，本章通过测算直接投资估值效应展开进一步分析。

根据表 9-2 所展示的估值效应结果，可以看出，在金融危机之后的 8 年时间内，美国利用其资金和技术优势，在东盟 10 国整体的存量投资中产生明显的价值增值，然而其在菲律宾和马来西亚的投资产生明显的价值减值。日本虽然在东盟 10 国的投资存量位于美国之后的第二位，但是其对东盟 10 国整体投资的价值增值程度并不明显，除其对新加坡、泰国、柬埔寨 3 国的直接投资具有明显的增值以外，其在印度尼西亚、越南、马来西亚、菲律宾和文莱等国的直接投资均出现明显减值。中国虽然是在近几年才在对外直接投资上发力，但对外投资存量的增长速度最快，从对东盟直接投资的估值效应角度上看，虽然投资存量规模落后于日本，但其直接投资的正向估值效应占东盟整体 GDP 的比重明显高于日本的投资估值效应占东盟整体 GDP 的比重（－0.02%），这得益于中国在缅甸、柬埔寨、老挝等东盟相对不发达国家的投资布局。然而，从图 9 - 2 可以看出，中国在缅甸、柬埔寨、老挝三国的直接投资在 2017 年之前处于明显上升趋势，但在 2018～2019 年间，由于投资"逆全球化"趋势明显，中国对该东盟三国的直接投资出现明显负向估值效应，导致中国在 2010～2019年这 10 年间整体估值效应出现缩水。对比中国对新加坡的直接投资，虽然同样遭遇 2018～2019 年投资"逆全球化"趋势的影响，但是估值效应缩水程度不大。这说明对新加坡的直接投资相比较于对缅甸、柬埔寨、老挝三国的直接投资具有较好的抗风险能力。

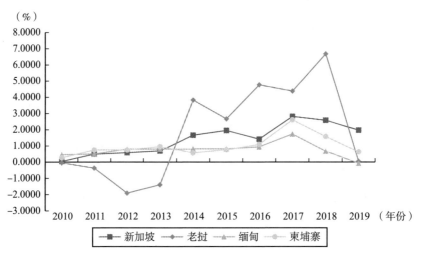

图 9 - 2 2010～2019 年中国在东盟部分国家投资估值效应变化情况
资料来源：根据中国对东盟国家投资数据测算而得。

从上述比较分析可知，对外直接投资在国家间布局的差异，对整体投资存量的价值变动将产生明显影响，因此，围绕对外直接投资效率优化目标，即对外直接投资估值效应最优化目标，全面探寻东道国之间存在影响投资估值效应的异质性因素，从估值效应角度测算针对各东道国的投资效率，将有利于母国进一步优化布局对外直接投资。

第四节　金融调整视角下对外直接投资优化布局分析

一、实证计量模型的构建

基于上述关于对外直接投资估值效应的对比分析，母国对外直接投资在不同东道国之间所产生的估值效应具有较大差异，由此产生的对外直接投资效率差异，将对母国对外直接投资布局优化问题产生影响。根据现有研究文献，采用随机前沿模型（SFA）测算对外投资效率，已得到学界的广泛运用，不少学者利用 SFA 模型，通过测算母国对东道国直接投资存量规模的变化，评估直接投资效率，并发掘影响投资效率的相关因素（李计广等，2016；程中海和南楠，2017；崔娜等，2017；宋林等，2017；季凯文和周吉，2018；熊彬和王梦娇，2018）。本章将基于上述研究所采用的 SFA 模型展开进一步研究，由于本章利用母国对东道国投资存量的市值变化，即对外直接投资估值效应，代表对外直接投资效率，因此将对现有测算效率的计量模型进行重构。根据刘煜辉和沈可挺（2011）、熊家财和苏东蔚（2016）、窦育民和李富有（2013）等研究，投资价值反映投资未来收益的贴现值，而投资风险一定程度将导致资产价值的损失，因此，对外直接投资最优增值额，即估值效应最优值 VA^* 表示为：

$$VA_{it}^* = f(A_{it}) + v_{it} \qquad (9-4)$$

其中，$f(A_{it})$ 表示母国对东道国投资的价值增值函数，A_{it} 为一组反映影响投资于东道国资产价值增值的特征变量，v_{it} 是服从 $N(0, \sigma_v^2)$ 的随机干扰项，反映了投资外部环境等随机因素所导致的价值偏离，实际对外直接投资估值效应与最优估值效应之间关系如下：

$$VA = VA_{it}^* - F(Z_{it}) = f(A_{it}) + v_{it} - F(Z_{it}) \qquad (9-5)$$

$F(Z_{it})$ 表示东道国投资环境由于存在的风险因素，进而导致投资价值下降的部分，它受一系列投资风险因素 Z_{it} 的影响，设定 $F(Z_{it}) = \mu_{it}$，对外直接投资估值效应实际值为：

$$VA = VA_{it}^* - \mu_{it} = f(A_{it}) + v_{it} - \mu_{it} \qquad (9-6)$$

基于上述对外直接投资效率的研究，本章将对外直接投资价值函数 $f(A_{it})$ 设定为一系列特征变量的线性函数，表示为 $f(A_{it}) = X_{it}\beta + K_{it}\theta$，其中，$X_{it}$ 涵盖一系列影响母国对东道国投资存量价值变动的因素作为变量；K_{it} 为国家和年度虚拟变量。则式（9-6）可表示为：

$$VA = X_{it}\beta + K_{it}\theta + v_{it} - \mu_{it} \qquad (9-7)$$

根据科内利（Coelli，1996）对于 SFA 模型构建的思路，对于价值损失函数 μ_{it} 设定为服从正态分布 $N(\mu, \sigma_\mu^2)$，其中，随机变量 μ 的均值反映了由东道国投资风险而令母国实际对外直接投资估值效应偏离最优价值的幅度，基于已有研究，影响东道国投资的风险因素主要包括外汇储备规模、基础设施建设完善程度以及国家治理能力。基于上述理论描述，本章进一步构造反映对外直接投资估值效应的投资效率指数 AE_{it} 进行定量测算。

其中，AE_{it} 为实际估值效应 VA 与最优估值效应 VA^* 之比：

$$AE_{it} = \frac{\exp(X_{it}\beta + K_{it}\theta - \mu_{it})}{\exp(X_{it}\beta + K_{it}\theta)} = \exp(-\mu_{it}) \qquad (9-8)$$

由式（9-8）可知，AE_{it} 取值位于 0 和 1 之间，AE_{it} 取值越接近于 1，表明对外直接投资的效率越高，影响对外投资价值损失的风险就越小。

二、变量选取及说明

基于本章选取的估值效应视角，选取本期对外直接投资估值效应占上期末对外直接投资存量，作为模型（9-6）的被解释变量。对于影响对外直接投资估值效应的价值函数变量 A_{it}，参考已有关于对外直接投资效率的研究，选取以下 3 类变量作为模型解释变量：

（1）根据雷恩和香博（Lane & Shambaugh，2010）的研究，选取影响直接投资价值变动的汇率波动和资本市场市值波动幅度。

（2）根据宋林等（2017）、季凯文和周吉（2018）、熊彬和王梦娇（2018）等研究所构建的空间引力 SFA 模型，选取包括东道国经济增长速度、东道国经济自由度、母国对东道国直接投资存量增长速度以及母国与东道国间贸易规模增长速度、空间距离、共同语言、双边投资协定存续期等变量。

（3）根据崔娜等（2017）、程中海和南楠（2017）、田原和李建军（2018）等研究，对外直接投资还需考虑投资驱动因素，因此选取母国对东道国制造业投资比重、母国与东道国间自然资源租金差异。

另外，对于本章所采用 SFA 模型的效率损失函数 $F(Z_{it})$，基于上述研究，综合采用以下 4 类变量表示投资风险因素 Z_{it}：（1）采用外汇储备规模，表示国家抵御金融风险的能力，也代表东道国金融风险对外资的影响；（2）采用物价波动幅度，代表国家物价波动对外资的影响；（3）采用信息发达程度和航空运输业发达程度，代表基础设施建设完善程度对外资投入的影响；（4）采用国家治理指数腐败治理、政府有效性、政治稳定、治理质量、法制情况和政府责任 6 项指标，代表国家主权治理有效性这一制度因素对外资投入的影响。具体变量的符号及理论阐释参见表 9-3。

三、数据来源与处理

本章对数据选取的时间跨度为全球性经济危机后的 10 年，即 2008~2019 年间，相关数据来自中国、美国、日本三国对东盟 10 国的投资情况。其中，测算 VA 所采用的对外直接投资存量和流量数据来自中国商务部发布的对外直接投资公报、美国经济分析局发布的对外直接投资明细表、日本财政署发布的对外直接投资数据；ex、$assp$ 数据来源于 Wind 数据库，并采用均值标准化进行处理，由于老挝、缅甸、柬埔寨、文莱 4 国资本市场活跃度较低，采用该国主要商品的价格波动予以代替其 $assp$ 数据；$lngdp$、$lnfdi$、$lntr$ 数据来源 Wind 数据库；$lnfree$ 数据来源于美国传统基金会经济自由度指数数据库；$lndis$、$lnlang$ 数据来源于法国国际经济研究中心（CEPII）数据库；$lniia$、$lnrent$、$lnresv$、$lnint$、$lnair$、$lncpi$ 数据来自于世界银行和国际货币基金组织数据库；$lnrup$、$lngovef$、$lnstad$、$lnqua$、$lnlaw$、$lnresp$ 来源于全球治理数据库（WGI）。上述变量除 ex 和 $assp$ 外，均以自然对数进行处理。

表 9-3　　　　　　　变量符号、变量名称和理论阐释

类型	变量符号	变量名称	理论阐释
被解释变量	VA	对外直接投资估值效应	表示对外直接投资市值波动幅度，区分于投资规模变动，以价值的方式代表母国对东道国直接投资的效率
前沿函数	ex	汇率波动因素	表示东道国相对母国货币的汇率波动幅度，该波动将直接影响以东道国货币存在的对外直接投资存量
	$assp$	资本市场市值波动因素	表示东道国资本市场市值的波动幅度，一定程度反映投资于东道国股权资产价值的波动程度
	$lngdp$	经济增长速度	表示东道国经济增长程度，通常而言，经济增长越快的国家，其资产价值增值幅度越高
	$lnfree$	经济自由度	表示投资东道国的投资环境，其经济自由度越大，表示该国接受投资的开放程度越大
	$lnfdi$	投资规模增长	表示母国对东道国直接投资存量的增长速度，一般而言，投资规模的增长速度越快，投资价值的边际增长率在下降

类型	变量符号	变量名称	理论阐释
前沿函数	ln*tr*	相互贸易规模	表示母国与东道国之间相互贸易规模总量，也体现母国与东道国之间的经济联系
	ln*dis*	空间距离	表示母国与东道国之间的地理距离，一般而言，地理距离越近，母国与东道国之间的经济联系越紧
	ln*lang*	双边共同语言	表示母国与东道国之间是否具有共同语言，具有共同语言为1，否则为0，表示双边具有的共同文化，并有助于推动双边投资
	ln*iia*	自由双边投资协定	表示东盟10国与投资国之间自由贸易协定签订的延续时间，延续时间越长，表示双边投资关系越发紧密
	ln*int*	信息化程度	表示投资东道国信息化建设程度，信息化程度越高，表示该国信息化基础建设越良好
	ln*air*	航空运输发达程度	表示投资东道国航空物流建设程度，航空运输越发达，代表物流基础设施建设越良好
	ln*rent*	自然资源租金	用母国与东道国之间自然资源租金之差进行衡量，表示母国对东道国投资的自然资源寻求动机
技术无效率函数	ln*resv*	国家外汇储备规模	东道国外汇储备规模一定程度表示国家抵御金融风险的能力，反映外资在东道国受金融风险的影响程度
	ln*cpi*	物价指数	东道国物价指数变动情况，物价变动严重对投资价值将造成不利影响
	ln*rup*	腐败治理指数	政府腐败控制程度直接影响市场机制，最终影响直接投资
	ln*govef*	政府效率指数	政府效率提高，可提高直接投资便利性，并影响直接投资
	ln*stad*	政治稳定程度	政治稳定将降低外资在东道国面临的政治风险
	ln*qua*	国家监管质量	政府监管质量越高，越能创造公平竞争的投资环境，有利于外资
	ln*law*	政府法律规范	法制规范越完善，越有利于推动外资在东道国投资
	ln*resp*	国家民主程度	民主程度有利于直接投资环境的改善，促进直接投资

四、随机前沿模型实证估计结果

基于所构建 SFA 模型，利用科内利（1996）设计的 Frontier4.1 软件，分别探寻影响中国、美国和日本三国对于东盟 10 国直接投资效率的影响因素及其影响程度，并测算中美日三国对东盟直接投资的效率，首先，SFA 方程估计结果如表 9 - 4 所示。

表 9 - 4　　　　　　　　中美日三国对东盟投资的 SFA 估计结果

类型	VA	中国		美国		日本	
		Coef.	Std. Err.	Coef.	Std. Err.	Coef.	Std. Err.
前沿函数	lnex	- 0.7438	0.1034	- 0.3228	5.9501	0.4925 *	0.3532
	lnassp	0.1913	0.0459	- 0.9862	0.9618	0.0794	0.0809
	lngdp	- 0.4289	0.0738	- 0.4496 **	1.6585	0.2529	0.1845
	lnfdi	- 0.8048 ***	0.0257	0.3656 *	0.1707	- 0.2972 **	0.0873
	lntr	0.2319	0.0592	0.3678	0.3562	0.2442 *	0.1085
	lndis	0.2085	0.1775	0.5937	9.4356	0.2508	0.1960
	lnrent	- 0.1593 ***	0.0051	- 0.6785	0.0887	0.0338 **	0.0125
	lnfree	0.1673	0.2378	- 0.1287	5.9298	- 0.1762	0.2291
	lnint	- 0.8458 **	0.0289	- 0.4757	0.5252	0.1893 **	0.6379
	lnair	- 0.3448	0.0599	0.3823 **	1.2740	- 0.2523 *	0.1455
	lniia	0.1716	0.1006	- 0.4408	0.6670	0.0012	0.0761
	lnlang	0.1561 *	0.0857	0.2897	1.9788	- 0.0377	0.1978
技术无效率函数	lnresv	- 0.3116 **	0.8547	- 0.5537 ***	0.8521	0.8393 **	0.3056
	lncpi	- 0.2164 ***	0.3436	- 0.4865 ***	0.3931	0.1259	0.2422
	lnrup	- 0.1089 ***	0.1936	0.1815 ***	1.0049	0.2601 ***	0.5630
	lngovef	0.5129 ***	0.1575	- 0.1197 ***	0.8416	- 1.2023	0.7629
	lnstad	0.2543 **	0.0784	- 0.1113 ***	0.8615	0.9448 *	0.4613
	lnqua	0.2816	0.1945	0.4906 ***	0.8742	- 3.0822 **	0.8657
	lnlaw	0.4461	0.2836	0.3494	0.9916	- 0.2077	0.8668
	lnresp	0.2164 **	0.0768	0.1860	0.1299	0.1240 *	0.6249
sigma-squared		0.6555		20.5075		0.2773	
gamma		0.8729	0.0537	0.9948	0.0060	0.7319	0.073
L-likelihood value		58.77		- 143.4758		- 28.7625	
LR		28.22		336.9160		61.0698	
观测值		120		120		120	

通过以上回归估计结果可以看出，中美日三国对东盟直接投资估值效应的 LR 值均通过 5% 的显著性检验，证明确实存在价值投资的非效率。此外，中美日三国对东盟直接投资的估值效应服从混合卡方分布，证明了存在技术非效率。得到结果 gamma 都接近 1，且标准误接近于 0，意味着统计误差对结果带来的干扰比较小，而技术非效率对统计结论的干扰是最主要的。

从整体上来看，中国对东盟直接投资的估值效应受到语言的正向影响较为明显，华人网络在中国对东盟的投资中起到重要桥梁作用，而美日两国对东盟直接投资的估值效应均不受共同语言的影响，说明语言交流障碍并不是投资价值的影响因素。中、美、日三国对东盟直接投资的估值效应都受到各国对东盟投资存量增长速度的影响，但是中国和日本是负向关系，而美国是正向关系。该指标表明中国和日本对东盟直接投资所产生的正向收益程度与投资增长速度成反比，而美国则成正比。这表明美国对东盟直接投资能够产生明显的正向估值效应，投资效率呈现积极意义，而中国和日本对东盟的加速投资将导致负向估值效应，投资效率不够积极。通常而言，投资国与东道国之间自然资源租金相差越大，越能激发投资国对东道国自然资源的投资，而该租金差距与投资估值效应成正向关系，表明投资效率较高，日本对东盟直接投资的估值效应与其自然资源租金具有明显的正向关系，说明日本在自然资源方面的投资具有较高投资效率，而中国是负向显著，这表明中国对东盟在自然资源方面的投资效率不够理想。

由于投资风险因素将对投资价值产生减值影响，因此，从效率损失函数的回归结果可以发现影响中美日三国对东盟各国直接投资估值效应的风险因素。

首先，从中国对东盟国家投资估值效应的效率损失函数来看，东盟国家对腐败控制程度越高，反而不利于中国投资估值效应的正向增长，但东盟国家在政府效率、政治稳定程度和国家声誉方面的提高能够对中国直接投资的估值效应构成正向促进效应。这种现象可以解读为，在腐败控制力度不足的资源型国家中，中国资本可以在短期通过寻租方式获取特殊信息优势并实现投资增值，间接说明中国在东盟的投资大多还处于产业链较为前端的资源领域，该领域往往进入门槛低且竞争激烈。此外，东盟国家外汇储备丰富程度和物价上涨幅度也会对中国直接投资的估值效应构成效率损失，该实证结果可以解读为，东盟国家外汇储备较为丰富，对中国资本投向的要求就更加苛刻，中国资本的获利空间受到挤压；而物价上涨幅度大，也会稀释中国在东盟地区投资的收益程度。

其次，从美国对东盟国家投资估值效应的效率损失函数来看，东盟国家外汇储备丰富程度和物价上涨幅度两个变量对美国在东盟直接投资估值效应的反应与中国类似，但是东盟国家腐败控制程度、政府效率以及政治稳定程度对美国在东盟投资的效率损失作用与中国相反。这间接反映出中国与美国在投资行业和投资区域布局上的显著差异。美国投资主要集中于新加坡这个经济发达国家，其中2019年美国对新加坡的投资占美国对东盟投资的81.90%，资本控股性质的投资占美国对新加坡投资的比重在这一年达到56.33%①。由于美国的投资集中在新加坡并通过新加坡控股东南亚重要的资源，新加坡投资环境对其投资资本的估值效应具有明显影响，其中新加坡对腐败控制的效率以及法规的实施质量对其资本增值具有明显积极作用，降低了外来资本寻租的竞争压力；但是政府效率和政治稳定性让其所控股的资本陷入被管制的区间，反而降低了资本增值的空间。

最后，从日本对东盟国家投资估值效应的效率损失函数来看，东盟国家外汇储备丰富程度对日本直接投资的估值效应是正向促进关系，这与日本在东盟的投资结构也是分不开的。日本在东盟国家的直接投资主要以制造业为主（制造业直接投资占日本对东盟直接投资的51.33%），诸如越南、印度尼西亚、泰国等东盟中外汇储备丰富程度较高的国家，其外汇储备的来源往往是依靠制造业形成的常年贸易顺差，而支撑制造业贸易顺差的因素是其原材料与人工成本较低的优势。东盟国家制造业正是日本对其最重要的投资，而东盟制造业的成本优势也给日本投资带来明显的增值效益。因此，外汇储备对日本制造业直接投资的估值效应具有正向关系。此外，东盟国家国家治理指数对日本在东盟直接投资的效率与美国略有区别，表现在东盟国家政治稳定程度的提高对日本投资效率具有正面积极的促进作用，区别于美国，日本对东盟国家的投资在区域上更加分散，其在越南、马来西亚、印度尼西亚、泰国、菲律宾的投资比重较新加坡的比重更大，该类区域政治稳定性远低于新加坡，因此提升政治稳定性对其投资收益具有积极敏感作用，这点与中国在该地区的投资表现类似。

由以上SFA模型的回归结果可以看出，影响中美日三国对东盟国家直接投资估值效应的因素存在明显差异。这与其在东盟各国间直接投资的分布具有显著关系，优化的投资布局将促进整体对外直接投资市值的提升，因此，从估值效应角度测度投资效率成为进一步优化投资布局决策的重要依据。以下将根据SFA模型的回归结果，测算中美日三国在东盟各国的投

---

① 资料来源美国国家经济分析局对外直接投资报表（2019）。

资效率，结果如表 9-5 所示。

表 9-5　　　中美日三国对东盟各国直接投资效率（2010~2019 年）　　　单位：%

中国	2010 年	2011 年	2012 年	2013 年	2014 年	2015 年	2016 年	2017 年	2018 年	2019 年
新加坡	32.52	38.71	33.71	34.98	43.12	39.21	39.84	44.04	44.67	45.32
印度尼西亚	56.86	45.59	49.11	55.56	67.80	63.78	64.55	62.77	63.23	63.70
老挝	85.57	83.88	72.04	84.45	99.97	91.72	97.40	88.80	89.16	89.52
越南	76.05	93.48	77.86	82.92	92.61	76.18	86.01	70.67	70.19	69.72
缅甸	99.44	89.74	93.30	83.59	76.24	89.64	89.56	97.59	97.36	97.14
泰国	32.59	49.84	61.15	45.93	47.83	55.77	54.21	54.73	56.24	57.80
柬埔寨	97.52	92.61	88.10	96.10	95.36	95.75	93.22	93.56	95.67	96.25
马来西亚	42.57	39.15	39.14	39.82	32.52	43.26	34.64	39.46	39.31	39.15
菲律宾	40.36	31.44	48.59	55.07	41.58	49.59	48.79	49.27	49.82	50.37
文莱	79.66	46.16	47.43	45.02	46.19	48.10	40.15	44.77	42.82	40.95
美国	2010 年	2011 年	2012 年	2013 年	2014 年	2015 年	2016 年	2017 年	2018 年	2019 年
新加坡	96.13	96.43	96.34	96.07	96.41	95.71	94.40	95.36	95.27	95.18
印度尼西亚	95.49	95.11	91.27	94.26	95.42	94.85	95.40	95.85	95.89	95.94
越南	85.05	90.58	92.97	94.32	96.68	95.93	95.78	95.65	96.92	98.20
泰国	97.10	94.99	95.48	97.06	98.21	96.55	96.30	97.04	97.03	97.03
马来西亚	96.32	96.45	95.52	96.20	94.83	93.76	95.50	96.03	96.00	95.96
菲律宾	97.01	96.81	96.07	97.01	95.32	98.06	96.68	96.75	96.72	96.69
文莱	57.71	72.23	77.57	40.85	95.31	82.66	93.69	85.94	88.97	92.11
日本	2010 年	2011 年	2012 年	2013 年	2014 年	2015 年	2016 年	2017 年	2018 年	2019 年
新加坡	52.71	60.13	62.77	55.65	61.67	63.46	84.45	79.29	81.92	84.65
印度尼西亚	84.04	82.61	78.81	80.86	84.45	92.03	98.57	96.97	98.54	97.31
老挝	58.02	71.73	62.24	33.34	56.44	79.61	74.78	69.62	70.63	71.65
越南	87.48	88.49	82.68	86.03	95.55	95.70	94.95	89.44	89.66	89.88
缅甸	64.09	74.10	99.94	38.28	60.31	98.55	98.47	94.08	95.61	96.27
泰国	96.88	92.53	90.26	93.04	99.86	90.65	93.46	95.32	96.26	97.72
柬埔寨	34.44	45.13	60.06	27.91	36.30	49.35	52.09	45.15	45.75	46.37
马来西亚	94.00	93.18	94.64	79.51	84.09	72.98	71.54	79.02	77.54	76.09
菲律宾	66.54	89.23	79.99	91.70	90.14	99.65	89.41	95.08	96.47	97.98
文莱	34.21	50.37	61.98	31.37	52.99	65.92	59.22	64.13	66.53	69.02

注：数据是根据随机前沿模型实证估计的结果。

　　基于表 9-5 所展示中美日三国对东盟各国投资效率的结果，可以看出，美国整体投资效率最高（83.16%），其次是日本（79.48%），最后是中国（58.53%），这说明美国与日本对东盟的直接投资对中国具有一定借鉴意义，同时也说明中国对东盟的直接投资存在较大的提升潜力。具体来看，中国对东盟投资效率最高的国家为老挝、缅甸和柬埔寨，随着2013年"一带一路"倡议的推进，中国对这三国的投资存量逐步提高，从三国经济发展中获得投资价值增值的红利。但是，中国对新加坡、马来西亚、泰国、菲律宾这类经济相对发达的东盟国家的投资效率偏低，说明中国应继续优化对该类国家的投资结构，进一步探析投资风险影响因素，优化对该类国家的投资效率。

美国对东盟直接投资的存量集中在新加坡，其产生的正向估值效应对美国在东盟整体直接投资所产生估值效应贡献最大，2010～2019年间，美国对新加坡的直接投资效率处于较高且稳定的水平，说明美国在新加坡直接投资的结构与策略值得借鉴。进一步细分美国在新加坡直接投资的行业可以看出，截至2019年，金融业、信息产业和零售业为美国在新加坡直接投资份额最高的三大产业，其中，美国对新加坡金融业的投资占其对东盟金融业投资的65%，因此，对新加坡金融业的投资是带动整体投资效率提升的一项因素。

日本对东盟直接投资主要是以制造业投资分布在印度尼西亚、泰国、马来西亚、菲律宾以及越南，通过观察其对东盟各国直接投资效率，发现其对泰国直接投资的效率较高且常年处于稳定水平。通过细分其对泰国直接投资的行业可以看出，截至2019年，日本在泰国制造业的投资存量高达505亿美元，占其在泰国直接投资比重的66%，该比重是其在东盟各国投资中制造业占比最高的，并且占世界各国在泰国制造业投资比重的68%①。泰国成为日本制造业企业在东盟地区最重要的生产基地，其相对低廉的劳动力成本以及居民适中的购买能力，成功地为日本制造业企业拓宽市场渠道，并推动了投资价值的提升。

第五节　金融调整视角下中国在"一带一路"沿线的投资效率

一、中国在"一带一路"沿线投资现状

源自中国主导的"一带一路"倡议正在逐渐成为世界"全球化"的

---

① 数据来源于东盟秘书处和联合国贸易和发展会议发布的《2019年东盟投资报告》。

重要平台，也是中国参与全球治理的重要渠道。自 2013 年"一带一路"倡议提出以来，中国正在加快对"一带一路"沿线的投资，投资存量规模和投资比重也逐年上升。根据商务部《2019 年度中国对外直接投资统计公报》，2019 年中国向沿线国家投资 186.9 亿美元（见图 9 - 3），占 2019 年对外投资总量的 13.7%，2013 ~ 2019 年中国已经累计向"一带一路"沿线国家投资 1 173 亿美元，除了流向新加坡、越南、泰国、老挝、马来西亚、柬埔寨外，还流向哈萨克斯坦、阿联酋等沿线国家。在投资行业结构上，中国所投资的行业也日趋多元化，逐渐改变以往在租赁与商业服务业投资比重大的局面，在制造业、科学技术服务、通信传输和软件行业的投资比重也在提高。例如，2019 年中国对"一带一路"沿线国家制造业投资 67.9 亿美元，占比 36.3%，制造业已成为中国对沿线投资的重要行业。

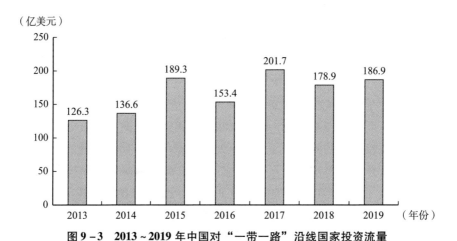

（亿美元）

图 9 - 3 2013 ~ 2019 年中国对"一带一路"沿线国家投资流量

资料来源：《2019 年度中国对外直接投资统计公报》。

二、金融调整视角下中国在沿线投资的效率分析

基于本章以上部分提出的金融调整视角下投资效率的测算模型，以下将围绕对外直接投资估值效应测算中国在 2010 ~ 2019 年间对世界各国投资的效率情况，并对比"一带一路"沿线国家和非"一带一路"沿线国家的投资效率，进而基于该投资效率考察中国在"一带一路"沿线直接投资的布局优化问题。

对于我国对外直接投资的国家样本选取上，本研究进行以下处理：首先，截至 2019 年，我国对外直接投资存量遍布世界 188 个国家和地区，

但部分为贸易自由港，例如开曼群岛、英属维尔京群岛、百慕大群岛、中国香港、中国澳门等，其吸纳直接投资的目的并不符合市场、技术、资源以及获取战略资产的投资目的，因此本研究测算投资效率时将对该类国家和地区的直接投资样本予以删除。其次，由于投资存量较小，在实证过程中也难以判断其投资效率，因此本研究不考虑投资存量较小的国家，进而本章将 2019 年承接我国对外直接投资存量较小的国家和地区（小于 1 亿美元）予以剔除。再次，考虑到部分国家和地区数据不全或缺失也予以剔除，如朝鲜、叙利亚、委内瑞拉、伊拉克、阿富汗、利比亚等国。最终本研究得到 112 个国家的样本。在该样本中，结合商务部公开信息，筛选截至 2019 年同中国签订"一带一路"共建协议的国家 95 个。

基于上述所构建的 SFA 模型，由于部分国家为简化效率测算基础数值无法获取，本节对 113 个国家投资的前沿函数和效率损失函数进行简化处理，其中在前沿函数中保留 lngdp、lnrent、lntr、lndiss、lnfree 五项变量，在效率损失函数中保留；lnrup、lngovef、lnstad、lnqua、lnlaw、lnresp 六项全球治理变量。利用科埃利（1996）设计的 Frontier 4.1 软件，分别探寻影响中国对世界各国直接投资效率的影响因素以及影响程度，并测算中国对世界各国直接投资的效率（见表 9 - 6）。

表 9 - 6 　　　　中国对外直接投资估值效应 SFA 估计结果

系数		coefficient	standard-error	t-ratio
前沿函数	beta 0	0.2471	0.9123	0.2708
	lngdp	− 0.0009	0.0169	− 0.0538
	lnrent	0.0081	0.0156	0.5152
	lntr	0.0216	0.0578	0.3736
	lndiss	0.0261	0.0503	0.5192
	lnfree	0.0460	0.1971	0.2333
技术无效率函数	delta 0	− 73.9970	1.7270	− 42.8465
	lnresp	− 0.8272	0.3864	− 2.1409
	lnstad	− 0.7003	0.8637	− 0.8109
	lngovef	− 2.5835	1.1190	− 2.3087
	lnqua	0.6614	0.4874	1.3570
	lnlaw	1.1367	1.0833	1.0493
	lnrup	2.3355	0.7252	3.2205

系数	coefficient	standard-error	t-ratio
sigma-squared	83.2101	1.0678	77.9232
gamma	0.9939	0.0003	3598.5968
log likelihood function = –1674.4146			
LR test of the one-sided error = 5114.7491			

　　根据结果显示，LR = 5114.7491，从而通过 1% 的显著性检验，且 LR
服从混合卡方分布，证明了存在技术非效率。得到结果 gamma = 0.9939，
非常接近 1，且标准误接近于 0，意味着统计误差对结果带来的干扰比较
小，而技术非效率对统计结论的干扰是最主要的。因此分析采用的 SFA 方
法合理且结果可信。综合来看，金融调整视角下中国对世界直接投资效率
的平均值为 56.69% 。以下分"一带一路"亚洲沿线、"一带一路"非洲
沿线、"一带一路"欧洲沿线和"一带一路"其他地区沿线以及非"一带
一路"国家五个方面进行展示。

　　投资效率的测算结果见图 9 - 4、图 9 - 5、图 9 - 6、图 9 - 7 和图 9 - 8，
可以看出，金融调整视角下中国对"一带一路"沿线的投资效率具有显著
差异。中国对沿线国家投资效率超过 60% 的国家有亚洲的柬埔寨、老挝、
缅甸、印度尼西亚、以色列、越南、乌兹别克斯坦，非洲的纳米比亚，欧
洲的希腊和南美的乌拉圭；在对非"一带一路"沿线国家的投资中，效率

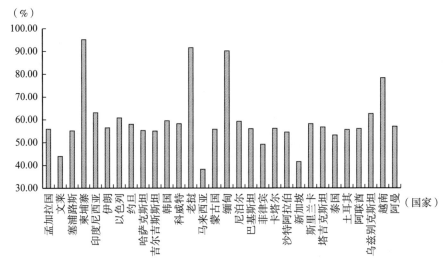

图 9 - 4　2013 ~ 2019 年中国对"一带一路"亚洲沿线国家投资的平均效率

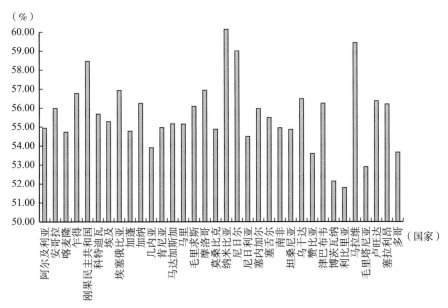

图 9-5 2013~2019 年中国对"一带一路"非洲沿线国家投资的平均效率

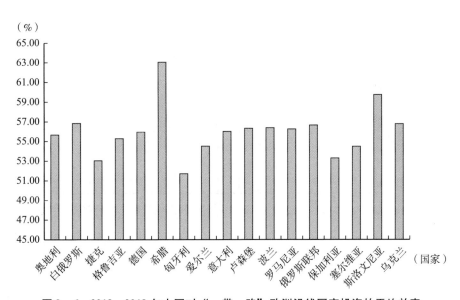

图 9-6 2013~2019 年中国对"一带一路"欧洲沿线国家投资的平均效率

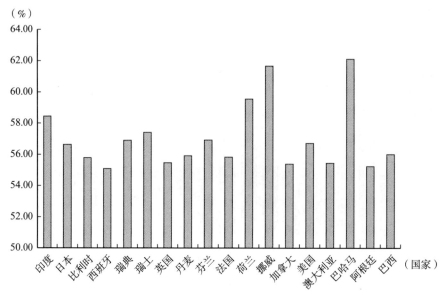

（%）

图 9 - 7　2013 ~ 2019 年中国对"一带一路"其他地区沿线国家投资的平均效率

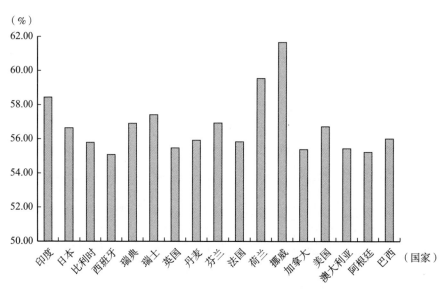

（%）

图 9 - 8　2013 ~ 2019 年中国对"一带一路"其他地区沿线国家投资的平均效率

超过 60% 的有挪威。整体来看，中国对参与共建"一带一路"国家的投资效率超过 60% 的共有 10 个，占沿线国家样本的 10.53%；非"一带一路"共建国家投资效率超过 60% 的只有 1 个，占样本国家的 5.88%。因此，从金融调整视角下的投资效率来看，2013 ~ 2019 年中国对"一带一路"共建国家的投资开始显现出其与非"一带一路"共建国家之间的效率差距，说明"一带一路"倡议下中国资本的海外投资效率得到有效提升。

第六节   金融调整视角下投资布局的启示

本章围绕对外直接投资增值与保值的目标，创新性地以金融调整的视角考察投资效率，进而探讨投资的优化布局问题。利用对外直接投资市值变动，即估值效应，替代投资规模变动这一传统衡量投资效率的概念范畴。基于中国、美国、日本三国对东盟直接投资存量与流量的相关数据，测算三国对东盟地区直接投资的估值效应，发现美国对东盟地区直接投资所产生的正向估值效应最大，中国和日本正向估值效应规模相近，但三国对东盟各国直接投资估值效应分布差异较大。本章进而利用随机前沿模型，探析影响对外直接投资估值效应的因素，测算中国、美国和日本三国分别对东盟各国的直接投资效率。通过对比中美日三国对东盟的投资效率，发现中国对缅甸、老挝、柬埔寨三国的直接投资效率较为突出，而美国对新加坡金融业以及日本对泰国制造业的直接投资效率也表现优异。因此，对比中美日三国对东盟直接投资效率，寻找中国对东盟各国在投资效率方面与美日之间差距，可进一步为"一带一路"建设，优化中国对东盟直接投资布局提供参考。

首先，结合实证模型所分析的结果，即中国对东盟各国的投资效率以及影响直接投资估值效应的因素，发现中国在老挝、缅甸、柬埔寨等国的投资效率较高，其直接投资产生明显的正向估值效应，说明由于中国对该三国进行合理的投资布局，目前该三国经济与产业发展正在为中国的海外投资带来显著红利。由于该三国经济基础较为薄弱，产业提升空间较大，并且根据 SFA 模型发现，2010～2017 年间该三国国家治理程度较低，对投资估值效应反而构成促进作用，但是 2018～2019 年间，在世界经济放缓的大背景下，中国在这三国投资的负向估值效应也很明显，间接说明中国在该三国投资表现出韧性不足的态势。因此虽然中国目前是该三国最大的投资国，但下一步仍将继续发掘该三国的投资潜力。

其次，通过测算美国对东盟国家直接投资的估值效应，以及探析其影响因素与投资效率，发现美国对东盟的直接投资主要布局在新加坡，其对新加坡投资的正向估值效应成为其对东盟国家直接投资价值增值最重要的来源，并且投资效率较高。通过进一步考察，美国布局新加坡金融业的直接投资是其投资效率较高的重要因素，因此，借鉴美国对新加坡金融业直接投资的模式与思路，将有助于中国提升对新加坡的直接投资效率。但是，结合实证分析结论，需要注意的是，金融风险是导致美国对新加坡直接投资估值效应损失的重要因素，在优化对新加坡直接投资的过程中，也需考虑金融风险的负面影响因素，防控金融风险。

再次，通过考察日本对东盟国家投资的估值效应及其投资效率，可以发现日本对东盟国家的投资主要是以制造业布局在泰国、马来西亚、菲律宾、印度尼西亚和越南这 5 个经济相对发达且人口规模相对较大的东盟国家。尤其是日本对泰国直接投资的效率较高，说明日本在泰国制造业直接投资产生较显著的价值升值，因此，日本各制造业企业在泰国直接投资的模式以及其市场寻求的方式是值得中国制造业海外投资所借鉴的。然而，值得注意的是，日本对外直接投资估值效应与其双边贸易规模并无直接关系，因此，海外制造基地依靠本土市场销售无益于投资价值的升值，寻求适应基地自身的新兴市场才是该投资重要发展路径。

最后，基于 SFA 模型的测算结果，中国对马来西亚、菲律宾、文莱这三国的投资效率常年低于 50%，且均产生负向估值效应，说明中国在该三国的投资效率较低且易于贬值。对比美国和日本发现，美日对该三国的投资效率虽然均高于中国，但估值效应同样呈现负向趋势，说明该三国的投资环境不利于外商直接投资价值的增值，因此，下一步，中国企业在这三个国家的投资布局上，应审慎选择投资项目，规避投资风险。

第十章 金融调整视角下汇率波动的国际传递

【导读】

随着中国双向直接投资存量规模的扩大，人民币汇率波动通过金融调整渠道对中国经济产生的传递效应日益显著，金融调整渠道逐渐成为贸易调整渠道之外，又一条重要的汇率传递通道。本章通过开放宏观经济模型分析，发现汇率波动通过金融调整渠道对国内经济增长产生的传递效应主要受到投资开放程度、投资替代弹性、投资偏好等相关因素的影响。进一步，本章利用 2003～2019 年月度数据构建单变量自回归分布滞后模型（ARDL）实证模型，发现汇率波动通过金融调整渠道对经济增长的影响较通过贸易调整渠道对经济增长的影响更加复杂，除表现为传递的不完全性与滞后性外，汇率波动分别通过基于 FDI 和 OFDI 资产的金融调整渠道对经济增长的影响，在即期和存续期还呈现出相互抵消态势。本研究结论不仅有效地拓宽了汇率传递理论，并对优化中国涉外经济政策以及推动开放型经济新体制的构建具有现实价值。

第一节 金融调整视角下汇率波动传导背景

伴随经济全球化国际经济联系愈发紧密，作为影响国际经济联系的一项重要因素，汇率波动对国家内部经济的传递效应逐渐得到学界关注，并成为国际经济学的一项研究课题。通常而言，汇率波动的传递效应反映为汇率变化对进口或出口价格以及国内相关价格的影响程度，而相应价格的变动又将进一步影响国内经济增长，因此汇率波动通常成为一国制定对外经济政策所需考量的一项重要因素。自汇率超调理论（Dornbusch，1976）的提出，学者们从宏观经济视角逐渐发现汇率波动对进出口价格以及国内整体价格的传递效应是不完全的。随后，出口厂商依市定价理论（Krugman，1986）进一步将汇率传递效应的研究从宏观视角引向微观企业行为视角。然而，纵观近半个世纪以来围绕汇率传递效应的研究，其研究范围依然主要限定在国际贸易领域，也就是说，汇率波动对国家内部经济的影响仅通过汇率波动对国际贸易商品进出口价格以及国内相关价格的影响进行考察。

21世纪以来，随着国际经济联系密切程度的稳步提升，全球国际投资总体规模不断扩大，其增长速度已超过同期国际贸易总量的增长速度。由于国际投资存量规模的扩大，因汇率波动产生国际投资的变动价值也随之增大，而该类变动价值被称为由汇率波动所引致的估值效应（IMF，2005），且通过估值效应影响国内整体经济的传导路径被称为"金融调整渠道"（Gourinchas & Rey，2007；Lane & Milesi－Ferretti，2007），为与之区别，国际货币基金组织（IMF，2005）定义通过国际贸易影响国内经济的路径为"贸易调整渠道"。随着汇率波动引致的估值效应不断增强，基于金融调整渠道的相关国际经济问题研究逐渐得到重视（范小云等，2011；贺力平，2015；张明，2018）。例如，自次贷危机以来美国采用宽松货币政策刺激经济复苏，由此形成的美元贬值在一定程度上缓解了其国际贸易逆差；同时，美元贬值令其庞大的海外投资存量得到价值提升，由此形成的正向估值效应进一步缓解了美国外部债务危机，也有助于其推动经济复苏（Gourinchas & Rey，2014；刘琨和郭其友，2016）。由此可见，较之贸易调整渠道，汇率波动通过金融调整渠道也能对一国国内经济产生系列显著影响。因此探析汇率波动的传递效应若同时考虑金融调整渠道和贸易调整渠道，可令研究更为完善。

随着"一带一路"倡议、人民币国际化等开放战略的持续推进，中国国际贸易与国际投资总量逐步提升并稳居世界前列。根据中国与美国等世界主要经济体的国际收支平衡表与国际投资头寸表数据，2019年，中国进出口贸易总额达5.12万亿美元，同年底中国双向直接投资累计存量达5.02万亿美元，两项数据均仅次美国，位居世界第2位。这说明中国经济在国际贸易与国际投资方面都已深度融入世界经济，开放型经济新体制正在逐步健全，同时也说明在考察人民币汇率波动的传递效应问题上，金融调整渠道与贸易调整渠道同样重要。因此，较之传统汇率传递效应的研究，本章不仅考察汇率波动通过贸易调整渠道的传递效应，还着重考察汇率波动通过金融调整渠道的传递效应。

第二节　金融调整与汇率传递研究现状

21 世纪以来，国际贸易失衡和国际投资头寸失衡成为国家外部失衡的两种表现形式，前者表示外部资产流量失衡，后者表现为外部资产存量失衡（Devereux & Sutherland，2010；肖立晟和陈思翀，2013；刘琨和许建伟，2019）。汇率作为一项调整外部失衡的重要政策工具，传统的研究主要集中在考察汇率对国际贸易失衡的调整作用方面。然而，21 世纪以来，越来越多的学者发现汇率政策对国际投资头寸失衡的调整也能起到重要作用，进而对国际经济的各种研究问题产生一定影响（Obstfeld & Rogoff，2000；Lane & Milesi - Ferretti，2001；Corsetti & Konstantinou，2005）。例如，对于美国主权债务可持续性的研究，若仅从汇率对国际贸易失衡的调整作用展开分析，美国主权债务的可持续性是令人感到悲观的（Mann，2004；Edwards，2005；Blanchard et al.，2005），但若从汇率对国际投资头寸失衡的调整作用展开分析，汇率贬值产生的正向估值效应却缓解了美国的外债危机（Lane & Milesi - Ferretti，2007）。因此，反映估值效应变化路径的金融调整渠道成为新开放经济宏观经济理论的一项重要补充（Gourinchas & Rey，2014；范小云等，2011；贺力平，2015；张明，2018）。随着全球化程度加深和国际投资规模的扩大，基于国际投资存量的估值效应越发显著（Bénétrix et al.，2015；杨权和鲍楠，2017；刘威等，2018；刘琨和郭其友，2020），金融调整渠道逐渐成为除贸易调整渠道外另一条探索外部经济波动对国内经济影响的重要路径（Georgiadis & Mehl，2016；丁志杰等，2017）。

综合前文所述，汇率不仅是一项重要的国际经贸政策工具，而且汇率波动还将对一国经济产生传递影响，因此围绕汇率传递效应的研究一直是国际经济的热点问题之一。通过对汇率传递效应现有研究的梳理，可以发现，现有研究主要围绕着汇率波动对进口价格、出口价格以及国内相关价格的影响展开分析。首先，针对汇率波动对进口价格影响的研究，卡帕和葛德伯格（Campa & Goldberg，2002）、乔特瑞和哈库拉（Choudhri & Hakura，2006）、施建淮等（2007）、王晋斌和李南（2008）、项后军和许磊（2011）等主要从宏观与中观产业角度探析汇率波动的影响，其发现汇率传递效应具有不完全性，并且汇率波动对进口价格、国内生产者价格以及消费者价格的传递程度依次递减，同时，通货膨胀、开放程度等宏观因素将对上述传递产生影响。马里克和马奎斯（Mallick & Marques，2012）、曹伟等（2019）等研究进一步深化上述研究内容，引入依市定价理论、产品价格黏性以及配送成本等微观因素，细化对汇率传递效应不完全性的解释，同时，发现汇率传递效应具有明显的异质性和不对称性，其中异质性是指进口企业在区域和产业分布等差异因素将决定传递效应的差异，而不对称性是指汇率升值和贬值、波动幅度大小对于汇率传递效应都有不对称的反应。其次，针对汇率波动对出口价格影响的研究，科赛蒂和德多拉（Corsetti & Dedola，2005）、伯尔曼等（Berman et al.，2012）、库格勒和弗霍根（Kugler & Verhoogen，2012）、陈和茹韦纳尔（Chen & Juvenal，2016）、向训勇等（2016）、韩剑等（2017）、程惠芳等（2018）、易靖韬等（2019）等主要从微观企业的异质性着手考察汇率波动对出口价格的传递影响，上述研究普遍认为汇率波动对出口价格具有显著传递影响，但企业在出口产品质量、出口企业生产效率、出口企业全球产业链参与程度、出口产品核心程度等方面的异质性将对传递效果构成影响。最后，针对汇率波动对一系列决定经济增长相关价格指数影响的研究，德弗鲁克斯和恩格尔（Devereux & Engel，2007）、黄志刚（2009）、史和许（Shi & Xu，2010）、王胜（2015）、石峰等（2018）等利用新开放宏观经济分析范式，引入中间品生产与贸易部门，构建动态均衡模型对汇率传递机理展开分析，研究发现中间品部门的引入将弱化马歇尔—勒纳条件，进而对汇率传递的不完全性以及传递方向形成全新阐释，然而关于汇率传递效应不完全性对整体社会福利影响的研究在学界还未形成统一的解释。

通过梳理上述文献，可以发现，探析汇率传递对国内经济影响的研究仍主要从贸易调整渠道展开，鲜有研究是通过金融调整渠道探析汇率传递效应，而同时考虑金融调整渠道和贸易调整渠道探析汇率传递效应，则可令研究结论更加完善。陈晓莉和刘晓宇（2020）是少有通过金融调整渠道探析人民币汇率传递效应的研究，其发现汇率波动引致外币负债产生的估值效应对国内经济具有显著影响。然而，其外币负债的概念范畴仅限于中国外币借款这个国际投资头寸科目，根据中国国际投资头寸表，截至 2019 年底中国外币借款仅为 1.29 万亿美元，占国际投资头寸总额的份额偏小，仅为 9.71%。对此，本章在考虑金融调整渠道探析汇率传递效应时，将以双向直接投资作为产生估值效应的资产与负债范围。一方面是因为双向直接投资在中国国际投资头寸总额中占比较大，汇率波动通过金融调整渠道对国内经济的影响将更为显著。根据中国国际投资头寸表，截至 2019 年底由对外直接投资（2.09 万亿美元）与外商直接投资（2.93 万亿美元）

共同构建的双向直接投资总额达 5.02 万亿美元，占国际投资头寸总额的
37.75%。另一方面是因为双向直接投资属于权益型资产，其价格波动较
其他国际投资头寸科目更为活跃，所产生估值效应更为明显（刘琨和郭其
友，2016），金融调整程度也能得到充分体现。

第三节　金融调整与汇率传递模型推导

本章基于对克达西耶（Coeurdacier et al.，2010）、蒂勒和温库伯
（Tllle & Wincoop，2010）构建经典"两国两商品两投资品"开放宏观经
济理论模型的改造，考察汇率波动同时通过金融调整渠道和贸易调整渠道
所产生的传递效应。

一、居民消费

假设居民效用函数如下式所示，H 代表本国，F 代表外国。

$$\max: E_0 \sum_{t=0}^{\infty} \beta^t \left(\frac{1}{1-\sigma} C_{H,t}^{1-\sigma} - \frac{1}{1+\omega} L_{H,t}^{1+\omega} \right)$$

$$\max: E_0 \sum_{t=0}^{\infty} \beta^t \left(\frac{1}{1-\sigma} C_{F,t}^{1-\sigma} - \frac{1}{1+\omega} L_{F,t}^{1+\omega} \right)$$

其中，C 表示消费，L 表示劳动，σ 表示消费跨期替代弹性，ω 表示
劳动替代弹性，进而本国与外国的消费函数用常数替代弹性（CES）函数
表示为：

$$C_{H,t} = \left[a_C^{1/\phi_C} (c_{H,t}^H)^{(\phi_C-1)/\phi_C} + (1-a_C)^{1/\phi_C} (c_{F,t}^H)^{(\phi_C-1)/\phi_C} \right]^{\phi_C/(\phi_C-1)}$$

$$(10-1)$$

$$C_{F,t} = \left[a_C^{1/\phi_C} (c_{F,t}^F)^{(\phi_C-1)/\phi_C} + (1-a_C)^{1/\phi_C} (c_{H,t}^F)^{(\phi_C-1)/\phi_C} \right]^{\phi_C/(\phi_C-1)}$$

$$(10-2)$$

a_C 为消费母国产品的偏好系数，$c_{H,t}^H$ 为 t 期本国生产且本国消费的产
品，$c_{F,t}^H$ 为 t 期外国生产且进口至本国消费的产品，相反，$c_{H,t}^F$ 为 t 期本国生
产且出口至外国消费的产品，ϕ_C 为消费商品的替代弹性。本国和外国一
揽子消费价格 $P_{H,t}^C$ 和 $P_{F,t}^C$ 表示如下：

$$P_{H,t}^C = \left[a_C (p_{H,t}^C)^{1-\phi_C} + (1-a_C)(p_{F,t}^C)^{1-\phi_C} \right]^{1/(1-\phi_C)}; \quad (10-3)$$

$$P_{F,t}^C = \left[a_C (p_{F,t}^C)^{1-\phi_C} + (1-a_C)(p_{H,t}^C)^{1-\phi_C} \right]^{1/(1-\phi_C)}$$

其中，$p_{H,t}^C$ 为本国商品在本国的售价，相应 $p_{F,t}^C$ 为外国商品在本国的售
价，所有价格均以本国货币计价，由此，根据消费最优化原则，消费与价

格之间的关系可表示为：

$$c_{H,t}^H = a_C \left(\frac{p_{H,t}^C}{P_{H,t}^C} \right)^{-\phi} C_{H,t}; \quad c_{F,t}^H = (1 - a_C) \left(\frac{p_{F,t}^C}{P_{H,t}^C} \right)^{-\phi} C_{H,t} \quad (10-4)$$

二、企业投资

利用道格拉斯函数描述生产函数，其中，$Y_{H,t}$ 为产出，$K_{H,t}$ 为资本累积，$z_{H,t}$ 为全要素生产率，κ 为资本与劳动间的替代弹性。

$$Y_{H,t} = z_{H,t} (K_{H,t})^\kappa (L_{H,t})^{1-\kappa}; \quad Y_{F,t} = z_{F,t} (K_{F,t})^\kappa (L_{F,t})^{1-\kappa}$$

假设对企业的资本投资主要由本国居民与外国居民的投资构成，其中本国居民对外国企业的投资表述为对外直接投资，外国居民对本国企业的投资表述为外商直接投资，因此投资方程可表示为：

$$I_{H,t} = \left[a_I^{1/\phi_I} (i_{H,t}^H)^{(\phi_I-1)/\phi_I} + (1 - a_I)^{1/\phi_I} (i_{F,t}^H)^{(\phi_I-1)/\phi_I} \right]^{\phi_I/(\phi_I-1)} \quad (10-5)$$

$$I_{F,t} = \left[a_I^{1/\phi_I} (i_{F,t}^F)^{(\phi_I-1)/\phi_I} + (1 - a_I)^{1/\phi_I} (i_{H,t}^F)^{(\phi_I-1)/\phi_I} \right]^{\phi_I/(\phi_I-1)} \quad (10-6)$$

同消费函数类似，a_I 为投资母国的偏好系数，$i_{H,t}^H$ 为 t 期本国居民对本国的投资，$i_{F,t}^H$ 为 t 期外国居民对本国的投资，即外商直接投资，$i_{H,t}^F$ 为 t 期本国居民对外国的投资，即对外直接投资，ϕ_I 为投资替代弹性，本国和外国一揽子投资价格 $P_{H,t}^I$ 和 $P_{F,t}^I$ 表示为：

$$P_{H,t}^I = \left[a_I (p_{H,t}^I)^{1-\phi_I} + (1 - a_I) (p_{F,t}^I)^{1-\phi_I} \right]^{1/(1-\phi_I)};$$
$$P_{F,t}^I = \left[a_I (p_{F,t}^I)^{1-\phi_I} + (1 - a_I) (p_{H,t}^I)^{1-\phi_I} \right]^{1/(1-\phi_I)} \quad (10-7)$$

其中，$p_{H,t}^I$ 为本国投资品价格，相应 $p_{F,t}^I$ 为外国投资品价格，由此，根据最优投资原则，投资品与其价格之间的关系表示为：

$$i_{H,t}^H = a_I \left(\frac{p_{H,t}^I}{P_{H,t}^I} \right)^{-\phi_I} I_{H,t}; \quad i_{F,t}^H = (1 - a_I) \left(\frac{p_{F,t}^I}{P_{H,t}^I} \right)^{-\phi_I} I_{H,t} \quad (10-8)$$

三、约束与均衡

根据居民和企业构建"两国两商品两投资品"模型，居民约束函数表示为：

$$P_{H,t} C_{H,t} + p_{H,t+1}^I i_{H,t+1}^H + p_{F,t+1}^I i_{H,t+1}^F = w_{H,t} L_{H,t} \quad (10-9)$$

$$P_{F,t} C_{F,t} + p_{F,t+1}^I i_{F,t+1}^F + p_{H,t+1}^I i_{F,t+1}^H = w_{F,t} L_{F,t} \quad (10-10)$$

进一步将约束函数与效用函数构建拉格朗日方程，求解欧拉方程为：

$$E_t \left[\left(\frac{C_{H,t+1}^{-\sigma}}{C_{H,t}^{-\sigma}} \right) \left(\frac{P_{H,t}}{P_{H,t+1}} \right) \right] = E_t \left[\left(\frac{C_{F,t+1}^{-\sigma}}{C_{F,t}^{-\sigma}} \right) \left(\frac{P_{F,t}}{P_{F,t+1}} \right) \right] \quad (10-11)$$

同时，本国与外国的市场出清方程表示为：

$$c_{H,t}^H + c_{H,t}^F + i_{H,t}^H + i_{H,t}^F = Y_{H,t}; \quad c_{F,t}^F + c_{F,t}^H + i_{F,t}^F + i_{F,t}^H = Y_{F,t} \quad (10-12)$$

四、稳态线性化

假定 $p_t^C = p_{H,t}^C / p_{F,t}^C$ 且 $p_t^I = p_{H,t}^I / p_{F,t}^I$，两式分别表示为本国消费品和投资品相对外国消费和投资品的价格，根据克达西耶等（2010），为得到模型稳态值，将一国的总产出划分为由消费构成的产出 $Y_{C,t}$ 和由投资构成的产出 $Y_{I,t}$，分别表示为：

$$Y_{C,t} = \frac{c_{H,t}^H + c_{H,t}^F}{c_{F,t}^F + c_{F,t}^H} = (p_t^C)^{-\phi_C} \Omega_{aC}\left[\left(\frac{P_{F,t}^C}{P_{H,t}^C}\right)^{\phi_C} \frac{C_{F,t}}{C_{H,t}}\right] \text{其中，} \quad \Omega_{aC}(x) \equiv \frac{1 + x\left(\frac{1-z}{z}\right)}{x + \left(\frac{1-z}{z}\right)}$$

$$(10-13)$$

$$Y_{I,t} = \frac{i_{H,t}^H + i_{H,t}^F}{i_{F,t}^F + i_{F,t}^H} \equiv (p_t^I)^{-\phi_I} \Omega_{aI}\left[\left(\frac{P_{F,t}^I}{P_{H,t}^I}\right)^{\phi_I} \frac{I_{F,t}}{I_{H,t}}\right] \quad (10-14)$$

假定由产品进出口贸易形成的实际贸易汇率表示为 $CRER_t \equiv P_{H,t}^C / P_{F,t}^C$，根据消费的欧拉方程（10-11）和价格 CES 函数（10-3）的线性化求解得到：

$$-\sigma(\hat{C}_{H,t} - \hat{C}_{F,t}) \equiv \hat{CRER}_t = \hat{P}_{H,t}^C - \hat{P}_{F,t}^C = (2a_C - 1)\hat{p}_t^C \quad (10-15)$$

将式（10-13）进行线性化后联立式（10-15）可得：

$$\hat{Y}_{C,t} = -\left\{\phi_C\left[1 - (2a_C - 1)^2\right] + (2a_C - 1)^2 \frac{1}{\sigma}\right\}\left(\frac{1}{2a_C - 1}\right)\hat{CRER}_t \quad (10-16)$$

假定由投资跨国流动形成的实际投资汇率表示为 $IRER_t \equiv P_{H,t}^I / P_{F,t}^I$，将投资一揽子价格公式（10-7）以及表示投资与投资价格间关系的公式（10-8）线性化后，可得以下公式：

$$(\hat{i}_{F,t}^H - \hat{i}_{F,t}^F) = (\hat{i}_{H,t}^H - \hat{i}_{H,t}^F) + 2\phi_I \hat{p}_t^I \quad (10-17)$$

假设两国严格对称，本国居民新投资 1 单位至本国企业，意味本国居民对外国企业的投资少 1 单位，同时，利用 $e^{-\tau}$ 表示本国对外国的投资障碍，τ 值越高投资障碍越大，关系为：

$$i\,\hat{i}_{H,t}^H = -(1-i)e^{-\tau}\hat{i}_{H,t}^F$$

进一步将上式代入式（10-17），联立线性化后的式（10-14），可得：

$$\hat{Y}_{I,t} = \left[2\phi_I(2a_I - 1)\frac{(1-i)e^{-\tau}}{ie^{-\tau} + i - e^{-\tau}} - 2\phi_I(2 - a_I)\right]\frac{1}{(2a_I - 1)}\hat{IRER}_t$$

$$(10-18)$$

由此，式（10-16）和式（10-18）分别反映了汇率波动通过贸易调整渠道对产出的传递效应，以及汇率波动通过金融调整渠道对产出的传递效应，其中，产出 $\hat{Y}$ 可表示本国经济总量偏离稳态的变动幅度，即经济增长。因此，由式（10 – 16）可看出，汇率 $C\hat{R}ER$ 的系数为负，表示若本币汇率升值，通过贸易调整渠道对本国经济增长具有负面传递效应。反观式（10 – 18），汇率 $I\hat{R}ER$ 系数的正负号难以判断，因此，汇率波动通过金融调整渠道对本国经济增长的传递效应方向和程度将取决于投资替代弹性、投资障碍和投资母国偏好系数这三个外生变量的取值。

第四节　实证分析与传递机制检验

一、模型设定

根据模型推导的结果，汇率波动分别通过金融调整渠道和贸易调整渠道对国内经济增长的传递效应得以反映，然而，汇率波动通过金融调整渠道对国内经济增长的传递效应方向和程度仍需由投资障碍、投资偏好以及投资替代弹性等外生变量的取值决定。因此，为进一步考察该传递效应的方向、程度以及持续性，本章基于 2003～2019 年中国月度经济数据，利用单变量自回归分布滞后模型（ARDL）展开实证分析，具体回归模型如下：

$$\Delta Y_t^j = \sum_{i=1}^{1} \gamma Y_{i-1} + \sum_{i=0}^{1} \varsigma \Delta CRER(\upsilon \Delta IRER) + \theta X_i + \varepsilon_t \quad (10-19)$$

设定被解释变量 ΔY_t^A 表示为中国整体经济增长，此外，基于本章构建的"两国两商品两投资品"开放经济模型发现，构成经济增长的两个重要内容分别是消费拉动的经济增长和投资拉动的经济增长，并分别以 ΔY_t^C 和 ΔY_t^I 予以表示。ΔY_{t-1}^j 表示被解释变量的滞后项，核心解释变量 $CRER$ 和 $IRER$ 分别表示实际贸易汇率和实际投资汇率，并分别反映通过贸易调整渠道和金融调整渠道的汇率波动。同时，考虑实证分析的内生性问题，参考已有研究，模型进一步控制国外需求、本国物价水平、本国生产成本、外国生产成本（曹伟等，2019；易靖韬等，2019；陈晓莉和刘晓宇，2020）和双方投资障碍等变量的影响。

二、数据选取

对于反映整体经济增长的变量 ΔY_t^A，其数据来源于利用内插法得到的 2003～2019 年月度经济增长数据。对于 ΔY_t^C 和 ΔY_t^I，其数据分别来源于国家统计局公布的"最终消费支出对 GDP 增长贡献率"和"资本形成总额对 GDP 增长贡献率"与变量 ΔY_t^A 数据的乘积。此外，根据本章所构建的开放经济模型可知，国内外商品实际价格形成的实际贸易汇率与国内外投资价格形成的实际投资汇率具有明显区别，其中，对于实际投资汇率的测算，本章参考雷恩和香博（2010），分别按对外直接投资（OFDI）和外商直接投资（FDI）中中国每年与世界其他各国投资往来存量作为权重，计算公式为：

$$IRER_t^{OFDI} = \sum_{j=1}^{j=N} \chi_{jt}^{OFDI} \times \%\,\Delta E_{jt} \;;\; IRER_t^{FDI} = \sum_{j=1}^{j=N} \vartheta_{jt}^{FDI} \times \%\,\Delta E_{jt} \quad (10-20)$$

$IRER_t^{OFDI}$ 和 $IRER_t^{FDI}$ 表示由中国对外直接投资和外商直接投资构成的实际投资汇率，χ_{jt}^{OFDI} 表示中国对外直接投资中各国投资额所占的比重，ϑ_{jt}^{FDI} 表示国外各国对中国直接投资的投资额所占的比重。$\%\,\Delta E_{jt}$ 各国货币兑人民币的汇率波动程度，本章实证部分的汇率数据采用直接标价法表示，即汇率上升表示人民币贬值，汇率下降表示人民币升值。由于中国与世界各国的投资往来较多，本章分别选取对外直接投资和外商直接投资规模前30 位的国家，并将中国与该 30 国的投资存量作为总投资存量，即公式（10-20）中 N 为 30。从所选取的前 30 国与中国投资往来的存量规模来看，该 30 国与中国之间发生的 OFDI 与 FDI 存量占总规模的比重达 90%以上，具有较强代表性。由于投资存量中国商务部每年公布仅一次，因此，权重 χ_{jt}^{OFDI} 和 ϑ_{jt}^{FDI} 每年更新一次，$\%\,\Delta E_{jt}$ 源自人民币与该 30 国货币之间的每月月末汇率牌价所计算的月度汇率波动。最后，根据公式（10-20）计算 $IRER_t^{OFDI}$ 和 $IRER_t^{FDI}$ 的月度数据。此外，实际贸易汇率 CRER 以及 ARDL 模型中相关控制变量的释义与计算详见表 10-1 所示。

表 10-1　　　　　　　　　　　　变量含义及数据来源

变量属性	变量简称	定义	来源	数据计算
被解释变量	ΔY^A	整体经济增长	中国统计局	基于 2003～2019 年中国季度经济增长数据，利用内插法平滑得到 2003～2019 年月度经济增长数据
	ΔY^C	通过消费拉动的经济增长	中国统计局	以国家统计局公布的"最终消费支出对 GDP 增长贡献率"与上述整体经济增长月度数据乘积
	ΔY^I	通过投资拉动的经济增长	中国统计局	以国家统计局公布的"资本形成总额对 GDP 增长贡献率"与上述整体经济增长月度数据乘积

变量属性	变量简称	定义	来源	数据计算
核心解释变量	$CRER$	贸易实际汇率	BIS	基于国际货币清算中心（BIS）公布的月度人民币实际贸易汇率指数，计算贸易实际汇率变化率
	$IRER^{OFDI}$	对外直接投资加权汇率	中国商务部	根据公式（20）计算而得
	$IRER^{FDI}$	外商直接投资加权汇率	中国商务部	根据公式（20）计算而得
控制变量	CPI	中国物价变化	WIND	以 CPI 价格指数计算月度变动率
	PPI	中国产品成本变化	WIND	以 PPI 价格指数计算月度变动率
	$FPPI$	进口产品成本变化	WIND	利用美国 PPI 价格指数计算月度变动率
	$FGDP$	外国总需求变化	WIND	以美国、日本和欧元区三大经济体合计数代表外国总需求，并计算该合计数的月度 GDP 变化率
	$OPEN$	中国金融开放度变化率	中国商务部	每月末 OFDI 和 FDI 总额除以月度经济总量

三、滞后、平稳性与协整检验

针对被解释变量以及核心解释变量，本章首先采用 HQIC、AIC 及 SBIC 等信息准则进行选取，发现反映整体经济增长（ΔY_t^A）、通过投资和通过消费拉动的经济增长（ΔY_t^I 和 ΔY_t^C）最优滞后期数都为 1 期或 4 期；外商直接投资的实际投资汇率的 $IRER_t^{FDI}$ 最优滞后期数为 3 期，对外直接投资的实际投资汇率 $IRER_t^{OFDI}$ 最优滞后期数为 2~3 期，实际贸易汇率 $CRER_t$ 最优滞后期数为 4 期。此外，为了推动中国开放型经济新体制建设，本章进一步发掘投资开放程度在汇率传递效应中发挥的作用，引入投资开放程度与两类实际投资汇率的交乘项 $OPEN \times IRER_t^{OFDI}$ 和 $OPEN \times IRER_t^{FDI}$，并判断其最优滞后期数均为 1 期。控制变量中 $FGDP$ 最优滞后期为 3 期，其余控制变量无最优滞后期。为了进一步降低实证分析的内生性，在回归模型式（19）中加入经济增长第 1 期和第 4 期滞后项，并且在实证过程中引入上述最优滞后项以反映汇率波动传递的时滞。所有滞后变量均在原变量名前加"Ln"予以表示。

由于本章实证采用时间序列数据，需考察变量的平稳性，根据开放经济模型的推导结果，将以上述被解释变量与解释变量分三组进行平稳性检验。其中，总体经济增长与实际投资汇率、实际贸易汇率的关系构成一组，包括 ΔY_t^A 与 $IRER_t^{OFDI}$、$IRER_t^{FDI}$、$CRER_t$ 以及相关控制变量；通过投资拉动的经济增长与实际投资汇率关系构成一组，包括 ΔY_t^I 与 $IRER_t^{OFDI}$、$IRER_t^{FDI}$ 以及相关控制变量；通过消费拉动的经济增长与实际贸易汇率关系构成一组，包括 ΔY_t^C 与 $CRER_t$ 以及相关控制变量。三组变量在 VAR 单位根平稳性检验后，依次发现所有特征值都落在单位圆之内（见图 10-1），三组数据都通过 ADF、PP、IM 以及 LLC 四种平稳性检验（见表 10-2），故变量是稳定的。由于三组变量均以变化率形式反映，因此进行协整关系检验时，无须差分处理，通过 Johansen 检验发现上述三组变量均存在可靠的协整关系（见表 10-3）。

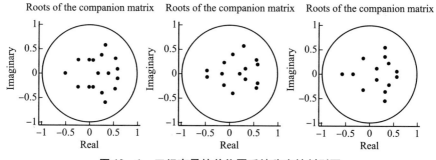

图 10-1　三组变量的单位圆系统稳定性判别图

表 10-2　　　　　　　　　　　　变量稳性检验结果

检验方法	第一组		第二组		第三组	
	Statistic	Prob. **	Statistic	Prob. **	Statistic	Prob. **
LLC	-16.1695	0.0000	-18.6473	0.0000	-14.7488	0.0000
IMP	-22.7284	0.0000	-20.8598	0.0000	-17.3746	0.0000
ADF	476.9147	0.0000	405.7990	0.0000	310.3770	0.0000
PP	654.9643	0.0000	579.7750	0.0000	484.2070	0.0000

注：** 代表在 5% 的置信水平显著。

表 10 – 3 方程协整检验结果

存在协整	第一组		第二组		第三组	
	Statistic	Prob. **	Statistic	Prob. **	Statistic	Prob. **
None *	527. 0096	0. 0001	442. 1078	0. 0000	453. 4026	0. 0001
At most 1 *	389. 1739	0. 0000	325. 0843	0. 0000	320. 8107	0. 0000
At most 2 *	277. 6024	0. 0000	217. 2088	0. 0000	202. 2634	0. 0000
At most 3 *	206. 5956	0. 0000	165. 8013	0. 0000	130. 7835	0. 0000
At most 4 *	159. 5238	0. 0000	120. 1857	0. 0000	83. 3552	0. 0000

注：* 表示在 5% 水平下拒绝假设；** 表示麦金农 – 豪格 – 米其林（1999）P 值，即表示变量在 5% 显著水平下存在协整关系。

四、实证结果及分析

接下来，利用 ARDL 模型检验汇率波动通过金融调整渠道与贸易调整渠道对国内经济增长的传递效应，即考察实际投资汇率波动、实际贸易汇率波动对 GDP 增长率的影响。为详细刻画回归关系，以下分四组检验：（1）人民币汇率波动通过金融调整渠道和贸易调整渠道对整体经济增长的传递效应；（2）人民币汇率波动通过贸易调整渠道对以消费拉动的经济增长的传递效应；（3）人民币汇率波动通过金融调整渠道对以投资拉动的经济增长的传递效应；（4）人民币汇率波动通过金融调整渠道和贸易调整渠道对以投资拉动的经济增长的传递效应，并探析投资对外开放程度在该传递机制中的作用。回归结果如表 10 – 4 所示。

表 10 – 4 实证回归结果

变量	(1) ΔY^A	(2) ΔY^A	(3) ΔY^C	(4) ΔY^I
$L1 - \Delta Y^A$	0. 323 *** (5. 27)	0. 313 *** (5. 09)		
$L4 - \Delta Y^A$	0. 022 (0. 46)	0. 0287 (0. 60)		
$L1 - \Delta Y^I$				0. 303 *** (5. 08)
$L4 - \Delta Y^I$				0. 0303 (0. 66)

变量	(1) ΔY^A	(2) ΔY^A	(3) ΔY^C	(4) ΔY^I
$L1 - \Delta Y^C$			0.351 *** (5.18)	
$L4 - \Delta Y^C$			0.0309 (0.57)	
$IRER^{FDI}$	− 2.294 *** (− 3.38)	− 2.677 *** (− 3.72)		− 1.292 *** (− 3.83)
$L3 - IRER^{FDI}$	1.428 ** (2.19)	1.440 ** (2.20)		1.191 *** (3.82)
$IRER^{OFDI}$	1.273 ** (2.11)	1.567 ** (2.47)		0.711 ** (2.35)
$L2 - IRER^{OFDI}$	− 0.436 ** (− 2.10)	− 0.422 ** (− 2.03)		− 0.049 (− 0.46)
$L3 - IRER^{OFDI}$	− 0.387 (− 0.64)	− 0.45 (− 0.74)		− 0.704 ** (− 2.42)
$OPEN \times IRER^{FDI}$		5.421 (1.07)		
$L1 - OPEN \times IRER^{FDI}$		10.03 ** (2.07)		
$OPEN \times IRER^{OFDI}$		− 6.565 (− 0.84)		
$L1 - OPEN \times IRER^{OFDI}$		− 13.93 * (− 1.82)		
$CRER$	0.0252 (0.17)	0.0923 (0.60)	− 0.0165 (− 0.16)	
$L4 - CRER$	0.584 *** (3.35)	0.608 *** (3.45)	0.465 *** (4.00)	
$OPEN$	− 0.291 *** (− 9.49)	− 0.289 *** (− 9.11)	− 0.202 *** (− 10.18)	− 0.159 *** (− 10.53)
$L1 - OPEN$	0.162 *** (4.61)	0.134 *** (3.56)	0.104 *** (4.52)	0.0815 *** (4.59)

变量	(1) ΔY^A	(2) ΔY^A	(3) ΔY^C	(4) ΔY^I
CPI	- 0. 621 * (- 1. 77)	- 0. 531 (- 1. 50)	- 0. 595 ** (- 2. 43)	- 0. 248 (- 1. 52)
PPI	0. 0317 (0. 09)	- 0. 0443 (- 0. 13)	- 0. 0782 (- 0. 33)	- 0. 00768 (- 0. 04)
FGDP	1. 044 *** (5. 26)	1. 117 *** (5. 54)	0. 275 *** (3. 44)	0. 588 *** (5. 92)
L3 - FGDP	- 1. 197 *** (- 6. 12)	- 1. 197 *** (- 6. 12)	- 0. 526 *** (- 5. 34)	- 0. 444 *** (- 4. 73)
FPPI	0. 114 (0. 50)	0. 112 (0. 48)	0. 15 (0. 94)	- 0. 0507 (- 0. 45)
_cons	0. 0109 *** (5. 15)	0. 0108 *** (5. 05)	0. 00640 *** (4. 62)	0. 00510 *** (4. 89)
N	200	200	200	200
R-squared	0. 8456	0. 8500	0. 7485	0. 8304

注: * 、** 、*** 分别代表在 10% 、5% 和 1% 的置信水平显著,括号内为回归系数的 t 值。

首先,第(1)组检验结论反映的汇率波动通过贸易调整渠道对经济增长的传递效应,与本章第三部分理论模型的推导结论相同,即人民币汇率贬值将对促进中国通过消费拉动的经济增长,进而推动整体经济增长,并且该促进效应在汇率波动通过贸易调整渠道之后的第 4 期开始显著,汇率传递效应具有一定时滞。同时,从系数上看,汇率贬值幅度 1% ,对经济增长的推动反应为 0. 58% ,说明人民币汇率通过贸易调整渠道的传递效应还具有显著的不完全性。上述结论与大部分以国际贸易为基础的现有研究基本一致。

其次,第(1)组检验结论反映的汇率波动通过金融调整渠道对经济增长的传递效应,也与本章第三部分理论模型的推导结论相同,但仍无法直接判定传递效应的方向,需要在考虑直接投资双向性的前提下,进一步分解实证结论。基于投资双向性的考虑,汇率的单向变动对于外商直接投资(FDI)和对外直接投资(OFDI)这两类资产的价值变化可产生不同方向的影响,并且传递效应也会随着时间的推移产生显著变化。

从 FDI 角度分析,外资的引入是推动中国经济增长的一项重要因素,若即期人民币汇率贬值对当期以人民币计价的 FDI 将产生负向估值效应，从而带动 FDI 整体价值下降，以此导致支持经济增长的投资存量价值下降，不利于当期经济增长；但是人民币汇率贬值也可导致国内以人民币计价的资产价值相对下降，国外资本投资国内资产的意愿提升，带动 FDI 流量提升，进而对经济增长起到显著正向作用。因此，即期汇率（$IRER^{FDI}$）贬值对当期经济增长显著为负，而对滞后期的经济增长有正向作用。

从 OFDI 角度分析，基于获取市场、资源、技术、战略资产等动机（文余源和杨钰倩，2021）而实施的对外投资也能有效推动中国经济增长，若即期人民币汇率贬值对当期以外币计价的 OFDI 资产将产生正向估值效应，从而带动中国企业海外投资存量资产价值的上升，有利于当期中国经济增长；但是人民币汇率贬值将导致以外币计价的海外资产价值相对上升，通过对外直接投资或并购的成本将上升，一定程度上阻碍中国企业通过"走出去"实现市场、资源、技术、战略资产获取等动机，进而对中国经济增长起到一定消极影响。因此，即期汇率（$IRER^{OFDI}$）贬值对当期经济增长显著为正，而对滞后期的经济增长有负向作用。

从回归系数来看，由于中国 OFDI 存量份额占外部资产份额的比重较 FDI 存量份额占外部负债份额的比重低，汇率 $IRER^{OFDI}$ 波动引致的金融调整程度相对于汇率 $IRER^{FDI}$ 波动引致的金融调整程度，对整体经济的影响程度偏弱。即不论是即期还是滞后期的影响，虽然方向相反，但前者都明显弱于后者。如即期 $IRER^{OFDI}$ 系数为 1.273 小于即期 $IRER^{FDI}$ 系数 -2.294 的绝对值；滞后期 $IRER^{OFDI}$ 系数为 -0.436 的绝对值小于滞后期 $IRER^{FDI}$ 系数 1.428。因此，从整体来看，人民币汇率波动通过金融调整渠道对中国经济增长的传递效应，在即期起到阻碍作用，但在滞后期起到一定的推动作用。由于直接投资双向分布比例的不对称性，汇率波动通过金融调整渠道对经济增长的传递效应呈现明显的不对称性。因此，对于 OFDI 比重偏大的国家，如英国、荷兰等，其汇率波动通过金融调整渠道的传递效应则可能与中国相反。

再次，基于（2）组实证检验结论，发现在考察汇率波动通过金融调整渠道对经济增长传递效应的过程中，投资开放程度起到了显著作用。投资开放在即期虽然阻碍经济增长，但在滞后期则显著推动经济增长，这与中国持续推进改革开放的基本理念相吻合。进一步结合汇率波动传递效应与金融调整渠道来看，滞后期交乘项 $OPEN \times IRER^{FDI}$ 对中国经济增长的作用系数显著为正值，表明当人民币贬值引致国内资产价值相对下降，外资投资中国资产的意愿增强，这时投资开放程度较高可令引进外资的渠道更加通畅，对中国经济增长的推动作用越强。然而，投资开放也具有两面性，滞后期交乘项 $OPEN \times IRER^{OFDI}$ 对中国经济增长的作用系数显著为负值，表明当人民币贬值引致国外资产价值相对上升，中国企业在海外的投资存量获得升值，投资收益目标变得更容易实现，但继续对海外投资的成本将加大，此时若投资开放程度较高，容易令中国企业产生短视行为，即转回经营利润而非以经营利润继续投资。因此，投资开放程度提高可加速汇率波动通过金融调整渠道对经济增长的传递效应。同时，基于该结论，围绕中国经济增长目标，结合汇率波动方向、投资双向性与不对称性以及汇率波动通过金融调整渠道传递效应的时滞，政策方面可考虑设定更丰富且更具有弹性的投资开放程度，实现更高对外开放水平促进经济增长的目标。例如，在人民币发生贬值期间内，外资具有配置价格相对偏低国内资产的需求，此时可适当扩大外资引进力度，提高投资开放水平，进而推动经济增长；相反，在人民币发生升值期间内，国内资本具有配置价格偏低海外资产的需求，此时可适当鼓励人民币资本"走出去"，采用签订投资协定等方式扩大对外直接投资配置，获取更高的资本获利空间。

最后，在实证结果的稳健性检验方面，本章基于变量平稳性与协整检验之外，将整体经济增长水平依照开放经济模型的推导结果拆分为通过消费拉动的经济增长和通过投资拉动的经济增长，并依次分别对于汇率波动通过贸易调整渠道对经济增长的传递效应以及通过金融调整渠道对经济增长的传递效应展开实证检验，根据第（3）和第（4）组的实证结论，其关键变量的显著程度以及方向都与第（1）和第（2）组相近，说明实证结论稳健。此外，本章采用 ARDL 模型展开实证检验，控制了被解释变量的滞后项以及相关影响经济增长的常用变量，一定程度上降低了本实证检验的内生性。

第五节　金融调整视角下汇率传递实证结论与政策启示

一、实证结论总结

基于经济全球化发展的现状，金融调整渠道对国际经贸的影响已然显著，然而，通过梳理汇率传递效应以及相关金融调整渠道的研究文献，发现基于贸易调整渠道研究汇率波动传递效应的研究成果已相当丰富，但是基于金融调整渠道研究汇率波动传递效应的研究却鲜有涉及。本章通过构建开放宏观模型，同时考察汇率波动通过贸易调整渠道和金融调整渠道对国内经济的传递效应，发现本币贬值后通过贸易调整渠道将有利于本国经济的增长，但是本币贬值后通过金融调整渠道对本国经济增长的影响较为复杂，其与投资开放程度、国内外资产替代弹性及投资偏好等外生变量的取值相关，无法直接判断。

本章进一步利用 ARDL 模型展开实证分析，发现汇率波动通过贸易调整渠道对经济增长的影响与理论模型的推导结论相符，且存在传递的不完全性和时滞性，该结论与现有汇率传递效应的研究基本一致。然而，考虑到直接投资资产具有双向性，在实证过程中，将汇率波动通过金融调整渠道的影响分为两部分展开，即将实际投资汇率分为对外直接投资加权汇率（$IRER^{OFDI}$）和外商直接投资汇率（$IRER^{FDI}$），两类汇率波动在通过金融调整渠道后对经济增长的传递效应在即期和滞后期都呈现相互抵消的态势，使得通过金融调整渠道的汇率传递效应呈现出一定复杂性。其中，汇率 $IRER^{OFDI}$ 的贬值通过金融调整渠道对经济增长产生滞后的不利影响，而汇率 $IRER^{FDI}$ 的贬值作用则相反。与此同时，实证分析还发现，投资开放程度的提升将有利于放大汇率波动通过金融调整渠道对经济增长的传递效应。

二、对中国的政策启示

随着经济全球化，国家间相互投资的存量规模日趋庞大，基于汇率波动的估值效应也随之日益显著，因而汇率波动通过金融调整渠道对经济增长的影响已较为明显，金融调整渠道逐渐成为贸易调整渠道之外，又一条重要的汇率传递通道。进一步看，随着近年来中国 OFDI 存量的快速增长，在金融调整渠道下，基于 OFDI 资产的汇率（$IRER^{OFDI}$）波动传递效应较之基于 FDI 资产的汇率（$IRER^{FDI}$）波动传递效应，将呈现日益显著的态势。

基于本章理论模型推导与实证分析的结果，为更加全面考察或制定涉及汇率传递的相关经济政策，首先，不仅应考虑汇率传递的贸易调整渠道，也需要充分考虑汇率传递的金融调整渠道；其次，不仅应关注基于 FDI 资产下的汇率传递效应，也应关注基于 OFDI 资产汇率传递效应；最后，应注重设计更丰富且更有弹性的投资开放策略，在汇率波动通过金融调整渠道对经济增长的传递影响过程中，减少投资开放的不利影响，放大其有利效用，进而推动高水平开放新格局的构建。

第十一章 结论与启示

第一节 全书结论

本书围绕外部经济失衡的金融调整这一新开放经济宏观经济理论的前沿问题展开深入论述,通过现状分析、机理分析和应用分析三个层面逐步将金融调整理论逐层剖析,通过实证与理论模型的分析,不仅丰富了国际金融外部调整理论体系,并且为中国外部经济问题的处理提供了一条新思路。

第二章:金融调整的起源与研究现状。本章从外部经济失衡调整体系的变迁出发,围绕外部经济失衡金融调整的国内外研究文献展开全面梳理,旨在阐明金融调整的起源并厘清理论发展的脉络。本章首先深入剖析国际收支核算体系,论述外部经济失衡表现形式由传统贸易失衡转向国际投资头寸失衡的原因,进而阐述外部经济失衡调整体系的变迁过程以及金融调整新体系中的功能。其次,基于研究文献,本章着重论述金融调整的存在性,发现较之贸易调整,金融调整对外部经济失衡调整的贡献程度日益提升,逐渐成为研究国家外部经贸问题不可或缺的因素。最后论述金融调整的有效性,发现较之汇率波动,资产价格波动更能有效解释外部失衡的金融调整,并且国家间外部资产结构的差异成为影响金融调整有效性的深层次因素。

第三章:金融调整的规模与变化趋势。本章通过构建金融调整的核算体系,测度金融调整的规模,并通过纵横向对比,分析金融调整的变化趋势。本章首先围绕国际投资头寸表中各类外部资产的价值构成展开分析,以市场法重塑各项外部资产的价值。其次构建合理的金融调整核算体系,测算世界各主要国家金融调整的规模,并区分发达经济与新兴市场经济体进行展示。最后,通过纵向和横向对比,分析各国金融调整的变化趋势以及差异。研究发现，21 世纪以来，各国金融调整的规模总体上呈现不断扩大的趋势，但是变化趋势具有显著差异性。金融调整造成中国外部财富无谓流失并且流失规模不断扩大，却令美国外部债务得到一定缓解，同时也对欧元区国家以及俄罗斯、巴西等国的外部财富造成一定程度的不利影响。

第四章：金融调整的结构与驱动因素。本章通过构建创新实证分析模型，探析金融调整对外部经济失衡的贡献程度，并深入发掘金融调整的结构及其驱动因素。本章首先参考古林查斯和雷伊（2007）的经典研究构建创新实证分析模型，分别测算金融调整和贸易调整对外部经济失衡的贡献程度。其次利用方差分解，按汇率和资产价格波动两类驱动因素分解金融调整。再次针对由资产价格波动所驱动的金融调整，按价格和结构因素进一步分解。最后，基于以上逐层分解的结果，在中国、美国、日本和欧元区四大经济体之间展开比较分析。研究结果发现，金融调整对中国外部经济失衡的贡献程度逐年上升，并且资产价格波动是引致其金融调整的重要驱动因素，而中国外部资产的结构性问题又是导致资产价格波动的主要因素。

第五章：经济周期冲击下金融调整的动态机理。基于金融调整的结构与驱动因素，本章通过构建动态随机一般均衡模型（DSGE），利用经济周期冲击下金融调整的动态路径，考察外部经济失衡金融调整的动态机理。本章首先利用经验数据，实证分析经济周期冲击对外部经济失衡的影响，并初步判断冲击下金融调整的方向。其次，利用新开放经济宏观经济学（NOEM）分析范式，构建 DSGE 模型，刻画在以技术和投资效率冲击为代表的经济周期冲击下，金融调整的动态轨迹及其对国家外部财富的动态作用。研究发现，正向经济周期冲击令本国产出相对提高，厂商资产相对升值，引发金融调整阻碍本国外部财富的增长，但是该不利影响仅在短期有效。

第六章：经济政策冲击下金融调整的动态机理。基于第五章构建的 DSGE 模型，本章围绕财政政策与货币政策，继续丰富 DSGE 模型，探寻经济政策冲击下外部经济失衡金融调整的动态机理，并为制定国际经济政策提供参考。本章首先构造结构向量自回归模型（SVAR），利用经验数据，判断经济政策冲击下金融调整的方向。其次，继续丰富 DSGE 模型，利用贝叶斯估计手段，考察经济政策冲击下金融调整的动态机理。研究发现，扩张性财政政策和紧缩性货币政策冲击下，金融调整在短期内有利于改善外部财富，并抵消部分由国际贸易产生对外部财富的恶化效果；但在长期，外部财富仍由国际贸易决定。因此，经济政策冲击下，相对贸易调整，金融调整的效果仅在短期有效，且财政政策冲击下金融调整的效果优于货币政策冲击。

第七章：金融调整视角下投资开放的应对机制。由投资保护主义引领的"逆全球化"趋势正在国际投资领域蔓延，导致世界各国投资开放程度的下滑，围绕投资开放对国家外部财富影响的研究由来已久，但尚未得到统一的解释。本章基于影响国家外部财富存量变动的金融调整视角，展开实证分析，发现投资开放在短期对国家外部财富具有抑制作用，但在滞后期具有促进作用。通过 DSGE 发现降低投资开放程度，将引起本国投资资产价格上升，进而产生正向估值效应，带动外部财富的短期提升。然而，该效应持久性差，在长期，开放程度降低对跨国投资形成的障碍，令跨国投资收益下降，并最终导致外部财富恶化。基于该结论，中国应持续改革开放，通过缓解投资信息不对称以及呼吁反对投资保护主义，提高投资开放程度并改善国际投资环境，推动外部财富长期优化。

第八章：金融调整视角下外部资产的结构配置。基于机理部分的研究结论，外部资产结构是影响金融调整的一项重要因素。因此，如何优化外部资产结构，通过金融调整渠道改善外部财富，成为包括中国在内各经济体关注的一项外部经济问题。本章首先基于 NOEM 研究范式，围绕改善外部财富的目标，通过模型推导与实证分析，发现外部资产结构与金融调整之间的动态机制，以及该动态机制在不同经济体之间存在的异质性。其次继续丰富 DSGE 模型，发掘外部资产结构的动态优化路径，并发现国际投资非完备性对外部资产结构优化的阻碍作用。最后，通过数值拟合，测算中国外部资产结构的优化目标和改善空间，研究认为，为改善现阶段中国外部资产结构对金融调整的不利影响，中国需加快权益资本"走出去"的步伐。

第九章：金融调整视角下国际投资的优化布局。紧接上一章的结论，围绕加快中国权益资本"走出去"的战略目标，本章基于金融调整视角，探讨中国海外权益投资的优化布局问题。本章首先构建投资估值效应测算模型，以中国、美国和日本三国对东盟的直接投资为例，分别测算三国在东盟各国投资所产生的估值效应。其次，创新性地以投资估值效应作为衡量投资效率的因素，构建随机前沿模型（SFA）测算投资效率，并基于投资效率指标考察投资的优化布局问题。通过对比与实证分析发现，中美两国对东盟整体直接投资产生正向估值效应，日本为负估值效应，同时三国对东盟各国投资效率具有显著差异，其中美国对新加坡以及日本对泰国的投资效率较高，值得中国借鉴。

第十章：金融调整视角下汇率波动的国际传递。随着中国双向直接投资存量规模的扩大，人民币汇率波动通过金融调整渠道对中国经济产生的传递效应日益显著，金融调整渠道逐渐成为贸易调整渠道之外又一条重要的汇率传递通道。本章通过 NOEM 模型发现，汇率波动通过金融调整渠道对国内经济增长产生的传递效应主要受投资开放程度、投资替代弹性、投资偏好等相关因素的影响。进一步，本章实证发现汇率波动通过金融调整渠道对经济增长的影响较之通过贸易调整渠道对经济增长的影响更加复杂，除表现为传递的不完全性与滞后性外，汇率波动分别通过基于 FDI 和 OFDI 资产的金融调整渠道对经济增长的影响，在即期和存续期还呈现出相互抵消态势。本研究结论不仅有效拓宽了汇率传递理论，并对优化中国涉外经济政策以及推动开放型经济新体制的构建具有现实价值。

基于以上分析，本书的主要观点可体现如下。

（一）金融调整已成为国际金融外部调整理论的重要拓展

随着金融调整对外部经济失衡的影响程度逐渐加深，基于金融调整视角考察现阶段面临的各类国际金融问题，可令分析问题的结论更加完善与透彻。

（二）外部资产结构是中国产生不利金融调整的主导因素

金融调整对中国外部财富构成不利影响，通过逐层分解，发现由结构因素主导的资产价格波动是中国不利金融调整的驱动因素。因此，优化中国外部财富，需首先改善其外部资产结构。

（三）金融调整对各类冲击的影响具备一定的短期缓冲作用

利用 NOEM 分析范式，基于经济周期与经济政策冲击下金融调整与贸易调整对国家外部财富的动态作用，可发现，金融调整对冲击的经济影响具备缓冲作用，但该作用仅在短期有效。

（四）投资保护主义终将通过金融调整恶化本国外部财富

利用实证分析与数值模拟发现，通过金融调整渠道，国际投资开放程度的降低有利于本国外部财富的短期增长，但贡献极为有限，在长期，投资保护主义驱使下的投资封闭终将通过金融调整令本国外部财富恶化。

（五）扩大海外权益投资是改善中国外部财富的重要路径

基于模型测算与实证分析结论，提高中国海外权益投资的份额，是通过金融调整渠道实现其外部资产结构优化以及改善外部财富的重要路径，进一步丰富中国资本"走出去"的理论依据。同时，在海外投资地域和投资行业的选择上，以投资估值效应作为投资效率考察标准，能够有效改善海外权益投资效率。

（六）充分发挥金融调整渠道对汇率波动传递效应的积极作用

基于本书的分析结论，全面考察汇率传递也需要充分考虑汇率传递的金融调整渠道，在汇率波动通过金融调整渠道对经济增长的传递影响过程中，减少投资开放的不利影响，放大其有利效用，进而推动高水平开放新格局的构建。

第二节　政 策 建 议

21世纪以来，中国国际贸易的持续顺差引致中国国际投资头寸不断正向增长，进而表现为国际投资头寸表正向失衡，该失衡状态成为除贸易失衡外，中国外部经济失衡的又一重要表现。随着金融调整对国际投资头寸表失衡的影响程度逐年提高，本书通过实证测算、理论推导和数值模拟等方法，发现金融调整视角可为解决中国现实外部经济问题，提供一系列有别于传统的思考角度。因此，本书在外部经济失衡的金融调整方面，具有以下政策建议。

第一，提高对外权益投资规模有利于优化外部资产结构和改善外部失衡。由于中国近年来大规模引入外资，产生大量外部权益负债，加之中国资产价格的提升，更放大了负估值效应，最终导致中国外部财富外流。实证表明，随着中国经济增速的减缓，配置一定规模的外部权益资产能产生正估值效应，有利于减缓中国外部财富的流失，进而改善外部财富。因此，中国未来外部权益资产的配置将大幅提高，即相对于引进外资，将更致力于对外进行权益资产投资。

第二，注重对外权益投资的收益质量，控制投资系统性风险。相对资产价格是影响外部权益资产配置的关键因素，说明拥有较高收益质量的外部权益资产是进行资产优化配置的前提。然而对于中国，权益资产的投资还处于起步阶段，面临着金融知识及投资经验不足、海外法律环境障碍等多方面因素的影响。因此对外权益投资更要在加强风险管控的前提下，有效消除非系统性风险，并控制系统性风险，才能保障其收益质量，进而产生有利的估值效应改善中国外部财富。

第三，优化外部资产币种结构，有效利用汇率工具。通过上述分析可知，美国近年利用汇率贬值所获取的正估值效应，主要来源于日本和欧元区，对中国影响并不大。但随着人民币国际化、汇率市场化，汇率变动所产生的估值效应，将对中国外部失衡调整的影响逐步增大。因此，中国应进一步实现外部资产的币种结构多元化，分散汇率风险；同时有效利用人民币汇率工具，通过汇率变动产生正估值效应，将外部失衡朝有利的方向调整。

第四，注重金融市场的完备性通过估值效应与外部财富优化调整的联系。根据本书的分析结果，金融市场不完备性在短期能提高估值效应对外部财富的改善作用，但在长期会使经常账户降低进而弱化外部财富。同时，较低的金融开放程度在也会阻碍远期外部权益资产的优化配置，进而影响外部财富。因此围绕外部财富改善的目标，中国在金融开放度上应采用循序渐进的开放模式，既要利用国际金融摩擦在短期因估值效应改善外部财富，又要利用金融一体化实现外部财富远期的提高。

第五，关注经济波动和经济政策通过估值效应渠道实现对外部财富调整的跨国传递效应。根据本书的理论和实证分析结果，由经济波动与经济政策构成的外在驱动因素，不仅对国内经济产生影响，也能通过贸易和估值这两个渠道影响国家外部财富，而在不同的驱动因素下通过这两个渠道对外部财富的影响也不同。因此，国内经济政策的搭配，以及应对国外经济波动和经济政策冲击对外部财富影响的经济策略上，应包括考虑估值渠道对外部财富调节作用的因素。

第六，制定外部经济政策需结合考察估值效应对外部均衡调整作用的持续性。通过本书对在经济周期波动和宏观经济政策冲击下构建的 DSGE 理论模型以及相应的实证分析结论可知，在经济周期冲击和经济政策冲击下，估值效应对外部净资产的调整作用较经常账户而言，在短期内都有更为明显的调整效果。但是，在长期过程中，对外部财富的调整仍主要取决于经常账户。因此，中国在外部均衡的动态优化调整过程中，需要结合估值效应与国际贸易对外部均衡调整作用的持续期，围绕优化改善外部净资产的目标，制定相应的外部经济策略。

第七，分析金融开放对中国外部资产优化配置的影响也需考虑估值效应因素。根据分析结果，较低的金融开放程度，将阻碍本国外部权益资产的优化配置，因此有必要循序渐进地实现中国金融市场的开放。然而，金融开放程度的变化，也能通过估值效应影响外部权益资产的动态优化配置份额与配置方向。就中国目前的金融开放程度，最优权益资产配置与估值效应是正相关，说明中国需要增加对外权益型资产的配置，可实现正估值效应，进而改善外部财富；然而金融开放程度过高时，资产配置与估值效应是负相关，此时就需要改变权益资产配置的方向，以改善估值效应，进而实现外部财富的优化与均衡。因此，中国在金融开放的过程中，也应关注因金融开放程度引发估值效应对外部权益资产优化配置的影响，以更好地实现和改善国家外部均衡。

第八，在建立国际汇率波动应对机制时，应充分考虑金融调整渠道对国际汇率波动传递效应的积极作用。随着经济全球化，国家间相互投资的存量规模日趋庞大，基于汇率波动的估值效应也随之日益显著，因而汇率波动通过金融调整渠道对经济增长的影响已较为明显，金融调整渠道逐渐成为贸易调整渠道之外，又一条重要的汇率传递通道。因此，在建立国际汇率波动应对机制时，不仅应考虑汇率传递的贸易调整渠道，也需要充分考虑汇率传递的金融调整渠道；同时，不仅应关注基于外商直接投资资产下的汇率传递效应，也应关注基于对外直接投资资产汇率传递效应；此外，还应注重设计更丰富且更有弹性的投资开放策略，在汇率波动通过金融调整渠道对经济增长的传递影响过程中，减少投资开放的不利影响，放大其有利效用，进而推动我国高水平开放新格局的构建。

第九，优化外部资产结构需把控对外权益投资的合理上限。外部权益资产的配置不应超过模型稳态的上限，古林查斯（2010）认为美国对外权益投资承担了"过度的责任"，在全球经济发生系统性风险时，其庞大的外部资产规模将承担一定损失。因此对外权益投资还需考量国内经济应对外部系统性风险的能力，若外部权益资产比重过大，全球性的系统性风险将通过外部权益资产影响国内经济的持续发展。同时，值得注意的是，估值效应在跨国之间的作用是相反的，在面对外国经济受到技术冲击增长的持续期时，中国对外资设置准入门槛障碍，能增加外资由于平滑其国内消费而对中国投资的成本。这样可缓解外国通过其产生的正估值效应对中国外部均衡产生负面影响。

第三节　研究展望

外部经济失衡的金融调整，源自于 21 世纪前 20 年金融全球化的发展，而跨国投资量超过贸易交易的趋势并不会减缓，国家间的经济联系将越发紧密，金融调整将对外部财富的影响也会逐渐加深。金融调整，作为新开放经济宏观经济学理论的前沿分支，已在不断丰富国际金融学与国际贸易学领域的应用性，因此，对其的研究也不会停止。

在研究内容上，对中国而言，"双循环"经济新格局下如何实现中国开放型经济新体制的建设、如何高质量实现中国资本"走出去"、如何用好"一带一路"平台实现"人类命运共同体"以及如何提升人民币国际化地位等等内容，都是金融调整理论的重要应用研究方向。对世界而言，欧洲与美国央行政策、国际经贸摩擦、世界多极化发展等国际金融发展影响因素，也将给外部失衡金融调整研究带来更新的应用研究方向。

在研究方法理论上，随着DSGE模型理论的发展以及对国际投资头寸数据的完善，对其的分析，能在更加真实的经济环境下进行，进而也能更加深入发现其与经济各因素之间的内在联系，因此在方法上，未来应不断丰富理论模型，增加更多经济因素并考察其对金融调整产生影响的内在机理。

附录一　Gourinchas 和 Rey 模型的推导过程

$$NFA_{t+1} = R_{t+1}(NFA_t + NX_t) \tag{1}$$

式（1）中将 NFA 作为期初数额，而 NX 不再作为期间数加在期末，而是加在期初；主要目的是为了方便计算；

对于式（1），扩展开：

$$A_{t+1} - L_{t+1} = R_{t+1}(A_t - L_t + X_t - M_t)$$

上式左右同除以国民财富 W：

$$\left(\frac{A_{t+1}}{W_{t+1}}\frac{W_{t+1}}{W_t} - \frac{L_{t+1}}{W_{t+1}}\frac{W_{t+1}}{W_t}\right) = R_{t+1}\left(\frac{A_t}{W_t} - \frac{L_t}{W_t} + \frac{X_t}{W_t} - \frac{M_t}{W_t}\right) \tag{2}$$

令 $\Gamma_{t+1} = \dfrac{W_{t+1}}{W_t}$；$\hat{A}_t = \dfrac{A_t}{W_t}$，$\hat{L}_t = \dfrac{L_t}{W_t}$，$\hat{X}_t = \dfrac{X_t}{W_t}$，$\hat{M}_t = \dfrac{M_t}{W_t}$，表示标准化的值

因此式（2）可以表示为：

$$\hat{A}_{t+1} - \hat{L}_{t+1} = \frac{R_{t+1}}{\Gamma_{t+1}}(\hat{A}_t - \hat{L}_t + \hat{X}_t - \hat{M}_t) \tag{3}$$

假设1：存在确定性趋势，使存在均衡增长路径，则资产、负债、出口、进口、增长率和收益率都有稳态的形式，而根据对数线性的原则，则存在：

$a_t \equiv \ln\left(\dfrac{\hat{A}_t}{\bar{A}_t}\right)$，$l_t \equiv \ln\left(\dfrac{\hat{L}_t}{\bar{L}_t}\right)$，$x_t \equiv \ln\left(\dfrac{\hat{X}_t}{\bar{X}_t}\right)$，$m_t \equiv \ln\left(\dfrac{\hat{M}_t}{\bar{M}_t}\right)$表示标准化的资产、负债、出口和进口在与稳态值比的变动百分比%。

$\hat{r}_{t+1} = \ln\left(\dfrac{R_{t+1}}{\bar{R}_{t+1}}\right)$表示收益率（市值）与稳态收益率对比的变动百分比%；

$\varepsilon_{t+1}^{\Delta w} = \ln\left(\dfrac{\Gamma_{t+1}}{\bar{\Gamma}_{t+1}}\right)$表示增长率与稳态增长率相对变动化率%；假设

$\varepsilon_{t+1}^{\Delta w}$ 远小于 1 且稳定；

存在：
$$\bar{A}_{t+1} - \bar{L}_{t+1} = \frac{\bar{R}_{t+1}}{\bar{\Gamma}_{t+1}} \ (\bar{A}_t - \bar{L}_t + \bar{X}_t - \bar{M}_t) \tag{4}$$

利用一阶泰勒公式可以求出：$\hat{A}_t = \dfrac{A_t}{W_t} = \bar{A}_t(1 + a_t)$，$\hat{L}_t = \dfrac{L_t}{W_t} = \bar{L}_t(1 + l_t)$，$\hat{X}_t = \dfrac{X_t}{W_t} = \bar{X}_t(1 + x_t)$，$\hat{M}_t = \dfrac{M_t}{W_t} = \bar{M}_t(1 + m_t)$，$\Gamma_{t+1} = \bar{\Gamma}_{t+1}(1 + \varepsilon_{t+1}^{\Delta w})$，$R_{t+1} = \bar{R}_{t+1}(1 + \hat{r}_{t+1})$

以上方程可代入式（3），并利用式（4）进行简化后得到：

$$\frac{\bar{A}_{t+1} a_{t+1} - \bar{L}_{t+1} l_{t+1}}{\bar{A}_{t+1} - \bar{L}_{t+1}} + \varepsilon_{t+1}^{\Delta w} = \hat{r}_{t+1} + \frac{\bar{A}_t a_t - \bar{L}_t l_t + \bar{X}_t x_t - \bar{M}_t m_t}{\bar{A}_t - \bar{L}_t + \bar{X}_t - \bar{M}_t} \tag{5}$$

定义 1：令

$u_t^a = \dfrac{\bar{A}_t}{\bar{A}_t - \bar{L}_t}$，$u_t^l = u_t^a - 1$；表示资产和负债相对于稳态净资产的份额；

$u_t^x = \dfrac{\bar{X}_t}{\bar{X}_t - \bar{M}_t}$，$u_t^m = u_t^x - 1$；表示出口和进口相对于净进出口的份额；

$\rho_t \equiv 1 + \dfrac{\bar{X}_t - \bar{M}_t}{\bar{A}_t - \bar{L}_t}$

$nx_t \equiv u_t^x x_t - u_t^m m_t$，表示进出口净额的变动趋势，通过以上份额放大；

$nfa_t \equiv u_t^a a_t - u_t^l l_t$，表示净资产的变动趋势，通过以上份额放大。

用以上定义 1 的公式，代入（5），可以简化后得到：

$$nfa_{t+1} + \varepsilon_{t+1}^{\Delta w} \approx \hat{r}_{t+1} + \frac{1}{\rho_t} nfa_t - \left(\frac{1}{\rho_t} - 1\right) nx_t \tag{6}$$

假设 2：时间变化，增长率 $Z_t \in \{X_t,\ M_t,\ A_t,\ L_t\}$，$\bar{Z}_t = \bar{Z} u_t$，且 $\Delta z_{t+1} \equiv z_{t+1} - z_t$

定义 2：令

$nxa_t = nfa_t - nx_t$ 表示当期净资产扣除当期进出口后剩下的偏离程度

有多少是由上期估值效应变动和上期的进出口变动所影响的

$$\Delta nx_{t+1} = nx_t - nx_{t+1} - \varepsilon_{t+1}^{\Delta w}$$

$r_{t+1} \equiv \dfrac{u^a}{|u^a|}\hat{r}_{t+1}$，其中 $r_{t+1} = \hat{r}_{t+1}$

由于这里都是描述变动率；

其中后面的关系式，可通过观察，假设 $u^a > 0$ 和 $u^x < 0$，以上关系成立；

假设份额均不变，则 u 和 ρ 为常数值

根据以上假设 2，可以将（6）再次简化为：

$$nxa_{t+1} \approx \frac{1}{\rho} nxa_t + r_{t+1} + \Delta nx_{t+1} \tag{7}$$

假设 3：渐近方程 $\lim_{t\to\infty} u_t = 1$，回报率 $\overline{R}_{t+1}$ 和增长率 $\overline{\Gamma}_{t+1}$ 将收敛至 R 和 Γ，并由于存在稳态可收敛的值，则表示 $R > \Gamma$，此时通过（3）可以得知：

$$\frac{\hat{A}_t - \hat{L}_t + \hat{X}_t - \hat{M}_t}{\hat{A}_{t+1} - \hat{L}_{t+1}} = \frac{\Gamma_{t+1}}{R_{t+1}} = \frac{\Gamma}{R} = 1 + \frac{\overline{X}_t - \overline{M}_t}{\overline{A}_t - \overline{L}_t} = 1 + \frac{NX}{NFA} = \rho < 1$$

这里 NX 和 NFA 的方向是相反的，即净资产头寸大于零，则进出口净小于零，反之同理。

假设 4：非蓬齐条件成立

$$\lim_{j\to\infty} \rho^j nxa_{t+j} = 0 \tag{8}$$

利用以上式（7），采用迭代的方法进行处理，结合（8）得到：

$$nxa_t \approx -\sum_{j=1}^{+\infty} \rho^j (r_{t+j} + \Delta nx_{t+j}) \tag{9}$$

进而跨期预算近似满足：

$$nxa_t \approx -\sum_{j=1}^{+\infty} \rho^j E_t [r_{t+j} + \Delta nx_{t+j}] \tag{10}$$

式（10）为本模型的核心，表示外部失衡受到近似线性的 $E_t r_{t+j}$（估值效应调整渠道）和 $E_t \Delta nx_{t+j}$（贸易调整渠道）的影响，进而可以求出估值效应和贸易对外部失衡的影响程度。

附录二　Gourinchas 和 Rey 模型的实证步骤

GR 在中美日欧四个经济体的运用，探究估值效应对其外部失衡的影响程度，运用四个经济体 2003Q1 ~ 2014Q4 季度数据进行分析。

按该模型的核心表达式（10），外部失衡指标 nxa 分为金融调整渠道和贸易调整渠道，则将方程进一步推导：

$$nxa_t \approx - \sum_{j=1}^{+\infty} \rho^j E_t [\, r_{t+j} + \Delta nx_{t+j}\,] = - \sum_{j=1}^{+\infty} \rho^j E_t r_{t+j} - \sum_{j=1}^{+\infty} \rho^j E_t \Delta nx_{t+j} \quad (11)$$

方程右边可分为金融调整渠道（valuation channel）和贸易调整渠道（trade channel），也称估值效应与贸易对外部失衡的影响。

1. 标准化处理

按上述模型的推导，首先求出标准化的 $\Gamma_{t+1} = \dfrac{W_{t+1}}{W_t}$；$\hat{A}_t = \dfrac{A_t}{W_t}$；$\hat{L}_t = \dfrac{L_t}{W_t}$；

$\hat{X}_t = \dfrac{X_t}{W_t}$；$\hat{M}_t = \dfrac{M_t}{W_t}$ 值，W_t 用 GDP 数值代替，对于 R_{t+1} 值表示净资产收益率，将包括获取（支付）现金的股利和利息以及由于价格和汇率变化造成净资产未实现收益（损失），在计算过程中利用式（1）推导：

$$R_{t+1} = \frac{NFA_{t+1}}{NFA_t + NX_t} \quad (12)$$

但上式在遇到净资产为负数，或者上年作为基数为负数的情况就需要经过调整，按照利率润增长率的测算方式进行调整：

$$R_{t+1} = \frac{NFA_{t+1} - (NFA_t + NX_t)}{|\, NFA_t + NX_t\,|} + 1 \quad (13)$$

2. 求趋势化后对数线性处理

由于根据 GR 模型的假设，存在稳态的趋势，则为了求得对稳态趋势的偏离程度，利用 Hodrick – Prescott 滤波法最小化周期因素，将 $\hat{A}_t$，$\hat{L}_t$，$\hat{X}_t$，$\hat{M}_t$，$\hat{R}_{t+1}$，$\hat{\Gamma}_{t+1}$ 求出趋势数值并将其表示为稳态的数值 $\bar{A}_t$，$\bar{L}_t$，$\bar{X}_t$，$\bar{M}_t$，$\bar{R}_{t+1}$，$\bar{\Gamma}_{t+1}$

利用 $a_t \equiv \ln\left(\dfrac{\hat{A}_t}{\bar{A}_t}\right)$, $l_t \equiv \ln\left(\dfrac{\hat{L}_t}{\bar{L}_t}\right)$, $x_t \equiv \ln\left(\dfrac{\hat{X}_t}{\bar{X}_t}\right)$, $m_t \equiv \ln\left(\dfrac{\hat{M}_t}{\bar{M}_t}\right)$, $\hat{r}_{t+1} =$

$\ln\left(\dfrac{R_{t+1}}{\bar{R}_{t+1}}\right)$, $\varepsilon_{t+1}^{\Delta w} = \ln\left(\dfrac{\Gamma_{t+1}}{\bar{\Gamma}_{t+1}}\right)$, 求出标准化后的数值对稳态的偏离变动率。

3. 求关键指标值

利用该模型定义 1，求得 ρ，u^a，u^l，u^x，u^m，使用稳态趋势化数据加以算数平均得到固定的数值；再使用定义 2 求出 nxa_t，Δnx_{t+1}，r_{t+1}，这里 nxa_t 是实际值综合反映由估值效应和贸易引发的外部失衡指标。

4. 构建 VAR 系数矩阵

由于 GR 的核心方程（11）所表示的预算跨期约束，nxa_t 是可以预测的，但期望值是不可观测的，因此构建 VAR 模型进行测算，将三个状态变量表示为：$Z_t = [r_{t+1}, \ \Delta nx_{t+1}, \ nxa_t]'$，利用 Eviews 软件基于 VAR 系统测算出 Z 矩阵对其滞后 1 阶的回归系数矩阵 C（不含常数项进行测算），表示为：

$$Z_{t+1} = C_t Z_t + \varsigma_t \qquad (14)$$

C_t 表示系数矩阵，ς_t 表示残差，观察系数的显著性。

5. 分别求出估值效应和贸易效应对外部失衡的影响程度

根据理论模型（11），可表示：

$$nxa_t = -\sum_{j=1}^{\infty} \rho^j E_t(r_{t+j}) - \sum_{j=1}^{\infty} \rho^j E_t(\Delta nx_{t+j}) = nxa_t^r + nxa_t^{\Delta nx} \qquad (15)$$

nxa_t^r，$nxa_t^{\Delta nx}$ 分别表示贸易方式和估值效应对外部失衡的影响。由于上述系数矩阵 C 所表示 Z 同期滞后一期的关系，则 nxa_t^r，$nxa_t^{\Delta nx}$ 可分别表示为：

$$nxa_t^r = -\sum_{j=1}^{\infty} \rho^j E_t(r_{t+j}) = -e_r' \sum_{j=1}^{\infty} \rho^j C^j Z_t = -e_r' \rho C (I - \rho C)^{-1} Z_t \qquad (16)$$

$$nxa_t^{\Delta nx} = -\sum_{j=1}^{\infty} \rho^j E_t(\Delta nx_{t+j}) = -e_{\Delta nx}' \sum_{j=1}^{\infty} \rho^j C^j Z_t = -e_{\Delta nx}' \rho C (I - \rho C)^{-1} Z_t$$

$$\qquad (17)$$

其中 $e_r' = [1, \ 0, \ 0]$、$e_{\Delta nx}' = [0, \ 1, \ 0]$，I 表示单位矩阵，以上利用 $E_t(Z_{t+h}) = C^h Z_t$ 的原理，将 $nxa_t = nxa_t^r + nxa_t^{\Delta nx}$ 左边乘上 $I - \rho C$ 可以得出表达式，最后将式（16）和式（17）代入式（15）求得 nxa 的预测值。

6. 方差分解

利用方差分解技术求出，估值效应和贸易对外部失衡影响的相对贡献率：

$$1 = \frac{Cov(nxa, nxa)}{Var(nxa)} = \frac{Cov(nxa^{r}, nxa)}{Var(nxa)} + \frac{Cov(nxa^{\Delta nx}, nxa)}{Var(nxa)} \equiv \beta_{r} + \beta_{\Delta nx}$$

（18）

分别求出 β_{r} 和 $\beta_{\Delta nx}$ 表示估值效应和贸易对外部失衡的贡献程度。

参考文献

［1］白重恩，张琼．中国的资本回报率及其影响因素分析［J］．世界经济，2014，37（10）：3-30.

［2］蔡彤娟，林润红．人民币与"一带一路"主要国家货币汇率动态联动研究——基于 VAR - DCC - MVGARCH - BEKK 模型的实证分析［J］．国际金融研究，2018（2）：19-29.

［3］曹强，田新．中国财政支出与估值效应：基于 SVAR 模型的研究［J］．世界经济研究，2020（10）：91-104+137.

［4］曹阳，虞文美，人民币汇率与贸易盈余：基于 SVAR 模型的分析［J］，国际经贸探索，G2015，31（9）：81-94.

［5］曹伟，万谍，钱水土，金朝辉．"一带一路"背景下人民币汇率变动的进口价格传递效应研究［J］．经济研究，2019，54（6）：136-150.

［6］曾诗鸿，姜祖岩，姜雪，中国外汇储备资产币种结构优化研究［J］．经济学家，2015（3）：56-64.

［7］陈初昇，刘晓丹，衣长军．海外华商网络、东道国制度环境对中国 OFDI 的影响——基于"一带一路"研究视角［J］．福建师范大学学报（哲学社会科学版），2017（1）：79-86+169.

［8］陈创练，杨子晖．"泰勒规则"、资本流动与汇率波动研究［J］．金融研究，2012，11：60-73.

［9］陈虹，杨成玉．"一带一路"国家战略的国际经济效应研究——基于 CGE 模型的分析［J］．国际贸易问题，2015（10）：4-13.

［10］陈鹄飞，陈鸿飞，郑琦，货币冲击、房地产收益波动与最优货币政策选择［J］．财经研究，2010（8）：58-67.

［11］陈继勇，陈大波．中国对"一带一路"沿线国家出口商品贸易潜力的实证研究［J］．湖北大学学报（哲学社会科学版），2018，45（1）：109-117+168.

［12］陈浪南，田磊．基于政策工具视角的我国货币政策冲击效应研

究［J］. 经济学（季刊），2015（1）：285 – 304.

［13］陈平，李凯，人民币汇率与宏观基本面：来自汇改后的证据
［J］. 世界经济，2010（9）：28 – 45.

［14］陈伟光，郭晴. 中国对"一带一路"沿线国家投资的潜力估计
与区位选择［J］. 宏观经济研究，2016（9）：148 – 161.

［15］陈晓莉. 汇率变动对货币政策操作变量的影响——理论分析及
对中国的检验［J］. 经济科学，2008（5）：40 – 47.

［16］陈晓莉，刘晓宇. 人民币汇率传递的金融渠道——理论分析与
实证检验［J］. 金融论坛，2020，25（2）：31 – 43.

［17］陈彦斌. 中国新凯恩斯菲利普斯曲线研究［J］. 经济研究，
2008（12）：50 – 64.

［18］陈胤默，孙乾坤，张晓瑜. 孔子学院促进中国企业对外直接投
资吗——基于"一带一路"沿线国家面板数据的分析［J］. 国际贸易问
题，2017（8）：84 – 95.

［19］程希，舒艳. 估值效应波动——基于面板 VAR 的分析［J］. 国
际金融研究，2014（5）：88 – 96.

［20］程中海，南楠. "一带一路"框架下东道国制度环境与中国对
外直接投资潜力［J］. 软科学，2018，32（1）：36 – 40.

［21］程中海，南楠. 中国对"一带一路"国家直接投资的效率及潜
力评估［J］. 商业研究，2017（8）：64 – 73.

［22］程惠芳，成蓉. 全球价值链中的汇率价格传递效应、生产率调
节效应与贸易增长——基于 WIOD 和 PWT 匹配数据的研究［J］. 国际贸易
问题，2018（5）：78 – 91.

［23］楚尔鸣，许先普. 基于 DSGE 模型的中国资产价格波动与货
币政策分析［J］. 中国地质大学学报（社会科学版），2012（5）：114 –
122 + 140.

［24］崔娜，柳春，胡春田. 中国对外直接投资效率、投资风险与东
道国制度——来自"一带一路"沿线投资的经验证据［J］. 山西财经大学
学报，2017，39（4）：27 – 38.

［25］邓创，石柱鲜. 泰勒规则与我国货币政策反应函数——基于潜在
产出、自然利率与均衡汇率的研究［J］. 当代财经，2011（1）：64 – 73.

［26］邓瑛. 不完全信息下的资产价格冲击与货币政策选择［M］. 北
京：中国财政经济出版社，2009.

［27］丁志杰，李少昆，张堃. 我国国际收支的金融调整渠道分析

[J]. 国际贸易, 2017 (9): 61-65.

[28] 丁志杰, 谢峰. 美元过度特权、经济暗物质与全球治理变革 [J]. 国际金融研究, 2014 (11): 3-10.

[29] 董秀良, 帅雯君. 中国财政政策通货膨胀效应的实证研究 [J]. 统计研究, 2013 (3): 43-50.

[30] 董艳玲. 泰勒规则中加入汇率因素的探讨及其在中国的应用 [J]. 经济学动态, 2007 (11): 51-54.

[31] 范硕, 何彬. 中国对 "一带一路" 沿线国家投资模式研究——基于动态空间面板模型的实证检验 [J]. 亚太经济, 2017 (6): 28-37+185.

[32] 范小云, 陈雷, 王道平. 人民币国际化与国际货币体系的稳定 [J]. 世界经济, 2014 (9): 3-24.

[33] 范小云, 王伟, 肖立晟. 权益类国际资产组合投资的引力模型分析 [J]. 世界经济, 2012 (7): 42-64+66+65.

[34] 范小云, 肖立晟, 方斯琦. 从贸易调整渠道到金融调整渠道——国际金融外部调整理论的新发展 [J]. 金融研究, 2011 (2): 194-206.

[35] 范兆斌, 潘琳. 中国对 TPP 成员国的直接投资效率及影响因素——基于随机前沿引力模型的研究 [J]. 国际经贸探索, 2016, 32 (6): 71-86.

[36] 范志勇, 沈俊杰. 估值效应与中国外汇储备损益评估 [J]. 学习与探索, 2009 (4): 138-141.

[37] 方红生, 朱保华. 价格水平决定的财政理论在中国的适用性检验 [J]. 管理世界, 2008 (3): 49-58.

[38] 方慧, 赵甜. 中国企业对 "一带一路" 国家国际化经营方式研究——基于国家距离视角的考察 [J]. 管理世界, 2017 (7): 17-23.

[39] 方文全. 中国的资本回报率有多高？——年份资本视角的宏观数据再估测 [J]. 经济学 (季刊), 2012, 11 (2): 521-540.

[40] 方英, 马芮. 中国与 "一带一路" 沿线国家文化贸易潜力及影响因素: 基于随机前沿引力模型的实证研究 [J]. 世界经济研究, 2018 (1): 112-121+136.

[41] 高志刚, 张燕. 中巴经济走廊建设中双边贸易潜力及效率研究——基于随机前沿引力模型分析 [J]. 财经科学, 2015 (11): 101-110.

[42] 龚新蜀, 乔姗姗, 胡志高. 丝绸之路经济带: 贸易竞争性、互补性和贸易潜力——基于随机前沿引力模型 [J]. 经济问题探索, 2016 (10): 145-154.

［43］郭步超，王博．政府债务与经济增长：基于资本回报率的门槛效应分析［J］．世界经济，2014，37（9）：95－118.

［44］郭福春，潘锡泉．开放框架下扩展泰勒规则的再检验——基于汇改前后及整体层面的比较分析［J］．财贸经济，2012（11）：63－69.

［45］郭杰，财政支出与全社会固定资产投资：基于中国的实证研究［J］．管理世界，2010（5）：34－44＋187.

［46］韩民春，江聪聪．政治风险、文化距离和双边关系对中国对外直接投资的影响——基于"一带一路"沿线主要国家的研究［J］．贵州财经大学学报，2017（2）：84－91.

［47］韩永超，杨万成，跨期平滑还是风险分散？——对中国对外净资产"估值效应"的再考察［J］．国际金融研究，2016（5）：15－26.

［48］韩剑，郑秋玲，邵军．多产品企业、汇率变动与出口价格传递［J］．管理世界，2017（8）：14－26＋187.

［49］贺力平，估值效应和货币错配再定义：兼论汇率风险概念的一个宏观经济新应用［J］．国际金融研究，2015（9）：86－96.

［50］贺力平，林娟，论外汇投资中的估值效应及其经济影响［J］．金融评论，2011（6）：33－48＋123.

［51］贺书锋，平瑛，张伟华．北极航道对中国贸易潜力的影响——基于随机前沿引力模型的实证研究［J］．国际贸易问题，2013（8）：3－12.

［52］贺娅萍，徐康宁．"一带一路"沿线国家的经济制度对中国OFDI的影响研究［J］．国际贸易问题，2018（1）：92－100.

［53］侯成琪，龚六堂．部门价格粘性的异质性与货币政策的传导［J］．世界经济，2014（7）：23－44.

［54］侯成琪，龚六堂．货币政策应该对住房价格波动作出反应吗——基于两部门动态随机一般均衡模型的分析［J］．金融研究，2014（10）：15－33.

［55］胡浩志．房地产市场在货币政策传导机制中的作用——基于SVAR模型的经验研究［J］．宏观经济研究，2010（12）：69－74.

［56］胡永刚，杨智峰．财政农业支出对农村产出与居民消费影响的SVAR分析［J］．数量经济技术经济研究，2009（7）：19－32＋46.

［57］黄昌利，尚友芳．资产价格波动对中国货币政策的影响——基于前瞻性泰勒规则的实证研究［J］．宏观经济研究，2013（1）：3－10＋37.

［58］黄亮雄，韩永辉，王佳琳，李忠杰．中国经济发展照亮"一带一路"建设——基于夜间灯光亮度数据的实证分析［J］．经济学家，2016

（9）：96 – 104.

[59] 黄亮雄，钱馨蓓．中国投资推动"一带一路"沿线国家发展——基于面板 VAR 模型的分析 [J]．国际经贸探索，2016，32（8）：76 – 93.

[60] 黄先海，杨君，肖明月．资本深化、技术进步与资本回报率：基于美国的经验分析 [J]．世界经济，2012，35（9）：3 – 20.

[61] 黄宪，张羽．转型背景下中国 OFDI 结构演化分析——基于企业投资动机和东道国需求结构的双重视角 [J]．国际贸易问题，2018（1）：123 – 134.

[62] 黄志刚．加工贸易经济中的汇率传递：一个 DSGE 模型分析 [J]．金融研究，2009（11）：32 – 48.

[63] 吉生保，李书慧，马淑娟．中国对"一带一路"国家 OFDI 的多维距离影响研究 [J]．世界经济研究，2018（1）：98 – 111 + 136.

[64] 季凯文，周吉．"一带一路"建设下我国对外直接投资效率及其影响因素——基于随机前沿引力模型 [J]．经济与管理评论，2018，34（4）：138 – 148.

[65] 贾秋然．金融开放测度方法与指标体系述评 [J]．经济评论，2011（3）：131 – 142.

[66] 姜晶晶，孙科．基于动态面板数据的国际储备币种结构影响因素分析——兼论人民币成为国际储备货币的前景 [J]．金融研究，2015（2）：57 – 75.

[67] 蒋冠，霍强．中国—东盟自由贸易区贸易创造效应及贸易潜力——基于引力模型面板数据的实证分析 [J]．当代经济管理，2015，37（2）：60 – 67.

[68] 蒋海，储著贞．紧缩性货币政策冲击、成本渠道与通货膨胀——来自中国的检验 [J]．金融研究，2011（9）：27 – 41.

[69] 金雪军，王义中．理解人民币汇率的均衡、失调、波动与调整 [J]．经济研究，2008（1）：46 – 59.

[70] 李广杰，刘晓宁．"一带一路"背景下中国对东盟直接投资的布局优化研究 [J]．东岳论丛，2017，38（9）：125 – 132 + 2.

[71] 李浩．资产价格、通货膨胀与货币政策反应 [D]．上海：华东师范大学，2012.

[72] 李计广，钊锐，张彩云．我国对"一带一路"国家投资潜力分析——基于随机前沿模型 [J]．亚太经济，2016（4）：96 – 103.

[73] 李嘉楠，龙小宁，张相伟．中国经贸合作新方式——境外经贸合作区 [J]．中国经济问题，2016 (6)：64 – 81.

[74] 李建军，李俊成．"一带一路"基础设施建设、经济发展与金融要素 [J]．国际金融研究，2018 (2)：8 – 18.

[75] 李建军，孙慧．全球价值链分工、制度质量与中国 ODI 的区位选择偏好——基于"一带一路"沿线主要国家的研究 [J]．经济问题探索，2017 (5)：110 – 122.

[76] 李俊青，韩其恒．不完全金融市场、海外资产结构与国际贸易 [J]．经济研究，2011 (2)：31 – 43.

[77] 李拉亚．加利与格特勒对当代经济理论变革的贡献 [J]．经济学动态，2015 (2)：130 – 144.

[78] 李林玥，孙志贤，龙翔．"一带一路"沿线国家与中国的贸易发展状况研究——夜间灯光数据在引力模型中的实证分析 [J]．数量经济技术经济研究，2018，35 (3)：39 – 58.

[79] 李勤昌，许唯聪．中国对"一带一路"全域 OFDI 的区位选择——基于空间效应视角 [J]．宏观经济研究，2017 (8)：3 – 18 + 102.

[80] 李少育，郑挺国．稳健性偏好下的资源配置策略和消费行为 [J]．世界经济，2014，37 (7)：45 – 66.

[81] 李涛，傅强．考虑资产价格波动的前瞻性泰勒规则及实证检验 [J]．统计与决策，2011 (17)：137 – 140.

[82] 李香菊，王雄飞．中国私有企业对"一带一路"沿线国家直接投资研究 [J]．国际贸易，2018 (1)：41 – 46.

[83] 李晓，周学智．美国对外负债的可持续性：外部调整理论的扩展 [J]．世界经济，2012 (12)：130 – 155.

[84] 李晓，周学智．美国净对外负债前景与美元汇率调整 [J]．国际金融研究，2014 (2)：29 – 42.

[85] 李晓芳，高铁梅，梁云芳．税收和政府支出政策对产出动态冲击效应的计量分析 [J]．财贸经济，2005 (2)：32 – 39 + 97.

[86] 李晓峰，陈华．交易者预期异质性、央行干预效力与人民币汇率变动——汇改后人民币汇率的形成机理研究 [J]．金融研究，2010 (8)：49 – 67.

[87] 李晓敏，李春梅．东道国制度质量对中国对外直接投资的影响——基于"一带一路"沿线国家的实证研究 [J]．东南学术，2017 (2)：119 – 126.

［88］李欣欣，刘海龙．市场非均衡与中国资本账户开放风险［J］．财经研究，2015（3）：17－26＋110．

［89］李自磊，张云．美国量化宽松政策是否影响了中国的通货膨胀？——基于SVAR模型的实证研究［J］．国际金融研究，2013（8）：13－21．

［90］连玉君，刘醒云，苏治．现金持有的行业特征：差异性与收敛性［J］．会计研究，2011（7）：66－72＋97．

［91］连玉君，彭方平，苏治．融资约束与流动性管理行为［J］．金融研究，2010（10）：158－171．

［92］连玉君，苏治．上市公司现金持有：静态权衡还是动态权衡［J］．世界经济，2008（10）：84－96．

［93］梁志兵，王一鸣．股权融资摩擦、资产价格波动和金融危机——一个基于数值模拟的分析［J］．浙江社会科学，2015（3）：4－14＋156．

［94］廖泽芳，雷达．全球经济失衡的利益考察——基于估值的视角［J］．世界经济研究，2012（9）：3－10＋87．

［95］廖泽芳，詹新宇．不成熟债权国、估值效应与中国的财富流失风险［J］．当代经济科学，2012（1）：92－99＋127．

［96］林谦．走向开放：从《通论》到"新型开放的宏观经济学"［D］．上海：复旦大学，2011．

［97］刘斌．基于CGE框架下的央行宏观经济模型研究［J］．金融研究，2011（6）：1－17．

［98］刘斌．我国DSGE模型的开发及在货币政策分析中的应用［J］．金融研究，2008（10）：1－21．

［99］刘斌．物价水平的财政决定理论与实证研究［J］．金融研究，2009（8）：35－51．

［100］刘海云，聂飞．金砖体系下中国双边出口效率及其影响因素分析——基于随机前沿引力模型的实证研究［J］．国际经贸探索，2015，31（1）：16－27＋100．

［101］刘磊，刘晓宁，张猛．中国对"一带一路"国家直接投资与产能过剩治理——基于中国省际面板数据的实证研究［J］．经济问题探索，2018（5）：167－177．

［102］刘乃全，戴晋．我国对"一带一路"沿线国家OFDI的环境效应［J］．经济管理，2017，39（12）：6－23．

［103］刘少英．美元贬值对美国经常账户影响的估值效应分析［J］．

世界经济研究, 2012 (3): 22 – 27 + 87.

[104] 刘威, 黄晓琪, 陈继勇. 金融发展、估值效应与外部失衡调节——基于两类金融渠道的比较研究 [J]. 国际贸易问题, 2018 (1): 164 – 174.

[105] 刘威, 郭小波. 汇率波动对一国估值效应的非线性影响研究 [J]. 世界经济与政治论坛, 2018 (3): 128 – 151.

[106] 刘翔峰. "一带一路" 倡议下的亚太区域经济合作 [J]. 亚太经济, 2018 (2): 5 – 10 + 149.

[107] 刘晓凤, 葛岳静, 赵亚博. 国家距离与中国企业在 "一带一路" 投资区位选择 [J]. 经济地理, 2017, 37 (11): 99 – 108.

[108] 刘晓光, 卢锋. 中国资本回报率上升之谜 [J]. 经济学 (季刊), 2014, 13 (3): 817 – 836.

[109] 刘永余, 王博. 利率冲击、汇率冲击与中国宏观经济波动——基于 TVP – SV – VAR 的研究 [J]. 国际贸易问题, 2015 (3): 146 – 155.

[110] 刘再起, 谢润德. 中国对东盟 OFDI 的国别贸易效应实证分析 [J]. 世界经济研究, 2014 (6): 80 – 86 + 89.

[111] 刘振林. 中国对 "一带一路" 沿线国家直接投资现状与成因研究 [J]. 国际贸易, 2017 (5): 49 – 55.

[112] 骆祚炎, 肖祖星. 货币政策逆周期调控资产价格有效性的 FCI 检验 [J]. 上海金融, 2013 (6): 46 – 51 + 117.

[113] 吕志鹏, 王红云, 赵彦云. 经济开放度的测算与国际比较 [J]. 国际贸易问题, 2015 (1): 14 – 24.

[114] 马述忠, 刘梦恒. 中国在 "一带一路" 沿线国家 OFDI 的第三国效应研究: 基于空间计量方法 [J]. 国际贸易问题, 2016 (7): 72 – 83.

[115] 马勇. 植入金融因素的 DSGE 模型与宏观审慎货币政策规则 [J]. 世界经济, 2013 (7): 68 – 92.

[116] 毛振华, 袁海霞. "一带一路" 沿线国家吸引国际直接投资的制度建设研究——中国 "渐进式改革" 经验与借鉴 [J]. 经济理论与经济管理, 2017 (10): 100 – 113.

[117] 梅冬州, 赵晓军. 资产互持与经济周期跨国传递 [J]. 经济研究, 2015 (4): 62 – 76.

[118] 孟庆斌, 靳晓婷, 吴蕾. 我国通货膨胀影响因素的非线性影响效应分析 [J]. 金融研究, 2014 (4): 30 – 46.

[119] 那明, 戴振亚. 估值效应规模及结构对中国外部财富的影响

[J]. 首都经济贸易大学学报，2017（2）：3－11.

[120] 倪沙，王永兴，景维民. 中国对"一带一路"沿线国家直接投资的引力分析 [J]. 现代财经（天津财经大学学报），2016，36（5）：3－14.

[121] 牛薇薇，李林杰. 基于 IIP 的中美国际投资收益比较研究 [J]. 国际金融研究，2010（8）：29－33.

[122] 潘春阳，卢德. 中国的对外直接投资是否改善了东道国的制度质量？——基于"一带一路"沿线国家的实证研究 [J]. 上海对外经贸大学学报，2017，24（4）：56－72.

[123] 彭冬冬，林红. 不同投资动因下东道国制度质量与中国对外直接投资——基于"一带一路"沿线国家数据的实证研究 [J]. 亚太经济，2018（2）：95－102＋151.

[124] 彭薇. 共建"丝绸之路经济带"战略下中国与沿线国家产业转移研究——基于地缘经济的视角与引力模型的检验 [J]. 经济问题探索，2018（1）：89－97.

[125] 乔发栋，吴冰洋. 基于 SVAR 模型的货币政策冲击效应检验 [J]. 经济问题，2011（10）：109－112.

[126] 丘国强. 外国直接投资（FDI）对中美宏观经济的影响 [D]. 上海：华东师范大学，2011.

[127] 尚涛，殷正阳. 中国与"一带一路"地区的新产品边际贸易及贸易增长研究——基于不同贸易部门性质的分析 [J]. 国际贸易问题，2018（3）：67－84.

[128] 申向伟. 我国货币政策的资产价格传导效应研究 [D]. 大连：东北财经大学，2013.

[129] 宋芳秀，冯天骄. 中国估值效应的规模及结构分析：2000—2012 [J]. 学习与探索，2014（7）：114－120.

[130] 宋芳秀. 我国外汇储备持有成本、规模估算与缓解增长压力的对策选择 [J]. 改革，2013（8）：49－56.

[131] 宋科，杨雅鑫，苏治. 全球失衡条件下的货币政策传导机制：基于估值效应视角 [J]. 世界经济，2021，44（4）：54－83.

[132] 宋林，谢伟，郑雯. "一带一路"战略背景下我国对外直接投资的效率研究 [J]. 西安交通大学学报（社会科学版），2017，37（4）：45－54.

[133] 宋潇. 信贷约束、资产价格与通货紧缩——基于动态一般均衡

模型的分析 [J]. 经济管理, 2015 (9): 1 – 10.

[134] 宋效军, 陈德兵, 任若恩. 我国外部均衡调节中的估值效应分析 [J]. 国际金融研究, 2006 (3): 57 – 61.

[135] 宋勇超. "一带一路" 战略下中国企业对外直接投资模式研究——基于多元 Logit 模型的实证分析 [J]. 软科学, 2017, 31 (5): 66 – 69.

[136] 苏杭. "一带一路" 战略下我国制造业海外转移问题研究 [J]. 国际贸易, 2015 (3): 18 – 21.

[137] 孙志强. 美国外部失衡调整中的估值效应影响探析 [J]. 管理现代化, 2018, 38 (2): 13 – 16.

[138] 施建淮, 傅雄广, 许伟. 人民币汇率变动对我国价格水平的传递 [J]. 经济研究, 2008 (7): 52 – 64.

[139] 太平, 李姣. 中国企业对东盟国家直接投资风险评估 [J]. 国际商务 (对外经济贸易大学学报), 2018 (1): 111 – 123.

[140] 谭秀杰, 周茂荣. 21 世纪 "海上丝绸之路" 贸易潜力及其影响因素——基于随机前沿引力模型的实证研究 [J]. 国际贸易问题, 2015 (2): 3 – 12.

[141] 唐礼智, 刘玉. "一带一路" 中我国企业海外投资政治风险的邻国效应 [J]. 经济管理, 2017, 39 (11): 6 – 20.

[142] 田原, 李建军. 中国对 "一带一路" 沿线国家 OFDI 的区位选择——基于资源与制度视角的经验研究 [J]. 经济问题探索, 2018 (1): 79 – 88.

[143] 田泽, 许东梅. 我国对 "一带一路" 沿线国家的投资效率与对策 [J]. 经济纵横, 2016 (5): 84 – 89.

[144] 田泽, 许东梅. 我国对 "一带一路" 重点国家 OFDI 效率综合评价——基于超效率 DEA 和 Malmquist 指数 [J]. 经济问题探索, 2016 (6): 7 – 14.

[145] 汪莉, 王先爽. 央行预期管理、通胀波动与银行风险承担 [J]. 经济研究, 2015 (10): 34 – 48.

[146] 汪洋. 中国对外净资产增加意味着什么? ——对中国国际投资头寸表的解读 [J]. 国际经济评论, 2007 (5): 39 – 42.

[147] 王彬. 资本项目开放、汇率政策对宏观经济与社会福利的影响——基于一般均衡的视角 [J]. 中南财经政法大学学报, 2014 (6): 22 – 31 + 158 – 159.

[148] 王博, 刘澜飚. 金融渠道对中国外部失衡调整的影响研究 [J]. 经济学动态, 2013 (11): 82 - 87.

[149] 王煌, 邵婧儿. "一带一路" 建设下中国 OFDI 的贸易效应研究——基于 GTAP 模型的分析 [J]. 国际经贸探索, 2018, 34 (2): 36 - 52.

[150] 王晋斌, 李博. 中国货币政策对商业银行风险承担行为的影响研究 [J]. 世界经济, 2017, 40 (1): 25 - 43.

[151] 王晋斌, 李南. 中国汇率传递效应的实证分析 [J]. 经济研究, 2009, 44 (4): 17 - 27 + 140.

[152] 王珏. 全面开放新格局下的中国对外直接投资思路探讨 [J]. 国际贸易问题, 2018 (1): 11 - 12.

[153] 王君斌, 郭新强. 经常账户失衡、人民币汇率波动与货币政策冲击 [J]. 世界经济, 2014 (8): 42 - 69.

[154] 王君斌, 郭新强. 人民币升值、经常账户失衡和中国技术进步 [J]. 金融研究, 2011 (11): 47 - 61.

[155] 王君斌, 郭新强, 王宇. 中国货币政策的工具选取、宏观效应与规则设计 [J]. 金融研究, 2013 (8): 1 - 15.

[156] 王君斌. 通货膨胀惯性、产出波动与货币政策冲击: 基于刚性价格模型的通货膨胀和产出的动态分析 [J]. 世界经济, 2010 (3): 71 - 94.

[157] 王亮, 吴浜源. 丝绸之路经济带的贸易潜力——基于 "自然贸易伙伴" 假说和随机前沿引力模型的分析 [J]. 经济学家, 2016 (4): 33 - 41.

[158] 王培志, 潘辛毅, 张舒悦. 制度因素、双边投资协定与中国对外直接投资区位选择——基于 "一带一路" 沿线国家面板数据 [J]. 经济与管理评论, 2018, 34 (1): 5 - 17.

[159] 王胜. 新开放经济宏观经济学理论研究 [M]. 武汉: 武汉大学出版社, 2006.

[160] 王胜. 国际货币、汇率传递与货币政策 [J]. 金融研究, 2015 (3): 18 - 35.

[161] 王文甫, 张南, 岳超云. 中国财政政策冲击的识别与效应——符号约束方法下的 SVAR 分析 [J]. 财经研究, 2015 (6): 70 - 81.

[162] 王艺明, 蔡昌达. 货币政策的成本传导机制与价格之谜——基于新凯恩斯主义 DSGE 模型的研究 [J]. 经济学动态, 2012 (3): 14 - 25.

［163］王颖，吕婕，唐子仪．中国对"一带一路"沿线国家直接投资的影响因素研究——基于东道国制度环境因素［J］．国际贸易问题，2018（1）：83－91．

［164］王中昭，杨文．人民币汇率对东盟各国汇率传染及其时变相关有效性研究［J］．国际金融研究，2014（11）：56－66．

［165］王宗林．资产价格与我国最优货币政策［D］．天津：南开大学，2012．

［166］吴超，王彬．国家货币政策对天津经济的调控效应分析——动态随机一般均衡模型视角［J］．现代财经（天津财经大学学报），2013（6）：23－34．

［167］吴哲，范彦成，陈衍泰，黄莹．新兴经济体对外直接投资的逆向知识溢出效应——中国对"一带一路"国家 OFDI 的实证检验［J］．中国管理科学，2015，23（S1）：690－695．

［168］伍琳，李丽琴．"一带一路"战略下福建投资东盟的产业选择——基于贸易的竞争性与互补性［J］．福建论坛（人文社会科学版），2015（12）：186－191．

［169］文余源，杨钰倩．投资动机、制度质量与中国对外直接投资区位选择［J］．经济学家，2021（1）：81－90．

［170］夏诗园．转轨时期政府债务、财政赤字及经济增长的长短期动态研究——基于 SVAR 模型的实证分析［J］．宏观经济研究，2017（3）：68－77＋175．

［171］夏先良．构筑"一带一路"国际产能合作体制机制与政策体系［J］．国际贸易，2015（11）：26－33．

［172］向训勇，陈婷，陈飞翔．进口中间投入、企业生产率与人民币汇率传递——基于我国出口企业微观数据的实证研究［J］．金融研究，2016（9）：33－49．

［173］项后军，许磊．汇率传递与通货膨胀之间的关系存在中国的"本土特征"吗？［J］．金融研究，2011（11）：74－87．

［174］肖立晟，陈思翀．中国国际投资头寸表失衡与金融调整渠道［J］．经济研究，2013（7）：20－34．

［175］肖立晟，王博．全球失衡与中国对外净资产：金融发展视角的分析［J］．世界经济，2011（2）：57－86．

［176］熊彬，王梦娇．基于空间视角的中国对"一带一路"沿线国家直接投资的影响因素研究［J］．国际贸易问题，2018（2）：102－112．

［177］徐慧贤. 资产价格波动与货币政策反应研究［M］. 北京：中国金融出版社，2008.

［178］徐明东，陈学彬. 货币环境、资本充足率与商业银行风险承担［J］. 金融研究，2012（7）：489 + 50 - 62.

［179］徐奇渊，孙靓莹. 新兴经济体：三大外部冲击挑战国内政策空间［J］. 国际经济评论，2015（3）：96 - 108 + 6.

［180］徐现祥，周吉梅，舒元. 中国省区三次产业资本存量估计［J］. 统计研究，2007（5）：6 - 13.

［181］许小平，陆靖，李江. 签订双边投资协定对中国 OFDI 的影响——基于"一带一路"沿线国家的实证研究［J］. 工业技术经济，2016，35（5）：60 - 64.

［182］许志伟，薛鹤翔，罗大庆. 融资约束与中国经济波动——新凯恩斯主义框架内的动态分析［J］. 经济学（季刊），2011，10（1）：83 - 110.

［183］杨继生，冯焱. 货币供给与 PPI 的动态响应机制和结构性差异［J］. 统计研究，2013（8）：45 - 54.

［184］杨君，肖明月. 价值链低端生产是否限制了中国的资本回报率——基于省级动态面板数据 GMM 方法［J］. 国际贸易问题，2015（6）：53 - 62.

［185］杨权，鲍楠. 金砖国家估值效应的规模及结构分析：1970 ~ 2015 年［J］. 世界经济研究，2017（10）：93 - 110 + 137.

［186］杨权，汪青. "一带一路"倡议有利于沿线国家外部财富增值吗——基于估值效应的视角［J］. 国际贸易问题，2021（7）：125 - 141.

［187］杨荣珍，魏倩. 中国对"一带一路"沿线国家直接投资研究［J］. 价格理论与实践，2018（4）：114 - 117.

［188］杨英，刘彩霞. "一带一路"背景下对外直接投资与中国产业升级的关系［J］. 华南师范大学学报（社会科学版），2015（5）：93 - 101 + 191.

［189］姚余栋，谭海鸣. 通胀预期管理和货币政策——基于"新共识"宏观经济模型的分析［J］. 经济研究，2013（6）：45 - 57.

［190］姚战琪. "一带一路"沿线国家 OFDI 的逆向技术溢出对我国产业结构优化的影响［J］. 经济纵横，2017（5）：44 - 52.

［191］姚战琪. 中国对"一带一路"沿线国家 OFDI 逆向技术溢出的影响因素研究［J］. 北京工商大学学报（社会科学版），2017，32（5）：

11 – 24.

[192] 叶德珠，连玉君，黄有光，李东辉. 消费文化、认知偏差与消费行为偏差 [J]. 经济研究，2012（2）：80 – 92.

[193] 易靖韬，刘昕彤，蒙双. 中国出口企业的人民币汇率传递效应研究 [J]. 财贸经济，2019，40（5）：112 – 126.

[194] 余喆杨. 资产价格波动与宏观经济稳定研究 [M]. 北京：中国农业出版社，2011.

[195] 袁伟彦，李文溥. 中国货币政策的汇率传递效应及形成机制——基于 SVAR 与动态一般均衡（DGE）模型的分析 [J]. 管理世界，2010（12）：53 – 64.

[196] 张纯威. 美元本位、估值效应与季风型货币危机 [J]. 金融研究，2007（3）：50 – 61.

[197] 张纪凤，宣昌勇. "一带一路" 战略下我国对东盟直接投资 "升级版" 研究 [J]. 现代经济探讨，2015（12）：45 – 48.

[198] 张静，孙乾坤，武拉平. 贸易成本能够抑制对外直接投资吗——以 "一带一路" 沿线国家数据为例 [J]. 国际经贸探索，2018，34（6）：93 – 108.

[199] 张军，吴桂英，张吉鹏. 中国省际物质资本存量估算：1952—2000 [J]. 经济研究，2004（10）：35 – 44.

[200] 张理娟，张晓青，姜涵，刘畅. 中国与 "一带一路" 沿线国家的产业转移研究 [J]. 世界经济研究，2016（6）：82 – 92 + 135.

[201] 张敏锋，王文强. 基于 DSGE 模型的我国宏观审慎政策规则有效性研究——以贷款价值比为视角 [J]. 上海金融，2014（3）：68 – 72 + 118.

[202] 张明. 全方位透视中国外汇储备下降：估值效应、适度规模与资产结构 [J]. 学术研究，2018（7）：97 – 102.

[203] 张瑞良. 中国对 "一带一路" 沿线国家 OFDI 区位选择研究——基于制度距离视角 [J]. 山西财经大学学报，2018，40（3）：25 – 38.

[204] 张述存. "一带一路" 战略下优化中国对外直接投资布局的思路与对策 [J]. 管理世界，2017（4）：1 – 9.

[205] 张天顶，张洪敏. 金融开放度对跨境资本流动的影响——基于跨国数据的经验研究 [J]. 国际商务（对外经济贸易大学学报），2014（2）：13 – 20.

　　[206] 张勋，徐建国．中国资本回报率的驱动因素 [J]．经济学（季刊），2016，15（3）：1081－1112.

　　[207] 张勋，徐建国．中国资本回报率的再测算 [J]．世界经济，2014，37（8）：3－23.

　　[208] 张亚斌．"一带一路"投资便利化与中国对外直接投资选择——基于跨国面板数据及投资引力模型的实证研究 [J]．国际贸易问题，2016（9）：165－176.

　　[209] 张燕，高志刚．基于随机前沿引力模型的中澳双边贸易效率及潜力研究 [J]．国际经贸探索，2015，31（12）：20－30.

　　[210] 张屹山，张代强．前瞻性货币政策反应函数在我国货币政策中的检验 [J]．经济研究，2007（3）：20－32.

　　[211] 张友棠，杨柳．"一带一路"国家税收竞争力与中国对外直接投资 [J]．国际贸易问题，2018（3）：85－99.

　　[212] 赵进文，黄彦．中国货币政策与通货膨胀关系的模型实证研究 [J]．中国社会科学，2006（2）：45－54＋205－206.

　　[213] 赵明亮．国际投资风险因素是否影响中国在"一带一路"国家的 OFDI——基于扩展投资引力模型的实证检验 [J]．国际经贸探索，2017，33（2）：29－43.

　　[214] 赵文胜，张屹山．货币政策冲击与人民币汇率动态 [J]．金融研究，2012（8）：1－15.

　　[215] 赵文霞．征用风险和汇率波动对"一带一路"沿线国家 FDI 的影响 [J]．西部论坛，2018，28（2）：106－115.

　　[216] 中国人民银行营业管理部课题组，杨国中，姜再勇，刘宁．非线性泰勒规则在我国货币政策操作中的实证研究 [J]．金融研究，2009（12）：30－44.

　　[217] 钟春平，田敏．预期、有偏性预期及其形成机制：宏观经济学的进展与争议 [J]．经济研究，2015（5）：162－177.

　　[218] 钟红，李宏瑾，苏乃芳．通货紧缩的定义、度量及对当前经济形势的判断 [J]．国际金融研究，2015（7）：33－43.

　　[219] 钟伟，贾林果．国际投资头寸表编制的国际比较研究 [J]．国际金融研究，2006（8）：26－31.

　　[220] 钟意．汇率波动、金融稳定与货币政策 [D]．杭州：浙江大学，2014.

　　[221] 周五七．"一带一路"沿线直接投资分布与挑战应对 [J]．改

革, 2015 (8): 39 – 47.

[222] 朱亚莉. 汇率变动的不完全传递、FDI 和货币政策效应计量研究 [D]. 长春: 吉林大学, 2013.

[223] Aart Kraay, Jaume Ventura. Current accounts in debtor and creditor countries [J]. Quarterly Journal of Economics, 2000, 115 (4): 1137 – 1166.

[224] Agustin S. Bénétrix, Philip R. Lane. Fiscal cyclicality and EMU [J]. Journal of International Money and Finance, 2013 (34): 164 – 176.

[225] Agustin S. Bénétrix, Philip R. Lane, Jay C. Shambaugh. International currency exposures, valuation effects and the global financial crisis [J]. Journal of International Economics, 2015, 96 (S1): 98 – 109.

[226] Andrea Ferrero. A structural decomposition of the U. S. trade balance: productivity, demographics and fiscal policy [J]. Journal of Monetary Economics, 2010, 57 (4): 478 – 490.

[227] Anna Pavlova, Roberto Rigobon. An asset-pricing view of external adjustment [J]. Journal of International Economics, 2010, 80 (1): 144 – 156.

[228] Anna Pavlova, Roberto Rigobon. Asset Prices and Exchange Rates [J]. Review of Financial Studies, 2007, 20 (4): 1139 – 1181.

[229] Anna Pavlova, Roberto Rigobon. The Role of Portfolio Constraints in the International Propagation of Shocks [J]. Review of Economic Studies, 2008, 75 (4): 1215 – 1256.

[230] Ben Bernanke, Mark Gertler. Monetary Policy and Asset Price Volatility [J]. Economic Review, 1999, 84 (4): 17 – 50.

[231] Ben Bernanke, Mark Gertler. Should Central Banks Respond to Movements in Asset Prices? [J]. The American Economic Review, 91 (2): 253 – 257.

[232] Bernd Kempa, Wolfram Wilde. Sources of exchange rate fluctuations with Taylor rule fundamentals [J]. Economic Modelling, 2011, 28 (6): 2622 – 2627.

[233] Berman N, Martin P, Mayer T. How Do Different Exporters React to Exchange Rate Changes? [J]. Quarterly Journal of Economics, 2012, 127 (1):, 437 – 492.

[234] Catherine L. Mann. The US Current Account, New Economy Services, and Implications for Sustainability [J]. Review of International Economics, 2004, 12 (2): 262 – 276.

[235] Campa J M, Goldberg L S. Exchange Rate Pass – Through into Import Prices: A Macro or Micro Phenomenon? [R]. NBER Working Paper No. 8934, 2002.

[236] Cedric Tille. Composition of International Assets and the Long-run Current Account, Economic Notes [J]. 2008, 37 (3): 283 – 313.

[237] Cedric Tille, Eric van Wincoop. A new perspective on "the new rule" of the current account [J]. Journal of International Economics, 2010, 80 (1): 89 – 99.

[238] Cédric Tille, Eric van Wincoop. International capital flows under dispersed private information [J]. Journal of International Economics, 93 (1): 31 – 49.

[239] Cédric Tille, Eric van Wincoop. International capital flows [J]. Journal of International Economics, 2010, 80 (2): 157 – 175.

[240] Cédric Tille, Eric van Wincoop. Solving DSGE portfolio choice models with dispersed private information [J]. Journal of Economic Dynamics and Control, 2014 (40): 1 – 24.

[241] Cedric Tille. Financial integration and the wealth effect of exchange rate fluctuations [J]. Journal of International Economics, 2008, 75 (2): 283 – 294.

[242] Cédric Tille. The Impact of Exchange Rate Movements on U. S. Foreign Debt [J]. Current Issues in Economics and Finance, 2003, 9 (1): 1 – 8.

[243] Cédric Tille. The welfare effect of international asset market integration under nominal rigidities [J]. Journal of International Economics, 2005, 65 (1): 221 – 247.

[244] Cédric Tille, Eric, van Wincoop. Solving DSGE portfolio choice models with dispersed private information [J]. Journal of Economic Dynamics and Control, 2014 (40): 1 – 24.

[245] Changhua Yu. Evaluating international financial integration in a center-periphery economy [J]. Journal of International Economics, 2015, 95 (1): 129 – 144.

[246] Charles Engel, John H. Rogers. The U. S. current account deficit and the expected share of world output [J]. Journal of Monetary Economics, 2006 (53): 1063 – 1093.

[247] Charles Engel, Kenneth D. West. Taylor Rules and the Deutschmark – Dollar Real Exchange Rate [J]. Journal of Money, Credit and Banking, 2006, 38 (5): 1175 – 1194.

[248] Chen N, Juvenal L. Quality, Trade, and Exchange Rate Pass-through [J]. Journal of International Economics, 2016 (100): 61 – 80.

[249] Choudhri E U, Hakura D S. Exchange Rate Pass-through to Domestic Prices: Does the Inflationary Environment Matter? [J]. Journal of International Money and Finance, 2006, 25 (4): 614 – 639.

[250] Coeurdaciera Nicolas, Gourinchas Pierre – Olivier. When bonds matter: Home bias in goods and assets [J]. Journal of Monetary Economics, 2016 (82): 119 – 137.

[251] Corsetti G, Dedola L. A Macroeconomic Model of International Price Discrimination [J]. Journal of International Economics, 2005, 67 (1): 129 – 155.

[252] David Cook, Michael B Devereux. Exchange rate flexibility under the zero lower bound [J]. Journal of International Economics, 2016, 101 (C): 52 – 69.

[253] Dennis P. Quinn, A. Maria Toyoda, A. M. Does capital account liberalization lead to growth? [J]. Review of Financial Studies, 2008, 21 (3): 1403 – 1449.

[254] Dornbusch R. Expectations and Exchange Rate Dynamics [J]. Journal of Political Economy, 1976, 84 (6): 1161 – 1176.

[255] Edwards S. The end of large current account deficits: 1970 – 2002: are there lessons for the United States? [J]. Proceedings – Economic Policy Symposium – Jackson Hole, 2005: 205 – 268.

[256] Enrique G. Mendoza, Vincenzo Quadrini, Jose – Victor Rios – Rull. Financial Integration, Financial Development, and Global Imbalances [J]. Journal of Political Economy, 2009, 117 (3): 371 – 416.

[257] Fabio Ghironi, Jaewoo Lee, Alessandro Rebucci. The Valuation Channel of External Adjustment [J]. Journal of International Money and Finance, 2015 (57): 86 – 114.

[258] Fabio Ghironi, Talan B. Iscan, Alessandro Rebucci. Net foreign asset positions and consumption dynamics in the international economy [J]. Journal of International Money and Finance, 2008, 27 (8): 1337 – 1359.

[259] Fabio Ghironi. The role of net foreign assets in a New Keynesian small open economy model [J]. Journal of Economic Dynamics and Control, 2008, 32 (6): 1780 –1811.

[260] Filipa Sá, Francesca Viani. Shifts in Portfolio Preferences of International Investors: An Application to Sovereign Wealth Funds [J]. Review of International Economics, 2013, 21 (5), 868 –885.

[261] Florin O. Bilbiie, Fabio Ghironi, Marc J. Melitz. Endogenous Entry, Product Variety, and Business Cycles [J]. Journal of Political Economy, 2012, 120 (2): 304 –345.

[262] Francesco Caselli, James Feyrer. The marginal product of capital [J]. Quarterly Journal of Economics, 2007, 122 (2): 535 –568.

[263] Gabriel Zucman. The missing wealth of nations: are Europe and the U. S. net debtors or net creditors? [J]. The Quarterly Journal of Economics, 2013, 128 (3): 1321 –1364.

[264] George – Marios Angeletos, Vasia Panousi. Financial integration, entrepreneurial risk and global dynamics [J]. Journal of Economic Theory, 2011, 146 (3): 863 –896.

[265] Georgios Georgiadis, Arnaud Mehl. Financial globalisation and monetary policy effectiveness [J] Journal of International Economics, 2016, 103 (C): 200 –212.

[266] Giancarlo Corsetti, Panagiotis Th. Konstantinou. What drives US foreign borrowing? Evidence on the external adjustment to transitory and permanent shocks [J]. American Economic Review, 2012, 102 (2): 1062 –1092.

[267] Giancarlo Corsetti, Philippe Martin, Paolo Pesenti. Varieties and the transfer problem [J]. Journal of International Economics, 2013, 89 (1): 1 –12.

[268] Gianluca Benigno, Pierpaolo Benigno, Salvatore Nisticò. Second-order approximation of dynamic models with time-varying risk [J]. Journal of Economic Dynamics and Control, 2013, 37 (7): 1231 –1247.

[269] Gian – Maria Milesi – Ferretti, Cédric Tille. The great retrenchment: international capital flows during the global financial crisis [J]. Economic Policy, 26 (66): 289 –346.

[270] Gita Gopinath, Oleg Itskhoki, Roberto Rigobon. Currency Choice and Exchange Rate Pass – Through [J]. American Economic Review, 2010,

100 (1): 304 – 336.

[271] Gourinchas Pierre – Olivier, Rabanal Pau. Cross – Border Spillover [J]. IMF Economic Review, 2016, 64 (1): 1 – 5.

[272] Gruber J W, Kamin S B. Do differences in financial development explain the global pattern of current account imbalances? [J]. Review of International Economics, 2009, 17 (4), 667 – 688.

[273] Guonan Ma, Robert N. McCauley. Global and Euro Imbalances: China and Germany [J]. China and World Economy, 2014, 22 (1): 1 – 29.

[274] Harjoat S. Bhamra, Nicolas Coeurdacier, Stéphane Guibaud. A dynamic equilibrium model of imperfectly integrated financial markets [J]. Journal of Economic Theory, 2014 (154): 490: 542.

[275] James M. Nason, John H. Rogers. The present-value model of the current account has been rejected: round up the usual suspects [J]. Journal of International Economics, 2006 (68): 159 – 187.

[276] Jian Wang, Jason J. Wu. The Taylor Rule and Forecast Intervals for Exchange Rates [J]. Journal of Money, Credit and Banking, 2012, 44 (1): 103 – 144.

[277] Jiaqian Liu. Research on the Structure of Valuation Effects: A Comparative Analysis Based on the Developed and Emerging Market Countries, International [J]. Journal of Marketing Studies, 2016, 8 (4): 155 – 162.

[278] Jin K. Industrial structure and capital flows [J]. American Economic Review, 2012, 102 (5): 2111 – 2146.

[279] John B. Taylor. Discretion versus policy rules in practice [J]. Carnegie – Rochester Conference Series on Public Policy, 1993 (39): 195 – 214.

[280] John B. Taylor. The Use of the New Macroeconometrics for Policy Formulation [J]. The American Economic Review, 1993, 83 (2): 300 – 305.

[281] John Y. Campbell, Robert J. Shiller. Cointegration and Tests of Present Value Models [J]. Journal of Political Economy, 1987, 95 (5): 1062 – 1088.

[282] John Y. Campbell, Robert J. Shiller. Interpreting Cointegrated Models [J]. Journal of Economic Dynamics and Control, 1988, 12 (2 – 3): 505 – 522.

[283] Jon Nadenichek. The J-curve effect: an examination using a structural vector error correction model [J]. International Journal of Applied Eco-

nomics, 2006, 3 (2): 34 –47.

[284] Joonyoung Hur. Monetary Policy and Asset Prices: A Markov – Switching DSGE Approach [J]. Journal of Applied Econometrics, 2017 (32): 965 –982.

[285] Jordi Galí, Luca Gambetti. The Effects of Monetary Policy on Stock Market Bubbles: Some Evidence [J]. American Economic Journal: Macroeconomics, 2015, 7 (1): 233 –257.

[286] Jordi Galí. Monetary Policy and Rational Asset Price Bubbles [J]. American Economic Review, 2014, 104 (3): 721 –752.

[287] Katrin Rabitsch, Serhiy Stepanchuk. A two-period model with portfolio choice: Understanding results from different solution methods [J]. Economics Letters, 2014, 124 (2): 239 –242.

[288] Katrin Rabitsch, Serhiy Stepanchuk, Viktor Tsyrennikov. International portfolios: A comparison of solution methods [J]. Journal of International Economics, 2015, 97 (2): 404 –422.

[289] Kenneth S. Rogoff, Takeshi Tashiro. Japan's exorbitant privilege [J]. Journal of the Japanese and International Economies, 2015, 35 (C): 43 –61.

[290] Kristin Forbes, Jeffrey Frankel, Charles Engel. Introduction to special issue on the global financial crisis [J]. Journal of International Economics, 2012, 88 (2): 215 –218.

[291] Kristin Forbes, Marcel Fratzscher, Thomas Kostka, Roland Straub. Bubble thy neighbour: Portfolio effects and externalities from capital controls [J]. Journal of International Economics, 2016, 99: 85 –104.

[292] Kristin J. Forbes. Why do foreigners invest in the United States? [J]. Journal of International Economics, 2010, 80 (1), 3 –21.

[293] Krugman P. Pricing to Market when the Exchange Rate Changes [R]. NBER Working Papers 1926, 1986.

[294] Kugler M, Verhoogen E. Prices, Plant Size, and Product Quality [J]. Review of Economic Studies, 2012, 79 (1): 307 –339.

[295] Laura Alfaro, Sebnem Kalemli – Ozcan, Vadym Volosovych. Why doesn't capital flow from rich to poor countries? An empirical investigation [J]. The Review of Economics and Statistics, 2008, 90 (2): 347 –368.

[296] Lawrence J. Christiano, Mathias Trabandt, Karl Walentin. DSGE Models for Monetary Policy Analysis [M]. Handbook of Monetary Economics,

Volume 3A, 2011 Elsevier.

[297] Luis A. V. Catão, Gian Maria Milesi – Ferretti. External liabilities and crises [J]. Journal of International Economics, 2014, 94 (1): 18 –32.

[298] Mallick S, Marques H. Pricing to Market with Trade Liberalization: The Role of Market Heterogeneity and Product Differentiation in India's Exports [J]. Journal of International Money and Finance, 2012 (31): 310 –336.

[299] Mann C L. The US Current Account, New Economy Services, and Implications for Sustainability [J]. Review of International Economics, 2004, 12 (2): 262 –276.

[300] Mariya Mileva. Valuation effects and long-run real exchange rate dynamics [J]. Journal of International Money and Finance, 2015, 51 (C): 390 –408.

[301] Mark Aguiar, Gita Gopinath. Emerging market business cycles: the cycle is the trend [J]. Journal of Political Economy, 2007, 115 (1): 69 –102.

[302] Mark Aguiar, Manuel Amador. Growth in the shadow of expropriation [J]. The Quarterly Journal of Economics, 2011, 126 (2): 651 –697.

[303] Martin D. D. Evans, Viktoria Hnatkovska. A method for solving general equilibrium models with incomplete markets and many financial assets [J]. Journal of Economic Dynamics and Control, 2012, 36 (12), 1909 –1930.

[304] Masashige Hamano. International equity and bond positions in a DSGE model with variety risk in consumption [J]. Journal of International Economics, 2015, 96 (1): 212 –226.

[305] Matteo Cacciatore, Fabio Ghironi, Viktors Stebunovs. The domestic and international effects of interstate U. S. banking [J]. Journal of International Economics, 2015, 95 (2): 171 –187.

[306] Matthew Higgins, Cedric Tille, Thomas Klitgaard. Borrowing Without Debt? Understanding the U. S. International Investment Position [J]. Business Economic, 42 (1): 17 –27.

[307] Maurice Obstfeld. Does the current account still matter? [J]. American Economic Review: Papers & Proceedings, 2012, 102 (3): 1 –23.

[308] Maurice Obstfeld. Exchange Rates and Adjustment: Perspectives from the New Open – Economy Macroeconomics [J]. Monetary and Economic Studies, 2002 (20): 23 –46.

[309] Maurice Obstfeld. Financial flows, financial crises, and global imbalances [J]. Journal of International Money and Finance, 2012, 31 (3): 469 – 480.

[310] Maurice Obstfeld. Inflation – Targeting, Exchange – Rate Pass-through, and Volatility [J]. The American Economic Review, 2002, 92 (2): 102 – 107.

[311] Maurice Obstfeld, Jay C. Shambaugh, Alan M. Taylor. Financial Stability, the Trilemma, and International Reserves [J]. American Economic Journal: Macroeconomics, 2010, 2 (2): 57 – 94.

[312] Maurice Obstfeld, Kenneth Rogoff. Chapter 34 The intertemporal approach to the current account [M]. Handbook of International Economics, 1995 (3): 1731 – 1799.

[313] Maurice Obstfeld, Kenneth Rogoff. Exchange Rate Dynamics Redux [J]. Journal of Political Economy, 1995, 103 (3): 624 – 660.

[314] Maurice Obstfeld, Kenneth Rogoff. Global current account imbalances and exchange rate adjustments [J]. Brookings Papers on Economic Activity, 2005, 36 (1): 67 – 123.

[315] Maurice Obstfeld, Kenneth Rogoff. Global Implications of Self – Oriented National Monetary Rules [J]. The Quarterly Journal of Economics, 2002, 117 (2): 503 – 535.

[316] Maurice Obstfeld. On the use of open economy new Keynesian models to evaluate policy rules [J]. Journal of Economic Dynamics and Control, 2014 (49): 31 – 34.

[317] Menzie Chinn, Michael B. Devereux, Robert Kollmann. Current account imbalances and international financial integration [J]. Journal of International Money and Finance, 2014, 48 (B): 219 – 220.

[318] Menzie D. Chinn, Eswar S. Prasad. Medium-term determinants of current accounts in industrial and developing countries: an empirical exploration [J]. Journal of International Economics, 2003, 59 (1): 47 – 76.

[319] Menzie D. Chinn, Hiro Ito. A new measure of financial openness [J]. Journal of Comparative Policy Analysis, 2008, 10 (3): 309 – 322.

[320] Menzie D. Chinn, Hiro Ito. Current account balances, financial development and institutions: assaying the world "saving glut" [J]. Journal of International Money and Finance, 2007, 26 (4): 546 – 569.

[321] Michael B. Devereux. A simple model of emerging market portfolio structure [J]. International Review of Economics and Finance, 2009, 18 (3): 457 - 468.

[322] Michael B. Devereux, Alan Sutherland. A portfolio model of capital flows to emerging markets [J]. Journal of Development Economics, 2009, 89 (2): 181 - 193.

[323] Michael B. Devereux, Alan Sutherland. Country portfolio dynamics [J]. Journal of Economic Dynamics and Control, 2010, 34 (7): 1325 - 1342.

[324] Michael B. Devereux, Alan Sutherland. Country portfolios in open economy macro models [J]. Journal of the European Economic Association, 2011, 9 (2): 337 - 369.

[325] Michael B. Devereux, Alan Sutherland. Evaluating international financial integration under leverage constraints [J]. European Economic Review, 2011, 55 (3): 427 - 442.

[326] Michael B. Devereux, Alan Sutherland. Financial globalization and monetary policy [J]. Journal of Monetary Economics, 2008, 55 (8): 1363 - 1375.

[327] Michael B. Devereux, Alan Sutherland. Monetary Policy and Portfolio Choice in an Open Economy Macro Model [J], Journal of the European Economic Association, 2007, 5 (2 - 3): 491 - 499.

[328] Michael B. Devereux, Alan Sutherland. Valuation effects and the dynamics of net external assets [J]. Journal of International Economics, 2010, 80 (1): 129 - 143.

[329] Michael B. Devereux, Changhua Yu. Exchange Rate Adjustment in Financial Crises [J]. IMF Economic Review, 2017, 65 (3): 528 - 562.

[330] Michael B. Devereux, James Yetman. Globalisation, pass-through and the optimal policy response to exchange rates [J]. Journal of International Money and Finance, 2014, 49 (PA): 104 - 128.

[331] Michael B. Devereux, James Yetman. Leverage Constraints and the International Transmission of Shocks [J]. 2010, 42 (6suppl): 71 - 105.

[332] Michael B. Devereux, Ozge Senay, Alan Sutherland. Nominal Stability and Financial Globalization [J]. Journal of Money, Credit, and Banking, 2014, 46 (5): 921 - 959.

[333] Michael B. Devereux, Philip R. Lane, Juanyi Xu. Exchange Rates and Monetary Policy in Emerging Market Economies [J]. Economic Journal, 116 (511): 478 – 506.

[334] Michael Ehrmann, Marcel Fratzscher, Roberto Rigobon. Stocks, bonds, money markets and exchange rates: measuring international financial transmission [J]. Journal of Applied Econometrics, 2011, 26 (6): 948 – 974.

[335] Mohsen Bahmani – Oskooee, Artatrana Ratha. The J-curve dynamics of U. S. bilateral trade [J]. Journal of Economics and Finance, 2004, 28 (1): 32 – 38.

[336] Nicolas Coeurdacier, Hélène Rey. Home bias in open economy financial macroeconomics [J]. The Journal of Economic Literature, 2013, 51 (1): 63 – 115.

[337] Nicolas Coeurdacier, Robert Kollmann, Philippe Martin. International portfolios, capital accumulation and foreign assets dynamics [J]. Journal of International Economics, 2010, 80 (1): 100 – 112.

[338] Olivier Blanchard, Francesco Giavazzi. Current account deficits in the euro area: the end of the Feldstein Horioka puzzle? [J]. Brookings Papers on Economic Activity, 2002, 33 (2): 147 – 210.

[339] Olivier Blanchard, Francesco Giavazzi, Sa Filipa. International Investors, the U. S. Current Account, and the Dollar [J]. Brookings Papers on Economic Activity, 2005, 36 (1): 1 – 66.

[340] Olivier Jeanne, Romain Rancière. The optimal level of international reserves for emerging market countries: a new formula and some applications [J]. Economic Journal, 2011, 121 (555): 905 – 930.

[341] Ozge Senay, Alan Sutherland. Local Currency Pricing, Foreign Monetary Shocks and Exchange Rate Policy [J]. Open Economies Review, 2015, 26 (4): 633 – 661.

[342] Panagiotis Th. Konstantinou. Adjustment of US external imbalances: At what horizon? [J]. Economics Letters, 2010, 106 (3): 166 – 168.

[343] Pau Rabanal. Does inflation increase after a monetary policy tightening? Answers based on an estimated DSGE model [J]. Journal of Economic Dynamics and Control, 2007, 31 (3): 906 – 937.

[344] Paul R. Bergin, Steven M. Sheffrin. Interest rates, exchange rates and present value models of the current account [J]. Economic Journal, 2000

(110): 535 –558.

[345] Philip R. Lane. Credit Dynamics and Financial Globalisation [J]. National Institute Economic Review, 2013, 225 (1): R14 – R22.

[346] Philip R. Lane. Cross – Border Financial Integration in Asia and the Macro – Financial Policy Framework [J]. World Economics, 2013, 14 (2): 37 –52.

[347] Philip R. Lane. Financial Globalisation and the Crisis [J]. Open Economies Review, 2013, 24 (3): 555 –580.

[348] Philip R. Lane, Gian Maria Milesi – Ferretti. Cross – Border Investment in Small International Financial Centres [J]. International Finance, 2011, 14 (2): 301 –330.

[349] Philip R. Lane, Gian Maria Milesi – Ferretti. Examining Global Imbalances: What New Data Tell Us about the External Wealth of Nations [J]. Finance & Development, 2006, 43 (1): 38 –41.

[350] Philip R. Lane, Gian Maria Milesi – Ferretti. External adjustment and the global crisis [J]. Journal of International Economic, 2012, 88 (2): 252 –265.

[351] Philip R. Lane, Gian Maria Milesi – Ferretti. International Investment Patterns [J]. The Review of Economics and Statistics, 2008, 90 (3): 538 – 549.

[352] Philip R. Lane, Gian Maria Milesi – Ferretti. The Cross – Country Incidence of the Global Crisis [J]. IMF Economic Review, 2011, 59 (1): 77 –110.

[353] Philip R. Lane, Gian Maria Milesi – Ferretti. The Drivers of Financial Globalization [J]. The American Economic Review, 2008, 98 (2): 327 –332.

[354] Philip R. Lane, Gian Maria Milesi – Ferretti. The external wealth of nations: measures of foreign assets and liabilities for industrial and developing countries [J]. Journal of International Economics, 2001 (55): 263 –294.

[355] Philip R. Lane, Gian Maria Milesi – Ferretti. The external wealth of nations mark II: revised and extended estimates of foreign assets and liabilities, 1970 – 2004 [J]. Journal of International Economics, 2007, 73 (2): 223 –250.

[356] Philip R. Lane, Gian Maria Milesi – Ferretti. The long or short of

it: Determinants of foreign currency exposure in external balance sheets [J]. Journal of International Economics, 2010, 80 (1): 33 – 44.

[357] Philip R. Lane, Gian Maria Milesi – Ferretti. The Transfer Problem Revisited: Net Foreign Asset and Real Exchange Rates [J]. Review of Economics and Statistics, 2004, 81 (4): 841 – 857.

[358] Philip R. Lane, Gian Maria Milesi – Ferretti. Where did all the borrowing go? A forensic analysis of the U. S. external position [J]. Journal of the Japanese and International Economies, 2009, 23 (2): 177 – 199.

[359] Philip R. Lane. International Financial Flows and Macro – Financial Risk in SSA [J]. Journal of African Economies, 2016, 25 (4): 580 – 613.

[360] Philip R. Lane. International Financial Flows in Low – Income Countries [J]. Pacific Economic Review, 2015, 20 (1): 49 – 72.

[361] Philip R. Lane, Jay C. Shambaugh. Financial exchange rates and international currency exposures [J]. American Economic Review, 2010, 100 (1): 518 – 540.

[362] Philip R. Lane. The European Sovereign Debt Crisis [J]. Journal of Economic Perspectives, 2012, 26 (3): 49 – 68.

[363] Philip R. Lane. The new open economy macroeconomics: a survey [J]. Journal of International Economics, 2001, 54 (2): 235 – 266.

[364] Philip R. Lane. The Swedish external position and the krona [J]. International Economics and Economic Policy, 2007, 4 (3): 263 – 279.

[365] Philip R. Lane, Sergio L. Schmukler. The Evolving Role of China and India in the Global Financial System [J]. Open Economies Review, 2007, 18 (4): 499 – 520.

[366] Philippe Bacchetta, Cedric Tille, Eric van Wincoop. Regulating Asset Price Risk [J]. American Economic Review, 2011, 101 (3): 410 – 412.

[367] Philippe Martin, Hélène Rey. Financial super-markets size matters for asset trade [J]. Journal of International Economics, 2004, 64 (2): 335 – 361.

[368] Pierpaolo Benigno. Are valuation effects desirable from a global perspective? [J]. Journal of Development Economics, 2009, 89 (2): 170 – 180.

[369] Pierpaolo Benigno, Federica Romei. Debt deleveraging and the exchange rate [J]. International Economics, 2014, 93 (1): 1 – 16.

[370] Pierpaolo Benigno. International Portfolio Allocation under Model

Uncertainty [J]. American Economic Journal: Macroeconomics, 2012 (3):
144 – 189.

[371] Pierpaolo Benigno, Luigi Paciello. Monetary policy, doubts and
asset prices [J]. Journal of Monetary Economics, 2014 (64): 85 – 98.

[372] Pierpaolo Benigno, Salvatore Nisticò. Safe Assets, Liquidity, and
Monetary Policy [J]. American Economic Journal: Macroeconomics, 2017, 9
(2): 182 – 227.

[373] Pierpaolo Benignoa, Ester Faia. Globalization, Pass – Through,
and Inflation Dynamics [J]. International Journal of Central Banking, 2016,
12 (4): 263 – 306.

[374] Pierre – Olivier Gourinchas, Hélène Rey. External Adjustment,
Global Imbalances, Valuation Effects [M]. Handbook of International Econom-
ics, Elsevier, 2014.

[375] Pierre – Olivier Gourinchas, Hélène Rey. From World Banker to
World Venture Capitalist: U. S. External Adjustment and the Exorbitant Privi-
lege [R]. NBER Chapters in G7 Current Account Imbalances: Sustainability
and Adjustment, 2007: 11 – 55.

[376] Pierre – Olivier Gourinchas, Hélène Rey. International Financial
Adjustment [J]. Journal of Political Economy, 2007, 115 (4): 665 – 703.

[377] Pierre – Olivier Gourinchas, Hélène Rey, Kai Truempler. The fi-
nancial crisis and the geography of wealth transfers [J]. Journal of International
Economics, 2012, 88 (2): 266 – 283.

[378] Pierre – Olivier Gourinchas. Is the U. S. Current Account Deficit
Sustainable? If Not, How Costly Is Adjustment Likely to Be? [J]. Brookings
Papers on Economic Activity, 2005 (1): 276 – 282.

[379] Pierre – Olivier Gourinchas, Jonathan A. Parker. The Empirical Im-
portance of Precautionary Saving [J]. American Economic Review, 2001, 91
(2): 406 – 412.

[380] Pierre – Olivier Gourinchas, Olivier Jeanne. Capital flows to devel-
oping countries: the allocation puzzle [J]. The Review of Economic Studies,
2013, 80 (4): 1484 – 1515.

[381] Pierre – Olivier Gourinchas, Olivier Jeanne. The elusive gains from
international financial integration [J]. Review of Economic Studies, 2006, 73
(3): 715 – 741.

[382] Pierre – Olivier Gourinchas. Valuation Effects and External Adjustment: A Review [R]. NBER Chapters in Current Account and External Financing, 2008: 195 –236

[383] Pierre – Olivier Gourinchas, Pau Rabanal. Exchange Rates and External Adjustment [J]. IMF Economic Review, 2017, 65 (3): 467 –470.

[384] Pol Antras, Ricardo J. Caballero. Trade and capital flows: a financial frictions perspective [J]. Journal of Political Economy, 2009, 117 (4): 701 –744.

[385] Ricardo Hausmann, Federico Sturzenegger. Why the US Current Account Deficit Is Sustainable [J]. International Finance, 2006, 9 (2): 223 –240.

[386] Ricardo J. Caballero, Emmanuel Farhi, Pierre – Olivier Gourinchas. Financial Crash, Commodity Prices, and Global Imbalances [J]. Brookings Papers on Economic Activity, 2008 (2008): 1 –55.

[387] Ricardo J. Caballero, Farhi, Emmanuel, Pierre – Olivier Gourinchas. An Equilibrium Model of "Global Imbalances" and Low Interest Rates [J]. American Economic Review, 2008, 98 (1): 358 –393.

[388] Richard Clarida, Jordi Gali, Mark Gertler. A simple framework for international monetary policy analysis [J]. Journal of Monetary Economics, 2002, 49 (5): 879 –904.

[389] Richard Clarida, Jordi Gali, Mark Gertler. Monetary Policy Rules and Macroeconomic Stability: Evidence and Some Theory [J]. The Quarterly Journal of Economics, 2000, 115 (1): 147 –180.

[390] Richard Clarida, Jordi Gali, Mark Gertler. Optimal Monetary Policy in Open versus Closed Economies: An Integrated Approach [J]. American Economic Review, 2001, 91 (2): 248 –252.

[391] Richard N. Cooper. Is the U. S. Current Account Deficit Sustainable? Will It Be Sustained? [J]. Brookings Papers on Economic Activity, 2001, 20 (1): 217 –226.

[392] Robert Kollmann. Exchange Rates Dynamics with Long – Run Risk and Recursive Preferences [J]. Open Economies Review, 2015, 26 (2): 175 –196.

[393] Roberto A. De Santis. The Geography of International Portfolio Flows, International CAPM, and the Role of Monetary Policy Frameworks [J].

International Journal of Central Banking, 2010, 6 (2): 147 – 197.

[394] Roberto Rigobon, Brian Sack. Measuring the reaction of monetary policy to the stock market [J]. The Quarterly Journal of Economics, 2003, 118 (2): 639 – 670.

[395] Sara Eugeni. An OLG model of global imbalances [J]. Journal of International Economics, 2015, 95 (1): 83 – 97.

[396] Sebastian Edwards, Roberto Rigobon. Capital controls on inflows, exchange rate volatility and external vulnerability [J]. Journal of International Economics, 2009, 78 (2): 256 – 267.

[397] Sebastian Edwards. The U. S. current account deficit: Gradual correction or abrupt adjustment? [J]. Journal of Policy Modeling, 28 (6): 629 – 643.

[398] Serhiy Stepanchuk, Viktor Tsyrennikov. Portfolio and welfare consequences of debt market dominance [J]. Journal of Monetary Economics, 2015, 74 (C): 89 – 101.

[399] Shi K, Xu J Y. Intermediate Goods Trade and Exchange Rate Pass – Through [J]. Journal of Macroeconomics, 2010, 32 (2): 571 – 583.

[400] Stephanie E. Curcuru, Charles P. Thomas, Francis E. Warnock, Jon Wongswan. US International Equity Investment and Past and Prospective Returns [J]. American Economic Review, 2011, 101 (7): 3440 – 3455.

[401] Stephanie E. Curcuru, Charles P. Thomas, Francis E. Warnock, Jon Wongswan. Uncovered Equity Parity and rebalancing in international portfolios [J]. Journal of International Money and Finance, 2014, 47: 86 – 99.

[402] Stephanie E. Curcuru, Charles P. Thomas, Francis E. Warnock. On returns differentials [J]. Journal of International Money and Finance, 2013, 36 (C): 1 – 25.

[403] Stephanie E. Curcuru, Tomas Dvorak, Francis E. Warnock. Cross-border returns differentials [J]. Quarterly Journal of Economics, 2008, 123 (4): 1495 – 1530.

[404] Stephanie E. Curcuru, Tomas Dvorak, Francis E. Warnock. Decomposing the U. S. external returns differential [J]. Journal of International Economics, 2010, 80 (1): 22 – 32.

[405] Stephanie Schmitt – Grohé, Martín Uribe. Closing small open economy models [J]. Journal of International Economics, 2003, 61 (1): 163 – 185.

[406] Stephanie Schmitt – Grohé, Martín Uribe. Solving dynamic general equilibrium models using a second-order approximation to the policy function [J]. Journal of Economic Dynamics and Control, 2004, 28 (4): 755 –775.

[407] Tanya Molodtsova, David H. Papell. Out-of-sample exchange rate predictability with Taylor rule fundamentals [J]. Journal of International Economics, 2009, 77 (2): 167 –180.

[408] Tommaso Trani. Asset pledgeability and international transmission of financial shocks [J]. Journal of International Money and Finance, 2015, 50: 49 –77.

[409] Vahagn Galstyan, Philip R. Lane. Bilateral portfolio dynamics during the global financial crisis [J]. European Economic Review, 2013, 57: 63 –74.

[410] Vahagn Galstyan, Philip R. Lane, Caroline Mehigan, Rogelio Mercado. The holders and issuers of international portfolio securities [J]. Journal of the Japanese and International Economies, 2016, 42: 100 – 108.

[411] William R. Cline. Why the U. S. External Imbalance Matters [J]. CATO Journal, 2007, 27 (1): 53 –58.

[412] Zheng Song, Kjetil Storesletten, Fabrizio Zilibotti. Growing like China [J]. American Economic Review, 2011, 101 (1): 196 –233.

后 记

本书是我于 2019 年立项国家社会科学基金后期资助一般项目"中国外部经济失衡的金融调整研究"（项目编号：19FJYB040）的最终成果。金融调整实质是汇率与资产价格波动对国家外部存量资产进行市值调整的过程，随着经济全球化与世界各国外部存量资产规模的扩大，金融调整成为了继贸易调整外国家外部经济失衡的又一重要调整渠道，是 21 世纪前二十年国际金融领域中出现的一种新现象，已成为现今国际金融领域的一项重要研究议题。

我从事金融调整的理论研究源自 2013 年的博士学习阶段，至今已有十年。在从事金融调整研究的过程中，初期我一直是带着一个困惑，即不少新兴市场国家生产者利用辛勤的劳动生产出美国消费者所需要的商品，从而通过贸易顺差累积外部财富，然而美国利用汇率贬值以及对新兴市场国家投资的红利将该类国家生产者辛勤劳动所获取的财富又"交回"给美国，这样的不公平"怪圈"我们需要如何摆脱呢？通过对金融调整的研究，我似乎对国家近年来一系列外部经济政策有了一些肤浅的理解。首先，从金融调整视角对"一带一路"倡议进行解读，即我们不要再将我们辛勤的劳动成果白白"交回"美国，而是要通过与沿线国家共建，搭建符合广大发展中国家人民利益的平台，让我们手中的外部财富发挥建设沿线的目的，实现"人类命运共同体"。其次，从金融调整视角对"人民币国际化"策略进行解读，即我们要建立自己的人民币结算体系，强化人民币在国际中的地位，避免美元等外汇冲击对我们通过辛勤劳动获取的外部财富构成不利影响。再次，从金融调整视角对"双循环"经济新格局策略的解读，即我们要注重提高国际贸易商品的质量以及优化国际投资的布局，通过占据产业链上游位置，控制全球关键供应链地位，从全球多个产业层次以及多个贸易对象获取外部财富，摆脱单一依靠英美等发达国家市场的困境。

基于上述困惑以及对政策的肤浅理解，我在这十年时间基于金融调整的研究，完成了博士学位论文的撰写，并基于该论文利用国家社科基金后期项目的契机完成了这本书，本书内容同时也涵盖了9篇本人在2016～2021年间公开发表在《世界经济研究》《国际金融研究》《亚太经济》等期刊上的论文的内容。关于本书的创作，我要感谢带我进入该研究领域的导师——厦门大学郭其友教授，郭教授长期从事开放经济宏观经济学领域研究，既擅长利用最新的宏观分析技术解决国际金融领域宏观变量的动态机理问题，也擅长用经济理论解释中国经济面临的现实问题。因此，本书的创作以及论文的发表都有导师的功劳。然而，本书内容仅是对金融调整研究的一个阶段性总结，随着经济全球化、世界多极化以及国际金融不平衡发展在21世纪20年代即将愈演愈烈，我和我的研究团队都将随着新的外部经济状况与形势继续对金融调整理论展开更加深入的研究。

刘　琨

2023 年 3 月

图书在版编目（CIP）数据

中国外部经济失衡的金融调整研究/刘琨著．－－北京：经济科学出版社，2023.5
国家社科基金后期资助项目
ISBN 978 - 7 - 5218 - 4752 - 9

Ⅰ. ①中⋯　Ⅱ. ①刘⋯　Ⅲ. ①对外经济 - 经济失衡 - 关系 - 金融 - 产业结构调整 - 研究 - 中国　Ⅳ. ①F832.1

中国国家版本馆 CIP 数据核字（2023）第 081332 号

责任编辑：刘　莎
责任校对：孙　晨
责任印制：邱　天

中国外部经济失衡的金融调整研究
刘　琨　著
经济科学出版社出版、发行　新华书店经销
社址：北京市海淀区阜成路甲 28 号　邮编：100142
总编部电话：010 - 88191217　发行部电话：010 - 88191522
网址：www. esp. com. cn
电子邮箱：esp@ esp. com. cn
天猫网店：经济科学出版社旗舰店
网址：http：//jjkxcbs. tmall. com
固安华明印业有限公司印装
710 × 1000　16 开　18.25 印张　350000 字
2023 年 5 月第 1 版　2023 年 5 月第 1 次印刷
ISBN 978 - 7 - 5218 - 4752 - 9　定价：89.00 元
（图书出现印装问题，本社负责调换。电话：010 - 88191545）
（版权所有　侵权必究　打击盗版　举报热线：010 - 88191661
QQ：2242791300　营销中心电话：010 - 88191537
电子邮箱：dbts@ esp. com. cn）